21世纪高等学校

金融学系列教材

信用管理

Credit Management

◆ 刘澄 李锋 主编

◆ 王未卿 鲍新中 刘祥东 副主编

人民邮电出版社

北京

图书在版编目（CIP）数据

信用管理 / 刘澄，李锋主编. -- 北京 ：人民邮电出版社，2015.4（2021.1重印）
21世纪高等学校金融学系列教材
ISBN 978-7-115-37434-9

Ⅰ. ①信… Ⅱ. ①刘… ②李… Ⅲ. ①贷款管理－高等学校－教材 Ⅳ. ①F830.51

中国版本图书馆CIP数据核字(2015)第035450号

内容提要

本书共分为七章。绪论部分通过具体的事例描述了信用的力量和失信的危害，强调了加强信用管理的重要性；第一章为信用管理概论；第二章集中介绍信用风险评级体系以及具体的信用风险计量方法；第三章介绍企业信用管理；第四章阐述政府信用管理；第五章阐述个人消费信用管理；第六章阐述银行信用管理；第七章阐述信用监管。

本书适合信用管理专业、金融学专业的学生使用。也适合对信用管理感兴趣的人士自学使用，也可作为信用管理培训的基础教材。

◆ 主　　编　刘　澄　李　锋
　副 主 编　王未卿　鲍新中　刘祥东
　责任编辑　武恩玉
　执行编辑　刘向荣
　责任印制　焦志炜

◆ 人民邮电出版社出版发行　北京市丰台区成寿寺路 11 号
　邮编　100164　电子邮件　315@ptpress.com.cn
　网址　http://www.ptpress.com.cn
　北京七彩京通数码快印有限公司印刷

◆ 开本：787×1092　1/16
　印张：21　　2015 年 4 月第 1 版
　字数：553 千字　　2021 年 1 月北京第 5 次印刷

定价：48.00 元

读者服务热线：(010)81055256　印装质量热线：(010)81055316
反盗版热线：(010)81055315

前言 Preface

诚信——诚实守信，社会交往与经济活动中的道德规范和行为准则；信用——诚信精神与原则的应用，是为自己积累的重要社会资本。市场经济就是信用经济。一个民族不能缺乏信用观念！一个国家不能缺乏信用制度！一个社会不能缺乏信用体系！一个企业不能忽视信用管理！一个人不能忽视自己的信用生命！

信用缺失的危害性已经被全世界所认同，信用管理在发达国家已经成为新的社会管理制度。中国历来有诚实守信的传统，诚信在社会道德体系中扮演着至关重要的作用。但是，在当今社会，由于忽视信用教育，以及法律制度的不健全，毁信、乱信行为屡见不鲜，信用危机严重影响着社会经济秩序的正常运转，建立健全信用制度尤为重要并迫在眉睫。党中央、国务院高度重视信用建设，明确提出建设诚信社会、培育信用文化的具体要求，把强化信用高等教育，加速信用人才培养摆在了突出位置。有鉴于此，高等院校开设信用管理课程，乃至开设信用管理专业成为新的潮流。本书希望通过对信用管理知识全面、系统的介绍，为普及信用知识，提高信用从业人员信用管理能力尽微薄之力。

本教程共分七章。绪论部分通过具体的事例描述了信用的力量和失信的危害，强调了加强信用管理的重要性；第一章为信用管理概论，主要阐释了信用与信用管理的概念、信用分类、信用体系等内容；第二章集中介绍信用风险评级体系以及具体的信用风险计量方法，是全书的理论基础。第三章介绍企业信用管理，主要讲授企业信用管理制度，以及客户管理、赊销管理、应收账款管理的具体方法；本章对企业信用管理制度进行了比较详细的阐述。第四章阐述政府信用管理，主要介绍政府信用管理体系和公债信用管理办法。第五章阐述个人消费信用管理，主要介绍消费信用分类和形式、消费信用管理制度、个人信用评级方法和个人信用报告等内容。第六章阐述银行信用管理，介绍了银行信用管理的方法、银行信用产品、银行贷款信用风险管理和授信管理制度。第七章阐述信用监管，介绍了信用监管制度、信用管理法律体系、信用管理外部环境建设等内容。

本教程具有以下几个鲜明的特征。

（1）实用性。本教程在体系设计、内容取舍、行文方式等方面都试图突出实用、简洁的特色，便于实际应用。通过大量翔实流程阐述与案例分析，引导学生快速掌握信用管理的精髓，便于教学的组织。

（2）全面性。以实用性为主线，本教程几乎涵盖了信用管理领域的全部内容。具体内容涵盖从信用理论到信用制度和信用监管，从信用风险计量技术到具体的企业信用、政府信用、个人信用、银行信用等管理制度。本教程通过简洁明晰的阐释为学生提供了信用管理的全景概览。

（3）知识性。本教程通过案例、专栏等形式为学生提供了大量信用领域的背景知识和实际应用，一方面可以激发学生的学习兴趣，另一方面为提高学生的分析解决问题的能力提供相应的知识储备。

本教程是在2010年出版的教材基础上，结合近年来的教学实践，历经5年修订而成的，参与编写的有刘澄、李锋、王未卿、鲍新中、刘祥东，全书由刘澄定稿。

由于编者水平所限，文中错误和遗漏在所难免，恳请读者批评指正。

刘　澄

2015年1月于北京

目 录Contents

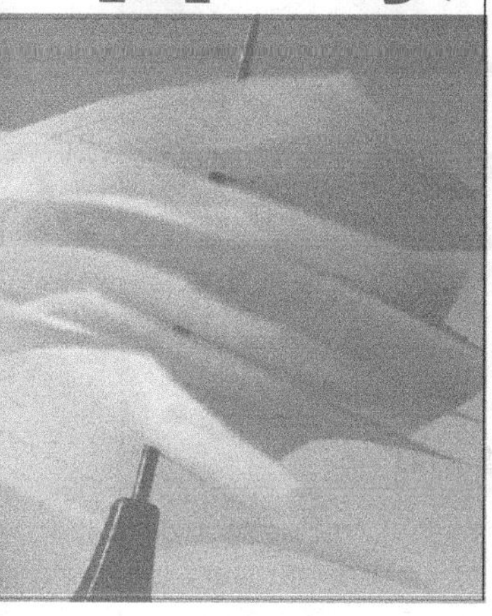

第三章 企业信用管理

第四章 政府信用管理

第五章 个人消费信用管理

第六章　银行信用管理

第七章　信用监管

参考文献 / 327

绪论 信用的力量

一、诚实守信的力量

（一）诚信是中国的传统美德

中华民族历来倡导礼、义、仁、智、信，孔子说："人而无信，不知其可也。"诚信被看作是做人的根本，商鞅变法立木取信，季布一诺胜千金。诚信，为秩序之先。

秦末楚将季布，曾经使刘邦吃足了苦头，刘邦誓杀之，以雪耻。后来，西楚霸王项羽战败自刎，刘邦重金悬赏捉拿季布。奇怪的是，虽有千金之利诱，严酷刑罚之威逼，人们仍然把季布保护起来，甚至还有大胆者到刘邦那里为季布求情。

这是为什么呢？当时有句俗语："得黄金千两，不如得季布一诺"。季布因为讲信用，以守信而闻名天下，免得一死。

[专栏 0-1]

不信者，吾亦信之

唐太宗李世民曾下令年龄不满18岁，但体格健壮的男子也要应征入伍。他认为，有些"奸民"为逃避兵役而谎报年龄。谏臣魏征说，陛下常说自己以诚信待天下，要人民不可诈欺，可你心里却先失去诚信，所以才会疑心人民诈欺。李世民深以为然，立即收回成命。

老子说："信者，吾信之；不信者，吾亦信之，德信"。强调即使对于不守信用的人，也要信任他，这样才可以人人守信。

纵览先秦儒、法、道、墨、兵各家学说，无不肯定了"信"在治人、治兵、治国、治世方面的功用。墨家强调"志强智达，言信行果"；兵家认为将者必须具备"智、信、仁、勇、严"五德。孔子一句"人而无信，不知其可也"更是表明，诚信是基本的社会行为规范。

（二）诚信行为可以提高企业竞争力

诚信是企业家的生命，是企业最为宝贵的无形资产。真正的企业家十分重视维护自己的信誉。

中国企业在历史上就非常注重信用的培养。商人把关公的信义当作至关重要的商业信用、信条予以崇奉。

清朝晋商的票号遍布全国甚至海外，当时只要简单的手续，钱就借出去了。辛亥革命时，晋商的票号把很多钱压在武汉的企业，企业因革命无法还钱，票号为信守承诺，只好倾家荡产偿付给债权人。

山西大同煤矿某矿井外立着一座德国女设计师的雕塑，用以纪念她的诚信。20 世纪初，这位女设计师为矿井做设计，设计工期为 1 年，实际施工却花了 1 年半，这位女设计师因此而羞愧自杀。

同仁堂药店内的一副对联传达着他们的信念："品味虽贵，必不敢减物力；炮制虽繁，必不敢省人工。”正是靠着这份承诺，同仁堂历经300年风雨而不倒，从一家普通的家族药铺发展为国药第一品牌。

日本松下电器的创始人松下幸之助说过“偷税比破产更可耻”，绝不为了公司的利益去损害国家的利益，做一位诚实的企业经营者，这充分体现了一个企业家的高尚品德。

[专栏 0-2]

己所不欲，勿施于人

南宋洪迈在《容斋随笔》中记述了陈策追骡的故事。

陈策买到一头不能加鞍使用的骡子，不忍心把它转售给别人，便在野外的茅屋里养着，待其自灭。陈策的儿子与狡猾的经纪人商量后，磨破了骡子的脊背，炫耀这骡子能驼东西，成功地将它卖给过路人。

陈策闻听后，赶紧追上那位官人，把骡子不能加鞍使用的实情相告，而对方却怀疑陈策舍不得卖这个骡子。没办法，陈策现场示范，结果骡子的脊骨高高的，一整天都加不上鞍子，那位官人这才怀着感激之情退回了骡子。

市民百姓对“信”信奉到这种程度，确实是宋朝人的骄傲。

信用管理是企业成功的助手。绝大多数企业在谈到“信用风险”这个话题时，都把责任推到社会，似乎企业无力改变目前的现状。不能否认社会道德水平、经济秩序和社会信用制度的发展对防止“信用风险”的重要性，但是，对企业来讲，更重要的却是企业自身的信用管理水平。

企业在经营中，借助赊销行为可以达到节约资金、加快资金周转的目的。企业赊销比例不同，经营中占用资金的比例必然差距悬殊。

据统计：美国企业赊销使用比率为90%，中国企业赊销使用比率为10%，与之形成鲜明反差的是，美国企业只占用资金10%，中国企业占用资金90%。仅资金一项，中美两国企业差距巨大。实践表明，信用行为可以起到加快资金周转，提高企业竞争力的作用，如图0-1所示。

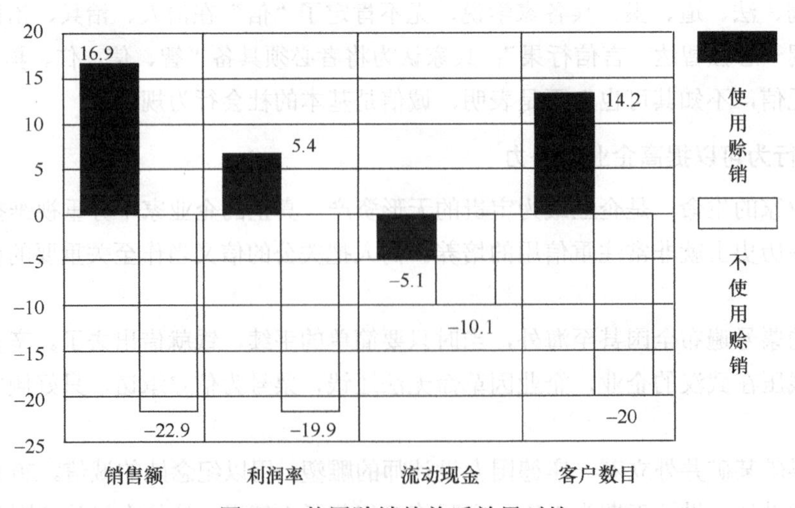

图0-1　使用赊销的前后效果对比

为何中国企业不偏好赊销行为？非不为也，实在是不能也，这是由于中国的信用环境恶化和企业信用管理能力低下，导致在国际上广泛使用的赊销行为反而在中国很少使用。

20世纪60至70年代，当美国刚刚度过经济危机，步入繁荣的时候，美国企业也面临着高坏账率、高逾期账款率的状况，很多企业因此破产、倒闭，更多的企业在泥潭里挣扎。当时，企业信用管理被高度重视起来，每个美国企业都建立科学的信用管理机制，成立信用管理部门，规范赊销行为。不到5年时间，美国企业的平均坏账率和逾期账款率大幅下降，同时，赊销比例也节节上升。在美国企业建立内部信用管理制度时，美国国内的经济环境并没有什么改变，美国企业取得的成绩，完全是他们自己创造的。美国企业能做到的，中国企业同样也可以做到。

世界上没有一家著名公司是靠弄虚作假撑起来的，也没有一个著名的企业家不视诚信为企业的生命。要创下企业的百年基业，必须脚踏实地，扎扎实实做好企业的经营管理，既要做诚信之人，更要做诚信的企业家。

二、信用危机的代价

从前，一个放羊的孩子在一个离森林不太远的地方放羊。村民们告诉他，如果有危险情况发生，他只要大声呼喊救命，他们就会来帮他。有一天，这个男孩想和村民们开个玩笑，给他们制造一点麻烦，以便从中找乐。于是，他就一边向村边跑，一边拼命地大喊："狼来了，狼来了。救命啊！狼在吃我的羊！"善良的村民们听到喊声，放下手中的农活，便拿着棍棒和斧头赶过来打狼。可是他们并没有发现狼，于是就回去了，只剩下放羊的孩子看着他们气喘吁吁的样子捧腹大笑。他觉得这样挺有趣。第二天男孩又喊："狼来了，狼来了。救命啊！狼在吃我的羊！"人们又来了，不过没有第一次来的人多。他们还是没有看到狼的影子，只得摇了一下头又回去了。第三天，狼真的来了，闯进了羊群，开始吃羊。男孩惊恐万分，大叫："救命！救命！狼来了！狼来了！"村民们听到了他的喊声，但他们想放羊娃可能又在耍什么花招。没有人理睬他，也没有人走近他。

在狼来了的故事中，男孩因为说谎毁掉了自己的信用，换来的结果是生命的代价。

对企业来说，信用危机可以毁掉一个企业，甚至一个行业。以保健品行业为例，近年来，保健食品企业大量倒闭，究其原因，夸大其词、虚假宣传、坑蒙拐骗是导致倒闭的主要原因。

某些名噪一时的保健品，在广告上将其功能吹得神乎其神，但其真实的情况却大相径庭。许多保健品的广告宣传中，常利用医疗机构、医生、专家等的"权威结论"和患者的"现身说法"来获取消费者的信任。而这些"权威结论"和"现身说法"往往是子虚乌有，即使有些患者的"现身说法"是真实的，也可能是极个别现象。当这些真实的情况通过媒体而为消费者获知的时候，保健品的信任危机也就发生了。尽管"做局"的方式在不断花样翻新，如各种"义诊""免费体检""免费皮肤测试"等活动往往深入到街道和家庭，但人们不久就发现，许多所谓的"义诊"活动并非真正的"免费午餐"，而是保健品厂家与"白大褂"共同忽悠消费者的一种宣传、诱购手法。久而久之，人们对货真价实的保健品也只能持半信半疑的态度了。最后的结果，就是保健品这个行业被毁掉了。

如果说上述的信任危机毁掉的只是一个行业，而那些体现社会公信力的机构的信任危机所毁坏的则是经济和社会生活的基本秩序和运行基础。

一个充满前景的行业会被毁掉，经济生活运行的基础会被毁掉，社会秩序的基础会被毁掉，这就是信任危机对我们提出的挑战。

信用，目前中国最为稀缺的资源。市场经济是信用经济，没有信用就没有现代经济。

第一章 信用管理概论

学习目标

- 了解信用的概念和信用发展的历程；
- 掌握信用的分类形式，了解信用缺失的危害；
- 重点掌握社会信用体系的架构。

第一节 信用与信用管理的概念

一、信用：社会学视角

（一）社会学意义上的信用概念

国内外对信用的定义多种多样：英语中的“Credit”源于拉丁语词根 credere，意为信任；汉语中“信用”一词，从词源上考察，《说文解字》称：“信，诚也、从人言。”意思是指诚实守诺，言行一致。按照《辞海》的定义，是指“遵守诺言、实践成约，从而取得别人的信任。” 信用首次出现于《左传》的“宣十二年篇”，王曰：“其君能下人，必能信用其民矣”。

信用是一种规则，既是伦理上的向度，也是社会制度的反映和需要，它不仅是一种外在的规范性伦理，也需要坚实的道德主体基础或内在德性条件，最终反映在行为结果上，信用伦理便具有个人美德伦理和社会规范伦理的双重特性。

历史上，我国儒家文化有许多对君子的行为规范，如“言必信，行必果”“君子一言，驷马难追”等，这反映了信用的某些社会伦理属性。

中国传统伦理中，“诚”与“信”最初是两个分立的德目。

第一，“诚”首先是一种个人美德。《周易·乾》云：“修辞立其诚，所以居业也。”讲的是君子要以诚立业。后来，孟子进一步把“诚”提升为“天道”，将“诚”之意识提升为“人道”。其曰：“诚者，天之道也；思诚者，人之道也。至诚而不动者，未之有也；不诚，未有能动者也。(《孟子·离娄上》)”。在《礼记·大学》中，“正心、诚意”被视为儒家伦理之核心理念系统“八条目”中的两个关节和德目，其重要性不言而喻。第二，“信”同样为儒家伦理所看重。孔子讲“民无信不立（《论语·颜渊》)”，从社会政治伦理的层面强调民信之于社会国家秩序的重要作用。孟子讲“朋友有信”(《孟子·滕文公上》)，将“信”作为“五伦”之一，其伦理地位已经非常重要。在荀子看来及后来的《管子》里，“诚”与“信”被当作一个社会伦理美德的整体。《管子》把诚信的美德看作是天下伦理秩序的基础，其曰：“先王贵诚信。诚信者，天下之结也。” 在中国传统伦理看来，作为“天下之结”的诚信美德，根源于人心，心正则诚，且只有内诚于心，方能外信于人。政治家以诚取信于民，作为道德典范的君子则以诚取信于人。荀子相信：“诚信生神，夸诞生惑。”诚实守信才有力量，而虚假浮夸则导致人心不定，社会混乱。

总结起来，社会学意义上的信用是指一种价值观念以及建立在这一价值观念基础上的社会关系，是一种基于伦理的信任关系。信用源自一种社会心理，是一种社会关系，具有伦理特征、文化特征和时代特征。

（二）社会学意义上的信用概念的特征

特征一：信用源自一种社会心理

信用是以信任为前提和基础的。对受信人的信任实际上是授信人对信用关系所具有的安全感。作为一种社会心理，这种安全感并非凭空产生，而是依赖于受信人的资信水平，取决于授信人的理性判断。信用因其"信任内涵"而成为一种特殊的社会心理现象。

特征二：信用是一种社会关系

信用不是个体行为，而是发生在授信人和受信人之间的社会关系。随着信用的发展，信用内涵及其表现形式愈加丰富，信用作为一种社会关系也愈加复杂。在现代社会，信用关系逐步深入到社会生活每一个角落，尤其是经济领域。现代市场经济实质上是由错综复杂的信用关系所编织而成的巨大网络。

特征三：信用具有伦理特征

信用属于伦理学范畴，体现为一种约束人们行为的道德准则。信用不仅是一种社会关系，也不仅仅是一种交易方式，它更是人类社会的一种价值观。诚实守信的人会得到大家的推崇和信任，失信的人则将受到谴责和孤立。当人们都认同并遵守这种价值观和道德准则的时候，社会的信用环境就会优化，失信的行为就会减少。

特征四：信用具有文化特征

东西方的文化差异也表现在对信用的理解上。在中国，长期以来，借债被人们认为是在不得已的情况下做出的选择。人们常常将债务称为"饥荒"，意思是只有到了遭遇饥荒的时候才可以借债。在消费上，东方人更将"寅吃卯粮"看作恶习，主张禁欲节俭和量入为出。在西方，情况则大为不同，人们对透支习以为常，超前消费成为普遍现象。尽管信用的产生是人类社会发展的共同规律，"诚实守信"是人类普遍认同的美德，但是不同的文化对信用的理解却具有差异，体现出信用的文化特征。

特征五：信用具有时代特征

随着时代的发展，信用也始终处于发展变化之中。不同的时代，信用有不同的表现形式，人们对信用有着不同看法。在当今社会，传统的信用观念发生了急剧的变化，人们对信用的理解不断深化，信用前所未有地影响着经济发展和社会生活，成为一种越来越重要的社会关系。

二、信用：经济学视角

（一）经济学意义上的信用概念

在《新帕尔格雷夫经济学大辞典》中，对信用的解释是："提供信贷（Credit）意味着把对某物（如一笔钱）的财产权给予让渡，以交换在将来的某一特定时刻对另外的物品（如另外一部分钱）的所有权。"

《牛津法律大辞典》的解释是：信用（Credit）"指在作为回报而得到或提供货物或服务时，并非立即进行偿付，而是允诺在将来进行偿付的做法"。

信用是建立在授信人对受信人偿付承诺的信任的基础上，使受信人不用立即付款就可获得商品、服务或货币的能力。这种能力受到一个条件的约束，即受信方在其应允的时间期限内为所获得商品、服务或货币付款或付息。这个时间期限必须得到授信方的认可，具有契约强制性。

（二）信用构成的要素与影响因素

信用的构成要素主要包括两个：

（1）信任。授信人对受信人的信任。

（2）时间。授予信用和偿还信用的时间限制。

信用是以信任为基础、以按期偿还为条件的交易关系和价值运动方式。

从受信人的角度看，有两个因素对信用产生重要影响：

一是履约能力。履约能力是受信人在特定期限内实现付款或还款的经济能力，与受信人的经济状况有密切的关系。

二是履约意愿。履约意愿是指受信人在特定的期限内保证付款或还款的主观意愿，与受信人的道德品质有直接关系。

失信意味着受信人由于履约能力和意愿上的限制对授信信任和时间约定的违背。

三、信用与法律和道德的关系

（一）概念的界定

信用是授信人对受信人所做承诺或双方约定的信任。狭义的信用实质上是一种经济关系，属于经济范畴；广义的信用包含狭义信用和诚信两种内涵，兼有经济和伦理两种属性。

法律是国家意志的体现，是由政权机关建立起来并具有强制性的社会行为规范。法律是上层建筑，属于政治范畴。

道德是社会群体普遍接受和认同的内在行为规范和准则。道德是一种社会意识形态和价值体系，属于伦理范畴。

（二）信用与法律的关系

1. 法律是信用的保证

健全的信用法律体系是信用交易发展的制度性前提。

社会信用意识的提升不能仅仅依靠道德和舆论的力量，更要以信用法规强制诚实守信。

在法律和道德、外力和内力的共同作用下，诚实守信的社会风气才能养成。

2. 信用是法律的补充

法律对各种社会关系、经济关系做出了强制性的规定。然而，经济主体之间的关系复杂而又富于变化，法律不能完成协调所有经济关系的任务。

很多影响市场经济正常秩序的行为在法律上并没有清晰、明确的界定，或者这些行为是在法律允许的范围之内，法律对此没有直接的效用。以法制手段协调经济关系要发生很高的社会成本。法制手段具有事后性，它只能在问题出现以后才发生作用。

信用是一种管理手段。它以信用技术对市场主体进行管理，以经济手段对各种“未必违法但却失信”的行为进行防范，以市场机制对失信行为进行惩戒，维护社会公平，避免资源浪费。

信用具有道德内涵。它以道德的力量提升全社会的信用意识，使诚实守信变为自觉的行为。

信用是法律和道德的“中间地带”，只有信用、道德和法律的综合运用才能提高社会管理水平和经济运行效率。

3. 信用是信用管理法律规范的立法依据

信用法规是以法律规定对信用问题做出的制度性安排，是国家法制体系中的一个必要而重要的组成部分。对信用进行立法，首先就要探讨信用法规的立法依据问题。信用法规的制定过程中要面临复杂的信用专业环节，需要有专业的信用理论、知识和技术为其支撑和依据。只有具备充分的专业性依据，才能保证信用法规的科学性和有效性。

（三）信用与道德的关系

广义的信用包括两个基本内涵：狭义的信用和诚信。狭义的信用是指市场主体之间的交易关系和价值流动的特殊方式。诚信反映的则是受信人的可信赖程度，与受信人的道德水平和价值观念有关。从狭义上理解信用，信用与道德无关，是纯粹的经济学概念，明确地属于经济学范畴。然而，从广义上理解信用，信用的“诚信”内涵必然使信用被纳入伦理范畴，具有道德属性。

信用的两个重要因素是履约能力和履约意愿。其中，履约意愿是受信人偿还信用的主观态度，涉及受信人的道德意识和社会责任感。这种道德意识和社会责任感实际上属于道德和伦理的范畴。因此，广义的信用所蕴涵的“履约意愿”和“诚信”内涵，构成了信用与道德的部分“重合”。这一部分“重合”决定了信用的伦理属性和道德内涵，信用是道德在经济领域的延伸和表现形式，是道德伦理的社会性外延之一。

四、信用的发展历程

（一）第一个阶段

信用是一个古老的经济范畴，它是随私有制和商品经济的出现而产生和发展起来的。

信用产生的前提条件是私有制和社会分工。私有制出现以后，社会分工不断发展，大量剩余产品不断出现。私有制和社会分工使得劳动者各自占有不同劳动产品，剩余产品的出现则使交换行为成为可能。随着商品生产和交换的发展，商品流通出现了矛盾——“一手交钱、一手交货”的方式由于受到客观条件的限制经常发生困难。一些商品生产者出售商品时，购买者却可能因自己的商品尚未卖出而无钱购买。于是，赊销，即延期支付的方式应运而生。

（二）第二个阶段

赊销意味着卖方对买方未来付款承诺的信任，意味着商品的让渡和价值实现发生时间上的分离。这样，买卖双方除了商品交换关系之外，又形成了一种债权债务关系，即信用关系。当赊销到期、支付货款时，货币不再发挥其流通手段的职能而只充当支付手段。这种支付是价值的单方面转移。正是由于货币作为支付手段的职能，使得商品能够在早已让渡之后独立地完成价值的实现，从而确保了信用的兑现，整个过程实质上就是一种区别于实物交易和现金交易的交易形式，即信用交易。

（三）第三个阶段

信用交易超出了商品买卖的范围。作为支付手段的货币本身也加入了交易过程，出现了借贷活动。从此，货币的运动和信用关系连结在一起，由此形成了新的范畴——金融。现代金融业正是信用关系发展的产物。在市场经济发展初期，市场行为的主体大多以延期付款的形式相互提供信用，即商业信用。

（四）第四个阶段

私有制出现以后，在市场经济较发达时期，随着现代银行的出现和发展，银行信用逐步取代商业信用，成为现代经济活动中最重要的信用形式。

信用交易和信用制度是随着商品货币经济的不断发展而建立起来的；信用交易的产生和信用制度的建立促进了商品交换和金融工具的发展；现代市场经济发展成为建立在错综复杂的信用关系之上的信用经济。

五、信用分类

1. 按债务人的身份分类

按债务人的身份，将信用分为公共信用、企业信用与私人信用。

公共信用是指社会为了帮助政府成功实现其各项职能而授予政府的信用，其核心是政府的公债。

企业信用是指企业为了满足其生产的需要，向债权人举债组织生产，形成企业信用。

私人信用包括消费者信用与商业信用。消费者信用又可细分为零售信用、现金信用与房地产信用。商业信用可分为商品信用和金融信用。

2. 按照授信对象分类

按照授信对象分类，信用可以分为公共（政府）信用、企业（包括工商企业和银行）信用和消费者个人信用。其中，政府信用是社会信用体系的核心。

3. 按设立信用期限分类

按照设立信用的期限，信用可以分短期信用、中期信用和长期信用。

六、信用的基本形式

本书按授信对象的分类标准来论述信用的基本形式。

（一）公共信用

公共信用也称政府信用，是指一个国家各级政府举债的能力。政府为对人民提供各种服务，诸如国防、教育、交通、保健及社会福利，需要庞大的经费支出。但是政府税收的增加往往赶不上支出的增加，政府每年出现庞大的赤字。为弥补财政赤字，政府发行或出售各种信用工具。这些信用工具代表政府对持有人所做出的将来偿还借款的承诺，这种偿还债务的承诺来自公共机关，因此称为公共信用。

（二）企业信用

企业信用泛指一个企业法人授予另一个企业法人的信用，其本质是卖方企业对买方企业的货币借贷。它包括生产制造企业在信用管理中，对企业法人性质的客户进行的赊销，即产品信用销售。在产品赊销过程中，授信方通常是材料供应商、产品制造商和批发商，而买方则是产品赊销的受益方，它们是各种各样的企业客户或代理商。买方以自己企业的名义取得卖方所授予的信用。企业信用涉及商业银行、财务公司、其他金融机构对企业的信贷，以及使用即期汇款付款和预付货款方式以外的贸易方式所产生的信用。

银行也是一种企业，而且是专门经营信用的企业。银行信用是由商业银行或其他金融机构授给企业或消费者个人的信用。在产品赊销过程中，银行等金融机构为买方提供融资支持，并帮助卖方扩大销售。商业银行等金融机构以货币方式授予企业信用，贷款和还贷方式的确定以企业信用水平为依据。商业银行对不符合其信用标准的企业会要求提供抵押、质押作为保证，或者由担保公司为这些企业做出担保。后一种情况实质上是担保公司向申请贷款的企业提供了信用，是信用的特殊形式。

企业信用取决于企业履行自身承诺的能力与意愿。这里有两层含义，一是企业是不是有积极的履行承诺的意愿，从而使企业一直保持着良好的信用记录；二是企业是不是具备保持良好信用水平的能力，对这个能力的高低的判定，是信用评级机构所做的工作。

（三）消费者个人信用

消费者个人信用是指消费者以对未来偿付的承诺为条件的商品或劳务的交易关系。消费者个人信用作为市场经济中的交易工具已经有很长的历史了。商家为了推销商品，设计出许多创新推销方式，诸如分期付款、赊购证、信用卡等。消费者个人信用的出现扩大了市场的规模，使消费者个人可以提前享受到所要的东西。

消费者个人信用管理是以科学管理的专业技术，扩大信用消费、防范信用风险的技术手段。相对于商业银行和工商企业两个市场上的信用管理，消费者的信用管理的内容更为丰富，小到信用卡透支、赊销购物，大到购车、买房，涉及了人们生活的方方面面。消费者信用管理的主要功能为：客户信用调查、客户授信、账户控制、商账追收以及利用个人征信数据库推销信用支付工具。

按以信用的使用目的为标准，消费者个人信用可以分为零售信用和现金信用。

七、信用风险概念

（一）狭义信用风险概念

信用风险一般泛指信用关系的一方因为另一方没有履约而导致的可能的损失。

由于对信用风险损失的不同理解，信用风险的概念一般有狭义和广义之分。

狭义信用风险是指当违约实际发生后，信用资产发生的损失，在此之前，债务人信用状况的变化并不直接影响信用资产的价值，即违约模式（Default Model，DM）。在这种模式下，只存在两种状态，即：违约发生，资产遭损失；违约不发生，信用损失为零。信用损失取决于违约是否发生。狭义风险也被称为信用违约风险。

狭义定义已经被普遍接受，国际证监会组织和巴塞尔委员会都使用这一概念。

（二）广义信用风险概念

广义的信用风险既包括直接违约发生的资产损失，也包括违约可能性的变动给资产带来风险。即使债务人不发生违约，只要其信用状况降低，信用资产的价值也相应降低，这样信用损失在违约之前也会发生，即盯市（Market to Market，MTM）模式。在盯市模式下，不同的状态损失是不同的，违约只是其中的状态之一。这种由于信用质量变化带来的风险称为信用级差风险。

现代风险环境的变化和风险管理技术的发展，使得对信用风险损失的盯市衡量成为了可能。

（三）信用风险特征

1. 信息不对称性

信用的提供方即卖方提供信用是建立在对买方的信任的基础上的，而这个信任又是建立在对买方了解的基础上。在信用交易中，信息对买卖双方来说永远是不对称的，信用的提供方所获得的信息越多，可能发生风险的概率就越小。

2. 信用风险累计性

信用风险具有不断积累、恶性循环、连锁反应以及在一定的临界点可能会突然爆发而引起经济危机的特点。

3. 信用风险内源性

如果某种风险不完全是由客观因素驱使的，而是含有主观的、无法用客观数据、事实证实的因素，这种风险可认为是很难进行有效管理的，信用风险恰恰是这种风险，它含有明显的行为因素，出于多种目的，公司或个人可以操纵其信用状况。对于企业来说，要管理好信用风险会面临着更多的困难。

造成信用风险的因素是多方面的，主要包括政治风险、信息风险、商业风险、管理风险、财务风险等。

信用风险不仅造成债权人的损失，而且往往会引起连锁反应，中断信用链条，破坏债权债务关系，动摇公众信心，引发信用危机。

信用活动中始终存在着信用风险，人们只能设法控制和降低信用风险，却难以完全消除它。

八、信用管理概念

（一）广义信用管理

信用管理是指信用活动的参与者利用管理学的方法来解决信用交易中存在的风险问题。信用管理的主要职能包括识别风险、评估风险、分析风险，并在此基础上有效地控制风险，并用各种合理的方法综合性地处理风险。

（二）狭义信用管理

狭义的信用管理是指授信者对信用交易进行科学管理以控制信用风险的专门技术。其主要功能包括五个方面：征信管理（信用档案管理）、授信管理、账户控制管理、商账追收管理、利用征信数据库开拓市场或推销信用支付工具。

（三）信用管理步骤

1. 风险识别

识别可能产生风险的因素，确定风险存在的环节。

2. 风险衡量

通过确定的标准衡量潜在的损失概率与损失程度。

3. 风险管理办法

开发并选择适当的用于控制风险的各种管理方法。

4. 风险监督与控制

实施所选定的风险管理方法，持续地对风险管理方法和风险管理战略的实施情况和适用性进行监督。

5. 风险调整

风险调整也称风险调整业绩，即通过特定的测量方法对机构内部、产品、客户之间的收益进行衡量，将可能的损失和收益进行科学匹配，为机构找到风险平衡的可行办法。

第二节 信用的经济学分析

一、经济学理论与信用

（一）信用功能理论

经济学对信用功能的理论阐述，典型的理论主要有三种：信用媒介论、信用创造论和信用调节论。

1. 信用媒介论

又称自然主义信用理论，创始于18世纪，盛行于19世纪前期。其主要代表人物有亚当·斯密、大卫·李嘉图、约翰·穆勒等人。

信用媒介论认为，信用是将资本从一个部门转移到另一个部门的媒介，信用不是资本，也不创造资本。信用可以节省流通费用，可以促进利润率的平均化，可以促进国家财富增加。信用对物价和商业危机有影响。银行创造信用是有限的。

亚当·斯密认为，银行通过贴现和放款，只起着将死资财转化为活资财的作用，而不能额外增加一国的资本，货币在商品交换中只不过起媒介作用，银行通过信用方式以纸币代替金属货币流通，也只能起着媒介工具的作用。大卫·李嘉图认为，信贷可以用来购买机器，但不可能创造机器，信用能够使资本转移，能够改变资本的用途，这种改变既可能是有利的，也可能是有害的。

2. 信用创造论

该理论创始于18世纪，发展于19世纪末20世纪初，盛行于现代。主要代表人物有约翰·劳、亨利·桑顿、麦克鲁德、熊彼特·韩、C. A. 菲力普斯等人。

信用创造理论认为，信用创造资本，信用就是货币。信用就是财富。信用就是生产资本，通过这种生产资本的扩张，即信用量的增加与扩展可以创造社会财富，繁荣商业，使国民经济具有更大活力。银行具有无限创造信用的能力。

约翰·劳认为，国家拥有的货币多，创造就业的机会就多，就能增加国家财富。亨利·桑顿认为，商品的价格决定于商品的供求比例和通货的供求比例，商品增多对银行券的需求扩大，银行券增多对商品的需求扩大，所以当银行券增多而商品对银行券的需求未扩大时，就必然使物价随之上涨。物价上涨，工资缺乏弹性，一方面刺激生产，另一方面抑制消费，从而造成作为资本的商品增多。

麦克鲁德认为，信用就是货币，货币和信用都是财富，信用是生产资本，能带来利润，银行是信用的创造者，银行所能创造的资本决定于它的存款准备率。

信用创造资本理论是现代西方社会最有势力、最有影响的信用理论，为以后许多经济学家理论体系的形成奠定了基础。

3. 信用调节论

该理论始于20世纪二三十年代，盛行于现代。主要代表人物有R. G. 霍曲莱、凯恩斯、阿尔文·H·汉森、萨缪尔森等人。

信用调节论是在资本主义经济进入垄断阶段以后产生的，认为资本主义经济危机能够通过货币信用政策去治理，资本主义各种矛盾能够通过货币制度的机制去消除，主张扩张信用，促进经济增长。

霍曲莱认为，经济周期变动的规模与长短是由信用的发展决定的，控制经济周期变动的方法在于短期利率，信用调节的直接对象应当是商人，而不是生产者。

凯恩斯认为，经济危机和失业的主要原因是有效需求不足。货币需求的主要动机来自三方面：即交易动机、预防动机和投机动机。他主张国家以宏观货币政策去作用于需求管理，企图通过银行信用调节而扩大信贷，增加货币供应量去避免资本主义危机。

汉森侧重于国家运用宏观财政政策来干预经济生活，提出中央银行要制定执行“补偿性金融政策”，其措施是在宏观层面上，一般信用调节与直接信用管制相结合；在微观层面上，选择性信用控制与间接信用管制相结合。

萨缪尔森主要是强调中央银行货币政策在宏观经济调节中的作用，主张财政政策和货币政策必须协调起来。

（二）信息不对称理论与信用

2001年度诺贝尔经济学奖被授予三位美国经济学家——约瑟夫·斯蒂格利茨、乔治·阿克洛夫和迈克尔·斯彭斯。他们获奖主要是因为在20世纪70年代提出了信息不对称理论。

信息不对称理论是指在市场经济活动中，各类人员对有关信息的了解是有差异的；掌握信息比较充分的人员，往往处于比较有利的地位，而信息贫乏的人员，则处于比较不利的地位。该理论认为：市场中卖方比买方更了解有关商品的各种信息；掌握更多信息的一方可以通过向信息贫乏的一方传递可靠信息而在市场中获益；买卖双方中拥有信息较少的一方会努力从另一方获取信息；市场信号显示在一定程度上可以弥补信息不对称的问题；信息不对称是市场经济的弊病，要想减少信息不对称对经济产生的危害，政府应在市场体系中发挥强有力的作用。这一理论为很多市场现象如股市沉浮、就业与失业、信贷配给、商品促销、商品的市场占有等提供了解释，并成为现代信息经济学的核心，被广泛应用到从传统的农产品市场到现代金融市场等各个领域。

信息不对称理论通常根据非对称信息发生的时间进行划分，把非对称信息发生在当事人签约之前的称为事前非对称，研究事前信息不对称的理论称为逆向选择模型。把非对称信息发生在当事人签约之后的称为事后非对称，研究事后信息不对称的理论称为道德风险模型。其表现为签约之后有违背合同、不守诺言、造假、偷懒、偷工减料等的可能，这就是道德风险效应。

市场经济要高效、有序地运作，需要人们恪守市场游戏规则，其中，最重要的游戏规则是诚实、守信，信用是市场经济的基础。但在中国当前市场经济环境下，信用的价值被严重忽视，信用状况不断恶化，信用缺失现象愈演愈烈，使信用这个无形资产的价值得不到真正体现，信用越来越成为社会的稀缺资源。信用缺失还败坏了社会风气，导致市场配置资源的低效率，严重阻碍了社会的消费与投资行为，如果任其发展，必然会危及整个经济基础。

导致信用缺失的原因很多，有主观和客观的原因，主观原因与人的道德观念、人文素质甚至传统、习惯等有关，客观原因与经济发展水平、社会法律制度等有关，而且各种因素对信用缺失的影响和传导作用也是相当复杂的。

信用缺失与信息不对称有紧密关系。由于人们获取信息的能力、社会条件及所处的交易地位不同，信息不对称在现实经济生活中普遍存在。微观经济学认为，人是自利的、理性的，每个人都会追求自身利益的最大化，处于信息优势的一方采取有利于自己，甚至有损于处于信息劣势一方的行为决策就在所难免。由于信息不对称，不能履约的也敢承诺，承诺的也可以不履约，造成履约率低，这是信用缺失滋生和赖以生存的土壤。

下面以产品市场、资本市场和保险市场为例，具体分析信息不对称对信用缺失的影响和传导作用。

1. 在产品市场上

其信息不对称表现为：在产品的质量、性能、生产工艺、成本等方面，卖方（厂商）处于信息优势，而买方（消费者）则处于信息劣势，因而对产品难以准确估价。这种信息不对称可能导致的结果是：不断提高产品质量的厂商因成本提高造成价格上升，消费者的需求降低，而失去市场；而以次充好、偷工减料的厂商因成本低占有价格优势，在信息不对称的情况下可能赢得市场，这就会出现经济学中所讲的“格雷欣法则”，即“劣品驱逐良品”现象。产品市场上的这种信息不对称，造成市场上假冒伪劣产品增多，消费者担惊受怕，这是产品市场上商家的信用缺失。结果会导致需求不旺，产品市场萎缩，这就是“逆向选择”效应。产品市场上的信息不对称还表现为：在买方（消费者）的支付能力和信用信息方面，卖者（厂商）处于信息劣势，而买方（消费者）处于信息优势。于是在交易活动中，买方在赊销、延期支付等交易方式中可能有机可乘，逾期不付使厂商更喜欢一手交钱、一手交货或以货易货的原始交易方式。这是产品市场上由于信息不对称造成的买方的信用缺失。其最终结果是大大提高交易成本，导致市场交易行动减少，市场萎靡不振，甚至波及个人消费信贷的发展。据分析，在发达国家市场经济中，企业间逾期应收账款发生额约占贸易总额的0.25%～0.5%，而在我国这一比例高达5%以上。目前，发达国家的信用结算可达90%以上，而我国的现汇支付则高达80%。

2. 在资本市场上

由于企业、个人信用信息档案之不健全，导致信息不对称，其表现为：贷方（银行）对借方的资信度、偿债能力、生产经营状况、资金真实流向、违约的概率等缺乏充分信息，而借方比银行拥有更多的信息。这种信息不对称可能使借方获得贷款后，在高额投资利润的诱使下，从事高风险活动，即出现道德风险问题，违约的概率增加。一旦投资决策失误，无法按期偿还银行债务就会失信于贷方（银行）。一次失信未被其他的参与者发现，就会有第二次失信，不良的示范效应造成恶性循环。资本市场上的这种信息不对称，可能的结果是：贷方担心借方的隐藏活动而惜贷，借方由于道德风险效应而失信，导致贷方宁可降低风险不贷，或不得不提高贷款利率以减少损失；真正有潜力的借方因缺乏资金而失去发展机会，造成资本市场的效率不高。

3. 在保险市场上

保险市场中存在典型的信息不对称。其表现为：投保前的信息不对称。投保人比承保人拥有更多的信息，风险越大的人入保的可能性越大，风险越小的人入保的可能性越小（逆向选择效应）。例如，病入膏肓的人可能隐瞒病情而积极投保人身健康险。投保后的信息不对称。一旦投保后，投保人减少了谨慎行动来规避风险和节省开支的动力（这是道德风险效应），麻痹大意以致增加风险发生的概率，甚至故意制造事故以骗取保险赔偿，更有甚者把保险作为投机活动，造成保险市场的信用缺失。

保险市场中的信息不对称，会导致承保人为了弥补投保人隐瞒私人信息而造成的损失，被迫提高保险费率，这时会排除部分出于偶然性风险而投保的人，为了维持保险公司的发展，保险公司又被迫继续提高保险费率，部分原先想投保的人又被排除出保险市场，如此下去，最终导致保险市场的萎缩。

信息不对称是市场经济中客观存在的经济现象，是直接导致信用缺失的原因之一。在经济转型期，如何针对不同市场领域的信息不对称现象，寻找防范信用缺失的措施，是一项长期且十分艰巨的工作，它有赖于政府、商家与个人的共同努力，有赖于人们的道德水准的提高及完善的法律环境和完整的市场规则，这样才能保证市场经济的健康发展。

（三）交易成本论与信用

交易（Transaction）是指交互影响的活动。美国经济学家康芒斯把交易分为三种：买卖交易（Bargaining Transaction），即平等的人之间的自愿交换关系；管理交易（Managerial Transaction），即契约规定的上下级之间的关系；配额交易（Rationing Transaction），即法律意义上的上下级之间的关系，主要是政府对公民之间的关系。

交易活动至少要有两个人才能发生，因而包含了人与人之间的利益冲突，根据经济学中的理性人假设，交易活动可看作是理性人之间的博弈，显然交易活动比生产活动更具有不确定性和复杂性，交易活动中存在的交易成本（以下称交易费用）比生产活动中需要的生产费用更具有不确定性。对于交易费用（Transaction cost）的定义，西方新制度经济学派的代表人物诺斯认为，交易费用是在交易活动中由衡量所交换物品的价格属性的成本、保护权利的成本以及监察与实施契约的成本组成。范恒森（2000）把交易费用概括为：交易费用就是为进行交易活动所投入的资源的价值情况进行了解，这是交易前所必需支付的成本。事后的机会主义的存在则要求对交易双方未了事宜进行检查和监督，防止可能的违约行为。从“环境因素”看，由于交易环境复杂，即不确定因素的存在，特别是信息不对称会增加交易的不可控因素，从而增大交易费用。

现代意义上的信用包含三层含义：

（1）信用作为一种基本道德准则，是指人们在日常交往中应当诚信无欺，遵守诺言的行为准则。

（2）信用作为经济活动中的基本要求，是指一种建立在授信人对受信人偿付承诺信任的基础上，使后者无须付现即可获取商品、服务或货币的能力。

（3）信用作为一种法律制度，是指依法可以实现的利益期待，如果当事人违反诚信义务，应当承担相应的法律责任。

制度通常被理解成人们为达到一种目的并节省交易费用而提出的行为规则。美国经济学家舒尔茨在《制度与人的经济价值的不断提高》一文中认为，信用制度是用于降低交易费用的制度之一，信用制度（Credit System）是以信用为纽带建立的各种制度因素的总称。借鉴新制度经济学关于制度构成的理论，可将信用制度分为社会认可的非正式信用制度、正式信用制度和信用制度实施机制。非正式信用制度是人们在长期交易行为中形成的靠非正式约束来维持并具有持久的生命力的行为规则。即使在现代，非正式制度仍起很大的作用，但由于非正式制度缺乏强制性的实施机制，就可能出现违约现象，以致增加交易费用，从而使复杂的交易难以进行。正式信用制度是管理当局有意制定的一系列有关信用方面的契约规则、政策法规及其各种组织形式。它事实上是以规范的方式界定人们在信用领域内可以干什么，不可以干什么的规则。信用制度的实施机制是确保信用制度真正实施的配套机制。离开了实施机制，任何制度尤其是正式制度将形同虚设。因为“有法不依”比“无法可依”更糟糕。信用制度的实施机制是否有效主要看违约成本的高低，当违约成本大于违约收益时，人们就倾向于守信用。

（四）博弈论与信用

古典经济学家亚当·斯密认为，以追求个人利益最大化的每一个理性经济人通过其“自私自利”的经济行为将导致社会福利的最大化；经济博弈理论认为，在非价格因素和博弈双方信息不对称的情况（更贴近现实生活的情况）下，个人的理性行为导致的结果往往是社会的非理性。正是由于经济人的理性行为，导致了社会信用的丧失和社会资源的浪费。

1. 博弈论

博弈理论认为，改变竞争规则是赢取博弈的根本出路。通过重复博弈对信用建设作出合理的制度安排，规范博弈双方行为，可以使理性经济人降低交易成本、合理配置社会资源，使其“自私自利”的行为最大限度地增进社会福利。

重复的“囚徒困境”之所以能产生上述效果，因为它从根本上解决了以下几个问题：

（1）重复博弈使得博弈双方都在更大程度上了解了对方的信息，使得更多的私人信息变为博弈双方的公共信息；

（2）重复博弈使得“以牙还牙”式的报复得以实现。“以牙还牙”式的报复指的是博弈一方永远不先背叛对方，而且还会在下一轮中对对手的前一次合作给予回报，但它也会采取背叛的行动来惩罚对手前一次的背叛。

2. 信用

对于信用问题可以做同样的类比分析，如果甲乙两厂商做的是一次性买卖，双方都选择违约绝对是他们的最佳选择；如果这两个厂商是长期的合作伙伴关系，一方面他们有足够的时间来对失信行为进行以牙还牙式的报复，使失约方明白博弈中失信行为最多只能占一次便宜，而且这一便宜是以长期损失为代价的。一般而言，只要失信行为的短期利益小于长期利益的话，作为理性经济人的厂商是不会作这种决策的。另一方面他们也有着相当长的时间来表达自己的诚意，树立自己的声誉，减少道德风险，降低交易成本，从而以较低的边际成本获得较高的边际收益。因而以彼此间的信任为基础而进行的重复博弈所形成的合作关系终究会维持下去。

中国目前面临着普遍的信用危机，从政府、企业甚至到民间，信用建设都被有意无意地忽略，而不守信用的行为并没有得到应有的惩罚。时至今日，信用贫困，已成为制约中国经济和社会发展，并进而阻碍中国全面融入国际社会的历史进程、影响中国国际竞争能力的重大问题。因而走出信用建设悖论、重建社会信用成了全社会最为热门的话题之一。根据经济博弈理论，重复博弈是走出信用建设悖论的必由之路。在现阶段，要重建社会信用，必须按“重复博弈”的要求对信用建设进行新的制度安排：

（1）理性经济人行为的长期化。信用体系的基础是各种具有民事行为能力的微观经济主体（自然人和法人）。微观经济主体行为的短期效应是我国经济改革中的一个极为普遍的通病，正是在一锤子交易中，信用遭到了极大的破坏。经济主体行为，首先要求经济主体必须是自主的经济人，时刻以追求自身利益最大化为目标。对企业而言，明确产权关系，合理构架公司治理结构是首当其冲之事；其次要求法人不再掌握在寻求短期政绩的经理阶层和政府官员手中；第三要求政府行为长期化，在引导和调节市场时要多采取一些放水养鱼的财政、税收和金融政策，切不可竭泽而渔。只有长期存在的理性经济人，才可能有永不间断的重复博弈。

（2）建立包括所有社会成员（法人和自然人）在内的信用信息资料库并向全社会公开。大量私人信息的存在和信息的不对称，是“囚徒困境”产生的基本前提。让博弈双方拥有对方更多的公共信息，使重复博弈在合作的基础上进行得更久。

（3）加强市场监督体系的建设，动员全社会力量来监督失信行为。对失信行为的监督惩罚是信用建设极为关键的部分。在重复博弈中对失信行为的惩罚是通过“以牙还牙”式的报复来实现的，这毕竟会影响当事双方的经济效益。动员社会力量监督失信行为，则更有针对性地对失信者进行惩罚。

（4）健全的信用法律体系，是保证上述条件实现的重要前提。市场经济是法制经济，要规范经济主体的信用行为和信用关系，没有健全的法律作为保障都是不可能得到实现的。

二、信用的经济表现形式

1. 信用是一种交换方式

经济学意义上的信用，最初产生于商品交换领域。信用引发了产品交换方式上的革命，以信用交易取代现金交易，成为现代市场经济中交换方式的主流。这种交换方式的最大特点：它将供货与兑现两个环节在时间上进行分离，以提高效率、降低成本。这种交换方式由产品流通领域向资本流通领域扩展，便出现了银行信用。

信用带来了交换方式的变化，由此导致了信用风险所有的交易都应以兑现为终结，信用只是以基于信任的契约将兑现的时间加以延迟。兑现的延迟是有时间限制的，如果这一限制被打破，就意味着失信行为的发生，这将给授信方造成信用风险。

2. 信用是一种支付方式

为了经济运行效率的提高和交易成本的降低，赊销成为企业间贸易关系越来越重要的交易方式。在赊销过程中，授信方不是以现金而是以信用作为支付方式来取得授信方的商品或服务。然后，受信方要在一定期限内再以现金方式支付，这样，交易中商品的让渡和货款的现金支付就因信用的介入而发生了时间和空间上的相对分离。相对于现金支付方式而言，信用方式已经成为现代市场经济中占据主导地位的支付方式。

三、信用的作用

1. 维护市场关系的基本准则

现代经济中，信用交易所以优于货币交易，货币交易又优于实物交易，就是因为交易成本的逐渐降低。信用交易是市场经济高度发达和完善的表现。目前，西方国家交易方式中 90%都是采用信用交易。然而，如果进行信用交易时一方不守信用，交换关系和市场秩序就会遭到破坏，不仅信用交易无法进行，实物交易与货币交易也会受到影响，经济活动就难以健康发展。

2. 促进资金再分配，提高资金使用效率

信用是促进资金再分配的最灵活的方式。借助于信用可以把闲置的资金和社会分散的货币集中起来，转化为借贷资本，在市场规律的作用下，使资金得到充分利用。在信用活动中，价值规律的作用能得到充分发挥，那些具有发展和增长潜力的产业往往容易获得信用的支持。

通过竞争机制，信用会使资金从利润率较低的部门向利润率较高的部门转移，在促使各部门实现利润平均化的过程中，提高了整个国民经济的资金效率。

3. 节约流通费用

利用各种信用形式能节约大量的流通费用，增加生产资金投入。

利用信用工具代替现金，节省了与现金流通有关的费用；在发达的信用制度下，资金集中于银行和其他金融机构，可以减少整个社会的现金保管、现金出纳以及簿记登录等流通费用；信用能加速商品价值的实现，减少商品储存和保管费用的支出。各种债权债务关系可以利用非现金结算方式来处理，这样节约了流通费用和缩短了流通时间，增加了资金在生产领域发挥作用的时间，有利于扩大生产和增加利润。

4. 有利于资本集中

信用是资本集中的有力杠杆。借助于信用，可以不断扩大资本积聚的规模。信用可使零星资本合并为一个规模庞大的资本，也可以使个别资本通过合并其他资本来增加资本规模。现代兼并收购活动很多都是利用信用方式来进行并完成资本集中的。资本集中与积聚有利于大工业的发展和生产社会化程度的提高，推动经济增长。

5. 调节经济结构

信用调节经济的功能主要表现为国家利用货币和信用制度来制定各项金融政策和金融法规，利用各种信用杠杆来改变信用的规模及其运动趋势。金融机构通过各种金融业务，有效地集中和输出货币资金，形成了一个良性循环、不断增加的过程，能够为社会生产力的发展提供巨大的推动力，国家借助信用的调节功能既能抑制通货膨胀，也能防止经济衰退和通货紧缩，刺激有效需求，促进资本市场平稳发展。国家利用信用杠杆还能引导资金的流向，通过资金流向的变化来实现经济结构的调整，使国民经济结构更合理，经济发展更具持续性。

四、信用对市场经济的作用机制

信用不仅为市场提供了一种交易方式和支付手段，也提供了一种市场机制。信用是通过对信用风险的发生和发展的过程发生影响来发挥其作用机制的。将信用风险的发展过程按照时间顺序分为三个阶段：谈判阶段、风险阶段和失信阶段。

- 谈判阶段。信用交易发生之前，授信人与受信人进行关于交易契约的磋商阶段。
- 风险阶段。双方签订合同并由授信人向受信人提供商品和服务之后到最终账款回收或确认损失之间的阶段。
- 失信阶段。由于受信人失信，授信人最终无法全部收回欠款，形成呆账、坏账，风险成为现实的损失的阶段。

在信用风险发展的不同阶段，信用对市场交易具有不同的作用机制。

1. 谈判阶段的风险揭示机制

交易谈判的任务除了双方对合同的诸多条款进行磋商之外，最重要的就是授信人要研究是否应该授予受信人信用、授予多少、是否需要担保和保险等问题，并依据研究结论做出科学的授信决策，以事前避免信用风险的发生。

信用交易的风险揭示机制的核心是受信人信用信息的收集和信用状况的分析。授信人首先要全面深入了解受信人的经济状况，在占有信息的基础上利用信用评级技术对受信人进行信用评估，依据评估结果做出交易和授信决策。

风险揭示机制实际上也是一种市场的优胜劣汰机制。信用状况不佳、信用级别低下的市场主体将失去信用交易的机会，而信用良好的企业和个人则可以更多地受益。

信用的风险揭示机制不仅可以保护授信人的微观利益，也可以在整个市场经济活动中建立一种公平竞争的机制，鼓励先进、鞭策后进，促进市场信用环境的优化和市场经济的健康发展。

2. 风险阶段的风险管理机制

授信人要在合同期限内对受信人保持动态跟踪与监控，确保授出信用（账款、贷款、投资等）的安全，要在还款逾期以后运用商账追收等各种手段对逾期信用进行追讨，力求挽回信用风险，降低损失程度。

信用的风险管理机制主要依靠的是信用管理的各种技术手段。越来越多的企业和银行开始重视信用的风险管理机制，有的引进外部技术建立内部信用管理部门，有的以“外包”方式将信用风险管理委托给专业的信用管理公司完成。这些都有利于提高企业和银行的自身管理水平和风险化解能力，最终有利于维护市场经济的秩序。

3. 失信阶段的失信惩戒机制

失信惩戒机制是以市场手段对失信行为进行惩罚并对守信行为给予奖励的市场机制。失信惩戒机制以信息公开为前提，以市场调节为实现手段，是一种非正式的社会惩罚机制。失信惩戒机制是市场的基础性调节功能在信用方面的实际发挥。

失信惩戒机制通过向市场如实公开信用信息，降低市场交易过程中的信息不对称程度，使不守信用的企业和个人的信用状况得到曝光，并表扬那些“重合同，讲信用”的企业和个人。失信者将进入信用黑名单，受到其他市场主体的孤立，而守信者将会因受到广泛的认可而取得实惠。

第三节 社会信用体系

一、社会信用体系与征信国家

社会信用体系是一种保证经济良性运行的社会机制。它以有关的信用法律法规为依据，以信用专业机构为主体，以合法有效的信用信息为基础，以解决市场参与者的信息不对称为目的，使守信者受到鼓励，失信者付出代价，保证市场经济的公平和效率。

一个国家的社会信用体系比较健全，公正、权威的信用产品和信用服务已在全国普及，信用交易已成为其市场经济的主要交易手段，这样的国家通常被称为征信国家。在征信国家，信用管理行业的产品和服务深入到社会的方方面面，企业和个人的信用意识强烈，注重维护信用，有着明确的信用市场需求。因此，征信国家的对外信誉较好，信用交易的范围和规模很大，可以获得更高的经济福利。

二、社会信用体系的功能

完善的社会信用体系是信用发挥作用的前提，它保证授信人和受信人之间遵循一定的规则达成交易，保证经济运行的公平和效率。

社会信用体系具有记忆功能，能够保存失信者的记录；

社会信用体系具有揭示功能，能够扬善惩恶，提高经济效率；

社会信用体系具有预警功能，能对失信行为进行防范。

三、社会信用体系的结构

一个完整的信用体系是由一系列必不可少的部分或要素构成。这些部分或要素相互分工，相互协作，共同守护市场经济的信用圣地，促进社会信用体系的完善和发展，制约和惩罚失信行为，从而保障社会秩序和市场经济的正常运行。

1. 从纵向延伸的角度

社会信用体系能够正常运转，必须包括以下要素：信用管理行业和信用法律体系。信用管理机构和信用法律体系有机结合，维护社会信用体系的正常运转。

（1）信用管理行业。信用管理行业是社会信用体系的“硬件”，它拥有覆盖市场参与主体的信用信息数据库和训练有素的信用管理人员，为市场参与者提供各种信用信息产品和服务。

广义的信用管理行业包括以下分支：企业资信调查、消费者个人信用调查、资产调查和评估、市场调查、资信评级、商账追收、信用保险、国际保理、信用管理咨询以及电话查证票据。

（2）信用法律体系。信用法律法规是社会信用体系的“软件”，它为信用管理行业的商业行为提供“游戏规则”。

2. 从横向分割的角度

社会信用体系包括公共信用体系、企业信用体系和个人信用体系，三者共同作用，构成了完整的社会信用体系。

（1）公共信用体系。公共信用体系就是政府信用体系。从社会信用体系的全局来看，公共信用体系是影响社会全局的信用体系。建立公众对政府的信任是建立企业和个人信用的前提条件。公共信用体系的作用在于规范政府的行政行为和经济行为，避免政府失信行为，提高政府行政和司法的公信力。

（2）企业信用体系。企业是市场经济活动的主体，企业信用体系是社会信用体系的重要组成部分。企业信用体系的作用在于约束企业的失信行为，督促企业在市场上进行公平竞争。企业信用体系的关键环节是企业信用数据库，它动态地记录了企业在经济交往中的信用信息。

（3）个人信用体系。个人是社会的基本单位，也是信用的提供者和接受者，个人信用体系是社会信用体系的必不可少的组成部分。个人信用体系是社会信用体系的基础，它至少从两个方面对社会信用体系发挥作用：它为授信者的个人授信提供信用信息；它弥补了公共信用体系和企业信用体系的疏漏。个人信用体系的关键环节是个人信用数据库，数据库的信息采集与营运模式和企业数据库基本相同，不同的是个人信用信息采集和查询受到更多的法律保护。

四、欧美发达国家的社会信用体系建设

发达国家社会信用体系建设主要有两种模式：一是以美国为代表的信用中介机构为主导的模式；二是以欧洲为代表的以政府和中央银行为主导的模式。

1. 美国模式

以美国为代表的“信用中介机构为主导”的模式，完全依靠市场经济的法则和信用管理行业的

自我管理来运作，政府仅负责提供立法支持和监管信用管理体系的运转。在这种运作模式中，信用中介机构发挥主要的作用，运作的核心是经济利益。

2. 欧洲模式

以欧洲为代表的“政府和中央银行为主导”的模式，是政府通过建立公共的征信机构，强制性地要求企业和个人向这些机构提供信用数据，并通过立法保证这些数据的真实性。在这种模式中政府起主导作用，建设的效率比较高，它同美国模式存在一定的差别，主要表现在三个方面：

（1）信用信息服务机构是被作为中央银行的一个部门建立，而不是由私人部门发起设立；

（2）银行需要依法向信用信息局提供相关信用信息；

（3）中央银行承担主要的监管职能。

第四节 中国社会信用体系建设

一、中国信用状况

中国社会历来崇尚诚实守信，讲究信用是社会行为的基本准则。但近年来，中国信用状况堪忧，信用缺失现象比较普遍，危害着市场经济秩序的建立和规范。治理信用环境已成为我国经济生活中的当务之急。

中国的信用缺失主要体现为以下方面。

1. 商业信用缺失

商业信用缺失在资金环节主要体现为相互拖欠增加，企业间“三角债”现象严重，许多企业陷入了相互拖欠的泥潭。中关村流传这样的话：“发起来的老板是骗来的，倒闭的老板们是被骗的。”这就是对中国高科技企业的真实写照。

商业信用缺失在流通环节表现为融资欺诈、广告欺骗、商标侵权、合同虚订、产品伪造等方式。

商业信用缺失在销售环节表现为价格欺诈、哄抬价格。

2. 企业信用缺失

企业信用缺失在资金环节主要体现为企业信用意识淡薄，恶意欠债，恶意逃债。

企业信用缺失在销售环节表现为应收账款居高不下。20 世纪 90 年代以来，赊销方式也已经在我国各个行业中广泛应用，在绝大多数市场竞争激烈的行业，如医药保健品、纺织、机械等行业，赊销方式下完成的交易额已占到 60%～90%。由于我国市场经济秩序的不完善以及传统企业管理方式的落后，企业间交易呈现出一种严重信用失控的混乱局面，引发债务拖欠和应收账款居高不下的局面。“不赊销是等死，赊销是找死！”是这种局面的一种真实写照，许多企业为此付出了惨痛的代价，以至于在日常经营中，中国企业普遍拒绝赊销，重新回归现金交易。

企业信用缺失在生产环节体现为缺乏质量意识和安全意识，制造假冒伪劣产品活动猖獗。制假售假的规模之大，品种之多，影响面之广，危害之深，已经达到了无法容忍的地步，而且已经呈现明显集团化、区域化的发展趋势，甚至出现产供销一条龙的现象。

企业信用缺失严重损害消费者利益，甚至危及消费者生命财产安全，严重影响中国制造在中国和世界的声誉。

企业信用缺失在资本市场主要表现为上市公司自律意识不强。制造虚假利润、骗取上市资格、串通庄家做市，已经是上市公司心照不宣的“秘密”。更有甚者，一些上市公司的大股东利用手中的权力与法制的漏洞，疯狂占有上市公司的资金、货物，最后导致上市公司亏损，甚至濒临摘牌。

3. 银行信用缺失

银行信用缺失主要体现在银行风险意识薄弱，风险管理手段落后，不良资产沉淀数额庞大。严重的银行信用缺失危害金融稳定，甚至引发金融危机和经济危机。

4. 消费信用缺失

消费信用缺失体现为恶意透支、诈骗等犯罪现象屡禁不绝。

二、中国信用缺失的危害

（一）信用危机导致市场交易成本上升，资源配置效率下降

信用缺失不仅造成了投资经营成本和生产成本的增加，也导致了金融风险的增加和交易方式的倒退，阻碍了生产、交换的正常进行，严重影响社会经济的正常运行，产生了极大的危害。

信用缺失的直接结果是信用功能的发挥受到很大限制，交易方式向现金交易、以货易货等原始方式退化，大大提高了市场交易成本，降低了交易效率和经济活力。

（二）信用危机毁掉了行业的发展

一些行业，由于失信行为泛滥，导致社会对整个行业投下了不信任票，行业发展陷入困境。保健品行业就是典型的因为部分企业的不诚信行为，导致了社会对保健品行业的普遍不信任。

（三）信用危机降低了企业竞争力

西方企业把信用赊销当作主要的销售手段和竞争手段，而我国企业由于惧怕被拖欠，很少采用赊销。

美国的企业坏账率是 0.25%～0.5%，我国企业平均坏账率是 5%～10%，二者相差 10～20 倍；美国企业的账款拖欠期平均是 7 天，我国平均是 90 多天。

我国企业管理费用、财务费用和销售费用占销售收入的 14%，而美国只有 2%～3%。

（四）信用危机影响地方经济发展

广泛的失信行为毁掉了政府机构和中介机构的公信力，导致市场经济秩序混乱，投资风险增大，使得社会资源配置失当，严重影响地方经济发展。广东潮汕地区，曾经因大量的骗税、制假、售假行为成为信用缺失的“重灾区”。

三、中国信用缺失的原因

造成中国信用缺失的原因是多方面的，可简略概括为：体制缺陷，利益偏离，道德失范，监管不力，惩罚不严，导向不明。具体包括以下几个因素。

1. 市场经济体制不完善

由于中国市场经济的运行机制、规则、秩序尚在完善之中，市场自身的缺陷和体制的不健全直接影响到信用缺失。

第一，产权制度存在一定缺陷。产权制度的缺陷主要表现在产权模糊和产权保护不够，导致企业经营行为的短期化，产生逃废债的心理和意识。

第二，存在信息不对称。由于市场机制远未完善，尚未形成一整套有效的机制来保证信息的公正、公开和有效传递。这就使得市场经济主体之间所了解的信息不对称，从而给失信和欺诈提供了可能。

第三，市场信用监督机制的不健全。由于我国尚未建立起有效健全的监督机制，其他潜在的市场参与者无法及时获取不讲信用者的信息，从而无法判断是否提供信用，在利益驱动下，失信者会继续在经济交易中骗取信用。因此，在信用监督机制不健全的市场环境中，信用缺失者为了获得额外收益，不讲信用是其最优策略。

2. 政府行为不规范

第一，乱摊派加重了经济主体负担。经济主体的负担除了应纳的税负外，相关部门的摊派费用确实令经济主体感到头痛，经济主体按照正常的生产经营就很难再获得一定的利润。因此，各种失信的手段充斥于经济主体的生产经营之中。

第二，政策的多变性也易引起信用的缺失。政府有关部门，尤其是一些地方政府摆脱不了计划经济的思维模式，对市场活动干预过多。

3. 信用制度不健全

中国还不是一个征信国家，信用制度建设尚停留在探索阶段，大部分企业内部普遍缺乏信用管理制度。因授信不当导致合约不能履行以及受信企业对履约计划缺乏管理而违约的现象频繁发生。

局部的商品经济和市场经济之所以没有办法扩张为全国性的甚至世界性的市场，主要的原因在于没有一个信用体系。信用可以在局部地区或者一个规模较小的经济中存在，但是要扩张到全国，就必须要有法律系统的支撑。中国自秦朝以后，就缺乏法制传统，是靠儒家的伦理道德治理国家，规范人们的行为，这也是中国为什么信用发展不起来，市场经济发展不起来的原因之一。

[专栏 1-1]

中国人不讲信用吗?

故事：设想在一个小村子里，张三向李四借了500元钱。即使没有打借条，张三也会按照口头承诺的期限如期归还借款，否则，张三的失信行为会很快在村子里传播，就没有人再借钱给他了。

分析：中国人不是缺乏信用品德，而是缺少社会信用体系和机制。信用和信用体系可以保证竞争规则的有效执行，避免交易中无效成本的发生，同时还可以降低融资成本。然而信用的维护却需要完整的法律体系和有效的执法系统。法律的作用在于增加破坏信用的成本，使人们自觉地也是被迫地遵守信用。

4. 信用法律体系不完备，缺乏有效的失信惩罚机制

法律是社会信誉与公平的一道防线，其目的是让守信者因守信而获得回报，让失信者因失信而受到惩罚。而信用缺失现象严重的一个根本原因则是法律的约束力不够。

第一，尚未建立与信用管理直接相关的法律，针对信用方面的立法严重滞后。

第二，对失信行为的惩罚不严，守信收益过低。在现实经济生活中，失信行为不能受到应有的

惩罚，对失信行为缺少有效的惩罚机制，失信成本低。

第三，法律的执行不力。一些基层法院受当地企业和政府的影响，在司法过程中有意偏袒本地企业而损害债权人利益，审判的公正性受到了质疑，法律的正义性受到了歪曲。

5. 缺乏信用意识和信用道德规范

由于我国市场经济发育不充分，信用经济发育较晚，市场信用交易不发达，使得真正的社会信用关系十分淡薄。同时，加上国家信用体系不完善，相关法律法规和失信惩戒机制不健全，导致社会上信用缺失行为盛行，使得很多企业对于信用关系其生死攸关的重要性体会不深、认识不足，甚至有些企业经营管理者认为“逃债有理、逃债有利”。于是，在经济利益的驱动下，信用市场上就出现了“格雷欣法则”——失信者驱逐守信者，失信者得利，守信者遭殃。所以，赖账、逃废债务和三角债拖欠成为普遍的企业行为，在社会上没有树立起以讲信用为荣、不讲信用为耻的信用道德评价和约束机制，信用的失衡就成为社会普遍的现象。

6. 信用中介服务的市场化程度低

信用中介市场存在严重的供需双重不足的局面。一方面，社会信用服务行业的社会需求不足，社会和企业对信用产品的需求十分有限。企业使用信用产品的意识普遍淡薄，社会其他经济主体大多缺乏利用信用产品保护经济交往中的利益；另一方面，就信用服务的供给而言，目前国内还缺少有实力能提供高质量信用服务的机构或企业，整个信用中介服务行业的培育缺少健康发展的市场环境，中介服务的市场化程度低。

7. 信用数据的市场开放度低，缺乏企业和个人的正常信息的获取和检索途径

我国在征信数据的开放与使用等方面，没有明确的法律规定，政府部门和一些专业机构掌握的可以公开的企业信息没有开放，如公安、工商、人事、税务、统计、银行等部门所掌管的大量的企业信息资源很多没有公开，并且当你想获取这些信息时，往往需要经过多个环节审批，才能获取企业和个人的信息，这样就加大了获取信息的成本，增加了征信和企业信息获取的难度。在这种情况下，企业的信用无法被公正、客观、真实地评估。

四、建立社会信用体系的构架

征信国家的信用体系既有共性又有个性，中国的信用体系在遵循了信用的一般规律以外，也必须要有自己的特色，要致力于建设中国特色的社会信用体系。

（一）诚信体系建立的三个层面

1. 诚信法律制度建设

加快信用方面的立法和执法步伐。立法包括多个方面，如政府信用方面的立法、企业信用方面的立法、银行信用方面的立法、个人消费信用方面的立法、规范信用中介服务行业行为方面的立法等。社会信用不仅需要道德约束，更需要法律约束。政府要健全有关社会信用的法律法规和规章制度，应按照充分保护债权人利益的原则，进一步完善市场经济条件下交易主体之间债权债务关系的法律体系，健全维护社会信用的法制保障体系，促进市场交易的顺利进行。要建立全国统一的企业和个人信用代码、信用征集、信用评价、信用担保、失信惩戒等一系列信用制度，有效发挥法律和市场对失信行为的双重惩罚机制，切实保护守信企业的合法权益，为社会化信用体系建设奠定法律基础。尤其应强调的是，要尽快建立和完善失信惩罚机制，明确在市场经济中失信的法律边界是什

么，失信到什么程度将给予何种程度和形式的制裁。通过这种失信惩罚机制的设立，使失信者付出的代价远远大于其获得的收益，加大企业或个人失信的成本，迫使其行为趋向守信，让守信成为守信者的通行证。

2. 公民诚信道德建设

在市场经济环境下，市场主体的行为准则首先应是讲信用，无论是法人主体或公民个人，都应树立守信的公众形象，树立“以讲信用为荣，不讲信用为耻”的社会意识。这种意识和理念要通过各种宣传、教育、典型示范来进行，通过加强全社会范围内的信用教育、科研和培训来实现。政府部门要带头提高对信用重要性的认识，进一步加强对公务员的管理和教育，努力塑造政府的诚信、勤政、廉政的良好形象，提高政府的公信力。新闻宣传部门要充分发挥舆论监督的作用，正确引导舆论导向，采取灵活多样的形式，大力宣传诚实守信的重要性，在全社会营造“诚信光荣、失信可耻”的良好氛围，推动形成诚信为本、操守为重的良好社会风尚。教育部门要从小学生抓起，从基础教育抓起，把诚信教育扩展到每个人，让所有人都意识到讲信用是最起码和最低的道德底线。同时，要把对每个社会公民的信用观念、信用意识、信用道德的宣传和教育贯穿到每个人的成长全过程。

3. 企业信用管理建设

企业是国民经济的细胞和最重要的市场主体，企业信用也是整个社会信用的基础。企业内部加强信用管理，是提高我国市场交易信用程度的必要前提和重要基础。加强企业信用管理，不仅可以大幅度减少因授信不当导致合约不能履行以及受信企业对履约计划缺乏管理而出现违约现象的发生，而且可以形成对失信企业和机构的市场约束机制，使信用记录不良的企业在各企业的客户管理中被筛选掉，使其没有市场活动的机会和空间。

企业加强信用建设主要包括以下两个方面：

一是要努力树立品牌意识、形象意识，不断增强维护信用的自觉性。信用是企业商誉最为重要的组成部分，是企业市场价值的基础，也是企业进入市场的通行证。企业有诚信才能赢得市场，赢得客户，进而赢得一种长期可持续发展的格局。

二是要加快产权制度改革，建立现代企业制度。现代经济理论研究表明，失信问题的产生有很多制度方面的原因，其中，产权不明晰、司法公正性欠缺和透明度不够等是主要原因。

（二）诚信体系建设重点

1. 完善诚信法规体系

建立完善信用法律法规体系，是我国建设社会信用体系的核心。市场经济发达的国家都建立了比较完善的信用法律法规体系。我国的社会信用体系建设，一定要强调立法先行，这样才能保证社会信用制度的健康发展。

2. 理顺统一征信平台

市场是全国统一的大市场，信用的内在属性是社会性而不是区域性。征信体系建设应坚持全国统一性应加快建立全国统一的企业和个人征信系统，打造全国统一的信用信息平台，发展资产评估、资信调查、评级公司、信用担保等信用中介体系；要以全国统一的企业和个人征信系统为主干，加快整合各部门分散的信用信息，实现信息在全国范围共享。

3. 开发信用产品需求

对信用产品经久不竭的需求，是支撑信用公司生产加工和销售信用产品的原动力，是巩固发展现代信用体系的深厚市场基础，也是信用产品不断创新的原因。

（三）社会信用体系的构建

1. 建立完善的信用法律法规体系

法制建设是信用体系的重要组成部分。法制建设对信用体系建设起到保驾护航的作用，具有规范、引导、保障、推进的作用。在信用体系建设中，信用的采集、信息的披露和信息的查询都应有法的依据、法的保护和法的引导。

2. 建立信用数据技术支撑体系

征信数据是开展征信服务的基础，也是进行信用管理的基础，还是建立国家信用体系的基础。数据是征信企业的生产原料。在一个国家或地区开展征信服务，最基本的条件是征信公司能在资本市场、个人消费市场和商品市场合法地取得各种真实的企业、消费者个人信用数据和各行各业的行业发展数据；需要建立国家征信数据库，专门从事数据的采集和发布。只有建立了国家征信数据库，才能为政府、企业、社会提供可靠的信用依据，社会信用体系才有可靠的基础。

3. 培育现代信用服务体系

这是建设社会信用体系的关键。信用服务业具有智力密集、技术密集、专业化程度高以及市场集中度高的特点，承担着信用信息收集、加工、处理和传递的功能，在防范信用风险、促进信用交易方面发挥着重要作用。应大力培育和发展一批具备较高执业资质和道德水准的独立公正地市场化运作的信用服务机构。

4. 培育信用产品市场体系

要通过政府立法、行业组织制定行规来引导全社会对信用服务的需求。政府有关部门要带头积极利用信用评级、评用报告等产品，对一些行业的市场准入规定对提供信用产品的特殊要求。在登记注册、行政审批、经营许可、质量监督、政府委托中介机构承办事项、资质认定管理等工作中，应明确规定要按照授权和规范流程，查询企业信用报告或要求企业提供信用报告。金融和商业机构在与企业和个人发生信用交易、信用消费、商业赊销和租赁等业务时，应规定按照授权和规范流程，查询当事人的信用报告或要求当事人提供信用报告。对上市公司发行股票，企业发行债券，以及上市公司的信用状况等，规定实行强制评级或评估。

5. 建立健全企业信用管理体系

这是扩大社会信用交易规模和提高信用交易程度的前提。信用是企业生存之本和竞争力之源，是企业最宝贵的无形资产。加强企业信用管理，可以大幅度减少因授信不当导致的合约不能履行，增强信用风险的防范能力；可以加强受信企业自我信用控制能力，加强履约计划管理，防范出现偿债能力不足，无法按时履约等情况；可以形成对失信企业和机构的市场约束机制，使其失去扩大参与市场经济活动和交易的机会。

6. 建立政府信用市场管理体系

这是建设社会信用体系的组织保证。与社会信用体系建设关系最为密切的行政执法和司法部门主要包括：工商、税务、海关、外汇、质量技术监督、人事、社会保障等行政执法和管理部门，公用事业部门（通信、供水、供气、供热），公安、法院等司法部门以及银行、保险等金融部门。

7. 建立社会信用教育体系

建立信用体系，首先要重视信用文化的建设。信用缺失、信用危机首先根源于信用文化的衰落和被侵蚀。要特别重视信用文化的教育。

开展信用教育，从以下三方面入手：

一是利用广播、电视、图书、报刊、网络等现代传播工具，大力开展宣传教育活动，在全社会形成守信光荣、失信可耻的社会氛围。

二是组织编写现代信用知识普及性教材，普及现代信用知识，开设面向政府、企业的多种类型的短期培训和在职教育。行业协会等中介组织可以组织信用服务行业从业人员的培训，提高信用服务从业人员的业务素质和水平。

三是在大学开设信用管理的研究生或本科专业，培养高层次的信用管理专门人才。

8. 建立失信惩戒机制

这是社会信用体系正常发挥作用的保障。对失信者和失信行为不能给予及时、有力的惩戒，就是对失信者的鼓励，对守信者的惩罚。应综合运用法律、行政、经济、道德等多种手段，使失信者付出与其失信行为相应的经济和名誉代价，直至被市场淘汰；使守信者得到各种方便和利益，获得更多的市场机会，不断发展壮大。

思考练习题

1. 从经济学意义来看，什么是信用？
2. 简述信用的发展历程。
3. 简述信用与法律和道德的关系。
4. 分析信用在市场经济中的作用。
5. 结合中国信用状况，分析信用缺失的原因，讨论提高中国信用水平的措施。
6. 讨论如何在中国构建社会信用体系。

第二章 信用风险计量

学习目标

- 了解征信的渠道和调查方法；
- 了解信用评级程序、标准，了解信用评级机构运作流程；
- 掌握信用风险计量技术。

第一节 信用评级概述

一、信用评级概念

信用评级又称信用评估，是指由独立的社会中介机构，通过对企业、债券发行者、金融机构、个人等市场参与主体的信用记录、经营水平、财务状况、所处外部环境等诸因素进行分析研究之后，就其信用能力（主要是偿还债务的能力及其可偿债程度）所作的综合评价，并且用简单明了的符号表达出来，以满足社会需要的市场行为。

信用评级的内涵包括以下三个方面：

（1）信用评级的目的是揭示特定的信用风险，而不是所有的投资风险。信用评级的根本目的是揭示受评对象违约风险的大小，而不是其他类型的投资风险，如利率风险、通货膨胀风险、再投资风险及外汇风险等。

（2）信用评级的评价重点是经济主体履行相关合同的能力，而不是经济主体的价值或业绩。信用评级评价的是经济主体按合同约定如期履行特定债务或其他经济义务的能力和意愿，而不是企业的价值或经营业绩。

（3）信用评级是为投资者提供专家意见，而不是代替投资者做出投资选择。信用评级是独立的第三方信用评级机构利用其自身的技术优势和专业经验，就各经济主体和金融工具的信用风险大小发表的一种专家意见。

二、信用评级特点

1. 简洁性

信用评估以简洁的字母数字组合符号揭示企业的资信状况，是一种对企业进行价值判断的一种简明的工具。

2. 可比性

各信用评估机构的评级体系使同行业受评企业处于同样的标准之下，从而昭示受评企业在同行业中的资信地位。

3. 服务对象的广泛性

除了给评估对象自身对照加强改善经营管理外，主要服务对象有：①投资者；②商业银行、证券承销机构；③社会公众与大众媒体；④与受评对象有经济往来的商业客户；⑤金融监管机构。

4. 全面性

信用评估就受评企业的经营管理素质、财务结构、偿债能力、经营能力、经营效益、发展前景等方面全面揭示企业的发展状况，综合反映企业的整体状况，非其他单一的中介服务所能做到。

5. 公正性

信用评估由独立的专业资信评估机构作出，评级机构秉持客观、独立的原则，较少受外来因素的干扰，能向社会提供客观、公正的资信信息。

6. 监督性

一是投资者对其投资对象的选择与监督，二是大众媒体的舆论监督，三是金融监管部门的监管。

7. 形象性

信用评估是企业在资本市场的通行证，一个企业资信级别的高低，不但影响到其融资渠道、规模和成本，更反映了企业在社会上的形象和生存与发展的机会，是企业综合经济实力的反映，是企业在经济活动中的身份证。

8. 社会信用的基础性

通过信用评估，使社会逐步重视作为微观经济主体的企业的信用状况，从而带动个人、其他经济主体和政府的信用价值观的确立，进而建立起有效的社会信用管理体制。

三、信用评级作用

（1）资信评级可以为投资者提供公正、客观的信息，解决投资者与筹资者（债务人）之间的信息不对称问题，从而做出较为可靠的投资选择，以优化投资选择，实现投资安全性，取得可靠收益，从而起到保护投资者利益的作用。

（2）资信评级是金融机构控制信用风险的一种手段或工具。作为商业银行确定贷款风险程度的依据和信贷资产风险管理的基础，在一定程度上可为降低金融风险服务。

（3）为监管机构提供有关情况，控制债务发行人的发债工具，提高监管效率和力度。金融监管人员逐渐认识到信用评级的作用，常常将信用评级作为衡量债务发行人是否具有发行新债能力的标准。许多监管机构也利用信用评级来对其所负责的银行、保险公司和公用事业公司进行监管，以保证其健康的财务状况或能够及时发现、识别其潜在的重大风险隐患。

（4）信用评级降低了整个社会的信息搜集成本。信用评级公司为展开信用评估活动，必须建立完善的信用数据库，而信息收集和整理工作是完善数据库的基础性工作。信用评级公司的数据库建设和完善有助于降低社会信息的收集成本。

（5）融资市场的通行证。债券评级是企业获准发行债券的先决条件；贷款企业资信评估是一定贷款规模以上的企业通过贷款卡年审、获取银行贷款的必需条件。

（6）降低融资成本的工具。对企业而言，较高的信用等级是企业进入货币市场、资本市场的入场券。信用评级的结果决定企业的融资渠道是否通畅、广泛和稳定，决定着企业筹资成本的高低。高等级的信用可以帮助企业较方便地取得金融机构的支持，得到投资者的信任，能够扩大融资规模，降低融资成本。债券资信级别在很大程度上与其发行利率挂钩。

（7）市场经济中的身份证。信用评估有助于企业防范商业风险。对客户的信用政策，成为企业竞争的有效手段之一。这些信用政策，包括信用形式、期限金额等的确定，必须建立在对客户信用状况的科学评估分析基础上，才能达到既从客户的交易中获取最大收益，又将客户信用风险控制在最低限度的目的。企业可以通过资信评估了解到竞争对手和合作伙伴的真实情况，降低企业的信息搜集成本。良好的资信等级可以提升企业的无形资产，高等级的信用是企业在市场经济中的身份证，它能够吸引投资人与客户大胆放心地合作。在市场经济中信誉正日益成为企业的生命。

（8）改善经营管理的外在压力和内在动力。企业债券发行时要在大众媒体上公告其资信等级，只有级别高的企业才容易得到投资者的青睐；贷款企业资信等级要登录“银行信贷登记咨询系统”，向各家金融机构通报或向社会公告。这种公示行为本身就对企业有一定压力，将促进企业为获得优良等级而改善经营管理。从资信机构客观的评价中，企业还可以看到自己在哪些方面存在不足，从而有的放矢地整改；还可以通过同行业资信状况的横向比较，获得学习的榜样。

四、信用评级的分类

（1）按照债务工具期限的长短，信用评级可分为长期债务评级和短期债务评级。

（2）根据评级对象的不同，信用评级可分为金融工具评级、工商企业资信评估、金融机构财务实力评级、公用事业信用评级、政府信用评级、个人信用评级等。

（3）根据是否考虑主权风险，信用评级可分为主权评级和本币评级。

第二节 信用评级体系

一、信用评级发展历程

信用评级在国外已有 100 多年的发展历史，其发展大致经历了 3 个主要阶段：初始阶段、发展阶段和成熟阶段。

1. 初始阶段

信用评级萌发于 19 世纪中期，最初以债券评级的形式出现。1800～1850 年，美国开始盛行发行国债、州债和铁路债券。1841 年，美国人刘易斯・塔潘在纽约建立了第一个商人信用评级机构。1909 年，美国人约翰・穆迪在研究铁路公司统计资料的基础上，出版了《铁路投资分析》一书。1931 年，穆迪将信用评级扩展到公用事业和工业债券上，并创立了第三方独立信用评级的评级方式，信用评级首次进入证券市场。

2. 发展阶段

20 世纪初，各主要信用评级机构相继成立，不断开展以债券评级为主的信用评级活动，逐步推出了公司债券信用评级、债务工具信用评级、市政债券信用评级、商业票据信用评级等评级业务。

3. 成熟阶段

从 20 世纪 70 年代起，信用评级行业逐步走向成熟，具体表现为：

（1）信用评级形式趋于成熟；

（2）主要信用评级机构通过兼并和收购，确立了在行业内的主导地位；

（3）信用评级业务开始向国际化方向发展。

二、主要国家的信用评级制度介绍

信用评级制度始于20世纪初的美国，迄今已有100多年的历史，随着世界经济一体化进程的加快，其积极作用逐步为其他国家所认识。

（一）美国的信用评级制度

1. 美国评级制度的发展历程

美国评级制度的产生与发展与其资本市场的产生与发展密切相关。自19世纪初，美国的资本市场先后经历了国债发行时代、州债发行时代和铁路债券发行时代，资本市场的投资主体从开始的个人投资者为主逐渐发展到以投资银行为主。资金雄厚的投资银行的介入掀起了美国证券市场的投资热潮，当时的投资者通过订阅由中立的机构发行的简易投资情报资料了解各种债券的优劣情况。

在约翰·穆迪出版《铁路投资的分析》一书之后，普尔出版公司（标准普尔公司的前身）、标准统计公司（1941年与普尔出版公司合并）和惠誉公司也先后于1922年和1924年开始对工业证券进行评级。

美国资信评级制度是目前国际上最发达的评级制度。主要评级机构除对各类债券、基金、商业票据等金融工具进行评级外，还对企业、金融机构、国家主权进行评级。

在资信评级行业，目前美国国内主要有穆迪投资者服务公司（Moody's）、标准普尔公司（Standard and Poor's）、惠誉国际信用评级有限公司（Fitch IBCA），它们基本上主宰了美国的资信评级市场。

在个人资信服务领域，美国有1000多家当地或地区的信用局（Credit Bureau）为消费者服务，这些信用局中的绝大多数或者附属于Equifax（艾贵发）、Experian（益百利）和Trans Union（全联）等三家全国最为主要的信用报告服务机构，或者与这三家公司保持业务上的联系。这三家公司都建有覆盖全国范围的数据库，包含超过1.7亿消费者的信用记录。信用局每年会提供5亿份以上的信用报告，典型的信用报告一般包括4部分内容：个人信息（如姓名、住址、社会保障号码、出生日期、工作状况）、信用历史、查询情况（放款人、保险人等其他机构的查询情况）和公共记录（来自法院的破产情况等）。

在企业征信领域，邓白氏（Dun & Bradstreet）是全世界最大、历史最悠久和最有影响的公司，在很多国家建立了办事处或附属机构。邓白氏建有自己的数据库，该数据库涵盖了超过全球5700万家企业的信息。

2. 美国信用评级制度的成因

（1）20世纪30年代的经济危机使人们开始重视证券还本付息能力。

（2）20世纪30年代之前，美国证券市场上的大部分债券是有担保债券。但1929～1932年的经济危机中，有担保债券发行公司因无法偿还债务发生倒闭的情况明显高于无担保债券发行公司。其原因在于：担保只是在公司发生倒闭时对实物资产回收的一种保障，并不能够降低公司发生倒闭的风险。因此投资者逐渐将注意力从实物资产担保转向企业的经营状况和财务状况。

（3）评级机构的评级活动就是对企业经营及财务状况的一种反映。在经济危机中，评级机构的评级结果基本反映了企业债券偿还能力的真实情况，这一事实加强了投资者对债券评级的信赖。

3. 美国评级制度的作用

（1）降低投资风险。投资者不可能获得证券发行人的全部信息，难以对众多证券进行精确分析和选择。专业机构对拟发行的证券还本付息的可靠程度进行客观、公正和权威的评定，即进行证券信用评级，从而可以显著提高证券投资和交易的质量，降低投资风险。

（2）确定融资成本的依据。在资本市场，证券风险与发行利率成反方向变动。资信等级越高的证券，越容易得到投资者的信任，能够以较低的利率出售；而资信等级低的证券，风险较大，只能以较高的利率发行。评级结果成为债券的定价基础。

（3）扩大了证券交易主体的范围。证券评级，不仅有利于大的机构投资者，更有利于中小投资者进行证券投资，从而扩大了证券交易主体的范围，拓宽了证券发行人的资金来源渠道。

（二）日本的信用评级制度

1. 日本信用评级制度的发展历程

日本信用评级制度的发展大致可分为两个阶段。

第一阶段，由发债会进行评级。1947 年，日本建立了发债调整协议会，简称“发债会”，统一决定各种债券的发行条件和发行利率。1959 年以后，发债会开始对债券进行评级，最初划分为 A、B、C 三个等级，主要考察资本金、纯资产额、发债余额等反映规模状况的指标。进入 20 世纪 60 年代中后期，日本评级制度由注重规模向注重质量转变，指标设置日趋完善，级别分类也参照美国的评级制度做了一些调整。

第二阶段，参照美国模式建立专门的评级机构。1979 年，日本经济新闻社附设的日本公社债研究所率先开展评级业务，并在 1981 年成立了御国信用评级社。1985～1986 年，日本信用评级公司和日本投资者服务公司也相继成立。目前日本公认的评级机构有：日本公社债研究所、日本投资家服务公司和日本评级研究所。

2. 日本评级制度与美国评级制度的区别

日本的评级制度与美国的评级制度的区别：日本是对发行者进行评级，发行者一旦获得评级，在 1 年内其所发行的任何债券都可以使用这一级别；美国是对发行者的债券种类进行评级，同一发行者在 1 年内发行不同种类的债券时，可以得到不同的评级结果。

（三）欧洲的信用评级制度

欧洲债券市场并不活跃，且银行可以兼营证券业务，对评级并没有很大的需求。欧洲的企业一般不愿公开企业内部的信息，通常不会选择要求企业公开信息的融资手段。因此，欧洲资本市场对评级制度的需求远不如美国市场，大多数国家没有成型的评级制度。

1. 英国

英国最早的评级制度建立于 20 世纪 70 年代。随着 20 世纪 60 年代公司债券发行市场的扩大，对公司债券进行评级的要求越来越强烈。保险会计师协会和证券分析协会联合成立了实行公司债券评级制度联合研究小组，并于 1978 年 3 月发表了题为“关于普通公司债券和劣质公司债券的评级制度”的方案，标志着英国公司债券评级制度的建立。

与美国的评级制度相比，英国的评级制度有着诸多的不同。

首先，英国的评级制度对“企业财务经营状况”和“公司债务信誉情况”分别评级。

其次，英国的评级制度排除分析人员的主观判断，完全依靠客观因素进行评价。

最后，美国拥有数家评级机构，而英国只有一家。

英国的评级制度并不成功。其原因在于英国的公司债券市场远不及美国发达，而评级公司的评级方法也受到商人银行、证券交易商及一部分清算银行的质疑。

2. 瑞典

瑞典是欧洲国家中唯一存在公司债券评级制度的国家。瑞典的资信评级制度称为公司债评级制度，建立于1974年。瑞典独立的评级机构对债券进行评级，各公司债券的承购银行按照中央银行规定的方式决定各个债券的级别。

瑞典的评级制度是为了决定公司债的发行条件，而不像美国是为了向投资者提供风险提示。

3. 德国

德国没有专门的评级机构，也没有类似美国的依赖企业公开信息的评级制度。德国法律允许商业银行从事证券市场所有的投资、融资业务，其中包括作为企业发行证券的主承销商，以及在投资公司持股参与二级市场交易。银行在证券市场上具有投资者和发行者的双重身份，就使独立的评级制度失去了存在的必要性。

（四）亚洲的信用评级制度

亚洲信用评级制度起步较晚，但部分国家已经建立了自己的评级制度。除日本外，韩国、印度、泰国、马来西亚等国都有评级机构，它们中大多在建立时都得到了政府监管部门的支持。韩国、泰国的证券监管部门要求公开发行的未担保公司债券必须进行评级。在印度，除了对债券发行人进行评级外，商业票据等特定金融工具及非银行金融机构也被要求进行资信评级。

中国的评级制度建立于20世纪80年代。随着中国经济体制改革的不断深化，企业逐步成为独立的商品生产和经营主体，建立在契约和信用关系基础上的商品交换得到了长足的发展。正是在这一背景下，信用评级开始在中国出现。中国最初的信用评级产生于银行系统内部，银行出于贷款安全性的考虑，组织专门人员对贷款企业的履约能力和信用状况进行分析和评价。当然，这种形式的资信评级由于缺乏必要的独立性，不可能做到客观和公正。

1987年，中国第一家独立于银行系统外的地方性专业评级机构正式成立。而后全国范围内先后出现了几十家不同规模的评级机构，如中诚信国际信用评级公司、大公国际资信评估公司、金诚国际信用管理公司等。

经过多年的发展，中国信用评级业已初具规模，信用评级业务也相对规范化和制度化，初步形成了自己的比较完整的信用评级指标体系，信用评级的严肃性和权威性也有了相当程度的提高。

三、信用评级工作程序

信用评级工作程序是信用评级业务所遵循的操作步骤，一般包括：评级准备、实地调研、初评、终评、评级结果反馈、级别公告、文件存档、跟踪监测等阶段。

1. 评级准备

（1）中介评级机构在受到客户委托后，开始进行企业信用风险评价的准备工作。

（2）组建评估小组。一般情况下，项目小组由 3 人组成，其中 1 名项目负责人，负责整个项目的组织协调工作。

（3）由项目负责人与被评企业指定人员建立工作联系，将信用风险评价的工作过程告知对方，以便于企业人员配合评估小组工作，同时将“企业信用风险评估所需资料清单”发给受评企业，请受评企业按照资料清单准备评估材料，并在指定时间内将资料提交给评估小组。

（4）在收到受评企业提供的评估资料后，评估小组进行初步分析，将资料中不完整、不清楚的地方在访谈提纲中列明，便于在调研时重点了解。

2. 实地调研

（1）实地调研的开始时间应由受评企业与评估小组协商确定，其前提是要保证评估小组如期完成调研工作，采集到评价所需的第一手资料；

（2）现场访谈受评企业的有关人员。访谈对象主要包括：受评企业的主要负责人、财务负责人、投资项目负责人、销售部门负责人、计划发展部门负责人以及其他有关人员。访谈的主要内容包括：企业目前的经营、管理和财务方面的重点问题，决策者对外部环境的分析及内部实力的把握，企业未来发展的设想，企业决策程序、决策层的稳定性及主要决策者的详尽情况。

（3）参观企业现场。评估小组成员对受评企业进行实地考察，以对受评企业的生产环境和经营情况建立感性认识。

（4）对企业有债权债务关系的部门或企业（主要包括向企业贷款的商业银行、大额应付账款的债权人、企业应收账款的主要欠款单位等）进行调查与访谈。访谈的目的是了解受评企业历史资信情况、目前债务的真实压力以及企业资金回笼情况等。

（5）补充评估资料。评级小组在实地考察和访谈之后，可根据需要要求受评企业补充相关资料，并建立完备的工作底稿。

3. 初评

（1）在受评企业提供的资料和会谈纪要的基础上，评估小组根据“企业信用风险评价程序”，整理定量数据，并将数据输入计算机进行处理。

（2）评估人员开始对企业资料进行深入分析，对行业发展趋势、政治及国家监管环境、基本经营和竞争地位、管理水平和财务状况等方面进行综合的评价。

（3）在对受评企业进行定量和定性分析的基础上，评估小组初步确定受评企业的信用风险级别。

（4）将分析报告及附表、信用风险评价工作底稿整理后，提交给信用评审委员会进行审核。

4. 终评

（1）终评是信用评审委员会对评估小组提交的《企业信用风险评价分析报告》进行讨论、质疑、审核，并对信用级别进行表决的过程。评级结果必须经评审委员会三分之二以上的评审委员同意，方才有效。

（2）评估小组根据评审委员会确定的企业信用风险评价等级及评定意见，修改《企业信用风险评价分析报告》，撰写《企业信用风险评价等级评估报告》，并将《企业信用风险评价等级评估报告》及《评估结果反馈意见》在信用风险级别确定之日内送交评级委托机构。

5. 评级结果反馈

（1）若评级委托机构对评估结果没有异议，评估小组负责向委托机构提交《企业信用风险评价等级通知书》。

（2）若评级委托机构对评估结果有异议，并提供有可能对评估结果有影响的、真实的补充资料，则评估小组应向信用评审委员会申请复评。根据委托机构提供的补充资料，对企业信用风险的定量、定性评价进行修正，修改《企业信用风险评价分析报告》，并将修改后的分析报告、复评调整意见、补充资料一并提交给评审委员会，最终确认复评等级。

（3）若评级委托机构对评估结果有异议，但不能提供相应的补充资料，信用评级委员会将不受理复评要求，初评结果即为最终结果。

6. 级别公告

企业信用风险评价将根据评级委托机构的要求，决定是否披露。

7. 文件存档

评估小组将项目的原始资料、评估过程中的文字资料进行分类整理，作为工作底稿存档备查。评估委托机构提供的全套资料应作为保密级别文件归档。对评估委托机构特别要求保密的文件，应作为公司保密文件单独存档。

8. 跟踪监测

由于受评企业所处的经营环境以及企业内部多种因素的变化，企业经营管理状况与评估时点相比可能会发生巨大变化，从而影响到原有评估结果，因此有必要对受评企业进行跟踪复评。跟踪复评一般由原项目小组人员负责实施，分为不定期跟踪和定期复评。

四、信用评级原则

1. 真实性原则

在评级过程中，必须保障评估基础数据和基础资料的真实、准确，采取一定的方法核实评估基础数据和基础资料的真实性。

2. 一致性原则

所采用的评估基础数据、指标口径、评估方法、评估标准要前后一致。

3. 独立性原则

评估人员在评估过程中要保持独立性，不能受评估对象及其他外来因素的影响，要根据基础数据和基础资料独立做出评判，运用自己的知识和经验客观、公正、公平地实施评估。

4. 稳健性原则

在评估和对评估结果的分析过程中，下结论要谨慎，特别是在用定性指标打分时，要谨慎给分。在分析时，对影响企业经营的潜在风险要准确指出，对企业某些指标的极端情况要做深入分析。

五、信用评级方法

由于评级对象的偿债能力和履约能力受到一系列因素的综合影响，国际著名评级机构一般以“现金流量对债务的保障程度”作为分析和预测的核心，对相关风险因素进行定量分析和定性判断，并注重不同行业或同一行业内部评级对象信用风险的相互比较。

国际著名信用评级机构的评级方法具有以下共同特点：

1. 侧重于对评级对象未来偿债能力或履约能力的分析和评价

信用评级的一个基本出发点是评价评级对象未来若干年（而不是过去或现在）的偿债能力或履约能力。

对于长期债务工具的评级，国际著名信用评级机构特别重视对影响偿债能力的长期性因素的分析和判断。如在评价宏观经济周期和行业发展趋势的影响方面，国际著名评级机构一般通过综合考虑评级对象景气时期和不景气时期的偿付能力来确定其信用级别，而不是随着宏观经济的波动而随时调整其评级结果。

2. 定性和定量相结合

定量分析主要是财务报表分析和相关财务指标的运用，以及受评对象基本经营和现金流量预测等，定性分析主要是针对行业风险和管理素质等方面做出的判断。最终信用等级的确定更是综合各种影响因素和专家意见而得出的一种定性结果。

信用评级采用两种方法确定评级对象的信用等级：

（1）专家打分法。评级机构在确定影响受评对象信用级别相关因素的各项指标基础上，由项目分析人员根据事先确定的标准和权重对每一指标分别打分，再根据总得分确定其信用级别。

（2）计量分析法。评级机构采用定量分析和定性分析相结合的方法，综合评估评级对象的信用状况。

3. 注重现金流量的分析和预测

国际著名信用评级机构都非常重视现金流量及相关比率的分析和判断。国际著名信用评级机构现金流量分析一般包括三方面的内容：

（1）企业正常经营活动产生的现金流量；

（2）流动资产和固定资产变现可能产生的现金流量；

（3）现金的其他外部来源。

一般而言，企业经营活动产生的现金流量越充足，资产流动性越强，企业的信用风险就越小。

4. 以同类企业作为参照，强调全球评级的一致性和可比性

国际著名信用评级机构一般是通过同类企业的对比来决定信用等级，即选取国内外信用风险类似的其他企业作为类比组，由专家委员会投票决定评级对象的信用等级。

国际著名信用评级机构非常强调信用评级的全球一致性和可比性，即任何经济主体或债务工具的信用等级与风险大小可以与不同国家、行业及资本市场的经济主体或债务工具进行比较，为投资者进行投资选择提供方便。

六、信用评级指标

信用评级机构在评级过程中往往会使用一些定量和定性指标，评级指标根据被评对象及经济主体所处行业不同而不同。各评级机构所使用的评级指标也有所差异，不存在一套统一、完整的评级指标体系，也不存在评级指标的固定权重，各评级指标与信用等级之间也不存在明确的对应关系。

评级指标体系可大致分为定量指标和定性指标。

定量指标主要是财务报表的分析和相关财务比率的分析和预测。

定性指标主要是影响受评企业未来偿付能力各种因素的分析。一般包括经营环境、经营实力、

管理素质、财务状况和其他保障等五大分析要素，并针对每一评级要素设置相应指标。

基于上述评级指标，信用评级机构采用定量分析与定性分析相结合、静态分析与动态分析相结合的分析技术，对评估对象现金流量充足性进行分析和预测，揭示评级对象的违约风险和损失的严重程度，通过与类比组的相互比较来确定其信用风险的大小和最终信用级别。

（一）定量指标

1. 资产负债结构

对受评企业负债水平与债务结构的分析，有助于了解企业管理层的理财观念和对财务杠杆的运用策略，为预测该企业再融资空间提供重要线索。债务到期安排是否合理，对于特定期间企业的偿付能力有很大影响。如果到期债务过于集中，到期不能偿付的风险会明显加大。而过分依赖短期借款，有可能加剧再筹资风险。企业的融资租赁、未决诉讼等或有负债项目会加大受评对象的债务负担，从而相应增加对企业现金流量的需要量。

2. 盈利能力

较强的盈利能力及其稳定性是企业获得足够的现金以偿还到期债务的关键因素。充足而稳定的收益往往能够反映企业良好的管理素质和开拓市场的能力，增强企业在资本市场上的再融资能力，从而使企业具有较高的财务灵活性。

盈利能力可以通过销售利润率、成本费用利润率、净值报酬率、总资产报酬率、股东权益收益率、销售收入增长率等指标进行衡量，同时要对盈利的来源和构成（特别是价格的形成基础和成本构成）进行深入分析，并在此基础上对影响企业未来盈利能力的主要因素及其变化趋势做出判断。

3. 现金流量充足性

现金流量及其相关比率是衡量受评企业偿债能力的核心指标，其中企业从正常经营活动中产生的净现金流量是偿还到期债务的基本来源。现金净流量、留存现金流量和自由现金流量与到期总债务的比率，可以反映受评企业营运现金对债务的保障程度。现金净流量、留存现金流量与资本支出相比，则可反映受评企业依靠营运现金维持和扩大经营规模的能力。不同行业现金流量充足性标准是不同的，这就需要将受评企业与同类企业相对照，以对受评企业现金流量充足性做出客观、公正的判断。

4. 资产流动性

除了正常经营活动产生的现金之外，企业还可以通过资产变现等方式来偿还到期债务。流动资产与长期资产的比例结构是衡量资产流动性的一个重要指标，流动资产或速动资产与流动负债的比率可以为评价企业内部流动性来源提供重要线索，而存货周转率、应收账款周转率、营业营运资本周转率、应付账款周转率等指标则可在一定程度上反映资产流动性。

（二）定性指标

1. 行业现状及其发展趋势

行业发展阶段、宏观经济景气周期、产业政策等与评级对象未来经营的稳定性、资产质量、盈利能力和现金流量充足性都有密切关系。产业组织和集中化程度也是行业分析的一个重要方面。一般说来，垄断程度较高的行业比自由竞争的行业盈利更有保障，风险相对较低。

2. 基本经营和竞争地位

发债企业的经营历史、经营范围、主导产品和提供产品的多样化程度决定了其市场定位和发展潜力。各项业务在企业整体收入和盈利中所占比例及其变化情况，可以反映评级对象收入来源是否过于集中，从而使其盈利能力易受市场波动、原料供应和技术进步等因素的影响。评级对象的经营目标与方针、营销网络与手段、对主要客户和供应商的依赖程度等因素也是必须考虑的分析要点。

发债企业的竞争地位可以通过多项指标加以衡量，如经营规模、产品的市场占有率、研发能力、成本结构及单位成本的高低、设备、技术水平和外部支持等。受评对象与类比组相比的竞争优势与劣势，尤其是当经营环境出现不利变化时企业能否维持其盈利能力，并保持现金流量的充足性和稳定性，对评价其经营状况和未来若干年的市场竞争能力尤其重要。

3. 管理水平

发债企业管理层素质的高低及管理层的稳定性是企业（特别是处于初创阶段企业）持续发展的关键。企业发展战略和经营理念是否明确、稳健，直接影响到企业未来是否能产生稳定的业务收入和足够的现金来源，或在不利的经营环境下保持财务灵活性。企业的治理结构是否合理则关系到企业经营目标能否顺利实施、经营和管理效率能否提高。

4. 担保和其他还款保障

实力较强的企业为评级对象提供担保，可以提高受评对象的信用等级。但即使是连带责任担保也可能因为相关法规不健全或其他人为因素而不能实现，从而使债权人的利益受到损害。因此，信用评级要对担保实现的可能性和担保实力做出评估。此外，政府直接援助、母公司对子公司的支持协议等也可以为某项债务的偿付提供程度不一的保障。若评估国际债券，国家风险及特殊事件的影响是必须考虑的内容。

七、信用评级标准

信用评级标准包括两个方面。

1. 信用等级的设置及各等级所对应的风险大小和范围

各评级机构一般采用AAA-D的评级符号体系来表示信用风险的大小，并将BBB级以上的信用级别规定为投资级，其他信用级别为投机级，但在每一评级符号所对应的信用风险大小和范围的把握上不尽相同（见表2-1）。

表2-1 信用评级与评级符号

AAA	最佳级	贷款/投资状况
AA	很好级	可投资等级
A	较好级	
BBB	一般级	
BB	观察级	不可投资等级
B	预警级	
CCC	不良级	
CC	危险级	
C	损失级	
D	严重	

2. 信用评级机构根据被评对象的特点而选择的各项评级指标的参照标准

这一标准一般是信用评级机构对积累下来的评级资料进行统计分析的结果。因此，建立行业和企业评级数据库对信用评级机构评级结果的公正性尤其重要。

八、信用评级机构

为了降低赊销而带来的坏账风险，英国于 1830 年、美国于 1837 年出现了专门收集和提供企业信用服务的征信公司。其中，创立于 1841 年的国际著名的美国邓白氏集团（Dun & Bradstreet），奠定了企业开展信用管理工作的基础。

资信评级起步相对晚一些。20 世纪初，美国成立了世界上第一家评估机构——穆迪投资服务有限公司，对当时美国主要铁路企业进行了资信评级。经过一个世纪的演进，信用评估已成为发达国家不可缺少的金融中介服务，发展出众多世界知名的信用评级机构（见表 2-2）。在国际评级业近百年的历史中，穆迪投资者服务公司（Moody's）、标准普尔公司（Standard & Poor's）和惠誉国际信用评级有限公司（Fitch IBCA）是当今世界上最具权威、规模最大的三家评级公司。

表 2-2　全球范围内比较有影响的信用评级机构

机构名称	成立年份	市场定位	长期评级代号	短期评级代号
澳大利亚（标准普尔）	1981	本地	AAA-C	A.1-C.1
加拿大债券评级	1972	本地	A++-D	A-1-A-4
弗吉尼亚债券评级	1976	本地	AAA-C	R-1-U
Agenced Evaluation	1986	本地	AAA-D	T-1-T-4
Fiancier（标准普尔）	1987	本地		
印度信用评级公司	1988	本地	AAA-D	P-1-P-5
日本债券研究所	1979	本地		
日本信用评级社	1985	本地	AAA-D	J-1-J-5
Mikuni 公司	1975	本地	Aaa-D	N/A
日本投资者服务	1985	本地	AAA-D	A-1-D
韩国投资者服务	1985	本地	AAA-D	A1-D
国际银行信用分析（UK）	1979	银行	A-E	
达夫菲力普斯	1932	银行	1-17	DF-1-DF-3
富勤 IBCA	1913	全球	AAA-D	F-1-F-3
穆迪投资者服务	1909	全球	Aaa-C	P-1-P-3
标准普尔	1922	全球	AAA-D	A-1-D

（一）著名企业信用管理机构简介

国际上最著名的企业信用管理机构当属美国邓白氏公司。

邓白氏公司（Dun & Bradstreet）是美国历史最悠久的企业信用评估公司之一，成立于 1841 年，总部设在新泽西州的小城 Murray Hill。

1841 年，邓白氏公司创始人刘易斯·塔潘（Lewis Tappan）在纽约成立了第一家征信事务所 The Mercantile Agency；随后 The Mercantile Agency 在 1851 年由其唯一所有者 R.G.Dun 改名为 R.G.Dun & Co；同期，辛辛那提的律师 Jhon M.Bradstreet 在 1849 年创建了 The Bradstreet Company，到 1933 年 R.G.Dun & Co 和 The Bradstreet Company 两公司最终合并成 Dun & Bradstreet。

经过一百六十多年的发展，邓白氏公司成为一个全球性的征信公司。目前，邓白氏公司在 37 个国家设有分公司或办事处，在全球范围内向客户提供 12 种信用产品、11 种征信服务以及各种信用管理用途的软件，还在 50 个国家和地区替客户开展追账业务。目前邓白氏公司年营业额保持在 14 亿美元以上。

邓白氏公司在其 160 多年的发展历程中，通过技术创新，成为信用评估市场的领先者：1849 年邓白氏公司出版了全球第一本商业资信评级参考书；1900 年出版了全球第一本证券手册；1963 年发明了邓白氏编码；1975 年建立了美国商业信息中心；1990 年起提供完整的商业信息服务；2000 年起致力于电子商务的发展。

邓白氏作为全球领先的商业信息供应商，收集来自全球多达 214 个国家、 95 种语种或方言、181 种货币单位的商业信息，建立了一个全球最为庞大，覆盖超过 1 亿企业信息的海量数据库，数据库对数据更新高达每日 150 万次。

邓白氏数据库通过 DUNSRight 流程对原始数据进行收集、编辑及核实工作。DUNSRight 流程由全球数据收集、实体匹配、邓氏编码、企业关联、预测指数等 5 大步骤有序构成，流程中多达 2000 次的自动核对及人工审核确保数据达到高质量标准。任何客户都可借助这一流程信心十足地做出商业决策。

邓白氏商业信息被广泛应用于风险管理、营销和供应管理决策领域。邓白氏风险管理解决方案能降低风险、提高现金流、增加收益率；邓白氏销售及市场拓展方案能增加客户收益；邓白氏电子商务方案能协助客户更快捷地识别潜在客户；邓白氏供应管理方案能通过供应商的整合有效识别采购节省项目，并保护业务防止因供应链的断裂、或其他严重的财务、营运和调整带来的风险。

已有越来越多的企业，包括《商业周刊》全球 1000 强的企业，把邓白氏公司作为获取致胜信息的最可信赖的合作伙伴。

1994 年，邓白氏公司进入中国，重点在市场开拓、信用管理、应收账款管理和商务培训等方面为中国企业提供信用咨询服务，采集了五十多万家中国企业的数百万条信息，并通过引入邓白氏中国信用风险指数和邓白氏中国风险指数行业标准等，为国内上千家外商投资企业、上市公司、进出口公司和私营企业提供商业资信调查报告。

1. 信用评估

邓白氏公司信用评估业务主要有两种模式：一种是企业之间进行交易时的信用评级，另一种是企业向银行贷款时的信用评级。这两种模式在咨询对象和咨询内容上都有一些区别，但信用报告大致包括以下几个方面的内容：

（1）公司概览。包括地址、电话号码、业务范围、成立时间、领导人有关资料、公司架构等基本资料；

（2）付款记录和分析。包括公司 12～24 个月的拖欠账款记录，同行业企业付款情况的比较分析，对公司的付款能力和风险的分析预测和评估；

（3）财务状况分析。依据资产负债表、损益表等财务报告的相关财务指标，对公司财务状况的分析，对公司的财务表现、财务压力和风险的评估和预测；

（4）经营表现分析。包括诉讼记录、公众记录、新闻机构对公司的评价；

（5）营运状况。包括产品品种、生产能力、产量、交易方式、销售地区、原料来源、顾客类别等资料。

[专栏 2-1]

目前，邓白氏公司的信用评估咨询服务项目，也称为邓白氏信用风险管理解决方案，主要有以下几项资信产品：

（1）商业资信报告。

邓白氏商业资信报告是被全球企业广泛使用的资信产品。借助邓白氏覆盖全球二百多个国家及地区的信息网络，企业可以方便及时地全方位了解其客户的资信状况，并交叉核实自己已掌握的客户信息，监控老客户或问题客户的风险变化，还可以最快地洞悉新客户的信用状况，为业务决策提供信息支持。邓白氏商业资信报告主要包括：注册信息，历史记录，付款记录和付款指数，财务信息，公共信息，营运状况及企业家族关系，以及邓白氏评级风险指数和行业标准。

（2）信用管理咨询服务。

邓白氏的商务咨询顾问，运用邓白氏信用风险管理知识，为企业提供的旨在帮助企业建立和调整其信用管理体系的咨询服务，以支持企业更好地管理客户和应收账款，减少坏账，优化现金流量。邓白氏商务咨询顾问首先通过与企业各相关部门的访谈，了解企业的行业状况、业务需求和现有信用管理水平。然后提供项目报告，协助企业确立其今后发展各阶段的信用管理目标，提出相应的信用管理解决方案，并为项目的具体实施提供支持和培训。

邓白氏信用管理咨询服务可以帮助企业建立：①信用管理职能，包括制定连续稳定的信用政策，确定标准化的信用申请和审批流程，创建客户化的评估模型，设定信用相关人员和部门的职责等；②应收账款管理职能，包括系统化应收账款管理流程和建立催收政策等；③客户档案管理职能，包括建立集中、完善、可及时更新的客户档案等。

（3）风险评估管理系统（RAM）。

风险评估管理系统是一个集客户管理、信用评估及应收账款管理为一体的自动化信用管理工具，它将企业内部数据和邓白氏信息以信息仓库的形式结合在一起，结合后的信息通过一系列的客户化决策模型融入企业自己的信用决策准则，进而将商业信息提升为商业情报。同时，RAM可以对每个客户自动评出风险分数，并给予建议性的信用额度，使企业的整个信用决策过程客观、一致和高效。RAM还能够细分客户群体，将不同的信用风险进行归类，让企业对其客户有更深层次的了解。

（4）数据库管理咨询服务。

通过数据整合优化，确保企业所有的分支机构、职能部门在具有相同质量信息的基础之上进行运作。这一服务将企业所有的业务部门的客户和供应商信息整合在一起，使企业准确了解自己与各公司或集团公司的总体业务关系，确认以顾客身份出现的供应商，从而发现属于同一企业族系的客户和供应商的额外业务发展机会。借助这一服务，企业可在节省大量的时间和资源的同时，提高自身分析顾客、评估供应商、设定信用额度和确定风险的能力。数据库管理咨询服务的过程包括：标准化和清理客户和供应商的主要数据；删除重复记录；统一、及时整合不同来源的数据；识别已停止和有潜在欺骗性的商业个体；提供能够被企业资源规划（ERP）系统接受的客户与供应商的数据格式等。

（5）邓白氏付款信息交流项目。

邓白氏付款信息交流项目是一个集客户信用分析与公司信息采集为一体的信用信息系统。邓白氏公司在亚洲及全球大多采用这一方法对客户提供信用分析服务，并同时采集大量信用分析评估所需的信息资料。具体的运作方法为，参加邓白氏付款信息交流项目的客户根据交易周期的长短，将企业的付款信息按月或按季提交给邓白氏公司，邓白氏公司将这些付款记录分门别类地输入到相应的公司档案里，通过相应的数学模型软件进行分析比较，然后将分析结果反馈给参与项目的客户。这一项目给客户提供的服务，一是迅速判断回收货款时间及其对利润的影响；二是准确把握付款变化的趋势；三是对公司的付款记录与行业水平进行对比；四是对某一公司与其他供应商在付款上的差异比较，评估潜在的业务损失。邓白氏公司则可通过这一交流项目获取大量有关企业付款方面的信息，特别是对参与交流项目有业务往来的企业的大量信息，并依此建立相关行业、相关企业的付款及风险分析系统。

2. 信用评估的保障系统和技术手段

邓白氏公司在长期经营的实践中，经过不断探索，大胆创新，长期改进，逐渐建立起一套与众不同的、独特的信用评估保障体系和技术手段。

（1）邓白氏全球数据库。邓白氏公司的“全球数据库”是全世界信息量最大的企业信用数据库，邓白氏公司的信用产品和服务就是来源于这个数据库。邓白氏数据基地在美国东部，在全球37个分支机构建有数据库分基地，有三千多人从事数据的收集和加工工作。数据库由5个子系统组成：邓白氏全球数据库联机服务系统、全球企业家谱和联系系统、全球数据库支持系统、全球市场分析系统和全球市场方案系统。为了满足客户的需求，邓白氏数据库采取多渠道、多形式收集信息，目前收集信息的主要渠道有：当地的商事登记部门，当地的信息提供机构，当地的黄页、报纸和出版物，官方的公报，商业互联网站，银行和法庭；有的时候，还采取拜访和访谈的形式收集有关的消息。目前，邓白氏全球数据库拥有全球企业信息七千多万条，覆盖214个国家和地区，使用95种语言，181种货币。在全球拥有客户15万家，其中包括《财富》杂志500强中的80%和《商业周刊》全球1000强中90%的企业。数据库不仅累积了多年收集的信息，而且每天以100万次的频率更新。

邓白氏全球数据库采用高科技手段实行联机服务，客户可以通过计算机系统在“视窗”或网上定时检索世界各国企业的商业和资信信息，此外，客户还可以通过邓白氏的全球数据库的联机服务在网上订购邓白氏公司的各种征信产品。

（2）邓白氏编码系统。邓白氏编码（D—U—N—S Number）是邓白氏公司信息库及其信用分析系统所使用的编码系统，由9位数字组成。每个邓白氏编码对应的是邓白氏全球数据库中的一条记录，它被广泛用作一个标准工具，用来识别、整理、合并各个企业的信息。其主要作用是管理现有客户和潜在客户档案，识别企业家族族系，连接相关贸易伙伴，扩大商机；帮助客户清理内部档案；整合企业内部数据库。数以千计的公司都使用邓白氏编码与供应商、客户以及贸易伙伴建立联系，同时对自己的供应链进行有效的管理。此外，邓白氏编码在支持电子商务、行业网络等现代的交易系统中都发挥了重要作用。

目前，邓白氏编码在国际上得到了广泛的认可，其中包括国际标准组织、欧盟、联合国、美国国家标准学会、美国联邦政府等五十多个组织机构和工业及贸易协会的认可和推荐。

（3）邓白氏中国信用风险指数。邓白氏中国信用风险指数是基于邓白氏在中国过去几年发展并积累的数据，运用统计学的方式分析并测试后得到的。这里，中国的平均企业倒闭率被认定为衡量风险的标准。企业倒闭的定义为在过去两年间，破产、停业或突然消失的企业，这样发展得到的数据，可以确定处于某一风险等级的企业相当于其他企业发生业务失败的概率。该指数分为1～6级，1级代表企业倒闭的风险最低，6级代表企业倒闭的风险最高。

（4）邓白氏中国风险指数行业标准。邓白氏中国风险指数行业标准是从邓白氏中国数据库的现有行业样本中，利用邓白氏先进的统计原理发展出来的，可以让企业通过比照行业风险平均值来定位其客户的风险水平。所属行业按四位标准工业代码来划分。将同一行业的企业按不同的风险指数，用四等分位的方法得出同业较高平均风险指数、同业中等平均风险指数、同业较低平均风险指数；然后将客户的风险指数与其进行比较，就可以了解客户在行业中所处的风险水平。

（5）邓白氏信用评级方法。根据邓白氏信用风险指数和邓白氏风险指数行业标准，按照客户规模由小到大的三种信用额度区间，将三种区间由低到高对应于邓白氏风险指数，最终确定其风险水平。

（二）著名资信调查与信用评级机构简介

1. 穆迪（Moody’s）公司

穆迪公司是1900年由约翰•穆迪创立的评级机构。该机构从1909年起先后开始对铁路证券和一般企业债券进行评级。经过近百年的发展，穆迪公司已发展成一家全球性的评级机构。

（1）穆迪公司的评级特点。

① 历史最长，规模最大，最具权威性。

② 评级对象主要为债务性融资证券，如长期债、短期债等，另外其主权评级也最具影响力。

③ 评级方法更趋于定性分析，绝不采用评分的方式。

（2）穆迪评级的基本原则。

① 定性和定量相结合，强调定性分析。

② 侧重于对影响评级对象未来偿债能力的长期性因素的分析和评价。

③ 注重现金流量的分析和预测。

④ 以同类企业作为参照，强调全球评级的一致性和可比性。

⑤ 考虑当地会计实际情况。

（3）穆迪评级的基本要素。

① 行业趋势。考虑经济周期的敏感性、全球化定价、国内和全球竞争、进入壁垒、成本因素、技术变革的敏感性等因素。

② 国家政策和监管环境。考虑国内商业实践、监管和管制解除趋势、政府保证和支持等因素。

③ 管理质量。考虑战略方向、财务策略、业绩记录、母子公司关系、发展计划、内控等因素。

④ 基本经营和竞争地位。考虑市场份额及展望、主营业务和收入多样化、成本结构等因素。

⑤ 公司结构。考虑分支机构的重要性、相对财务状况、法律环境、合资公司伙伴、债务优先要求权、债务契约等因素。

⑥ 财务状况。考虑现金流量、资本市场融资能力、评估后备资源的相对需求、质量和来源、估计资金需要的时间等因素。

⑦ 母公司保证和保持协议。考虑母公司担保、维护协议、偿付的强制性和时间性、协议条款和条件等因素。

⑧ 特别事件风险。

（4）穆迪评级的主要指标。

穆迪评级选定的指标体系见表 2-3。

表 2-3　穆迪评级指标体系

项目	财务指标
部门指标	各生产经营部门销量及销售收入、部门资产规模、部门毛利率、部门息税前盈余/部门资产、部门经营性现金流/部门资本支出
收益分析指标	税金/股息支付比率，利息保障倍数、资产、应收账款、存货周转率，息税前盈余/平均资产、息税前盈余/平均资本支出、平均股东权益回报率
现金流量指标	经营性现金流量/总负债、留存现金流量/总负债、自由现金流量/总负债、经营性现金流量/资本支出、留存现金流量/资本支出
资产负债分析指标	资产负债率、负债结构、资本化总额

2. 标准普尔公司

标准普尔公司是由普尔出版公司和标准统计公司于 1941 年合并成立的，是对各种股票债券进行评级的综合性公司。公司历史可追溯到 1860 年。当时，普尔先生（Henry Varnum Poor）出版了《铁路历史》及《美国运河》，并以“投资者有知情权”为宗旨率先建立了金融信息业。时至今天，早已成为行内权威的标准普尔仍在认真严格的履行最初的宗旨。

在过去一个多世纪，标准普尔经历了多个里程碑：1906 年成立标准统计局（Standard Statistics Bureau），提供在此之前难以获得的美国公司的金融信息；1916 年标准统计局开始对企业债券进行债务评级，随即开始对国家主权进行债务评级；1940 年开始对市政债券进行评级；1941 年普尔出版公司及标准统计局合并，标准普尔公司成立；1966 年麦格罗・希尔公司兼并标准普尔公司。

标准普尔通过全球 18 个办事处及 7 个分支机构来提供世界领先的信用评级服务。如今，标准普尔员工总数超过 5000 人，分布在 19 个国家。标准普尔投资技巧的核心是其超过 1250 人的分析师队伍。世界上许多最重要的经济学家都在这支经验丰富的分析师队伍中。标准普尔的分析师通过仔细制定统一的标准确保所有评论及分析的方法都是一致和可预测的。

（1）标准普尔公司的评级特点。

① 金融机构评级、证券评级是标准普尔的一大特色，在其评级业务中占有相当大的份额。

标准普尔作为金融投资界的公认标准，提供被广泛认可的信用评级、独立分析研究、投资咨询等服务。标准普尔提供的多元化金融服务中，标准普尔 1200 指数和标准普尔 500 指数已经分别成为全球股市表现和美国投资组合指数的基准。该公司同时为世界各地超过 220000 家证券及基金进行信用评级。

标准普尔的服务涉及各个金融领域，主要包括：对全球数万亿债务进行评级；提供涉及 1.5 万亿美元投资资产的标准普尔指数；针对股票、固定收入、外汇及共同基金等市场提供客观的信息、分析报告。标准普尔的以上服务在全球均保持领先的位置。此外，标准普尔也是通过全球互联网网站提供股市报价及相关金融内容的最主要供应商之一。

标准普尔在资本市场上发挥了举足轻重的作用。自 1860 年成立以来，标准普尔就一直在建立市场透明度方面扮演着重要的角色。当年欧洲的投资者对于自己在美国新发展的基础设施投资的资产需要更多的了解。这时，公司的始创人普尔先生（Henry Varnum Poor）顺应有关需求开始提供金融信息。普尔出版的各种投资参考都是本着一个重要的宗旨，就是“投资者有知情权”。在过去的一个世纪里，金融市场变得越来越复杂，业内人士千挑万选最终还是认定标准普尔独立、严格的分析及其涉及股票、债券、共同基金等投资品种的信息是值得信赖的。标准普尔提供的重要看法、分析观点、金融新闻及数据资料已经成为全球金融基础的主要部分。

标准普尔是创建金融业标准的先驱。它首先对以下方面进行了评级：证券化融资、债券担保交易、信用证、非美国保险公司的财政实力、银行控股公司、财务担保公司。股票市场方面，标准普尔在指数跟踪系统和交易所基金方面同样具有领先地位。另外，该公司推出的数据库通过把上市公司的信息标准化，使得财务人员能够方便地进行多范畴比较。标准普尔一系列的网上服务为遍布全球的分析、策划及投资人员提供了有效的协助。

② 评级过程中定性分析与定量分析两种方法都采用，但以定量分析为主。

标准普尔的实力在于创建独立的基准。通过标准普尔的信用评级，他们以客观分析和独到见解真实反映政府、公司及其他机构的偿债能力和偿债意愿，并因此获得全球投资者的广泛关注。

（2）标准普尔评级的基本原则。

① 把分析工作分成几类，以此来提供分析的框架，而该框架是考虑了所有显著的因素。

② 信用等级是经营风险与财务风险平衡的结果。

③ 对不同行业建立不同的分析框架。

④ 各因素不是相互独立的，没有一个公式能把各因素组合出一个信用等级。

⑤ 强调全球评级的一致性和可比性。

（3）标准普尔评级指标。

标准普尔评级采用表 2-4 的指标体系。

表 2-4　标准普尔评级指标体系

经营风险	财务风险
1. 行业特征	1. 财务特征
2. 竞争地位 （1）市场（2）技术 （3）效率（4）监管	2. 财务政策
	3. 收益性
	4. 资本结构
	5. 现金流保护
3. 管理	6. 财务灵活性

3. 惠誉（Fitch）公司

惠誉国际信用评级有限公司也是世界领先的国际评级公司之一，是继穆迪与标准普尔之后的第三大评级机构。

评级业务主要有：主权评级、金融机构评级、企业评级、结构融资评级。其主要领域包括：资产抵押证券、商业分期付款证券、住宅抵押证券、信贷产品、信贷基金等。

（1）惠誉公司的评级特点。

① 评级业务范围很广，几乎涉猎评级市场的各个方面。

② 结构融资在其评级业务中占重要地位，并发明了复杂的结构融资的评级标准，是对 CMOS 市场风险进行估价和对债券组合的易变性进行评级的第一个机构。

③ 在企业评级市场上占有优势份额，在美国市场上，其商业票据项目几乎占 60%。

（2）惠誉评级的基本原则。

① 评级是考察企业及时偿还债务的能力以及和其他行业、国家的公司的对比。

② 定性和定量相结合。

③ 公司的表现需要和同类公司进行对比分析。

④ 强调对公司经营历史和财务数据的分析以及对未来的预测。

⑤ 通过情景分析，考察公司应对各种经营环境变化的能力。

⑥ 一个重要的评级因素是财务灵活性，其在很大程度上取决于公司从生产经营中产生现金流量的能力。

（3）惠誉评级的指标体系。

惠誉评级采用表 2-5 的指标体系。

表 2-5　惠誉评级指标体系

定性分析	定量分析
1. 行业风险	1. 现金流量
2. 经营环境	2. 盈利和现金流量
3. 市场地位	3. 资本结构
4. 公司管理	4. 财务灵活性
5. 会计	5. 盈利计量
	6. 覆盖比率
	7. 杠杆比率
	8. 收益比率

4. 三大评估机构信用等级符号及含义

三大评估机构信用等级符号比照如表 2-6 所示。

表 2-6　三大评估机构信用等级符号比照

表示符号			含义	品质说明
Moodys	S&P	Fitch		
Aaa	AAA	AAA	最高级	最高级品质，本息具有最大的保障
Aa	AA	AA	高级	高级品质，对本息的保障条件略逊最高级债券
A	A	A	中高级	中上品质，对本息的保障尚属适当，但保障条件不及以上两种
Baa	BBB	BBB	中级	中级品质，目前对本息的保障尚属适当，但未来经济情况发生变化时，约定的条件可能不足以保障本息安全
Ba	BB	BB	中低级	中下品质，具有一定投机性，保障条件同中级
B	B	B	差、半投机性	具有投机性，缺乏投资性，未来的本息缺乏适当保障
Caa	CCC	CCC	差、明显投机性	除具投机性，利息尚能支付，但无保障，经济不佳时，债息可能停付
Ca	CC	CC	显然不佳，明显投机	比 CCC 稍差，支付利息的保障更差
C	C	C	高度投机性	信誉不佳，本息可能已经违约停付，专指无力支付本息的收益公司的债券
		DDD	低级、低价值	品质差，易发生倒债
		DD	资产价值低	品质差，不履行债务，资产价值低
		D	无明显价值	品质差，无明显价值，前途无望

第三节 征信

一、征信的基本概念

征信就是资信调查，是指征信机构通过各类手段广泛收集、处理信用信息，以验证调查对象的信用状况。

征信有广义和狭义之分。广义的征信泛指调查、了解、验证他人信用。狭义的征信主要是指信用机构对企业或个人信用进行调查、验证并出具信用报告。

二、征信的法制环境

一个国家的信用管理体系建设和征信服务的全面开展，必须创造必要的法制环境。要保障征信数据的开放，规范授信和信用管理行为，保护消费者的权益，就必须有一系列相关的法律法规及相应的惩罚机制。建立完善、高效的信用管理法制环境是信用行业健康规范发展的基础和必然要求，也是跨入征信国家的最主要标志。

美国、欧洲等征信国家的信用管理相关法律主要是基于“保护消费者个人隐私权并维护市场公平竞争”的基本原则，通过保证企业和消费者征信信息的畅通，达到规范授信和征信行为的目的。

1. 征信数据开放的法律保障

征信数据是制作征信产品的原材料，是开展信用管理服务的基础性条件。全面开展征信服务，征信行业的从业机构必须能够合法地取得各种真实的企业和个人信用信息、行业及社会数据，并在法律规范下对经过处理的信息进行公开和公正的报告。

世界上各征信国家都有相关法律明确规范征信数据的开放和使用，即由法律规定哪些数据可以被征信公司合法和公开地取得，哪些数据需要保密而不能被征用。

在界定数据开放范围的同时，西方征信国家的法律也强制性地要求掌握征信数据的机构和企业必须向社会开放其数据源。

2. 规范授信行为的法律保障

规范授信行为的法律可分为两类：一类目的在于保护消费者的权益，减少信用交易中的信息不对称程度，如美国的“公平法”系列；另一类目的在于控制和指导授信金融机构的工作方式和业务范围。

绝大多数国家的信用管理相关法律都是为保护消费者而订立的，几乎没有什么信用管理专业法律涉及保护企业法人。其目的在于体现市场公平竞争的原则，保护信息不对称的弱势方（消费者），通过规范企业和金融机构的授信行为，消除授信机构对消费者个人的信息不对称对象。

3. 规范信用管理行为的法律保障

从美国信用相关立法体系构成来看，基本可以分为银行相关信用法律和非银行相关信用法律两类。

三、征信渠道

按照征信机构获取信息的方式，征信渠道可以划分为直接渠道和间接渠道。

直接渠道是指征信机构通过各种公开手段拿到企业或个人的征信资料。

间接渠道是指征信机构在法律、法规允许的范围内从调查公司等其他第三方信息提供机构获得资料。其中，直接渠道是征信机构主要获取信息的途径。

一般而言，征信数据主要来源于政府信息、金融机构信息、公共媒介信息和其他第三方调查的信息。

1. 个人征信渠道

（1）商业银行、信用卡公司、公用事业机构和零售商；

（2）就业单位；

（3）公安、法院、税务、劳动人事等政府部门。

2. 企业征信渠道

（1）工商行政管理部门及税务部门；

（2）商业银行；

（3）法院、公安等政府部门；

（4）官方公报及数据库；

（5）报纸、杂志等新闻出版物及商业互联网站；

（6）其他信息提供机构。

3. 征信渠道的使用

（1）通过合法、公开的渠道免费获取信用信息；

（2）企业、个人自愿提供信用信息；

（3）依法或按照合约从政府有关部门或单位以及其他信息提供单位获取信息；

（4）通过金融机构特别是商业银行获取信息；

（5）通过间接的渠道获得信息。

四、企业征信调查

（一）基本概念

企业资信调查，即企业征信，是指由专业化的信用管理或服务机构对有关企业资信状况进行系统的调查和评估，并按照市场化原则向社会开放征信资料和数据、提供信用报告。

资信调查可以反映被调查企业以下信息：

（1）对金融部门贷款的按时还本付息情况；

（2）对供应商应付账款的按期支付；

（3）对顾客提供产品和服务的数量、质量、交货期等的保证；

（4）对员工提供各类权益保障的履约情况；

（5）是否能够按时足额纳税；

（6）对国家法律法规的遵守情况；

（7）企业财务报表的真实性；

（8）企业信息披露的真实可靠性。

（二）企业资信调查的产生和发展

当授信人（债权人）授信失当或受信人（债务人）回避自己的偿付责任时，信用风险就会产生。信用风险产生的根本原因是发生经济关系的市场主体之间的信息不对称。随着社会分工的深化和市场信用交易的扩大，企业资信调查机构应运而生，为企业、金融机构和政府部门提供专业化信息咨询和服务。

（三）企业资信调查的目的

企业资信调查有利于企业把握客户、合作伙伴的基本信用情况，具体来说，可以帮助企业达到以下目的：

（1）有利于企业寻找潜在客户；

（2）帮助企业与新客户建立业务关系；

（3）了解竞争对手的最新情况，以制定相应的经营策略；

（4）老客户的资料超过一定时限时，更新客户资料；

（5）当客户改变交易方式时，可以及时应对；

（6）有重大合作项目时，降低风险；

（7）处理与客户的各种纠纷，包括各种诉讼等。

（四）企业资信调查报告的种类

1. 简单企业资信调查报告

主要内容包括：注册资料及股东、企业历史沿革、业务范围、基本经营状况、员工人数、付款记录、诉讼记录、简单财务数据、主要进出口客户、主要经营者履历等信息。

用途：帮助判断企业的合法性，了解企业概貌，适用于小额贸易或合作。

2. 标准企业资信调查报告

主要内容包括：在资信报告概要的基础上，增加公司组织结构及附属机构、公司领导者素质、最近 1 年详细财务数据及财务比率分析、业务现状与发展前景、企业实地考察、行业状况、企业对外投资、银行往来等信息，并给出理想信用额度和信用评级。

用途：帮助客户了解企业的经营管理情况、财务状况及其偿债能力，从而确定结算方式和信用额度，适用于交易金额不大、交易次数频繁、相对稳定、持续的贸易关系。

3. 深层次企业资信调查报告

主要内容：连续 3 年以上详细财务数据及财务比率分析、详细的行业发展情况、综合经营信息、行业基本状况、企业竞争力分析等资料，同时也包括主要领导人个人信用、竞争对手分析等，并给出对企业的综合评估，主要是在一个较长的历史阶段对企业做出评价。

用途：帮助客户全面了解企业的生产、经营、管理情况，可作为扩大业务、赢得顾客或争取银行贷款的重要参考依据，也适用于大型投资项目可行性分析和企业重大经营活动决策参考。

4. 企业资信调查后续报告

它是对资信调查报告某些部分的定期更新。更新的部分往往以被调查企业的即期财务报表为主，也包括企业经营、管理层、股东的重大变动情况以及公司地址、电话、法人等注册事项的变更情况。

5. 特殊资信调查报告

根据客户的特定要求，在遵守相关法律法规的前提下，涉及“简单资信报告”和“深层次资信报告”中没有包括的信息，向客户提供特殊信用信息需求的专项资料，适用于企业生产经营活动中产生的不同专项信用信息需要。

（五）企业资信调查的作用

（1）扩大信用交易范围，提高交易效率；

（2）降低融资成本，鼓励投资；

（3）防范银行信用风险，降低银行不良资产；

（4）有利于提倡诚信经营的信用文化，增强企业信用意识；

（5）有利于国家宏观调控政策实施。

（六）企业征信模式

1. 完全市场化商业运行的企业征信制度

美国的商业性征信企业、追账公司等是一种典型表现，它们都是从盈利目的出发，按市场化方式动作。美国目前形成了由邓白氏集团等著名公司为主体的企业征信体系。

2. 以中央银行建立的中央信贷登记为主体的企业征信制度

德国、法国等欧洲国家主要采取这种方式。中央银行建立中央信贷登记系统主要是由政府出资，建立全国数据库的网络系统，征信加工的信息主要是供银行内部使用，服务于商业银行防范贷款风险和中央金融监管及货币政策决策。

3. 由银行协会建立的会员制征信机构与商业性征信机构共同组成的企业征信制度

日本是这种制度的典型代表。日本银行协会建立了非盈利的银行会员制机构——日本个人信用信息中心，负责对消费者个人或企业进行征信，会员银行可以共享其中的信息。

五、个人征信调查

（一）个人征信调查与企业资信调查的区别

由于个人消费者与企业的不同特点，造成个人征信调查与企业资信调查在操作方法上有很大不同。相对个人消费者来说，企业的特点是规模大、数量少。企业信用调查可以做个案处理，从委托到完成可以有一定的周期。而消费者个人信用调查的特点是人数众多，不可能做个案处理，必须批量处理信息，自动化地出具报告。

（二）西方征信国家的个人征信调查

在西方征信国家，个人征信调查主要由信用局完成。不同来源的数据通过各类征信机构收集上来，保存在中央数据库或是各征信公司的数据库当中。任何提供赊销或贷款的企业或银行都可以查询这些信息，用于信用决策。反过来，在各项信用交易中形成的关于企业或消费者的各种记录也会反馈到数据库中，完成动态跟踪。信用局是靠搭建广泛的征信渠道和平台、长期收集大量的数据并保证及时的动态更新来完成个人信用调查的。

个人信用记录是形成不同种类个人征信报告的基础。有了充足的个人信用记录，美国的个人信用局可以向法律规定的合法用户提供多达30种以上的消费者信用调查报告。

由于个人征信调查要涉及大量的个人信息，健全的法律是完成个人征信的必要支持。

（三）个人征信调查的基本内容

美国全国信用报告协会设计了标准信用报告格式——“信用观察 2000”，对信用报告的内容和基本格式提出了基本要求。根据“信用观察 2000”表格的要求，个人征信调查要包括以下几类信息：人口统计资料、流水账信息、就业资料、公共记录资料、信用局查询记录。

“信用观察 2000”规定了对信用调查的基本要求，但由于信息收集的渠道不同，以及不同的评分标准和报告风格，各大信用局在收集信息当中也会体现不同的特色。

（四）个人征信的渠道

1. 建设个人征信渠道的原则

建设征信的渠道要把握三个基本原则，即批量处理原则、成本最优原则和时间性原则。

2. 个人征信渠道的分类

（1）个人身份识别信息；

（2）个人信用记录；

（3）职业记录；

（4）公共记录；

（5）征信机构查询记录。

（五）个人征信的模式

实践中普遍存在着三种个人征信模式：同业征信、联合征信及金融联合征信。

1. 同业征信

同业征信是由征信机构在一个独立或封闭的系统内部进行征信和提供征信服务的征信工作方式。

2. 联合征信

联合征信是指征信机构根据协议，从一家以上的征信数据源收集征信数据的形式。

3. 金融联合征信

金融联合征信不同于同业征信，也不同于联合征信。从信息收集的角度来看，它是联合征信的一种，需要广泛地收集个人信用信息；从使用者的角度来看，它很像同业征信，只能向有会员资格的金融机构提供服务。

（六）个人信用调查报告种类

（1）标准信用报告；

（2）购房贷款信用报告；

（3）就业报告；

（4）商业报告；

（5）人事报告；

（6）信用评分报告。

六、信用数据中心

（一）信用数据中心的概念

现代化的征信业务，无论是企业征信还是个人征信都是建立在对大量征信数据的收集、整理、分析和归纳的基础上的。因此，任何现代化的信用公司都必须具备数据收集、保存、传输、整理、分析的技术能力。信用数据中心就是信用公司从事以上工作所必备的基础性的专业技术部门。

（二）信用数据中心的服务对象和内容

1. 金融信息平台的建设方案

它包括在设计和建立商业信用数据中心的过程中所形成的成熟的大型数据库平台的设计和建设方案、电信级机房的设计和建设方案、网络系统的设计和建设方案、专业性网络施工和维护队伍的组建方案。

2. 重要数据的托管服务

由于商业信用数据库拥有一个电信级机房所具有的所有核心设备，以及与之相配套的防病毒、防火、防止非法入侵和排除系统故障的专业工程师队伍和管理系统，它有能力向社会提供高质量、高安全性、高稳定性的数据托管服务。

3. 信用信息的查询服务

储存在商业信用数据库中的丰富的企业数据和个人数据，可以为社会提供详实、快速、高效的信用信息查询服务。

4. 利用征信数据库为企业间提供商务合作服务

征信数据包括有关一个企业的各类信息，从描述性信息（如企业性质、经营范围、联系方法等）到各种该企业的商务活动记录，可以利用这些信息为企业的商务活动提供一个平台，使企业能够获得行业内和行业间的各类信息，促进企业之间的商务合作和交流。

5. 利用征信数据库为企业与消费者提供商务信息服务

基于企业信用数据库和个人信用数据库，我们可以为企业和消费者之间搭起信息的桥梁。以汽车销售为例，消费者需要购买汽车，可从征信数据库中查询到信用记录好的销售公司，从而确定购买方向；同样，销售公司在推出新车型的时候，也可通过征信数据库查询信用记录好的客户，为其提供优质低价的服务。

6. 向社会提供综合性研究报告

根据征信数据库的信用记录情况，通过现代化的数据仓库技术和其他科学的信用分析系统，可以得出各种商业发展趋势的报告，从而为政府、行业管理协会制定发展规划提供了定性和定量的参考。

定期发布不守信用的黑名单和介绍诚信企业，向社会大众公开有关资料，起到监督、约束不良商业行为，鼓励诚实守信的作用。

（三）信用数据库的建设

信用数据库是用于存储企业、个人信用信息的计算机软硬件设备，是信用数据中心的核心和基础。

1. 信用信息的全面性和广泛性

为社会提供个人或企业的信用信息服务，要保证收集到尽可能全面、广泛的信用信息。

2. 信用信息的时效性

信用信息必须具有时效性，如果某个企业或个人的商业行为出现了问题，这种信息应该及时迅速地在商业信用数据库中得到反映，使银行和相关人员能够得到预警，避免或降低将来发生损失的风险。

由于对系统的时效性的要求，商业信用数据库所提供的服务必须是24小时的连续服务。为了实现不间断服务，必须在多个高性能UNIX服务器间建立群集，万一服务器出现问题，在若干秒内备用服务器将启动接管所有服务。机房内24小时由专业的工程师值班，以便及时处理故障，更换备件。

3. 信用信息的安全性

信用信息的安全无论对企业、个人、银行都是十分重要的。

（四）数据整理、数据模型和信用报告

1. 数据整理

将所采集的数据进行筛选，把一些不合格、不准确、不完整的数据剥离出去，保证入库数据的质量；其次是将数据进行科学的分类。

2. 数据模型

借助现代数学、统计学工具对经过整理的数据进行定量的分析和处理，提炼出一系列数学模型，对特定地区、特定消费人群的信用行为模式进行准确的预测。

3. 信用报告

在得到高度抽象的数学模型后，数据分析人员和信用风险控制专家对定量的分析报告进行研究，寻找它的实际意义，最终形成建立在对大量经过提炼的原始信用数据进行数理统计分析基础上的信用风险预测报告，供信用公司、银行作为制定信用政策的依据。

（五）主要信用数据库

1. 个人信用数据库方面

比较著名的有美国的Equifax公司、全联公司和英国的益百利公司所拥有的个人征信数据库。其中存储了大量关于消费者的个人信息及信用信息。

2. 企业信用数据库方面

比较著名的有美国的邓白氏企业信用数据库，拥有全球数千万家企业的档案资料，其中也包括了数十万家中国企业的资信信息。

第四节 信用风险计量技术

一、信用风险计量技术发展历程简介

在20世纪70年代以前，信用风险计量主要借助于受评对象各种报表提供的静态财务数据，并结合定性分析来评价其信用质量。20世纪80年代以来，现代信用风险计量模型开始出现并应用。

目前，西方发达国家（特别是美国）较为流行的模型大体上可分为两类：

第一类为古典的（或称为传统的）信用风险度量模型，主要有主观判断分析方法、财务比率评分法和多变量信用风险判别方法等。其中多变量信用风险判别方法是最有效的，也被国际金融业和学术界视为主流方法，具体包括线性概率模型、Logit Porbit模型和判别分析模型。

上述方法主要用于信用等级的评定，具体方法主要为评级方法、评分方法和专家方法。

评级方法是将信用状况按确定的标准分成不同等级，分别适用不同的信用政策。典型的应用是银行采用贷款评级法，将银行贷款分成若干等级，不同等级赋予不同损失准备金率，然后计算损失准备金并加总，就得出银行需要准备的用于防范风险的资本。

评分方法是通过对影响信用的不同因素确定不同的分值和权重，汇总计算出对应的信用评分。该评分可以作为给予企业信用额度或贷款额度的依据。常见的评分方法是Z评分模型和ZETA模型。

专家法是通过专家打分，对决定信用状况的主要因素进行评分。该评分可以作为给予企业信用额度或贷款额度的依据。常见的专家法是5C法。

上述模型运用统计学、计量经济学、运筹学等方法，如主成分分析法、聚类法，通过对信用风险因素的计量来确定风险等级。该风险度量模型在实践中应用比较广泛，是目前比较成熟的主流模型。

第二类为现代信用风险度量模型。20世纪80年代以后，随着金融创新进程的加快，金融工具和金融交易日益复杂，传统的风险计量方法无法胜任，迫切需要发展新的风险计量方法。

通常市场风险的收益分布相对来说是对称的，大致可以用正态分布曲线来描述。而金融信用风险的分布不是对称的，有偏的，收益分布曲线的一端向左下倾斜，并在左侧出现肥尾现象。这种特点是由于贷款信用违约风险造成的，即银行在贷款合约期限有较大的可能性收回贷款并获得事先约定的利润，但贷款一旦违约，则会使银行面临相对较大规模的损失，这种损失要比利息收益大很多。换句话说，贷款的收益是固定和有上限的，它的损失则是变化的和没有下限的。另一方面，银行不能从企业经营业绩中获得对等的收益，贷款的预期收益不随企业经营业绩的改善而增加，相反随着企业经营业绩的恶化，贷款的预期损失却会增加。

信用风险定价的突破性进展始于1974年。默顿（Merton）将期权定价理论运用于违约证券定价的研究，推出了违约债券的定价公式。该方法主要缺点有：（1）需要知道公司资产的市场价值和资产收益的波动率，而它们在现实市场中是很难直接得到的；（2）大多数公司有很复杂的资本结构，在该模型框架下，不可能对每一具体债务一一定价；（3）模型认为违约仅发生在债券还本付息时刻，实际情况并不是这样。

以后大量学者的研究发展了该模型，放松模型假设，如龙斯达夫等（Longstaff，1995）提出的模型，认为违约可在任何时候发生，只要公司资产触及某一外部边界，但该模型仍需要与公司资产相关的数据。违约证券估价理论模型都是基于BSM（Black Scholes Merton）的股票期权定价模型，称为结构化模型。

现在发展的大部分模型不用公司资产价值数据，而用市场中易于得到的公司违约率、公司信用等级变动以及债券信用利差等市场数据，此类模型称为简约模型（Reduced Form Model），如杜菲等（Duffie，1997）提出的模型认为违约支付率是随机的，它与违约前债券的价值相关；杰罗等（Jarrow，1997）提出了基于信用利差期限结构的马尔可夫模型，认为破产过程是一个有限状态马尔可夫过程。模型对不同优先级债券使用不同违约支付率，可与各种无风险债券期限结构模型结合使用，并用历史信用等级转换概率数据来估计模型参数；兰多（Lando，1998）用考克斯过程来进行违约证券估价，该模型假设无风险利率期限结构和公司的违约特征之间存在一定的相关性，并提出了比杰罗更加通用的马尔可夫模型；杰罗等（Jarrow，2000）提出一个双因素模型，认为市场利率不是常数，而是随机的，该模型将市场风险因素添加到信用风险估价模型中来。

上述方法推出后受到银行的青睐，被广泛用于银行信用风险的计量。1996年巴塞尔协议修正案，正式许可金融机构可选择内部模型度量其面临的市场风险。

信用风险模型大致可以分为三类。

第一类是信用转移方法，如 J.P.Morgan 提出的 Credit Metrics 模型，核心内容是研究给定时间水平上信用质量变化（包括违约）的概率；

第二类是期权定价方法，又称结构化方法，最早是由 KMV 公司提出来的，以 Merton 在 1974 年提出的资产定价模型为分析基础，将违约行为看作是一个内生的随机过程，并且考虑公司的资本结构问题；结构模型的本质是用企业未来价值的内生的不确定性解释企业债务的违约风险。

第三类是保险精算方法，如 CSFP（Credit Suisse Financial Products）提出的 Credit risk+模型，在这一模型中仅考虑违约行为，不考虑信用等级的转移，并假设单项贷款或单个债券的违约行为服从 Poisson 分布；Mckinsey 提出的 Credit Portfolio View 模型是离散的多期模型，其违约概率主要考虑宏观经济变量（如失业率、利率、经济增长率等）的约束。

所有这些模型都是以固定利率为基本假设前提的，并且考虑的都是没有期权特征的债券或贷款的信用风险问题。但是随着金融衍生产品蓬勃迅猛的发展，抛弃固定利率这一基本假设、考虑复杂结构金融工具的信用风险问题必将成为信用风险模型今后的发展趋势。

在上述方法中，最具代表性的信用风险模型是 J.P.摩根的 Credit Metrics 模型、瑞士信贷银行金融产品部（CSFP）的 Credit Risk+模型、KMV 公司的 KMV 模型、麦肯锡公司的 Credit Portfolio View 模型。

除上述方法外，人工智能的一些方法，如神经网络、专家系统、支持向量机（Support Vector Machine，SVM）等方法也开始被引入信用风险计量的研究中，取得了很好的应用成果。限于篇幅，本书不再叙述。

二、信用评级法

信用评级法是按确定的评分标准，针对评估对象的信用状况进行评价，并确定对应的信用等级。

贷款内部评级分级模型就是美国金融机构在美国货币管理署（OCC）最早开发的评级系统基础上拓展而来的，监管者和银行家采用这一方法评估贷款损失准备金的充分性。OOC 最早将贷款分为 5 级，不同级别所要求的损失准备金不同。这 5 级包括：正常贷款，要求 0%的损失准备金；关注贷款，要求 0%的损失准备，但保持紧密关注；次级贷款，要求 20%的损失准备金；可疑贷款，要求 50%的损失准备金；损失贷款，要求 100%的损失准备金。这种评级方法也是目前中国银行业广泛推行的贷款分类方法。

银行在 OCC 评级的基础上，开发出内部评级方法，更细致地进一步划分贷款的评级类别。美国银行一般把贷款级别分成 1～10 个级别。

三、专家法

专家制度是一种古老的信用风险分析方法。这种方法就是一些专家凭借自己的专业技能和主观判断，对涉及信用风险一些关键因素权衡以后，评估其信用风险，做出相应的决策。

常见的方法包括 5C 法、5W 法、5P 法，其中以 5C 法最为常见。

1. 5C 法

客户的付款能力和付款意愿受多方面因素的影响，衡量客户信用主要考核以下指标：借款人的道德品质（Character）、偿负能力（Capacity）、资本实力（Capital）、抵押担保（Collateral）和经营条件或商业周期（Condition or Cycle）。

如果在这 5 个方面达到了一定的水准，就可以认为客户是一个可信的优质客户。信用评级方法是将 5C 原则转化为具有可操作性的计算公式，并将客户信用价值的评估结论以量化的形式表现出来，就形成了对客户的信用评级。

美国最流行的信用管理教材也提到 6C 原则，增加了常识（Commonsense）项，要求信用分析人员在处理问题时，要尊重实际和常识，不要生搬硬套信用管理理论。

2. 5W 法

考核指标：借款人（Who）、如何还款（How）、担保物（What）、还款期限（When）、借款用途（Why）。

3. 5P 法

考核指标：个人因素（Personal）、前景（Perspective）、保障（Protection）、偿还（Payment）、借款目的（Purpose）。

4. LAPP

考核指标：借款人资产的流动性（Liquidity）、业务活动能力（Activity）、获利能力（Profitability）、业务发展能力（Potentiality）。

5. CAMPARI

考核指标：借款人品质（Character）、借款人偿债能力（Ability）、银行从贷款中获得的利润（Margin）、借款目的（Purpose）、贷款金额（Amount）、贷款偿还方式的安排（Repayment）、需要提供的贷款抵押（Insurance）。

专家方法在 20 世纪 80 年代至 90 年代银行的信用分析中发挥着积极的重要作用，尤其对大客户的分析，然而实践却证明它存在许多缺点和不足。专家方法是一个效率低下的方法，整个信贷审批的过程，要经过不同级别的专业信用分析人员的审查，从申请到最后完成，需要经历较长时间，耗费大量的精力；专家方法基本属于定性分析法，难以遵循统一的标准，造成信用评估的主观性、随意性和不一致性；专家方法需要大量的经过长期训练的专业信用分析人员，成本非常高；专家方法的财务比例分析属于单变量的测定法，对不同财务比例的重要性不能进行合理的权重设计。

该方法因人为因素较多，逐渐让位于以模型为基础的信用评估方法。

四、信用评分法

信用评分法是将反映信用状况的若干指标赋予一定权重，通过某些特定方法得到能够反映信用状况的信用综合分值或违约概率值，并将其与基准值相比来确定信用等级。比较著名的是 Altman 的 Z 评分模型。

（一）Z 评分模型与 ZETA 评分模型

1. Z 评分模型

Z 评分模型通过关键的财务比率来预测公司破产的可能性。

1968 年，美国著名信用风险管理专家爱德华·奥尔特曼（Altman）教授开发出具有 4 个变量的 Z 评分模型。实践中多次修改，形成了现在的 5 个变量的模型，其中 Z_1 主要适用于上市公司，Z_2 适用于非上市公司，Z_3适用于非制造企业：

$$Z_1=1.2X_1+1.4X_2+3.3X_3+0.6X_4+0.999X_5 \quad (2\text{-}1)$$

其中，X_1=（流动资产–流动负债）/资产总额，衡量资产流动性；X_2=未分配利润/资产总额，衡量持续发展能力；X_3=（利润总额+利息支出）/资产总额，衡量盈利能力；X_4=权益市场值/负债总额，衡量资产的均衡性；X_5=销售收入/总资产，衡量资金运营能力。

对于Z值与信用分析的关系，奥尔特曼认为Z小于1.8，风险很大；Z大于2.99，风险较小。

在评估非上市公司信用风险时，奥尔特曼对Z计分模型中变量X_4进行了修正，用公司的账面价值取代市场价值，得到修正的Z评分模型：

$$Z_2=0.717X_1+0.847X_2+3.107X_3+0.420X_4+0.998X_5 \quad (2\text{-}2)$$

其中，X_1=（流动资产–流动负债）/资产总额；X_2=未分配利润/资产总额；X_3=（利润总额+利息支出）/资产总额；X_4=公司账面价值/负债总额；X_5=销售收入/总资产。

对具有多种融资渠道且不进行资本租赁活动的非制造性行业，可删除销售的影响，得到：

$$Z_3=6.56X_1+3.26X_2+6.72X_3+1.05X_4 \quad (2\text{-}3)$$

其中，X_1=（流动资产–流动负债）/资产总额；X_2=未分配利润/资产总额；X_3=（利润总额+折旧+摊销+利息支出）/资产总额；X_4=所有者权益/负债总额；

奥尔特曼认为，根据上述公式计算的Z值，如果Z小于1.23，风险很大；Z大于2.9，风险较小。

Z评分模型有如下特点：可以在2年前预测企业破产可能性；企业在逐渐走向破产的过程中，分值在不断降低；企业破产前2～3年，观察的变量通常会出现重大变化；Z评分既可以作为预测性指标，也可以作为监测性指标。

在应用中，使用Z评分模型预测企业破产的准确率高达97%，且通常企业破产发生在第一次评分结果出现负值后的三年内，如表2-7所示。

表2-7　Z评分结论说明及样本公司中位值

Z评分	商业失败可能性	样本公司Z评分中位值	
1.1以下	高	破产企业	-4.06
1.2～2.5	可能	非破产企业	7.70
2.6以上	低		

2. ZETA评分模型

1977年，奥尔特曼、赫尔德曼（Haldeman）和纳拉亚南（Narayanan）对Z计分模型进行了扩展，建立了“ZETA”计分模型。其目的是创建一种能够明确反映公司破产问题研究的最新进展的度量指标，同时该模型还对以前模型构建中采用的统计判别技术进行了修正与精炼。该模型不仅能够有效地检验样本分类，在其他检验过程中也表现得非常可靠。该模型将Z计分模型的5个变量增加到7个变量，分别为：资产报酬率、收入的稳定性、债务偿还、积累盈余、流动比率、资本化率和规模。

与Z评分模型相比，ZETA评分模型具有更高的预测能力，它可以在破产前5年有效地识别出将要破产的公司，其中破产前1年的预测准确度大于90%。

ZETA评分模型：

$$ZETA=\alpha_1X_1+\alpha_2X_2+\alpha_3X_3+\alpha_4X_4+\alpha_5X_5+\alpha_6X_6+\alpha_6X_7 \quad (2\text{-}4)$$

其中，X_1表示资产报酬率，X_2代表收入的稳定性，X_3表示债务偿还，X_4表示积累盈余，X_5表示流动比率，X_6表示资本化率，X_7表示规模。

3. Z评分模型和ZETA评分模型评价

（1）奥尔特曼的Z评分模型和ZETA评分模型已经被应用于以下不同领域：

① 信用政策。缺乏内部风险评价系统的机构可以通过ZETA的分段值与实际违约经验相结合的评分系统。ZETA等价评级（ZER）提供了处理不同区域、规模或所有权的客观且一致的方法。通过ZER结果与金融机构自己的评分结果相比较，可以分析一些异常现象以验证已给定的登记是否合适。

② 信用评审。随着借款者信用质量的提高或下降，这些模型能够为金融机构提供预先警告系统。

③ 放贷。这些模型所提供的风险评价方法成本低而且速度快。通过利用分值与违约率之间的一致关系，可以在定价模型中考虑目标信用利差和意外损失。

④ 证券化。由于它们提供了可靠而一致的信用语言，这些模型能够促进商业信贷的分层和结构化以实现证券化。

（2）奥尔特曼的Z评分模型和ZETA评分模型在美国商业银行的使用过程中获得了巨大的成功，取得了良好的经济效益。但是这两个模型也有一定的缺陷，主要表现在：

① 依赖财务报表数据，忽视了日益重要的资本市场指标，削弱了预测结果的可靠性和及时性；

② 缺乏对违约和违约风险的系统认识，理论基础比较薄弱，难以令人信服；

③ 假设解释变量存在线性关系，现实的经济现象是非线性的，削弱了预测的准确程度；

④ 两个模型都无法计量表外信用风险；对公用事业单位、财务公司、新公司以及资源企业等特定行业不适用，使用范围受到较大限制。

（二）巴萨利模型

巴萨利模型是由亚历山大·巴萨利（Alexander Bathory）建立的，使用范围比较宽，被广泛应用于美国金融机构的客户分析中。

巴萨利模型：

$$Z=X_1+X_2+X_3+X_4+X_5 \tag{2-5}$$

X_1=（利润总额+折旧+摊销+利息支出）/流动负债，度量公司业绩；X_2=利润总额/（流动资产-流动负债），度量营运资本回报率；X_3=所有者权益/流动负债，度量股东权益对流动负债的保障程度；X_4=有形资产净值/负债总额，度量扣除无形资产后的净资产对债务的保障程度；X_5=（流动资产-流动负债）/总资产，度量流动性。

各项比率的总和是模型的最后得分。Z值越高，说明企业的运营状况越良好，实力强；如果Z值小，或者出现负值，则说明企业的状况差，前景不妙。

据调查，巴萨利模型的准确率可达到95%，最大的优点是易于计算；同时，模型还可以度量公司实力大小，广泛适用于各种行业。

（三）营运资产分析模型

营运资产分析模型是一种管理模型，通过对一些财务指标的分析，可以用于计算对客户的信用额度（信用限额）。

该模型首先需要分别计算营运资产和资产负债比率。

1. 营运资产计算

营运资产是度量企业规模的尺度，可以作为确定信用额度的基础标准。

计算公式：营运资产=（营运资本+净资产）/2 （2-6）

2. 资产负债比率计算

$$评估值Z=X_1+X_2+X_3+X_4 \quad (2\text{-}7)$$

X_1=流动资产/流动负债；X_2=（流动资产−存货）/流动负债；X_3=流动负债/净资产；X_4=负债总额/净资产；其中，X_1、X_2度量企业的资产流动性；X_3、X_4度量企业的资本结构。

评估值综合考虑了资产流动性和负债水平两个最能反映企业偿债能力的因素。

评估值越大，表示企业的财务状况越好，风险越小（如表2-8所示）。

表2-8 不同评估值对应的营运资产比例和风险

评估值	风险程度	营运资产比例（%）
≤-4.6	高	0
-4.59～-3.9	高	2.5
-3.89～-3.2	高	5.0
-3.19～-2.5	高	7.5
-2.49～-1.8	高	10.0
-1.79～-1.1	有限	12.5
-1.09～-0.4	有限	15.0
-0.39～-0.3	有限	17.5
0.31～1.0	有限	20.0
>1.0	低	25

营运资产分析模型最大的贡献在于提供了一个计算赊销额度的思路：对不同风险下的评估值，给出一个比例，按照这个比例和营运资产确定赊销额度（如表2-9所示）。

表2-9 不同评估值对应的营运资产比例和风险

	A企业	B企业	C企业
评估值	1	-2.3	-4.7
营运资产（元）	100 000	100 000	100 000
信用额度	25 000	10 000	0

从表2-9可知，评估值小且营运风险大的企业，应授予较低的信用额度。

注意

该模型中并未全面考虑影响信用风险的因素，得出的信用额度只能为企业进行赊销的参考。实际的信用额度还要考虑不同行业的特点，以及企业的信用目标等因素进行调整，而且还要不断根据企业的信用政策松紧和当前总体赊销总额度进行调整。

（四）特征分析模型

一笔交易的信用风险不仅仅取决于客户的付款能力，还取决于付款意愿。前述的Z评分模型、巴萨利模型和营运资产模型都是以财务分析为主。特征分析模型既考虑了财务因素，又考虑了非财务因素。不但考虑了客户的付款能力和付款意愿，而且调查人员从不同渠道获得的特殊信息，也可以灵活地应用到特征分析模型中。因此，该模型应用广泛。

特征分析模型采用特征分析技术，将影响企业信用价值的重要财务和非财务因素进行分类归纳分析，并进行综合评分。该模型要求在描写企业的种种因素中选择出对信用价值分析意义最大、直接与客户信用状况相关的18个因素，分为3组，形成3个特征（如表2-10所示）。然后，对各个因素或特征分配权重，进行分析。

表2-10 影响企业资信的18个因素

客户特征	优先特征	信用特征
外表印象	交易盈利率	付款记录
产品概要	产品质量	资信证明
产品需求	对市场吸引力影响	资本和利润增长率
竞争实力	对市场竞争力影响	资产负债表状况
最终顾客	付款担保	资本结构比率
管理能力	替代能力	资本总额

特征分析模型建立在信用分析的经验基础上。对每一个项目，公司制定一个衡量标准，分为好、中、差三个层次，每个层次对应不同的分值。

以产品质量为例，衡量标准层次与对应分值如下：

好（8～10）：产品质量好，富有特色；

中（4～7）：质量中等，属大众消费商品；

差（1～3）：质量很差，数劣等品。

缺乏某项信息时，赋值为0。

根据公司的销售政策和信用政策对每一项都赋予一个权重，18个项权数之和为100。

计算分三步：

（1）对每一项进行打分，每一项可能的最高分值为10，特征越好分值越高；

（2）用权数乘以10，得出最大可能评分值；

（3）用每一项权数乘以实得分数并加总得出加权平均分，并以此与加总的最大可能评分值相比，得出对应的百分率，特征分析模型百分率分类如表2-11所示。

表2-11 特征分析模型最终百分率分类

百分率%	类　别
0～20	收集的信用特征不完全，信用风险不明朗，或者存在严重的信用风险，故不应该进行赊销交易
21～45	交易的风险较高，交易的吸引力低。建议尽量不赊销交易，即使进行也不要突破信用额度，并时刻监控
46～65	风险不明显，具有交易价值，很有可能发展为未来的长期客户，可适当超出原有信用额度
66以上	交易风险小，为很有吸引力的大客户，具有良好的长期交易前景，可给予较高的信用额度

特征分析模型可以用于调整赊销额度，与运营资产模型相比，特征分析模型更全面。一般是把特征分析模型与营运资产分析模型结合起来确定赊销额度，与其他分析模型的结果进行互相印证；对客户企业进行分级，即根据模型得出的最终百分率，将客户分为D（0～20）、C（21～45）、B（46～65）、A（66以上）四个信用等级。

调整赊销额度具体方法：

根据特征分析模型得出得最终百分率，对营运资产分析模型得出的赊销额度进行调整（如表2-12所示）。

表2-12 赊销额度调整额

最终百分率	可超出赊销额度（营运模型结果）的数量
0～20	0
21～45	赊销额度×21%～赊销额度×45%
46～65	赊销额度×（46%+0.5）～赊销额度×（65%+0.5）
66以上	赊销额度×（66%+1.0）

【例2-1】 某公司经过特征分析模型最终百分率为46%，根据营运资产分析模型得出对其赊销额度为10000元，则根据特征分析模型调整后的赊销额度为：

10000×（46%+0.5）+10000=19600

特征分析模型在实际应用中，会涉及权重的选择问题。权重设定的实质要反映信用评定者的信用政策取向。不管权重是偏重于销售，还是偏重于财务，总有一些因素因其重要性而赋予较高的权重，主要有：付款担保、付款记录、资本结构、管理能力等。

五、信用风险模型

（一）信用风险模型简述

相比较于传统的信用风险计量方法，现代信用风险模型定量化趋势提高了信用风险计量的精度。信用风险模型主要从两个层面展开研究：单个信用资产风险计量，贷款组合的信用风险计量。

1. 信用风险模型功能

信用风险模型具有以下基本功能：量化违约概率；确定违约损失分布；贷款定价，为贷款决策提供指导；组合分析。

信用风险模型至少应该由以下四个要素组成：违约概率（Probability of Default，PD），违约损失（Loss Given Default，LGD），违约暴露（Exposure at Default，ED）和期限（Maturity，M）。

（1）违约暴露就是由于违约事件的出现而使银行遭受损失的合约值。违约暴露可表示为：违约暴露=交易的市场价值+未来潜在的风险。由于违约暴露的具体数值是以违约事件发生时刻合约价值的高低来表示，所以借款人或其他合约义务人选择在当前或未来某一时刻违约，会给银行带来不同的价值损失，即违约暴露不仅是一个与合约现值相关的即期概念，还是一个涉及合约价值未来变化的远期概念。不同类型的贷款或合约，其违约暴露不同。在信用风险模型中，违约暴露通常用一年内贷款或债券的违约风险现金流来表示。假设市场风险因子不变，可以用信用质量所确定的远期收益分布曲线来推导。但对于一些较为复杂的衍生产品来说，则要考虑远期利率或远期汇率的波动造成的影响。

（2）违约概率度量银行遭受损失的可能性，一般与借款人或其他合约义务人的信用质量、外部经济条件的变化密切相关。同一级别的客户具有相同的违约概率。

信用质量高的借款人，违约概率较小；信用质量低的借款人，违约概率相对较大。借款人的外部经济条件，如利率、股指、汇率、失业率等因素的变化，也会间接地影响违约概率。

违约概率可分为条件概率和无条件概率两类。无条件违约概率是指外部经济条件正常的情况下借款人违约的可能性；条件违约概率是指外部经济条件发生波动时借款人违约的可能性。在一般的信用风险模型中只考虑无条件的违约概率，而实际上一个好的信用风险模型应该能够将市场风险与信用风险完美地结合在一起。

违约概率的估计要考虑借款人的信用质量与外部经济条件，还要注意合约种类给违约概率带来的影响。如有担保的贷款，在其他条件相同的情况下，其违约概率应比无担保的贷款小。

（3）违约损失是借款人或其他合约义务人违约时给银行造成的损失。在通常情况下，银行并不会丧失贷款的全部欠付额，而是其中的一部分。因而，信用风险模型一般度量单位资本的期望违约损失率。违约损失因银行经营的贷款种类、抵押类型、追偿贷款方式和程序的不同而不同，同时也受经济周期的影响，所以对违约损失率的估计，既要考虑借款人信用质量、经济周期等因素，又要考虑使用模型的银行自身的经营制度、经营方式等因素，不同的银行应该根据自己的情况合理地确定违约损失率，并考虑其波动性。违约损失估计过高，可能使银行采取许多不必要的风险防范措施，不仅提高了银行的营运成本，而且还可能由此而丧失一部分客户；违约损失过低，导致银行不能及时采取有效的措施，从而遭受意外损失。

（4）期限是影响违约风险的一个主要因素。在其他条件相同的情况下，期限越短，意味着违约风险越小。短期贷款或合约，可以增强银行的流动性，银行可以通过拒绝再贷、在贷款中加入保护条款（如要求提供抵押）等方式来减小或防范信用状况恶化的借款人可能造成的损失。所以，期限是银行用来控制信用风险的一种有效途径。

期限是信用风险模型的重要因素之一。根据研究期限的不同，信用风险模型可分为单期模式（One-period Default Mode），多期模式（Mult-period Default Mode）。信用风险模型一般选择 1 年作为研究的时间水平，这样做的一个好处是可以将不同期限的各种合约的信用风险进行加总，便于进行组合分析或银行整体信用风险分析。

2. 信用风险模型构造

信用风险模型的基本框架如图 2-1 所示。

（1）构建信用等级评价系统，度量违约概率及等级转移概率。对于基于信用等级的信用风险模型来说，首要的一步就是要根据借款人的信用质量确定相应的信用等级。这里包含两部分内容：第一是评价借款人应处的信用等级；第二是确定借款人的等级转移概率，包括违约概率。等级评级系统选取的不同，相应的等级转移概率及借款人所处的信用等级会存在一定的差异。目前，流行的信用等级评价主要是由 Mood 公司及 S&P 公司所提供的信用等级评价系统，这两个系统都给出了各个等级的违约概率及不同等级之间的转移概率。

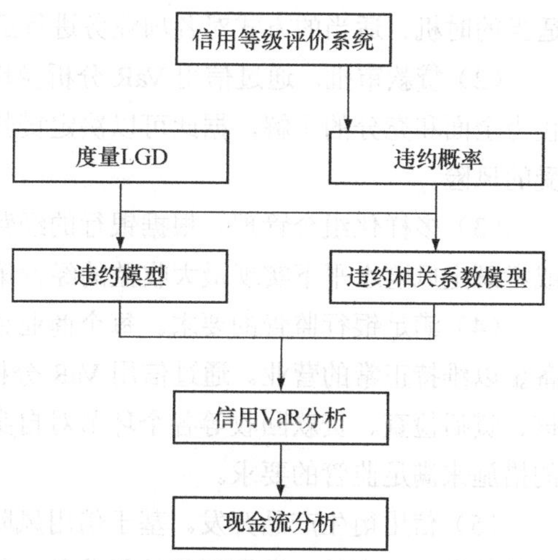

图 2-1 信用风险模型的基本框架

（2）LGD 的度量方法确定。虽然在信用风险模型中，一般假设 LGD 为一个常数，忽略对 LGD 精度的考虑，但实际上 LGD 的估计精度对信用风险模型来说至关重要。影响 LGD 的因素很多，有银行内部的，也有银行外部的，包括经济周期等。因而，在度量 LGD 时，一般根据历史统计数据估计一个历史平均值，然后由实施信用风险模型的银行再根据自身的特点加以调整，以满足自身风险管理的要求。

（3）违约模型构建，推导违约损失分布。根据违约概率与 LGD，就可以推导违约模型，进而推导违约损失分布。国外的研究成果表明，损失分布并不服从严格的正态分布，而是出现“厚尾”“偏峰”等现象，因而信用风险模型中损失分布的推导是一个十分重要的问题。

（4）违约相关系数模型确定。对一个银行来说，其经营的业务肯定不止贷款一种，即使贷款业务也肯定不止一种类型，贷款对象肯定不仅只面向一个公司。由于系统风险的存在，不同的业务类型之间及不同的客户之间必然存在一定程度上的相关性，在研究银行的信用风险时必须考虑不同业务类型和不同客户之间的相关性问题。同时，根据违约相关系数，还可以对银行的业务进行有效的组合管理。

（5）信用 VaR（Value at Risk）分析。VaR 是指在正常的市场条件下和一定的置信水平上，给定时间内预期发生的最坏情况的损失。VaR 是针对市场风险管理提出来的，但是同样也可以用于信用风险和其他风险的管理。在违约模型和违约相关系数模型的基础上，可以对银行的部分业务或全部业务进行较为全面的信用 VaR 分析。

（6）现金流量分析。在信用 VaR 分析的基础之上，根据各种业务类型的特点及相应的收益分布曲线，可以推导其违约风险现金流，度量违约暴露，并为贷款决策提供指导意义。

3. 信用风险模型的应用

信用风险模型在银行内部实施，要建立一个风险管理部门，制定严格的业务审批制度，独立承担风险测量及防范措施策划等工作。银行的上层管理人员应该给予该部门充分的重视，全力支持该部门的工作，因为这一部门的工作在很大程度上决定着银行的经营效益。

信用风险模型主要应用于以下五个方面：

（1）采取相应的风险管理措施。这是信用风险模型所要完成的最主要的目的。测量信用风险不是目的，测量信用风险是为了防范信用风险，提高银行的经营效益。根据信用分析，银行可以选择适当的时机、适当的方式对各项业务进行适当的处理。

（2）贷款审批。通过信用 VaR 分析及现金流量分析，可以对每一个借款人的信用质量状况进行较为全面和充分的了解，据此可以决定贷款的额度、价格及类型，最大限度地降低或预防银行所承受的风险。

（3）多样化组合管理。根据银行的经营目标及经营理念，可以实施既定收益下承担最小风险，或者既定风险水平下实现最大收益的经营策略。

（4）满足银行监管的要求。每个商业银行都要接受央行的监督和管理，保持适当充足的各种准备金以维持正常的营业。通过信用 VaR 分析，计算银行的经济资本，银行可以在贷款审批、贷款审核、贷后检查、贷款回收等各个环节对自身的资本运营状况有一个较为深刻的认识，从而采取相应的措施来满足监管的要求。

（5）信用衍生产品开发。基于信用风险模型，可以对各种信用衍生产品的特点进行研究，开发新的信用衍生产品，发展银行的新业务，使银行能够单独地对信用风险的敞口头寸进行计量，规避风险，提高信用风险的管理能力。

（二）在险价值方法

1. 在险价值概念

为保证银行的稳健经营，当前国际大银行对每笔较大规模的贷款或贷款组合进行风险价值测量，为其潜在的、未预期到的可能损失配备经济资本。

究竟应配备多少资本才可以既能保证银行风险得到控制，又不影响银行现有盈利能力，这是银行管理层关心的问题。

常用的风险量化指标有三种：

（1）敏感度指标。当条件发生变化时，目标相应的变化幅度，称为目标对条件的敏感程度。

（2）波动性指标。即目标的波动幅度，是常用的统计指标。在统计上反映为随机变量特征的目标对其平均值的离散程度，可用方差、标准差等来描述。根据历史数据计算的波动度称为历史波动度。

（3）损失风险指标。描述不确定因素对目标的影响程度，具有代表性的方法就是 VaR 方法。

在险价值（Value at Risk，VaR）又称 “风险价值”，是一种基于统计基础的风险度量技术，其原理是根据资产价值变化的统计分布，寻找与置信度对应的分位数，该分位数即为 VaR 值。VaR 方法在 20 世纪 90 年代初，由 JP 摩根公司风险管理人员开发，该方法能根据历史数据度量市场风险，测量交易损失，目前已广泛应用于信用风险管理。

在险价值 VaR 方法是指在给定的置信水平（如 95%、99%等）下衡量给定的资产在一定时间内可能发生的最大的损失。表示为：

$$\mathrm{Prob}\{\Delta P > \mathrm{VaR}\} \leqslant 1-c$$

其中 ΔP 为金融资产在持有期内的损失；VaR 为置信水平 c 下处于风险中的价值。

如某投资机构持有某种金融资产，经计算：在 95%的置信水平下，该资产的日 VaR 值为 500 万元（损失额），即该投资机构有 95%的把握认为该金融资产在未来 24 小时内，由市场价格波动所带来的损失不会超过 500 万元，或者说，损失超过 500 万元的可能只有 5%。

对于信用风险的衡量，运用在险价值（VaR）方法进行信用分析可以回答以下问题：如果下一年是个坏年份，贷款会损失多少？借助于资信评级机构的评级结果，下一年评级变化的概率是多少等。

VaR 计算方法有三种：方差-协方差方法、历史模拟法、蒙特卡罗模拟方法。具体计算方法见相关专业教材。

2. 贷款的 VaR 值

由于贷款不能公开交易，贷款价值并不能直接观察得到，波动率也无法得到，致使 VaR 方法不能直接用于贷款风险的管理。为此，可按以下步骤处理：

（1）直接获得贷款人的信用评级；

（2）下一年度信用评级发生变化的概率，即构造信用评级转移矩阵；

一般采用标准普尔公司所提供的一年期信用等级转移矩阵表（如表 2-13 所示）作为计算依据。

（3）根据贷款的数据库计算违约贷款回收率；

（4）计算贷款信用价差和收益率，从而得出贷款价值和波动率。

表 2-13　信用等级转移矩阵

年初信用等级	一年后信用评级转换概率（%）							
	AAA	AA	A	BBB	BB	B	CCC	违约
AAA	90.81	8.33	0.68	0.06	0.12	0	0	0
AA	0.70	90.65	7.79	0.64	0.06	0.14	0.02	0
A	0.09	2.27	91.05	5.52	0.74	0.26	0.01	0.06
BBB	0.02	0.33	5.95	86.93	5.30	1.17	0.12	0.18
BB	0.03	0.14	0.67	7.73	80.53	8.84	1.00	1.06
B	0.0	0.11	0.24	0.43	6.48	83.46	4.07	5.21
CCC	0.22	0	0.22	1.30	2.37	11.24	64.86	19.79

资料来源：Introduction to Creditmetrics，J.P.Morgan，1997，PP.20.

信用等级的变化必然影响到贷款的价值。不同信用评级状态下的贷款价值计算公式如下：

$$W_{ij}=\sum_{k=1}^{n}\frac{C_k}{(1+r_{kj}+s_{kj})^k} \tag{2-8}$$

其中，W_{ij}表示状态 i 的贷款转移到状态 j 的价值；C_k表示贷款在 k 年的现金流量；n 表示贷款存在的年份；r_{kj}表示 k 年的远期无风险利率，即远期零利率，是预期未来存在 1 年的零息国库券的利率；s_{kj}表示年度信用风险价差，指 k 年期的特定信用评级的贷款的年度信用风险价差，风险价差可由评级机构给出。

（5）贷款的 VaR 值计算

贷款的价值不是对称分布，可采用两种方法计算：基于贷款价值正态分布假设下的 VaR 值和基于贷款实际价值分布的 VaR 值。

【例2-2】 5年期固定利率贷款，年贷款利率为6%，贷款总额100万元，信用等级为BBB，计算贷款信用风险。

每个信用级别一年远期零利率曲线如表2-14所示。

表 2-14　每个信用等级的一年远期零利率曲线（%）

一年远期零利率 期限 / 信用等级	一年	二年	三年	四年
AAA	3.60	4.17	4.73	5.12
AA	3.65	4.22	4.78	5.17
A	3.72	4.32	4.93	5.32
BBB	4.10	4.67	5.25	5.63
BB	5.55	6.02	6.78	7.27
B	6.05	7.02	8.03	8.52
C	15.05	15.05	14.03	13.52

资料来源：CreditMetrics，J.P.Morgan.

假定：借款人在第一年中的信用等级从BBB级上升到A级，则一年后的信贷资产市场价值为：

$P=6+6/(1+0.0372)+6/(1+0.0432)^2+6/(1+0.0493)^3+106/(1+0.0532)^4=108.66$

运用同样的方法，求得借款人信用等级转换到其他等级后的贷款市值金额（如表2-15所示）。

表 2-15 BBB 等级贷款期末价值 单位：百万元

信用等级	AAA	AA	A	BBB	BB	B	CCC	违约
贷款价值	109.37	109.19	108.65	107.55	102.02	98.10	83.64	51.34

计算贷款的VaR值：

（1）假设贷款价值为正态分布。

VaR的计算过程如表2-16所示：

表 2-16 信用等级为 BBB 级的贷款 VaR 值计算表（以贷款市值均值为基准点）

年终信用等级	①概率（%）	②新贷款价值加利息	③加权价值 ①X②	④与平均值的差 ②-μ	⑤加权差的平方 ①x④^2
AAA	0.02	109.37	0.02	2.28	0.0010
AA	0.33	109.19	0.36	2.10	0.0146
A	5.95	108.66	6.47	1.57	0.1474
BBB	86.93	107.55	93.49	0.46	0.1853
BB	5.30	102.02	5.41	-5.07	1.3592
B	1.17	98.10	1.15	-8.99	0.9446
CCC	0.12	83.64	0.10	-23.45	0.6598
违约	0.18	51.13	0.09	-55.96	5.6358
	$\mu=\sum p_iV_i=107.09$			$\sigma^2=\sum p_i(V_i-\mu)^2=8.9477$，$\sigma=2.99$	

假定贷款市值呈正态分布情况，则有：

5%的在险价值量=1.65×σ=4.93万元；

1%的在险价值量=2.33×σ=6.97万元。

（2）实际分布的VaR值。

由于贷款价值不是正态分布，实际计算出来的VaR值可能低估了信用风险，这就需要计算实际分布的VaR值。

计算精确的VaR值，可以运用线性插值法获得，本书不再详述。

虽然 VaR 法以其自身的优越性，已作为计量风险的基本方法之一写入了巴塞尔协议的补充规定中，但其内部体系却存在严重的缺陷：缺乏次可加性，也就是非一致性风险度量，无法满足凸性的要求，故而用 VaR 来度量风险，意味着证券组合的风险不一定小于各证券风险之组合，这在经济意义上是不合理的；VaR 体系的结果可能存在多个极值，局部优化不一定是整体优化，在数学上难以处理；没有考虑当 VaR 值被超过时损失究竟是多少，故而当真实损失超过了 VaR 的度量时，无法进一步识别风险等。

为了克服 VaR 的不足，从金融风险优化的角度 CVaR（条件风险度量）的概念被提出，它是指损失超出 VaR 的条件均值，也称为平均超值损失。与 VaR 体系相比，CVaR 测度方法具有良好的次可加性，能够较好满足凸性的要求，且其线性规划的全局最优化结果可同时得到 VaR 值与 CVaR 值（CVaR>VaR），由此实现了对真实损失超过了 VaR 的度量。

（三）信用监控 KMV 模型

KMV 模型是 1993 年由美国 KMV 公司开发的用来估计借款企业违约概率的方法。KMV 模型把贷款看作期权，也称作信用风险的期权定价模型。

模型原理：当公司的资产价值低于一定水平时，公司就会对债权人和股东违约。与这一水平相对应的资产价值为违约点（Default Point），即公司资产价值等于负债价值时的点。模型假设在某个给定的未来时期，公司资产价值服从某个分布，该分布的特征由资产价值的期望值与标准差（波动率）描述。未来资产价值的均值到所需清偿公司负债的账面价值之间的距离为违约距离（Distance to Default）。根据违约距离与预期违约率的对应性，算出预期违约率 EDF。预期违约率即在正常的市场条件下，借款公司在一定时期内发生违约的概率，该模型认为当资产价值的均值下降到所需清偿公司负债的账面价值之下时违约发生，因为事先无法准确判断借款公司是否会选择违约，所以只能估计违约的可能性大小。

一家公司的破产概率取决于公司资产相对于其短期负债的价值和资产（股票）市价的波动。当公司资产的市场（清算）价值低于其短期负债价值时，该公司可能发生违约。

由于股权可视为一种以公司资产为标的的看涨期权，因此可以根据标的公司债务面值、期限以及公司市场价值和波动性，应用期权定价方法确定公司股权价值。

长期以来，由于银行忽略了股票市场价格在放贷决策中的作用，KMV 在模型中融入了股票市场价格，认为当公司市场价值下降到某一水平之后，公司就会对其债务违约，由此将股权价值与信用风险有机联系起来。

KMV 公司通过研究提出了预期违约频率（Expected Default Fequency，EDF）模型。该模型利用 Black-Scholes 期权定价公式，根据企业股权市值与资产市值之间的结构性关系、企业资产市值波动程度和企业股权市值变动程度之间的关系，求出企业资产市值及其波动程度。计算出所有涉及的变量值，便可以用信用监测模型测算出借款企业的预期违约频率（EDF）。

如果借款企业的资产市值呈现正态分布，可知违约的概率。

计算出的只是借款企业理论预期违约频率，它与实际的预期违约频率之间存在着很大差异。

1. 计算步骤

（1）公司资产价值和资产波动性的计算。

根据莫顿模型，假设资本结构中包含短期债券、长期债券、可转换债券、优先股、普通股，股权价值等同于以公司资产为标的的看涨期权的价值：

$$E = C(V, \sigma_v, K, T, c, r) \tag{2-9}$$

其中，E 表示公司期权价值，可以从股票市场直接获得；V 表示公司资产，且为未知数；σ_V 表示资产波动性，且为未知数；K 表示违约点，即公司可能发生违约的最小资产价值；T 表示各种负债的到期日；c 表示公司支付的平均息票利率；r 表示无风险利率。

股权波动率公式为：

$$\sigma_E = g(V, \sigma_v, K, T, c, r) \tag{2-10}$$

其中，σ_E 表示股票价格波动率。

在上述两个方程中，只有 V、σ_V 是未知数，可通过方程联立求解。

（2）公司违约点（Default Point，DP）的确定。

违约点表示公司发生违约的临界状态，是指公司可能发生违约的最小资产价值。

根据有关分析，KMV 公司发现违约发生最频繁的分界点在公司价值等于流动负债+长期负债的 50%时。由此确定违约点为企业 1 年以下短期债务的价值加上未清偿长期债务账面价值的一半。

有了公司在未来时刻的预期价值及此时的违约点，就可以确定公司价值下降百分之多少时即达到违约点。

（3）计算公司的违约距离（Distance to Default，DD）。

违约距离用于衡量公司资产市场净值与单位标准差变动所对应的资产价值变动量的比。计算公式为：

$$DD = \frac{V - K}{V\sigma_v} \tag{2-11}$$

或：违约距离＝（资产的预期价值-违约点）/（资产的预期价值×资产价值波动率）

其中，V表示公司资产价值，K表示违约点，σ_v表示资产价值波动率。

（4）根据企业的违约距离（DD）与预期违约率（EDF）之间的对应关系，计算企业的预期违约率。

KMV 模型通过对历史上的违约和破产概率进行分析，得到了违约距离与违约概率之间的关系。KMV 公司利用其自身优势建立起了一个全球范围企业和企业违约信息数据库，根据此数据库可计算出各类信用等级企业经验预期违约率，从而产生以这种经验预期违约率为基础的信用值。KMV 模型简图如图 2-2 所示。

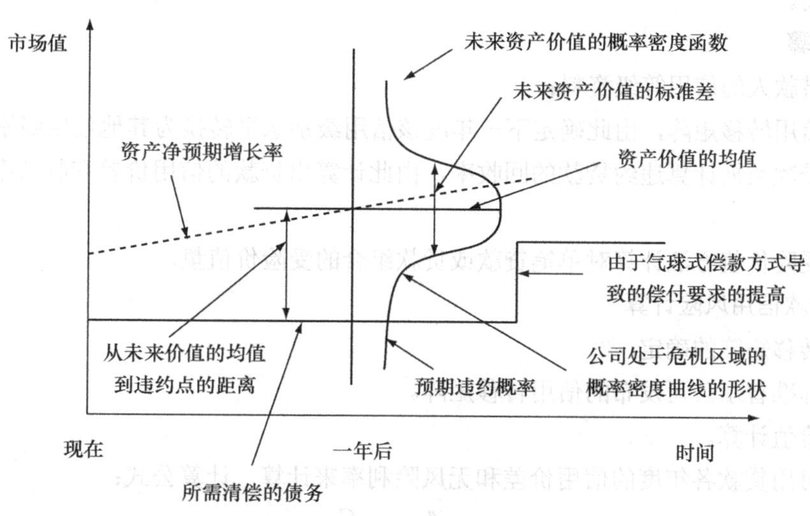

图 2-2　KMV 模型简图

2. KMV 模型优点

（1）可以反映风险水平差异的程度，特别适用于上市公司信用风险评估；

（2）由于以股票市场数据为基础，该模型包含更多市场信息，因而认为能更好地预测未来；

（3）该模型是建立在当代企业理财理论和期权理论的基础之上的，具有很强的理论基础做依托；

3. KMV 模型缺点

（1）模型的使用范围受到限制，不适用于非上市公司；

（2）必须使用估计技术来获得资产价值、企业资产收益率的期望值和波动性；

（3）利率事先确定的假定限制了将 KMV 模型对长期贷款（一年以上）和其他利率敏感性工具的应用；

（4）风险利差随风险债券到期日趋向于零；

（5）该模型基本上属于一种静态模型，该模型的基础是莫顿模型假设，即借款企业管理层一旦将企业的债务结构确定下来，则随后企业的债务结构就不变。无论其资产价值增长多少，企业的债务结构也不会变动，但实际情况并非如此；

（6）该模型假设企业的资产价值服从正态分布，以此为基础计算出企业理论上的预期违约率，在现实中，并非所有借款企业都符合模型中资产价值呈正态分布的假定；

（7）该模型不能够对长期债务的不同类型进行分辨；

（四）信用计量 CreditMetrics 模型

CreditMetrics 模型是 1997 年由 J.P.摩根公司及美洲银行、KMV 公司、瑞士联合银行等金融机构开发出的基于 VaR 的信用风险度量系统。CreditMetrics 模型主要是以历史数据为依据确定信用等级矩阵和违约时的资产回收率，以此为基础确定未来该信用资产组合的价值变化，并通过基于 VaR 的方法来计算整个组合的风险暴露。

CreditMetrics 核心思想：信贷资产价值的变化不仅受到违约事件的影响，而且也会受到信贷质量变化的影响。为了反映信贷质量变化，CreditMetrics 模型采用盯市的概念来计算信用风险值，将信用风险与债务人的信用等级转移联系在一起，构造一个模拟信贷资产所有潜在变化以及违约波动的组合计量框架。

1. 计算步骤

（1）获取借款人的信用等级资料；

（2）构造信用转移矩阵，由此确定下一年度该信用级别水平转换为其他信用级别的概率；

（3）根据贷款数据计算违约贷款的回收率，由此计算出贷款的信用价差和收益率，从而得到价值的波动率；

（4）利用受险价值方法计算对单笔贷款或贷款组合的受险价值量。

2. 单笔贷款信用风险计算

（1）信用转移矩阵的确定。

一般采用标准普尔公司发布的信用转移矩阵。

（2）贷款价值计算。

贷款价值可用贷款各年度的信用价差和无风险利率来计算。计算公式：

$$W_{ij}=\sum_{k=1}^{n}\frac{C_k}{(1+r_{kj}+s_{kj})^k} \tag{2-12}$$

其中，W_{ij}表示状态 i 的贷款转移到状态 j 的价值；C_k表示贷款在 k 年的现金流量；n 表示贷款存在的年份，r_{kj}表示 k 年的远期无风险利率，可用 1 年期的零息国库券利率代表；s_{kj}表示年度信用价差。

（3）贷款在险价值的计算。

假设贷款价值服从正态分布，现有评级为 i 的贷款价值为：

$$W_i=\sum_{j=1}^{8}P_{ij}W_{ij} \tag{2-13}$$

加权的价值标准差为：

$$\sigma_i=\sqrt{\sum_{j=1}^{8}P_{ij}(W_{ij}-W_i)^2} \tag{2-14}$$

根据在险价值计算公式有：

置信水平为 95%的 VaR=1.65σ，置信水平为 99%的 VaR=2.33σ，置信水平为 99.9%的 VaR=3.09σ。

如果实际贷款价值不服从正态分布，因而计算出的在险价值可能低估了信用风险。

3. 贷款组合的信用风险计算

对于 n 项贷款组合，一般有两种计量信用风险的方法：

（1）将贷款组合的联合信用等级转换概率矩阵以及相应的贷款组合联合贷款价值量矩阵不断地扩展，最终求出 n 项贷款组合的均值和标准差。但是这种方法将随着组合贷款的数量增加，组合信用风险的计算难度将越来越大。

（2）通过求解资产组合方差的标准方式并做适当调整，从而最终估算出 n 项贷款组合的方差和标准差。因为 n 项贷款组合的风险取决于组合内单项贷款的风险大小以及每对贷款组合的风险，为了估算出 n 项贷款组合的风险大小，只需要计算出包含两资产组合的亚组合风险就可以实现这个目的。

对公式的具体调整和变动如下：

n 项资产组合风险测定的标准公式为：

$$\sigma_p^2 = \sum_{i=1}^{n} \sigma^2 V_i + 2\sum_{i=1}^{n-1}\sum_{j=i+1}^{n} COV(V_i, V_j) \qquad (2\text{-}15)$$

将协方差项与成对资产的方差联系在一起有：

$\sigma^2(V_i, V_j) = \sigma^2(V_i) + 2COV(V_i, V_j) + \sigma^2(V_j)$，

所以，

$2COV(V_i, V_j) = \sigma^2(V_i, V_j) - \sigma^2(V_i) - \sigma^2(V_j)$，

将上式代入可得：

$$\sigma_p^2 = \sum_{i=1}^{n-1}\sum_{j=i+1}^{n} \sigma^2(V_i, V_j) - (n-2)\sum_{i=1}^{n} \sigma^2(V_i) \qquad (2\text{-}16)$$

由以上可以看出，通过计算包含两种资产的亚组合的风险可以较为简单估计 n 项贷款的组合风险。

而在非正态分布下，为了更准确、更快捷地计算出大样本贷款组合的价值量及其分布，Credit Metrics 模型采用蒙特卡罗模拟法（Monte Carlo）。

蒙特卡罗模拟法是一种金融机构经常使用的随机模拟技术，它可以对各种金融资产及各类金融衍生工具进行定价。通常，它利用计算机随机模拟出金融变量的随机价格走势，并以此来近似地揭示该金融变量的市场特性。在金融和证券市场的研究中，人们用蒙特卡罗模拟法模拟出投资组合在指定日期的各种不同的价格走势，然后从分布中一目了然地读出投资组合的受险价值量。

CreditMetrics 模型运用蒙特卡罗模拟法来度量组合的受险价值量步骤：

（1）选择一个随机模型，并挑选模型参数，这是整个模拟过程最关键的一步；

（2）依据随机模型，依次产生相应的随机数，并由此计算每笔贷款 T 时刻的模拟价格；

（3）根据第二步中的模拟价格和每笔贷款的权重，计算目标时刻 T 时投资组合的价格 P_T；

（4）尽可能多次重复第二步和第三步，比如说 K=10000 次，得到时刻 T 时的一系列投资组合的模拟价格 P_T^1，P_T^2，…，P_T^{10000}。得到投资组合在目标时刻 T 的模拟价格的完全分布以后，就能够据此算出投资组合的均值和在 99%置信水平下最大的价值损失额，即贷款组合的受险价值量，从而最终算出该贷款组合的资本准备金需要量。在确定随机模拟的重复次数时，需要权衡估计精度和计算速度。通常，由随机模拟方法求得的估计量，都会存在一定的误差。这是由随机抽样的样本变化造成的，是随机模拟方法本身无法避免的。只有当重复次数增加时，估计量才能慢慢地向其真实值收

敛，收敛的速度通常与重复次数的算术根 $\sqrt{K}$ 成正比。一般来讲，重复次数越多，估计的精确度越高，耗时也越多。

CreditMetrics 模型优点：首次将受险价值的方法运用在信用风险的量化度量和管理上，并将单一信用工具放入资产组合中衡量其对整个组合风险状况的作用，使用了边际风险贡献的概念，可以清楚地看出各种信用工具在整个组合的信用风险中的作用，最终为投资者进行组合管理和决策提供科学的量化依据。

模型的缺点：①CreditMetrics 假定同一信用评级内所有的债务人都具有相同的评级转移概率，并用历史的平均转移概率来近似未来的评级转移概率；事实上，根据 KMV 的研究，这两条假设都不成立；②模型用来重估债券价值的无风险利率是决定性的，没有反映出市场风险以及潜在的经济环境变化；③在估计违约相关性方面，模型用股票相关性来代替资产相关性，这可能导致不精确的估计。

CreditMetrics 模型的分析框架如图 2-3 所示。

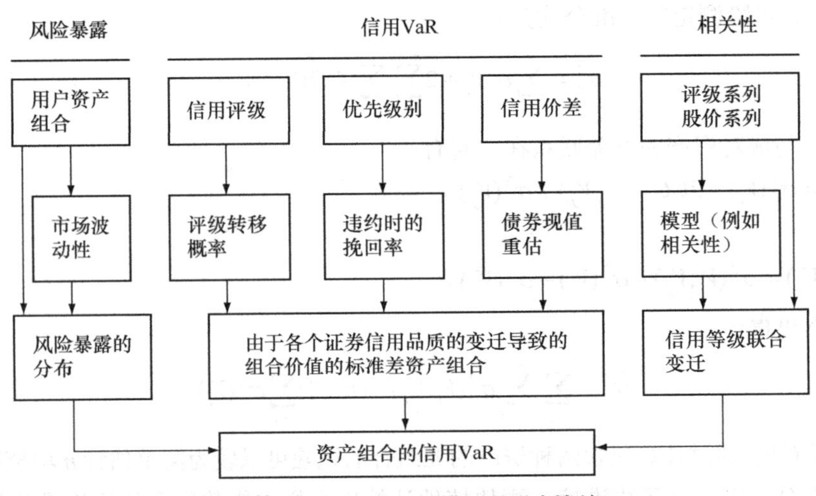

图 2-3 CreditMetrics 模型的分析框架

（五）信贷资产组合（Credit Portfolio View，CPV）模型

在信用度量模型的背后，存在着转移矩阵在不同借款人之间不变以及在商业周期的不同阶段具有稳定性的假设。但实证研究表明，信用评级的转移一般取决于经济的状态。因此，在计算信用资产的在险价值量时，将各种影响违约概率以及相关联的信用等级转换概率的宏观因素纳入体系。

处理周期性因素及其影响的方法通常有两种：一种方法是将过去的样本期间划分为衰退年份和非衰退年份，并且分别计算出两个单独的转移矩阵，即一个衰退矩阵和一个非衰退矩阵，以得到两种分开的 VAR 计算结果。另一种方法是直接将转移概率与宏观经济冲击之间的关系模型化，并通过制造对模型的“宏观冲击”来模拟转移概率的跨时演变。麦肯锡公司 1998 年开发的 CPV（Credit Portfolio View）模型就是第二种方法的典型代表。

信贷资产组合模型假定信用等级在不同时期的迁移概率不是固定不变的，而受到诸如国别、经济周期、失业率、GDP 增长速度、长期利率水平、外汇汇率、政府支出、总储蓄率、产业等因素的影响。

模型中包括两个重要的组成部分，第一个就是多因素系统违约风险模型，该模型主要用来模拟各个国家不同行业的各种信用级别群体违约和信用等级转移概率的联合条件分布，这些概率是由一些宏观经济因素决定的，如失业率、GDP 增长率、长期的利率水平、汇率、政府支出及总储蓄率等。第二个重要的组成部分是计算资产组合信贷敞口离散时间的损失分布。

CPV 模型可以看成是对 CreditMetrics 的补充，它克服了 CreditMetrics 中不同时期的评级转移矩阵固定不变的缺点。

Credit Portfolio View 模型的主要步骤：

（1）计算出条件违约概率；

（2）用无条件违约概率调整得到违约概率；

（3）根据违约概率计算出资产组合的损失分布；

CPV 信贷组合模型是唯一用经济状态来模拟违约事件的信用风险模型，用多因素、多时期离散时间序列模型来模拟不同国家各个信用级别产品的违约概率和信用等级转换概率的联合条件分布。

模型优点：考虑了各种影响违约概率和信用等级变化的宏观因素，给出了具体的损失分布模型，对所有的风险暴露都采用盯市法，可以应用于不同的国家和行业。

模型的缺点：①模型关于违约事件与宏观经济变量之间的关系的假设太过牵强，忽略了影响违约事件的一系列微观经济因素，尤其是企业个体的特征；②模型的数据要求过于复杂，而每一个国家、每一个行业的违约信息，往往较难获得，模型的应用有一定的局限性。

（六）信用风险 Credit Risk+模型

Credit Risk+模型是瑞士银行金融产品开发部于 1996 年开发的信用风险管理系统。Credit Risk+模型主要基于保险精算理论的违约式模型来计算债券或贷款组合的损失分布。

该模型假定违约率是随机的，可以在信用周期内显著地波动，并且本身是风险的驱动因素。因而，Credit Risk+被认为是“违约率模型”的代表。

CreditRisk+模型只考虑违约风险，不考虑评级下调风险，违约风险与债务人的资本结构无关，违约事件纯粹是一个统计现象，违约概率不再是离散的，而被模型化为具有一定概率分布的连续变量。每一笔贷款被视作小概率违约事件，并且每笔贷款的违约概率都独立于其他贷款，这样，贷款组合违约概率的分布接近泊松分布。模型考虑违约概率的不确定性和损失大小的不确定性，并将损失的严重性和贷款的风险暴露数量划分频段，计量违约概率和损失大小可以得出不同频段损失的分布，对所有频段的损失加总，即为贷款组合的损失分布。

Credit Risk+模型的主要步骤：

（1）将资产组合中的贷款分级

模型将信贷资产组合中的贷款分成 m 级。每个等级被视为独立的资产组合；

（2）求解概率生成函数

每个等级按照违约数服从泊松分布的假设得到一个概率生成函数。

（3）信用资产组合的违约概率生成函数及违约概率的计算

（4）计算组合资产在一定置信区间的损失量

模型优点在于：要求输入的数据很少，输入数据仅为资产的违约率和风险资产数量，从而适应了传统业务中缺乏数据的状况。由于推导出了组合损失的显示解，所以对贷款损失的计算非常简单容易。

模型缺点在于：（1）由于忽略了信用等级变化，因而每笔贷款信用风险暴露在计算期间内固定不变，这与实际情况不够符合；（2）分组时，对每笔贷款暴露进行近似，从而将高估投资组合损失的方差。

（七）死亡率模型（Mortality rate model）

借鉴保险思想，债权人的违约可类比人寿保险中被保险人的死亡，由此，可以将贷款或债券的违约看作贷款或债券的死亡，以保险精算技术测算违约概率并进行相应的管理。1989 年，Alman 和 Asquith、Mullins 和 Wolf 分别用保险精算方法计算出不同信用等级债券的死亡率表（即违约率表），开创了保险方法在信用风险领域中的运用。该模型以贷款或债券组合以及它们在历史上违约经历为基础，开发出一张表格，用该表来对信用资产一年的边际的死亡率（Marginal Mortality Rate，MMR）及信用资产多年的累积的死亡率（Cumulative Mortality Rate，CRM）进行预测。将上面的两个死亡率与违约损失率（LGD）结合起来，就可以获得信用资产的预期损失的估计值。

这一思想与保险精算师在确定寿险保险费政策时所运用的思想和模型是相似的，因此得名。

模型假设：不同贷款类型的违约下的损失率不同且相互独立，但同一贷款类型的违约下的损失率基本相同；各贷款违约相互独立，即不存在相关效应和连锁反应，但相同信用等级的贷款违约情况相同。

从而边际死亡率与累计死亡率存在如下关系：

$$CMR(\tau)=1-\prod_{i=1}^{\tau}(1-MMR_i) \tag{2-17}$$

其中，MMR_i 为第 i 年的边际死亡率，是指样本年份中每年发生违约的债券（或贷款）的总价值与该年未偿还的总价值之比；CMR（τ）是在 τ 时间段内的累计死亡率。

在此模型中，累计死亡率相当于违约率 PD，再根据历史数据统计出的不同信用等级的贷款的 LGD 及其方差，采用蒙特卡罗方法和 VaR 技术计算贷款损失。

死亡率模型比较容易利用死亡率表来计算单个贷款和贷款组合的预期损失及其波动率，特别是计算贷款组合很方便。不过其劣势在于要求的数据量很大，经常需要上万个样本，许多单个商业银行无法提供如此大的数据库；而且没有考虑不同贷款的相关性对计算结果的影响以及宏观经济环境对死亡率的影响，因而需要时时更新死亡率表。

（八）信用风险分析模型的简要述评

（1）每种模型各有特点，不存在相互替代。在使用某种模型时可将另外一种可配套使用的模型结合起来，做到优势互补，取得较好的效果。

（2）没有一个模型可以达到成熟完美的程度，它们均存在着这样或那样的弱点，尚需进一步的改进和完善。再完美的信用风险模型仅仅是进行信用风险分析的工具，任何复杂的数量分析都不能代替风险管理中的经验判断，况且现有的信用风险模型还未达到完美的程度。

（3）信用风险模型适用于特定的范围和对象，不能照搬。现代信用风险模型的建立需要大量的参数估计，例如违约频率、违约收复比例、信用等级转换概率等，这些参数的估计是以历史经验数据为基础的。所以，上述模型的建立基础是发达国家几十年、甚至上百年有关信用资产和信用评级的历史数据库。即使古典（传统）的 Z 评分模型和 ZETA 评分模型也是建立在发达国家（美国）的企业的历史统计数据基础之上的。由于信用分析的本质在于揭示信用风险，一国经济发展所处的阶段、工业化程度以及社会和文化背景等不同，则信用风险的影响因素和表现形式也不一样，信用分析的具体内容和侧重点必然也有所不同。

（4）信用评级是基于风险排序得到的，是一种开放的、不断发展中的技术体系，能够兼容其他定量分析技术。信用分析技术目前还是一种界于“科学”与“艺术”之间的工程技术。统计模型无法揭示相关变量与信用质量下降之间的因果关系，数学模型为了处理上的方便所作的假设可能不正确，模型并没有得到有效的验证。没有人仅依据模型的结果来发放贷款。

思考练习题

1．何为征信，征信有何渠道？

2．简述信用评级的指标。

3．个人征信调查和企业征信调查有何差异？

4．比较主要资信评估机构评估指标的差异？

5．传统信用计量方法有哪些特点？

6．比较 Z 评分模型和 ZETA 评分模型的区别。

7．简述 KMV 信用监控模型的原理。

8．分析 KMV 模型的优缺点。

9．下面是中国两家上市公司“青岛海尔电冰箱股份有限公司”和“上海水仙电器股份有限公司”1998 年 12 月 31 日的一些财务数据，请运用 Z 值模型计算两个企业当时的 Z 值，并根据 Z 值尝试评价企业的信用风险情况、预测企业破产的可能性。

财务指标	青岛海尔（元）	上海水仙（元）
流动资产	2 288 670 532.19	696 411 362.96
总资产	3 450 893 999.82	1 025 868 566.23
销售收入	3 823 372 330.15	184 873 170.05
利息	12 843 445.16	41 600 034.13
负债总额	1 384 301 757.03	638 473 321.83
流动负债	1 341 867 856.10	635 388 995.48
所有者权益	1 859 676 310.33	373 154 262.56
利润总额	337 187 603.39	-64 733 683.59
未分配利润	275 293 327.27	-120 075 485.38

10．某公司市场资本为 3 亿元，股权波动率为 40%，每年总负债为 10 亿元，假设无风险利率为 5%，到期日为 T=1。假设资产的预期回报率为 7%。请计算公司的违约概率。

第三章 企业信用管理

学习目标

- 了解企业信用管理的概念和企业信用管理制度；
- 掌握企业客户管理制度和赊销管理政策；
- 重点掌握企业应收账款管理办法和账款催收技巧。

第一节 企业信用管理概论

一、企业信用风险分析

（一）企业信用风险分类

企业采用赊销方式，虽然刺激了销售额的快速增长，但赊销使应收账款不能回收的可能性增大，甚至可能会使企业应收账款颗粒无收，吞噬企业利润，严重时可能引发企业破产。

企业信用风险的因素分为外部因素和内部因素。

1. 外部因素

（1）伴随市场的开放，市场竞争压力不断增大，企业效益下降；

（2）缺乏良好的社会诚信环境，只关注眼前利益，忽视长远利益；

（3）法律法规不完善，失信行为惩罚机制不健全；

（4）社会信用体系不健全，信用管理服务行业发展深度不够。

2. 内部因素

（1）企业信用意识缺乏，主动履约意愿不强；

（2）企业信用管理制度落后，其具体表现：

① 缺少科学的信用管理制度和组织体系

企业内部管理混乱，信用管理流于形式，信用销售的审批程序不健全，财务、销售等相关的部门在信用管理上职责不清、权责不对等；信用管理执行不力，对销售/还款的流程缺乏有效的控制；客户信息管理问题，档案不完整；财务部门与销售部门缺少有效的沟通；企业内部业务人员与客户勾结；企业内部资金和项目审批不科学，领导主观盲目决策；

② 对客户缺少科学的信用政策和规范的业务管理流程

对客户的失信行为缺乏敏感，缺少准确判断客户的信用状况的方法；没有正确地选择结算方式和结算条件；对客户过度纵容导致对应收账款监控不严以及对拖欠账款缺少有效的追讨手段。

（二）企业信用风险点

企业信用风险主要来自于如下的交易过程。

1. 客户开发

信用不良的客户是导致拖欠账款的根本原因。

2. 争取订单

在与客户协商时，错误地选择信用条件（如给予过高的信用限额或信用期限）是日后产生信用风险的重要原因。

3. 签约

信用的保障手段之一是合同，合同条款订立不当将使企业丧失应有的权利。

4. 发货

货物纠纷是日后货款拖欠的一个间接原因。

5. 收款

销售人员或财务人员能否积极主动地催收货款，在相当大的程度上决定了账款回收率。

6. 货款拖欠

货款拖欠是企业最不愿看到的情况，一旦发生，如不采取有效措施，将面临变成呆账、坏账的危险。

上述企业信用销售流程六个环节是企业与客户交易过程中最容易出现的问题，是企业交易风险控制的关键点，只有清楚了这些关键环节和风险来源，才能针对这些问题制定有效的方案。

（三）控制信用风险的关键环节

以下六个业务管理环节对于企业的信用风险控制具有关键性的作用。

1. 选择客户

怎样识别信用良好的客户。

2. 信用标准

对客户信用评估并执行严格的信用政策。

3. 信用条件

科学地确定赊销的条件。

4. 货款跟踪

应加强对应收账款的监控。

5. 早期催收

在货款发生拖欠的早期，是企业最好的催收机会。

6. 危机处理

发生长期拖欠，应作危机处理，采取积极、有效的追讨手段。

[专栏 3-1]

中国企业信用存在的主要问题

中国企业家调查系统就企业信用进行的专题调查结果显示：拖欠、违约和制假是企业信用存在的主要问题。

- 拖欠货款、贷款、税款：76.2%
- 违约：63.2%
- 制售假冒伪劣产品：42.4%

- 披露虚假信息：27.3%
- 质量欺诈：23.5%
- 商标侵权、专利技术侵权：13.3%
- 价格欺诈：11.1%

[专栏 3-2]

中国企业内部信用管理存在的问题

总体水平：信用管理差，信用成本高

前期信用管理：

- 粗放型销售
- 没有短、中、长期信用政策
- 只强调销售不重视管理
- 没有职能部门
- 各部门信用管理职责不清
- 纵向横向沟通渠道少

中期信用管理：

- 无资信调查制度
- 分析评估手段弱
- 无授信制度
- 无债权保障制度
- 保障措施简单
- 外部服务滞后

后期信用管理：

- 应收账款管理薄弱
- 账款追收手段差
- 放账期限过长
- 无信用培训
- 信用人员能力差
- 无人员分工

[专栏 3-3]

粗放型销售特点与表现形式

粗放型销售特点：

- 以提高市场份额作为企业经营目标；
- 以销售额作为各项考核和奖惩制度的主要指标；
- 赊销比例远远高于同业企业；

- 大部分客户都轻松获得信用额度；
- 赊销审批权限在各地经销商手中或业务员手中；
- 没有与销售配套的管理政策。

粗放型销售表现形式：

- 销售额大，市场份额增长迅速；
- 坏账率和逾期账款率高、账款回收时间长，信用成本巨大。

[案例 3-1]

信用欺诈案例

1. 借尸还魂

案例：A公司与C公司签订了40万元的销售合同，但A公司在支付13万以后，拒绝偿还余款。当C公司准备采取法律措施，发现A公司早在3年前就已经注销。

对策：C公司强化客户管理，由信用管理人员审查公司存在的真实性，有效性，审核之后才能够进行交易，审核的文件包括客户的营业执照、税务登记证和法人代表身份证。

2. 瞒天过海

案例：甲公司跑到乙公司，要替乙公司在IT领域做代理，当时甲公司出示了很精美的企业介绍材料和上市公司的背景关系，乙公司业务人员完全相信了甲公司的描述，没有对客户背景进行调查就现场决定代理。结果甲公司在发货达到100万以后销声匿迹了。

对策：把认证客户的范围从常规性客户扩展到所有的首次欠款交易额十万元以上的客户，在这个过程当中要提供申报表，要求客户对他自己的经营状况，经营地址，主要经营人的信息进行一下描述，同时要求客户提供资产负债表正本，还有把自己的所见所闻如实的填写到客户信息反馈表当中，向公司进行汇报，如果对这种资料有什么怀疑的话，还要组织实地的走访、调查，或者是通过互联网、媒体等手段核查信息。

3. 无中生有

案例：甲公司按照乙公司的认证，获得现场销售的认证，在前款还没有到期的情况下又突击提货将近200万元，最后在短期内大量的现款出货，然后主要负责人逃逸。

对策：信用额度管理不能够超过限定交易额的百分比，如果发现客户有违规行为，要及时调整额度，如果调整后的规模超过客户注册资本，要求进行担保，或者是办理房产抵押。

4. 金蝉脱壳

案例：甲公司拖欠乙公司30万元货款，甲公司转移资产，使它成为一个空壳。

对策：要求客户提供担保。

5. 笑里藏刀

案例：甲公司与乙公司进行交易，甲公司表示，为了提高工作效益，以后不签协议了，把空的合同盖上章，乙公司填写就可以了。乙公司工作人员中计了，按照客户的要求办事，结果一去不返回。

对策：加强制度管理。合同和订单必须要正本的存档，业务部门在提交部门盖章的时候，要有两个正本，一个是保留在信用管理部门。如果客户盖章在前，信用管理在后，马上保留存档；如果公司盖章在前，服务人员要求在规定的时间内把正本收回，否则会影响到以后合同的执行。

6. 李代桃僵

案例：甲公司向乙公司要了110万的货物，当时发现甲公司下面有两处房产，在保权的时候，被甲公司的母公司发现了，他们提前对自己的甲公司提起诉讼，告自己的子公司拖欠房产，结果胜诉。

对策：要及时发现客户间的关系。在关联度当中，除了显现关联，还要特别关注隐性关联的存在，客户精心地隐藏他们间的关联关系，或者是客户之间为了达到某种目的而联盟，这种隐性的关联是需要通过业务当中的信息来发现其珠丝马迹。确定客户的关联关系以后，要求他们签不保底协议，当关联度当中任何一方信用超额，或者是超息拖欠款，或者是有违规信用冻结，任何的关联企业都是要受株连。

[专栏 3-4]

企业信用风险自检

表 3-1　企业经营风险的产生原因及控制方案

风险的种类	产生原因	控制方案
自然风险		
政治风险		
市场风险		
管理风险		
人员风险		
投资风险		
交易信用风险		
破产风险		
人员风险		

表 3-2　拖欠风险产生的原因及控制方案

拖欠风险产生的原因		本公司现状	控制方案
源自客户管理	缺少准确判断客户的信用状况的方法		
	没有正确地选择结算方式和结算条件		
	对应收货款监控不严		
	对拖欠账款缺少有效的追讨手段		
	没有合格的信用政策，过分迁就客户		
源自内部管理	客户档案不完整，没有客户信息数据库		
	财务部门与销售部门缺少有效的沟通		
	企业内部业务人员与客户勾结		
	没有赊销决策程序，领导主观盲目决策		
	缺少规范的赊销流程		
	没有专职的信用管理人员		
	考核指标不合理		

作用：帮助认识信用风险的来源，增强企业未雨绸缪、抵御风险的能力。

目的：根据本公司实际情况，制定信用风险的控制方案。

填写：对照拖欠风险产生的原因，逐项检查本公司的管理现状并制订相应的控制方案。

【自检】

你认为信用风险对企业有哪些直接影响？在你的企业里应采用哪些控制信用风险的措施？

____

____

____

二、企业信用管理的必要性

（一）企业的忧虑

作为企业家，下列因素始终困扰着企业的发展：

（1）您的钱有多少掌握在客户手中，而有多少真正能属于您的公司？

（2）你们的合作存在信用风险吗？

（3）您的交易对象的支付水平如何？

（4）交易对象以往的信用状况如何？

（5）你能对交易对象作出相应的信用额度的调整吗？

（6）您能否预见您的公司目前面临的信用危机？或许您将面临困境……

（7）您的投资项目除了您手上的那一摞的预算分析，您考虑过决策后的风险规避吗？

……

上述困扰企业发展的核心问题是企业信用管理制度是否完善。

（二）企业信用风险解决之道

上述问题的解决有赖于建立完善的信用管理制度。

（1）如何在大量赊销的同时有效控制信用风险？

——按照企业信用管理体系标准建立信用管理运行机制。

（2）如何有效和高效地进行信用管理，解决信用管理责权利的矛盾？

——企业应建立、健全科学、规范的信用管理制度。

（3）如何提高企业人员的信用管理能力？

——企业应全面学习信用管理技术并持续改进。

（4）如何对内增强企业凝聚力和组织能力，对外提高企业信用能力和交易能力？

——企业应培养信用文化，加强企业信用宣传。

（5）如何防止业务员垄断客户资源？

——企业必须实行客户信息的统一管理。

（6）如何识别和选择有信用意愿和偿付能力的客户、代理商？

——企业应采用标准化的客户资信调查和信用评级方法。

（7）如何保证销售额与回款额的同步增长？

——企业需要设立信用部以协调销售与财务目标。

（8）如何大幅提高账款回收率？

——企业应设应收账款的账龄监控与跟踪管理。

结论：实施全面、全程信用管理。

现实是中西方企业的信用管理水平差异较大：西方国家的企业信用管理已经发展了一百多年，企业管理者把信用管理放在企业管理的第一位，都有科学的信用管理制度和系统完善的信用管理措施；而与之相反的是，中国企业对信用管理的认知程度低，企业信用管理刚刚起步，企业管理者还没有真正意识到信用管理的重要性，对风险和信用风险管理只停留在感性认识上，企业内部根本没有科学的信用管理制度和完善的信用管理措施。

三、企业信用管理的内涵

1. 企业信用管理的概念

从广义上说，企业信用管理是指企业为获得他人提供的信用或授予他人信用而进行的以筹资或投资为目的的管理活动。

从狭义上说，企业为提高竞争力、扩大市场占有率而进行的以信用销售为主要管理内容的管理活动均属于企业信用管理。

通常所说的企业信用管理主要是指狭义的企业信用管理，也是传统的企业信用管理。

2. 企业信用管理职能

（1）客户信息收集与加工。企业通过对客户信息的收集、分类、整理，对客户信用状况进行属性界定，为企业制定信用政策提供依据。

（2）信用评估。企业采用科学的评估方法，对获取的客户信用信息进行分级。评估结果可为企业对客户授信提供依据。

（3）债权保护。企业依据客户信用的差异，制定适当的债权保护制度，以扩大交易规模，降低损失。

（4）应收账款催收。通过对应收账款的诊断，建立应收账款催收程序和具体的催收办法，并落实专人负责催收。

3. 企业信用管理的内容

企业信用管理是指通过制定信用管理政策，指导和协调内部各部门的业务活动，对客户信息进行收集和评估，对信用额度的授予，债权保障，应收账款回收等各交易环节进行全面监督，保持应收账款的最合理持有，以保障应收账款安全和及时收回，以达到利润最大化的管理措施。

企业信用管理包括以下内容：

（1）建立科学完善的信用管理制度；

（2）完善监督机制，对交易各环节进行管理和监督；

（3）制定信用政策，确定应收账款的最合理持有量；

（4）制定应收账款管理制度，保障应收账款的及时全额回收。

4. 企业信用管理流程

企业信用管理流程由建立信用部门、制订信用政策、新客户授信、赊销跟踪以及客户信用重估等环节组成，如图 3-1 所示。

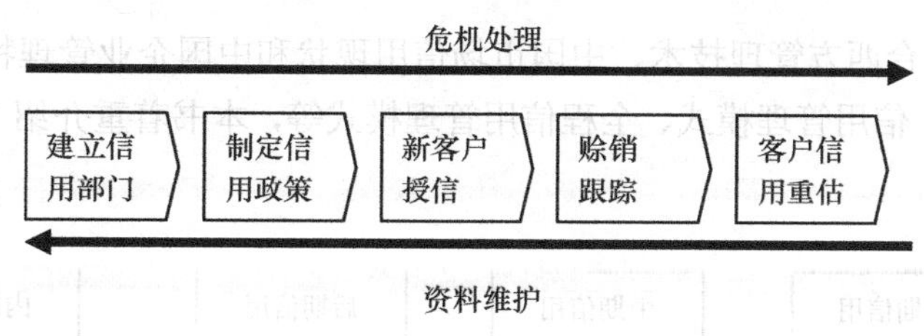

图 3-1 企业信用管理流程示意

四、企业信用管理的目标

（1）信用管理的目标是力求企业在实现销售最大化的同时，回款最快化、坏账最小化，以实现现金流最大化的目标，将信用风险降至最低，使企业的效益和价值得到最大程度的提高。

① 成功销售平衡等式

最大销售（包括大量的赊销）+及时付款+最小坏账=最大利润

② 一般销售的平衡等式

低销售+（快或慢）付款+零坏账=低利润

③ 较差销售的平衡等式

低销售+慢付款+零坏账=负利润+现金流量的不足

④ 最差销售的平衡等式

最大销售额+缓慢付款+较高坏账=现金流量严重不足=破产

在上述销售模式中，第 1 种销售模式，由于成功实施信用管理，做到及时付款和最小坏账，将为企业获得最大利润，应该成为企业信用管理的目标。

（2）要实现信用管理目标，必须做好以下三方面工作：

① 最大化的高质量销售，这要求在追求销售额增长的同时，对所有的销售都有货款能及时回收的保证；

② 最快的应收账款周转，这要求企业要尽可能快地回收应收账款，尽可能缩短应收账款的周转天数，加快企业的现金周转；

③ 最小的坏账损失，企业发生坏账一般都是因为客户信用问题导致货款长时间不能回收而产生，坏账的发生一方面会给企业带来经营性现金流入量的损失，同时还会增加企业的管理成本，坏账最小化就要求企业要尽可能地从源头也就是客户开发阶段就把握好企业的经营状况，在销售形成后及时关注应收账款的状态，做好防范工作。

第二节 企业信用管理制度

一、企业信用管理模式

企业信用管理采用流程控制的方法，对交易风险可能出现的各个环节加以全面控制。全过程地、全面地控制交易风险。

中国信用管理界结合西方管理技术、中国市场信用现状和中国企业管理特点，总结出了多种信用管理模式，如“3+1”信用管理模式、全程信用管理模式等，本书着重介绍“3+1”信用管理模式，如图 3-2 所示。

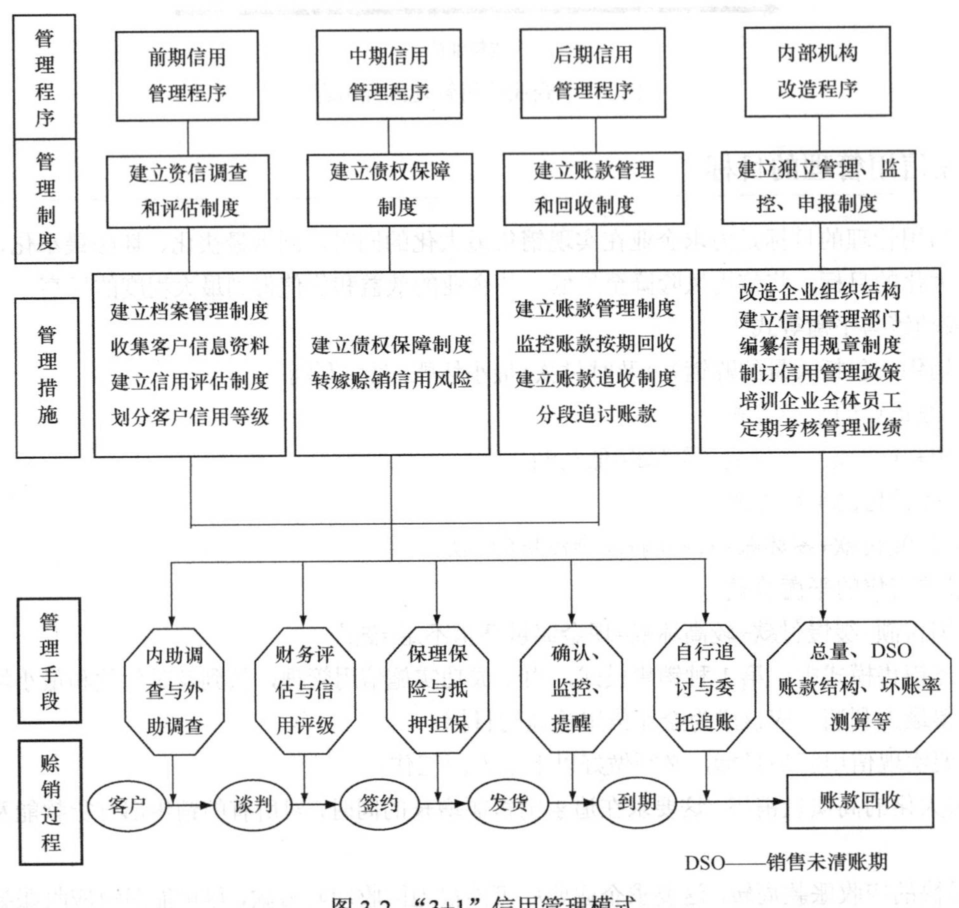

图 3-2 “3+1”信用管理模式

“3+1”信用管理模式最大特点是将管理的重点前移，注重应收账款管理的连续性，可以实现对信用管理的全程控制。

据统计，实施前期风险控制可以防止 70%拖欠风险，实施中期风险控制可以避免 35%的拖欠，实施后期风险控制可以挽回 41%的拖欠损失，实施全面风险控制可以减少 80%的坏账。

（一）3 个信用管理机制

1. 前期信用管理阶段的资信调查和评估机制

该机制主要是从交易前期的客户筛选、评价和控制的角度避免信用风险。

该阶段风险的控制侧重于客户选择。通过对客户的初步筛选，排除掉交易价值不大和风险明显较大的客户，选择有潜力客户和风险不确定客户进行资信调查。不论是新客户，还是老客户，都必须调查和掌握他们的信用资料。企业应建立起适合企业自身特点的调查方式，保证信用资料的完整性、准确性和适时性。

必须建立客户档案资料数据库，客户资料不能散落在各个不同的地方。对每一笔赊销进行评估，既评估账款的安全性，又保证最合理持有量的销售。

2. 中期信用管理阶段的债权保障机制

该机制主要是在交易中期转嫁和规避信用风险。

客户信用条件差或无法核实客户信用状况，但又有必要交易的赊销业务，必须熟练选择和运用担保、抵押、信用保险、保理等债权保障措施。

签约风险的控制应侧重于科学决策，建立科学的决策程序和充分的决策依据，完善合同文本，避免合同条款风险和履约风险。

3. 后期信用管理阶段的应收账款管理和回收机制

该机制主要是在交易的后期密切监控账款回收，最大限度地减少信用风险。

货物发出后到应收账款到期前的一段时间，必须了解货物的走向和确认货物的品质、数量，同时在账款到期前提醒客户。建立一套规范的管理措施，保证账款逾期后受到密切的关注，并在每一个时间段对客户保持不同的压力和惩处措施。在客户破产倒闭后，立刻处置债务人的财产。

该阶段的风险主要是履约风险。要控制履约风险应从两方面入手：一方面，加强对客户账款的监控，提醒客户付款的时间越早，提醒的方式越高明，越能及早收回账款，对于拖欠账款则要尽早采取恰当的催收方式。另一方面，企业内部要协调好各部门的关系，做好合同履行工作，对于经常出现的履约问题应反馈到签约前，做到签约前就注意不再出现类似问题。对账款回收工作要制定考核指标体系，方便考核和改进工作，并很容易发现问题所在，及时纠正。

（二）1 个内部信用组织机构

在企业内部建立一个信用管理的部门，全面管理企业信用赊销的各个环节。

信用管理机构的职能：确定企业信用政策、信用管理的程序及其调整机制，明确信用管理与销售、运作的关系；建立信用管理责任制度，制订信用管理手册，及时地检查和评估企业信用的实施情况，不断地提高信用管理水平。

二、企业信用管理机构

（一）企业信用管理的组织模式

1. 企业信用管理组织模式选择原则

企业选择信用管理组织模式应遵循以下 5 个方面的原则：

（1）信用管理的组织模式要易于从不同部门收集和汇总信用信息，能够充分利用各部门的经验分析信用信息的含义；能够以有效的工具处理信用问题；并将有关对象的信用状况和风险评价及时反映到企业的决策层次。

（2）信用管理组织模式须规定各部门之间的信用管理职能及协调好相互之间的关系。严格来说，企业信用风险管理职能并非专门的信用管理部门所能全部承担的，企业供销、财务、生产和客户服务等部门都对企业信用风险的产生和防范有着直接或间接的影响作用，故能否处理好信用管理部门与其他相关部门的关系事关成败之大局。

（3）信用管理组织模式应明确信用管理工作人员的岗位职责和职权范围。

（4）信用管理的组织模式应界定好企业信用管理体系模块与其他模块的关系。

（5）信用管理组织模式要界定好信用管理体系的功能和范围。

2. 企业信用管理组织模式选择

在企业现有的管理职能中，应收账款的管理职能基本上是由销售部和财务部这两个部门承担的，在实践中却常常出现职责分工不清、相互扯皮、效率低下，甚至出现管理真空等种种问题。财务部门掌管信用管理职能，倾向于减少坏账，必然实施保守型信用政策；业务部门掌管信用管理职能，倾向于扩大销售，必然实施激进型信用政策。这两个部门由于管理目标、职能、利益和对于市场反应上的差异，都不可能较好地承担起企业信用管理和应收账款管理的职能。

信用管理组织模式可分为销售部门主导型、财务部门主导型、信用部门独立型和风险委员会制四种模型。这四种模式各有优缺点（如表 3-3 所示）。

表 3-3 信用管理部门组织模式比较

模式	优点	缺点
销售主导	有利于最大限度地调动销售部门的积极性，有利于充分利用销售部门的人力与信息资源以及与客户的良好关系，有利于客户关系的进一步完善与发展	有“自己管自己”之嫌，难以保证信用风险管理功能的真正实现，销售部门对信用管理可能重视不够，销售部门在信用分析和信用管理的技巧方面可能会比较缺乏
财务主导	能够对销售部门起到一个风险制衡作用，更加有利于信用管理职能的真正实现，在信用分析和信用管理的专业性方面比较有优势	可能会矫枉过正，影响销售额；容易与销售部门、客服部门等其他部门产生冲突，增加内部管理协调成本；难以充分利用销售部门掌握的客户信息及销售部门与客户的良好关系服务于信用管理
独立部门	能站在比较独立的立场上进行信用管理，有利于与公司利益保持高度一致，有较高的权威，便于信用信息管理、人力资源以及相关激励措施的制定与实施	运行初期的阻力可能会比较大，难以得到销售部门和财务部门的真正帮助，人力资源、管理流程比较复杂，管理成本较高
委员会制	能够把风险管理提升到公司战略高度，易取得公司各个部门协调一致的意见，高度的专业性保证风险管理能够发挥积极有效的作用	容易形成官僚作风，流程非常复杂，难以监管

适用销售主导型信用管理结构模式的企业是应该具有管理水平较高、管理思想较先进、公司信用文化已有基础、销售主管信用风险意识较强、财务部门能与销售部门进行良好合作等基本特点的企业。

适用财务主导型信用管理结构模式的企业是具有“强财务”，财务主管有较好的销售背景和较开阔的管理视角、财务部门能与销售部门进行良好合作等基本特点的企业。

适用独立型信用管理结构模式的企业则是“强销售、弱财务”、公司信用管理意识比较薄弱、销售人员素质较低、销售部门难以与财务等部门紧密协作类型的企业。

适用委员会制信用管理结构模式的企业，往往是一些特大型企业和金融企业，这些企业的信息化程度较高、有整合风险管理战略的需要。

（二）企业信用管理机构设置

1. 建立信用管理制度的进度安排

第一步：培训企业人员，收集整合客户的信用信息，加紧追讨账款；

第二步：建立信用管理部门及招聘和选拔信用人员，制订过渡期信用管理政策；

第三步：考核并修改过渡期信用管理制度，建设计算机信用管理系统。

整个过程将持续半年至一年。

具体步骤见图 3-3。

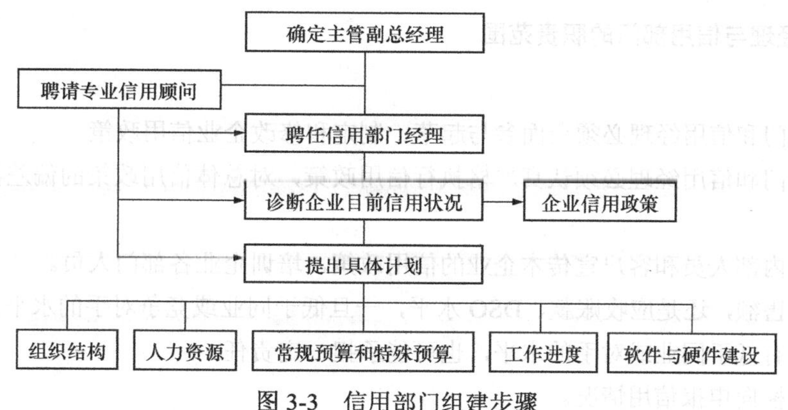

图 3-3　信用部门组建步骤

2. 组建信用部门的注意事项

（1）人员：不论规模多大的企业，信用管理部门的人员也不宜过多。

（2）级别：信用管理部门的级别应与业务和财会部门一样，或偏高。

（3）顾问：对于一个刚刚建立信用部门的企业，最好从专业信用管理公司聘请一位专业顾问，陪伴企业走过部门初建的第一年。

（4）独立：信用管理顾问帮助企业招聘或物色一位合格的信用管理经理。切记信用管理顾问不要插手过多的具体工作，包办代替是信用管理顾问的禁忌。信用管理顾问要帮助信用经理树立威信、走入正轨、提高管理素质和办事效率。

（5）重视：信用部门成立时，必须得到企业上层的高度重视，一个好的开端是成功的一半。

3. 信用管理部门的组织结构

在组织设计过程中，需要建立一个在总经理或董事会直接领导下的独立的信用管理部门（或设置信用监理），将信用管理的各项职责在各业务部门之间重新进行合理的分工，信用部门、销售部门、财务部门、采购部门等各业务部门各自承担不同的信用管理工作，必须按照不同的管理目标和特点进行科学的设计。信用部门的主管必须是在公司中比较有地位和能够获得其他部门支持的人员，因为信用部门的运作需要联系财务部门、销售部门、公司战略部门等比较敏感的部门。

图 3-4 描述了大型生产性企业的信用管理部门的典型组织机构。

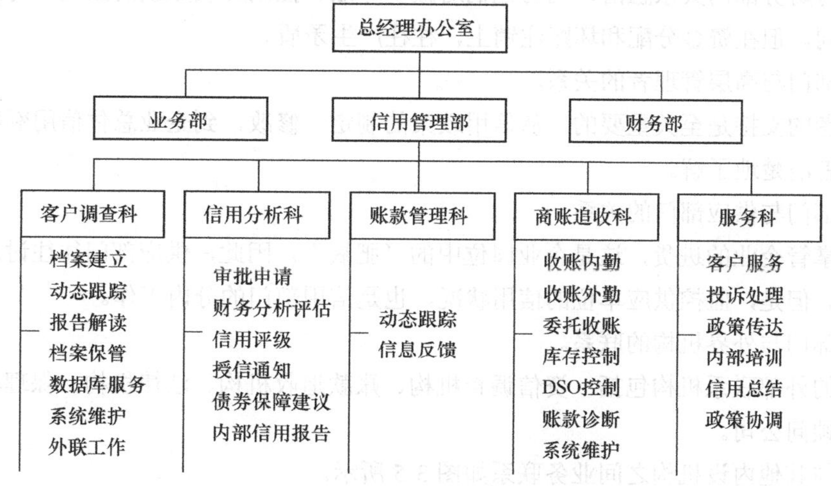

图 3-4　大型生产性企业信用管理部门典型组织机构

（三）信用经理与信用部门的职责范围

1. 责任

（1）信用部门和信用经理必须全面参与起草、制定和修改企业信用政策。

（2）信用部门和信用经理必须认真严格执行信用政策，对总体信用政策的偏差甚至失败负有主要责任。

（3）向企业内部人员和客户宣传本企业的信用政策，培训企业各部门人员。

（4）不论销售额，还是应收账款、DSO水平，一旦低于同业或竞争对手的水平，信用经理应承担责任。即使没有低于同业或对手的水平，也可能承担一定责任。

（5）纵向、横向申报信用情况。

（6）信用政策规定的其他责任。

2. 权利

（1）信用部门拥有参与起草、制定和修改企业信用政策的权利。

（2）信用部门拥有筛选客户的权利。

（3）赊销审批的一切权利。

（4）信用部门拥有决定追收账款的权利。

（5）信用政策规定的其他权利。

3. 信用部门与其他部门的关系

信用部门是综合管理部门，在执行信用政策时与多家机构发生联系，容易成为众矢之的，更须妥善处理好与各职能部门的关系。

（1）信用部门与销售部门的关系。

信用部门往往与销售部门关系紧张。这是因为销售部门与信用部门的观念差异。一个好的信用部门，应学会转变销售部门的观念。

矛盾出现在两个阶段：评估阶段与追讨阶段。矛盾会使收账变得困难。应多在企业内部举办培训，告诉销售人员什么是真正的销售和利润。

（2）信用部门与财务部门的关系。

信用部门与财务部门关系融洽，因为他们对减少坏账、控制应收账款的数量和时间、调节现金流量的目的相同。但在资金分配和坏账注销上，往往产生矛盾。

（3）信用部门与高层管理者的关系。

高层管理者的支持是至关重要的。从信用政策的制定、修改，到企业总体信用额度的审批，都应让高层管理者清楚地了解。

（4）信用部门与供应部门的关系。

供应部门掌管企业的进货，这是企业岗位中的“肥缺”。因此，供应部门往往讨厌信用管理部门的“干涉”。但是，监控供应单位的信用状况，也是信用部门的分内工作。

（5）信用部门与外界机构的联系。

信用部门的外部联系机构包括：资信调查机构、账款追收机构、法律机构、保理机构、保险机构、信用管理顾问公司。

信用部门与其他内设机构之间业务联系如图3-5所示。

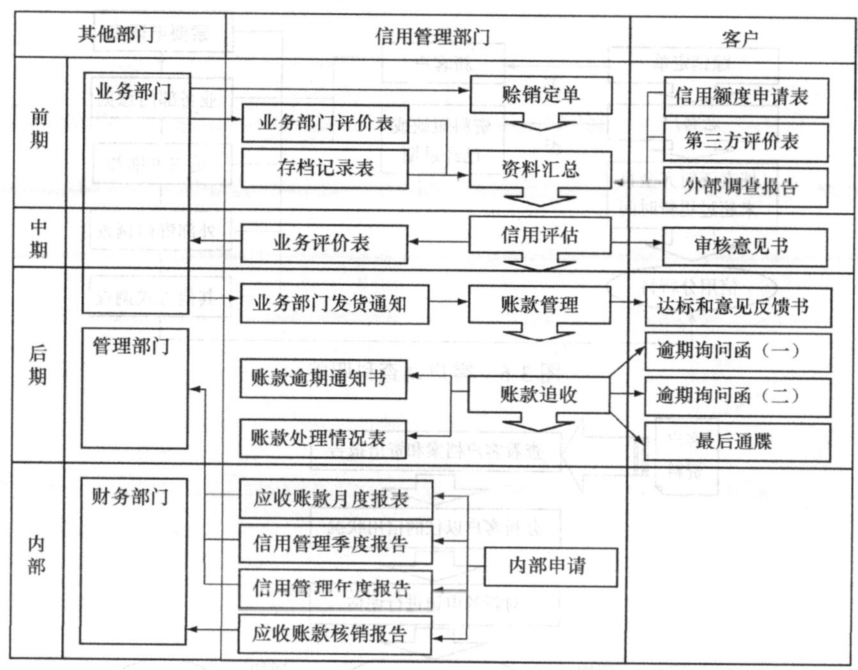

图 3-5 信用管理纵向、横向通报制度

信用管理机构组织分工见表 3-4。

表 3-4 信用管理机构分工

职能	信用部	业务部	法律部	财务部
客户基本信息的收集	主办	主办		
客户财务信息的收集	协办	协办		主办
客户信用审查	主办	协办	协办	协办
客户评级	主办	协办		协办
客户信用额度	主办	建议	建议	审核
交易资料搜集与报告	协办	协办		主办
货款催收	主办	协办	协办	协办
货款追索	主办	协办	协办	协办

（四）信用管理部门内设机构

1. 信用管理部门内设机构职能

信用管理部门由客户调查科、信用分析科、账款管理科、商账追收科、服务科等部门组成。

客户调查科、信用分析科、账款管理科、商账追收科的职能和业务流程分别见图 3-6、图 3-7、图 3-8、图 3-9。

服务科职能：接待客户的投诉和编制信用报表。相对其他科室来说，服务科的作用小一些，很多企业把服务部的人员与其他部门合并。

2. 信用部门员工职责

信用人员必须认真执行企业制定的各项信用政策。

信息收集人员应全面、及时收集客户的信息，并降低成本。

评估人员应认真评价每一个客户和每一笔定单，尤其应该密切关注客户的变化。

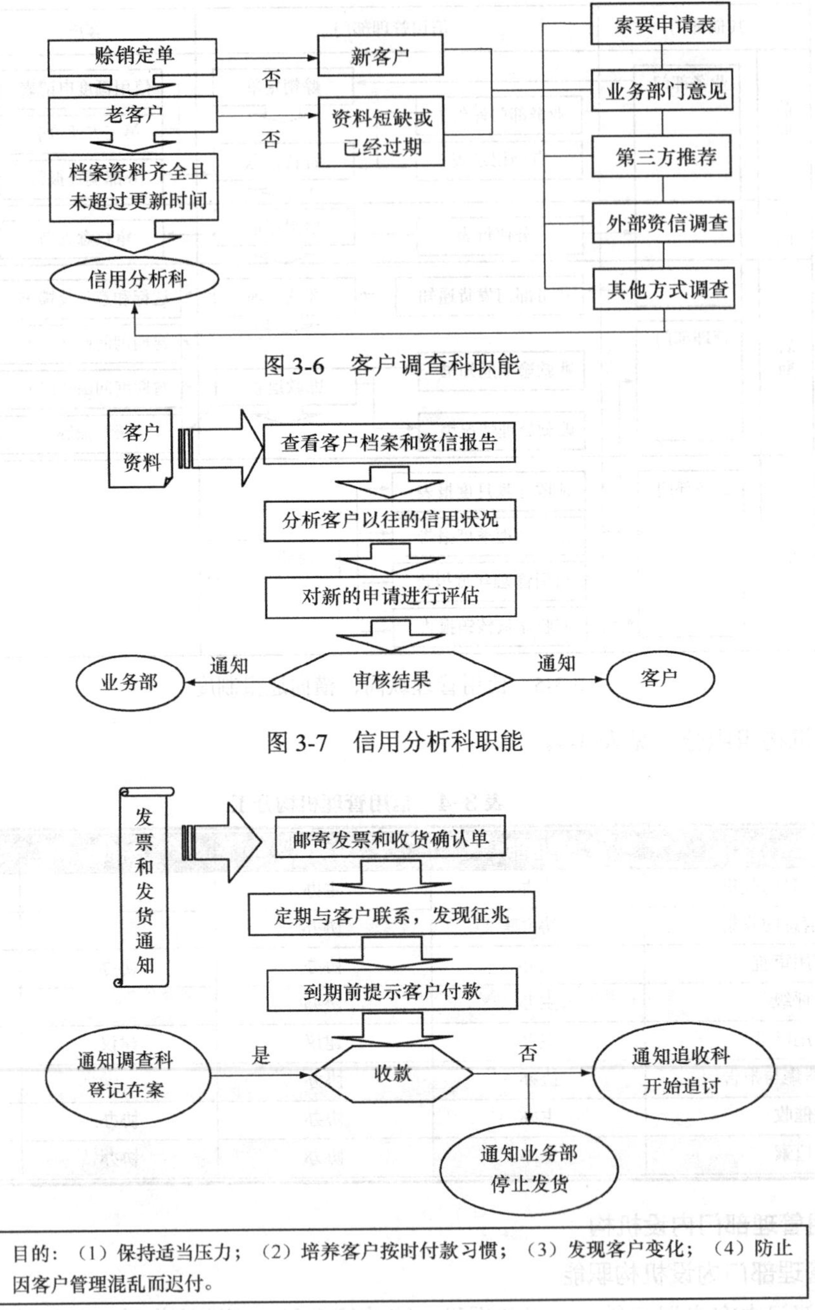

图 3-6 客户调查科职能

图 3-7 信用分析科职能

图 3-8 账款管理科职能

账款管理员注重与客户联系的态度，监控客户和货物的同时，注意搞好客户服务。

内勤追账员和外勤追账员应及时追讨欠款。在追收账款的同时，应把握与客户的关系，并向业务部门通报情况。

信用部门人员应保持与其他部门人员的良好关系。

3. 信用部门的人员配备

信用部门的人员配备如表 3-5 所示。

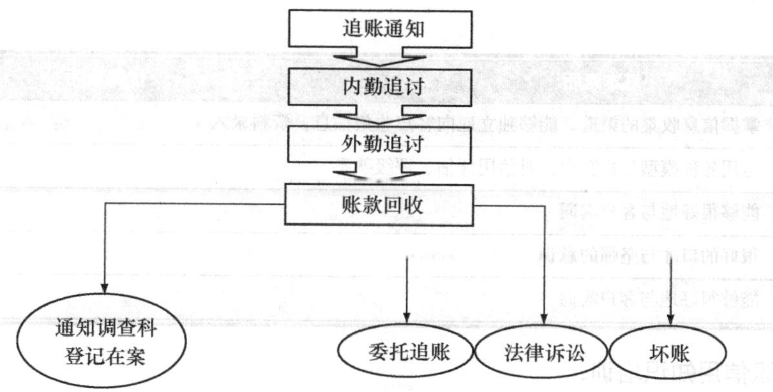

图 3-9 商账追收科职能

表 3-5 信用部门人员配备

赊销总额（万元/年）	<10 000	10 000～50 000	50 000～100 000	>100 000
赊销客户（个）	<200	200～500	500～1 000	>1 000
信用经理	1	1	1	1
信息员	1	1	2	2
信息分析员		1	1	1
账款管理员	1	1	2	3
追账员		1	1	2
客户服务员	0～1	1	1	1
总计	1～3	3～4	5～6	+6

注：如赊销户与客户数不符，按客户数作为配备标准。

4. 信用经理的素质要求

一个企业的信用管理好坏，关键要看信用经理的能力。

信用经理是企业中少数工作责任大于工作职权的人。对内，由于管理权限交叉，必须协调好与销售部门、财务部门、供应部门的关系；对外，熟练使用各种信用技术，了解整体信用发展，掌握本行业和竞争对手的情况，处理好客户的服务工作，提高信用部门的员工素质，拥有极强的账款追收能力，能够根据企业的变化及时调整企业信用政策。

信用部门岗位要求见表 3-6。

表 3-6 信用部门岗位要求

岗位类别	基本素质	优秀素质
信用经理	了解商业贸易流程 熟悉本行业特点 具有独立判断力 熟悉信用管理流程 能够协调管理信用人员 专业：财务、金融、法律专业	能够根据前一时期（年度、季度、月度）情况及时采取相应措施 对客户有极强的判断力和处理突发事件的能力 单独处理与追收账款的能力极高 很好地协调与其他部门的关系 全面参与企业信用管理政策的制定与修改 信用管理专业或系统学习信用管理知识，具有财会、金融、法律、贸易、营销、管理等知识

续表

岗位类别	基本素质	优秀素质
信息员	掌握信息收集的渠道，能够独立地向客户收集信息，资料录入	
信用分析员	运用各种模型分析客户，对信用评估、评级熟悉	
账款管理员	能够很好地与客户沟通	
追账员	很好的口才与坚强的意识	
客户服务员	能够很好地与客户沟通	

5. 企业在职信用知识培训

（1）初期培训。

普及信用管理的一般知识，内容浅显。针对所有业务部门、财务部门和管理部门的人员，一般时间为一天。内容包括企业信用管理的政策、组织形式、管理模式和各阶段管理措施等。

（2）中期培训。

较深入地讲解各管理过程的信用知识和手段。针对企业信用部门和管理部门人员，一般时间为三天。内容包括政策的具体内容、部门组建步骤、政策制定的内容，各阶段管理的具体技术等。

（3）专业培训。

讲解企业信用管理各阶段的专业技术。只针对企业的信用经理和信用人员。一般时间为一周。内容包括：企业整体信用管理战略、资信调查、评估、保理与信用保险、应收账款管理与追收、法律诉讼、破产等。

（五）信用部门如何介入企业业务流程

1. 合同签订前

健全合同管理制度。

- 合同条款明确、清晰，贸易文件齐备，为了使客户不会在以后就合同不明晰的条款对付款有争议，应该事前为客户解释清楚合同的有关具体规定，介绍规定的交付条件、赊销期限以及保护债权的条款；明确合同内容，将一切协议正式地、明确地落实在书面上由双方确认；整理有关贸易文件。
- 严格履行合同，建立购货时依照合同验收，违约时依照合同索赔的管理制度。
- 按照合同要求，提供客户所需的货物或服务，完备售后服务；及时解决客户提出的意见或抱怨，协助客户销售盈利，以高品质的售后服务换取客户的快速回款及新的更大的订单。

2. 谈判过程中

参与订立严谨的合同条款，确定合同签订时的赊销条件。

3. 合同签订后

督促企业信守合同，及时履约。

- 建立客户信用管理制度，密切关注客户的信用变化，及时识别支付中的风险，防止欺诈。
- 建立健全与消费者、供应商的合作制度，及时地进行信息沟通，增强相互之间的信任感。
- 建立资金信誉管理制度，严守对金融机构的信用承诺，保证按期归还贷款，不拖欠国家税款。

应收账款的管理：一旦产生预期账款，立即开始催收，必要时诉诸法律。

信用部门具体运作流程见图 3-10。

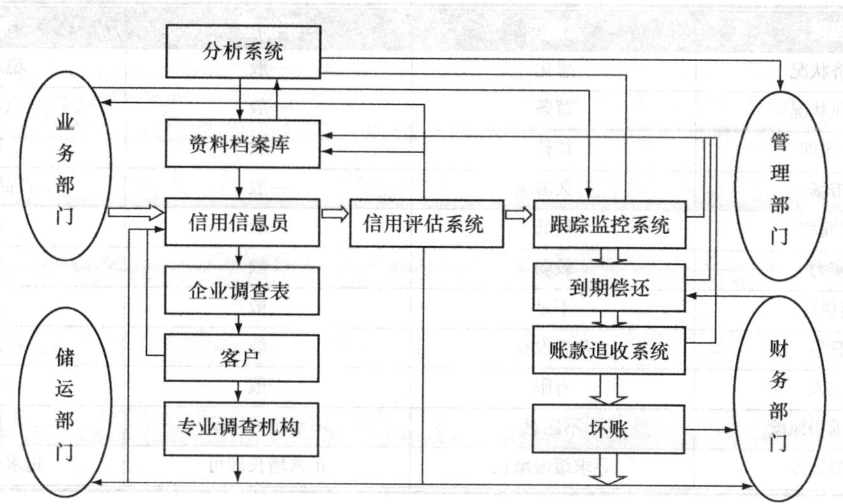

图 3-10　信用管理系统流程

三、信用政策

（一）信用政策概念

信用政策是企业根据自身状况和经济环境制定的关于企业信用管理目标、组织机构、信用额度、信用流程、信用报告、收账政策、信用考核等内容的总称。

在上述内容中，信用额度、信用标准、信用条件、收账政策等构成了狭义的信用政策，一般也称为赊销政策。

由信用管理部门和公司的信用管理委员会负责组织制定信用政策。

（二）信用政策类型

信用政策分为宽松型、紧缩型和平衡型等类型。

1. 紧缩型政策

不愿承担任何风险，只向财务状况毋容怀疑且付款及时的客户赊销。逾期账款风险几乎为零，但企业的发展受到制约，在市场越来越向买方倾斜的情况下，有失去重要客户的风险。

2. 平衡型政策

愿意承担自认为能够控制的风险。除上述客户外，也接受向付款经常拖期但最终会付款的客户进行赊销。存在一定的逾期账款甚至坏账风险，但比宽松型要小得多。平衡型希望在风险控制和企业发展之间找到平衡。

3. 宽松型政策

基本上向所有客户进行赊销，无论风险大小。企业发展迅速但逾期账款和坏账风险很大，如果碰到某一大客户出现坏账，其危害可能带来灾难性后果。

企业信用政策应配合企业的经营活动。当销售萎靡不振时，需要实施宽松型信用政策；当销售过度高涨时，需要实施紧缩型信用政策。

具体的信用政策选择的使用情况如表 3-7 所示。

表 3-7　信用政策选择

考虑因素	紧缩型	平衡型	宽松型
宏观经济状况	恶化	一般	稳定增长
客户行业状况	萧条	一般	稳定增长
平均收账期	较长	一般	很短
产品市场	持久需求	一般	产品寿命短
销售利润率	较低	一般	很高
财务实力	较弱	一般	较强
原材料供应	不足	一般	充分
市场竞争	几乎没有	一般	激烈
熟练工人	有限	一般	充分
是否愿意承担风险	不愿意	不承担大风险	愿意
企业发展速度	寻求缓慢增长	正常增长即可	追求快速增长

（三）信用政策内容

企业信用政策汇集在信用管理手册，一般包括以下内容：信用管理的目的、政策目标、整体信用条件、信用管理流程、信用调查和评估、债权保障、贸易程序、应收账款管理和追收、信用管理责任和义务、各部门关系、政策报告、信用管理业绩评估、年度、季度、月度计划等信用内容。

信用手册分对内、对外两种，对内手册是指导企业内部职工开展信用管理的依据和指南，相对内容更为广泛，对外手册是提供给公司以外的人员（主要是客户）参考，内容则简单得多。

1. 政策目的

（1）信用管理目的。

信用管理目的可概括为：保持应收账款最佳持有量；尽量降低信用成本。

企业销售的目的是利润最大化，而非销售最大化。利润最大化就是保持应收账款最佳持有量。

（2）错误管理类型。

应避免两种错误管理类型：为保持销售最大化，盲目赊销，忽视信用成本；为保持 0 坏账，0 逾期账款，放弃赊销，保守销售。

高坏账率和零坏账率都是危险的，高坏账率吞噬了大量的利润，零坏账率表明公司的赊销政策过于保守。应收账款回收期长造成大量利息、机会成本损失。管理费用，现金流量，回款速度体现一个企业的信用管理水平。

2. 公司背景

具体包括公司背景、法人组织图表、信用政策的制定方法、信用管理费用使用等内容。

3. 政策与目标

明确制定信用政策的原因，统一员工思想。

（1）制定信用政策的原因。

各企业制定信用政策的原因有很大差别，例如：扩大销售、占领市场、扩张政策、竞争策略、减少坏账损失、缩短应收账款回收期、减少利息损失、规范服务质量，改善保守或盲目的销售政策等。

（2）制定信用政策的原则。

（3）企业信用管理目标。

年度总销售额和赊销总额指标、坏账率指标（坏账率计算方法）、逾期账款率指标、DSO 水平指标、账龄结构指标等；并计算出年度信用管理综合效益。

综合效益值是确定值，其他指标是参考值，如果可达到更好效果，可在授权下修正一些指标。

信用管理目标还包括：建立完整客户档案、信用额度评估体系、应收账款管理体系、账款监控和追收体系、计算机信用管理系统、客户服务改善标准等。

（4）信用管理预算。

信用预算包括一般预算和特殊预算两种。

4. 整体信用条件

信用条件包括：客户分类、赊销最低标准（什么样的客户有资格申请信用额度）、赊销最高限额、赊销期限、折扣方式、债权保障方式。

5. 信用管理流程

（1）纵向管理流程。

纵向管理流程表明企业最高管理层到基层各层面管理形态。

（2）横向管理流程。

横向管理流程表明信用部门层面管理形态。

（3）信用部门组织结构。

信用部门组织结构包括结构图、部门设置、人员、任务、目标、责任、权利、义务等。

（4）常规和特别情况下的各部门的权限界定。

明确规定各部门尤其信用部门的权责，杜绝越权行为。

6. 资信调查程序

（1）客户档案数据库建立。

必须把散落在企业内部各部门的客户信息收集汇总，统一管理，正在作业但无信息的客户马上补充资料。

（2）客户数据的取得方式。

客户数据主要由几个方式取得：业务部门、客户自己提供、第三方提供、外部资信调查、信用部收集等。

（3）客户数据更新时间。

老客户资料 3 个月/半年更新。

（4）常规和特殊情况下数据收集。

委托外部资信调查等方式的时机、费用、时间等。

7. 信用决策程序

（1）信用审核制度程序。

具体内容包括：客户申请程序；赊销条件（什么情况下可以赊销）；确定新客户的信用额度；特殊交易条件下的信用安排；增加或减少信用限额的方式；增大信用额度和延长赊销时间的程序和要求；担保条件规定；信用限额监视程序；重新评估程序。

（2）信用评估评级制度。

（3）决策的职责划分。

在信用授予中对评估人员的要求。

8. 债权保障措施

对风险较大又必须成交的业务采用出口信用保险、保理、信用证、动产和不动产抵押、个人或法人担保等债权保障措施、作业的范围和具体各种实施要求。

（1）对债权风险的界定方法。

（2）债权保障的种类和使用方式。

（3）费用的承担。

（4）具体实施要求。

9. 贸易程序管理

贸易程序规定与企业业务程序类似。业务部门与信用部门必须分工明确，交接手续齐全，连接紧密。

具体程序包括：订单处理、定价、回复和确认程序；

仓储和运输的规定；业务部门和信用部门在贸易各环节的交接程序。

10. 应收账款管理和追收程序

定义与收账任务有关的各种权利和义务。

（1）“未逾期账款询问”制度。

（2）追收的方式和制裁手段。

需要采用的手段（电话追讨、信函追讨和上门追讨等）；收账的时间安排；收账每个时间段的确定；最终追收方式的确定；使用抵押品的时机及处理抵押品的方法。

（3）外部机构协助的程序。

转移到收账机构的时间和程序；转移到律师事务所的时间和程序；特殊情况下的选择。

（4）具体实施要求。

11. 客户破产/坏账程序

（1）客户破产对策。当客户破产后，信用部门应采取的措施。

（2）坏账程序。应收账款注销的时间，注销的原因、注销的步骤等。

12. 衡量部门业绩的方法

（1）衡量信用管理部门的方法。衡量信用管理部门，要看企业的整体运营效果，包括销售额、坏账率、逾期账款率、信用申请批准率、DSO 水平、管理成本、同业标准等综合指标，不能只从一个方面审核。

（2）衡量其他部门的方法。业务部门、财务部门要审核信用政策执行情况。

[专栏 3-5]

企业信用管理手册（范本）

一、目的

为贯彻本企业的营销策略，使各类产品具有更强的竞争性，扩大产品销售，优化销售和账款回收管理，公司信用管理方面推行一套先进的管理模式——“3+1”科学信用管理模式。

本模式的总宗旨是：用最小的信用管理成本，达到销售最大化和利润最大化。

企业的销售和账款回收目标有以下几点：

（一）保证所有合格的合作伙伴成为我公司的客户，不错过任何一个信用良好的客户；

（二）对每一个良好客户，追求最大可能的良好销售；

（三）运用科学的评估和分析，对客户进行动态跟踪考察，客户的信用条件和信用额度根据客户的信用变化而定。

（四）强化应收账款管理，保证账款按时、全额回收。

二、政策与目标

本企业本年度计划信用销售占总销售比例为60%～70%，总销售额预算14000万元，其中赊销额8400万～9800万元。坏账率（超过协议账期3个月未回款被列入坏账）2%以下，DSO（销售未清账期）50天以内，总赊销额度信用部门可根据坏账率和DSO水平自行审定，但超出上述任何指标必须上报主管总经理。

信用部门负责建立完整客户档案。业务部门必须将老客户和新客户的资料档案交予信用部门，财务部门提供客户以往交易记录。当客户资料收集完整，客户档案建设完毕后，由信用部门接手持续收集和存储客户资料。业务部门和财务部门提供资料应翔实、准确，由于资料的误差出现信用风险时，这些部门的相关人员应承担相应责任。

信用部门负责建立信用额度评估体系。一切赊销业务都应经过评估程序。评估由信用部门作出，信用部门因此承担相应责任。任何不履行信用部门决策的销售，相关人员承担全部责任。

信用部门负责建立应收账款管理和追收体系。对于未能回收的账款，信用部门承担80%的责任，业务部门承担20%的责任。

信用部门负责计算机信用管理系统的维护工作。

信用部门和业务部门共同承担客户服务工作。业务部门有责任向客户解释我公司的信用管理政策，得到客户的理解和支持；信用部门有责任经常与客户沟通，解决在评估、账款管理和回收时面临的各种问题。

三、整体信用条件

申请信用的条件：任何具有合法资格、信誉良好的客户，都可申请我公司的信用额度。

最高信用限额：信用管理部门有权在20000元人民币/户以下确定具体信用额度。

普通协议账期：采用30天的结算方式。

特殊协议账期：在有明确理由的情况下，可适当放宽协议账期。但协议账期最长不能超过90天。

折扣：

债权保障：对未能获得信用批准但又不应放弃的业务，可在信用管理部和法律部的协助下寻求抵押、人的担保和物的担保。

四、信用管理流程

本企业所涉及的所有信用管理工作，包括：对客户档案的收集和建立、信用调查、评估、分级管理、额度的批准和复审、应收账款的跟踪和监控、账款回收等，均由独立的信用管理部门完成。业务部门负有提供客户基础情况资料和保证这些资料真实性的责任。财务部门负有与信用管理部门对账的责任。

信用管理部由主管财务的副总经理直接管辖。

信用管理部的组织结构图略。

业务部门的任何一笔赊销业务，不论是针对新客户还是老客户，都必须经过信用管理部门审核、批准。业务部门只有得到信用管理部门的批准确认后方可发货。

信用部门负责追收账款。

客户三个月无销售和回款，信用部门予以清户。

每一个季度开展业务部门和财务部门信用培训，由信用部门和外请的信用管理专家讲授信用管理知识和本企业的信用管理制度、执行情况。

五、资信调查程序

新开客户完成申报和审批程序后建立《客户信用档案》。

对于新客户，在双方达成交易意向并确定信用销售后，由业务部门负责向信用部门发出信用申请。为保障业务及时，至少应在签约7日前申请。对于老客户，信用销售必须向信用部门申请。申请可在签约3日前发给信用部门。信用部门接到申请后，对新客户应在7日内作出审核结果，对老客户应在3日内作出审核结果，并通知业务部门。

信用部门审核参考数据为：1. 业务部门填写的《客户信用状况表》；2. 客户自己提供的《信用申请表》和其他证明文件（包括营业执照复印件、税务登记证复印件和产品经营许可证等）；3. 专业调查机构提供的《资信调查报告》；4. 数据库内存储的《客户以往交易记录和付款记录》。以上各表参照文件后附表。其中，《客户信用状况表》在业务部门提交申请时一起交送信用部门。

如业务部门提交的客户信用状况内容不全面，信用部门应直接向客户发出信用申请表，供客户填写。如客户不提供，信用部门可决定委托专业调查机构委托调查。调查费用控制在国内客户600元/份，国外客户1000～1500元/份。

老客户资料更新时间为6个月。资料更新包括三个步骤：①信用部门向业务部门了解情况；②信用部门向第三方了解情况；③信用部门委托专业机构调查。但在调查中要注意与客户的合作关系和费用。

六、信用决策程序

一切发货必须在信用部门核准的条件内。

在特殊情况下或超过核准条件的，必须得到总经理和信用经理的共同批准。

信用部门批准的额度分为两种，一种是名为“单项额度”，另一种为“循环额度”。“单项额度”的含义为只能一次信用销售达到的最高限额，分次或一次使用后额度自动减少，直到用完。额度用完后须再次申请；“循环额度”是可以循环使用的最高限额，客户付款后，付款部分的额度仍可使用，不需再次申请。

当申请额度超过已核准的最高额度，业务部门仍然需要信用部门审批后才能发货。

对风险较大的业务，信用部门可提出担保、抵押、保理、信用保险等债权保障手段。

信用部门可以随时减少或取消已经核准的信用额度，对此业务部门必须立刻执行。

国内业务采用月结的方式。A类店回款期最长不能超过60天（特殊客户由总经理把关确定，但最高不能超过90天）；B类店回款期最长不能超过45天，C类店不能超过30天。

七、债权保障措施

债权保障措施包括：

合同规范性。任何一笔交易必须有合同可查。合同使用公司制订的标准合同。如是单笔交易，必须签订单笔合同；如是长期合同，当合同到期后其他原因无法延续时，必须续签合同。

信用部门可建议业务部门在债权保障措施下从事交易。这些方式有：抵押、债务公司股东或主要负责人的个人担保，其他个人担保、法人担保、物的担保等。在使用抵押和担保手段时，必须考察其合法性、实效性、安全性、可操作性、可变现性以及采取审慎原则。操作时必须征询法律部门的意见和审查。

其他债权保障措施有：保理和信用保险等。这两种业务在操作中都有一定的专业技巧，使用时必须严格按照程序操作。同时，应核算费用。

债权保障的相关费用列入信用部门的特殊预算中。

八、贸易程序管理（略）

九、应收账款管理和追收程序

应收账款管理和追收的所有工作由信用部门完成，但业务部门和相关人员应在信用要求下协助沟通和收账。

发货后，业务部门继续将发货情况通知信用部门，由信用部门负责跟踪监控。信用部门必须在发货后取得客户的收货证明和质量确认。

对于采取月结的客户，超过协议账期10天视为正常延迟。

对于超过协议账期的账款，信用部门必须采用各种收账措施加紧收账。这些措施包括：发追讨函、电话收账、上门走访等。信用经理必须全面掌控、随时监督账款的回收状况，按照下列程序展开收账。

1. 账款到期7天时发出第一封对账函；
2. 账款逾期15天发出第二封追讨函，并由信用经理与客户负责人联系；
3. 账款逾期30天发出第三封追讨函，由信用经理和地区销售经理共同走访客户，了解原因和解决办法；
4. 账款逾期超过60天后，列为警戒账款，必须密切关注，并发出最后通牒函。
5. 账款逾期超过90天后，列为坏账，必须与欠款方清账销户。
6. 账款逾期超过90天后，必须委托专业收账机构或律师事务所开展追账，并对起诉作出可行性分析，向主管总经理汇报。

信用部门每月向主管总经理提交账龄结构分析表。

十、客户破产/坏账程序

当客户破产后，信用经理与该业务的主管业务人员必须立刻前往债务人所在地处理有价资产。

在此情况下允许以货抵债，抵债的货物必须以抵债物的市场最低流通价并扣除折旧后折算，所抵货物由业务部门变卖后以现金形式返款。

十一、衡量部门业绩的方法

衡量信用部门的指标包括：

DSO指标、坏账率、赊销比例和管理费用、企业信用销售利润增长率等。为考核信用部门的工作成绩，总经理办公室每年对信用部门的工作成果进行测算。具体方法为：

$[A_1\times(P-B_1)-DSO_1/365\times A_1\times R-M_1]/[A_0\times(P-B_0)-DSO_0/365\times A_0\times R-M_0]$=企业信用销售利润增长率。

信用部门的人员工资和待遇与企业信用销售利润增长率挂钩。

四、新客户授信

依据客户信用授予标准，进行新客户的信用授予。

在进行新客户的信用授予过程中需要进行信用调查。

（一）信用调查分类

信用调查可按以下标准分类：

（1）国别区分：国内信用调查、国外信用调查；

（2）信用调查对象区分：个人信用调查、企业信用调查、产业信用调查、财产信用调查；

（3）信用调查目的区分：交易信用调查、投资信用调查、消费信用调查、雇用信用调查、社会环境信用调查；

（4）信用调查方式区分：自行调查、同行调查、联合调查；

（5）信用调查时期区分：前期信用调查、追踪信用调查、催收信用调查；

（6）信用调查内容区分：简易信用调查、一般信用调查、深度信用调查。

（二）信用调查渠道

（1）直接向调查对象索取相关资料；

（2）向行业协会等机构索取资料；

（3）向调查对象的交易客户和商业银行索取资料；

（4）委托专业机构进行信用调查；

（5）向相关政府管理机构咨询；

（6）从相关媒介获取资料。

（三）信用调查程序

（1）新开客户完成申报和审批程序后建立《客户信用档案》。

（2）对于新客户，在双方达成交易意向并确定信用销售后，由业务部门负责向信用部门发出信用申请。为保障业务及时，至少应在签约7日前申请。对于老客户，信用销售必须向信用部门申请。申请可在签约3日前发给信用部门。

（3）信用部门接到申请后，对新客户应在7日内作出审核结果，对老客户应在3日内作出审核结果，并通知业务部门。

【小知识】

信用部门审核参考数据为：

（1）业务部门填写的《客户信用状况表》；

（2）客户自己提供的《信用申请表》和其他证明文件（包括营业执照复印件、税务登记证复印件和产品经营许可证等）；

（3）专业调查机构提供的《资信调查报告》；

（4）数据库内存储的《客户以往交易记录和付款记录》。

五、赊销跟踪

在该阶段，公司需要利用必要的管理软件进行销售过程中的应收账款的管理，建立必要的管理报告来反映在业务执行过程中的信用销售执行情况，一般的管理报告需要包括以下：

（1）应收账款账龄分析报告；

（2）客户信用执行分析；

（3）信用销售费用汇总；

（4）关键业绩指标变化情况。

在ERP软件中，销售模块中一般有信用审核的预警，应收账款的管理分析等功能，需要在实际执行过程中，建立必要的流程结合财务部门、销售部门和信用管理部门共同进行赊销的跟踪管理，重点关注在该过程中的信息自由沟通和共享。

六、客户信用重估

在内部控制准则要求中，一般需要公司定期进行客户的信用的重新估计和评价。

在实施过程中，公司需要设计必要的评估报告进行信用评估，该评估一般需要关注客户在信用销售中一些关键业绩指标的表现情况，比如，回款情况、该客户信用授予对公司现金流量和营运资金的影响程度、客户历史交易情况、客户的外部道德及公众形象表现等相关的业绩指标。所有的信用评估报告及信息需要存档和获得良好的维护。

七、信用危机管理

在信用流程设计过程中需要关注信用危机处理机制的建立。

为了应对各种突发的信用危机事件，很多跨国公司都有信用危机处理机制。

（一）企业信用危机的表现

在企业经营过程中，可能因为内外部的突发事件遭遇信用危机。

企业信用危机通常表现为以下七个方面：

（1）货款未能按时支付；

（2）大量银行贷款无法偿还；

（3）订单无法履行，无法按时向客户提供产品；

（4）向客户所作的承诺根本无法兑现；

（5）企业员工士气低落，人心涣散，凝聚力不足，企业业务下降；

（6）关联企业纷纷与该企业脱离关系，使经营雪上加霜；

（7）政府放弃对该企业的支持，股东对公司的怨言不断增加，公司承受的压力不断加大。

（二）企业信用危机的危害

（1）资金来源缺乏，生产经营遭受严重影响，利润减少甚至亏损；

（2）经营活动会受到质疑，导致企业产品销售困难，使企业失去部分市场；

（3）原先可以获得的赊销、赊购等有利条件会随之丧失，筹资成本、采购成本、营销成本等都会增加；

（4）企业信誉受损，原材料供应商、银行、客户对出现信用危机的企业会作出抵制性的消极反应，使企业的信用等级降低；

（5）企业信用危机严重时，会引发各种危机，最终导致企业破产。

（三）企业信用危机的预警

企业信用危机预警就是对企业的信用危机状况进行预测和警示。一般来说，企业的信用状况出现恶化前会有一些迹象，透过这些迹象可以对企业即将出现的危机作出初步的判断，并发出警示，以便采取相应防范措施。

企业信用危机预警具有重要的作用，它可以使企业内部及时分析企业的信用状况，并评估这种信用状况可能带来的后果，以便采取有效的措施，使信用危机造成的损失降低到最低程度。

企业信用危机预警系统内容包括：企业信用危机信息收集、加工、防范、警报等系统。各系统工作要求环环相扣，才可能减少信用危机带来的损害，达到防范信用风险的目的。

1. 信用危机信息收集系统

信用危机信息收集系统主要是收集企业信用危机的相关信息。

企业信用危机信息主要有：

（1）企业道德方面的信息，包括企业和企业领导层的诚信程度、欠税、逃漏税、侵犯知识产权等记录，企业和企业领导层等的诉讼记录；

（2）企业生产经营方面的信息，包括原材料购进的价格、数量异常，发出或接受订单的价格条件及数量异常；

（3）支付异常，包括不顾合同提前交货并要求提前付款，要求变更货款支付方式与条件；

（4）企业资产存量变动异常；

（5）财务报表失真，内部财务账目混乱，不能真实反映企业财务状况；

（6）经营利润锐减，甚至亏损；

（7）产成品存货过多，资金严重不足，难以应付日常周转；

（8）应收账款（赊销）数量过大；

（9）债务巨大，造成资不抵债；

（10）固定资产过大，投资效率低；

（11）市场经营成本过大，经营效率低。

2. 信用危机信息加工系统

信用危机信息加工系统指对上述相关信息进行整理与归类，分清哪些信息可以直接利用，哪些信息要经过加工处理。信用危机信息经过整理和归类后，使所收集到的信息更加清晰及条理化，有助于从整体上把握企业信用危机的信息。

通过对危机信息进行整理归类及有效地识别后，将信用危机信息转化为可以量化进行分析判断的指标，整理出衡量信用危机的指标体系，包括财务指标和非财务指标，具体如表 3-8 所示。

表 3-8　企业信用的相关指标信息及其临界点状态（以工业企业为例）

相关指标＼产生信用危机的可能	可能性大	有可能发生	不太可能发生
贷款资产形态	有可疑或损失贷款	无可疑、损失贷款	无次级、可疑、损失贷款
到期信用偿还记录	未按期还本超过 3 个月	逾期 1～3 个月未还的记录	到期还本或逾期 1 个月还款
利息信用偿还记录	报告期内存在拖欠利息 3 个月以上的记录	报告期内存在拖欠利息 1～3 个月的记录	报告期内存在拖欠利息 1 个月之内的记录
资产负债率	≥80%	70%～80%	≤70%
流动比率	≤90%	90%～130%	≥130%
经营性现金净流量	<0	0	>0
现金流动负债比率	≤0	0～20%	≥20%
利息保障倍数	≤1	1～4	≥4
总资产报酬率	≤5%	5%～8%	≥8%
销售利润率	≤4%	4%～12%	≥12%
净资产收益率	≤4%	4%～12%	≥12%
存货周转率	≤150%	150%～300%	≥300%
销售收入增长率	≤5%	5%～11%	≥11%
净利润增长率	≤3%	3%～8%	≥8%
净资产增长率	≤5%	5%～10%	≥10%
领导者素质	管理经验缺乏，销售收入减少，社会信誉差	管理经验一般，销售收入停滞，社会声誉不太好	有丰富的管理经验，销售收入逐年扩大，业绩显著，有良好的社会声誉
企业管理水平	产权模糊，财务制度不完善，财务报表失真，官司缠身	产权制度不完善，财务制度、财务报表质量一般，出现官司	产权明晰，公司治理结构完善，财务制度完善，财务报表真实
发展前景	发展战略模糊，行业发展前景不好，产品竞争力、市场占有率、融资能力、技术水平均较差	发展战略、行业发展前景、产品竞争力、市场占有率、融资能力、技术水平均为一般	有明确的发展战略，行业发展前景好，产品竞争力强，市场占有率高，融资能力强，技术水平先进

3. 信用危机防范决策系统

信用危机防范决策系统是将信用危机信息加工系统的结果（一般为信号或指标）与有关目标或标准对比而作出是否发出信用危机警报和危机警报的级别，并通告信用危机警报系统的决策过程。

信用危机预警一般根据事先设定的一系列指标的临界点进行量化综合评价后进行预警决策。企业信用的相关指标达到不同的临界点，就发出不同级别的预警（如表 3-9 所示）。

表 3-9　企业信用危机预警级别

信用危机发生的可能性	可能性大	有可能发生	不太可能发生
信用危机级别	红色警报	黄色警报	绿色警报
信用危机防范要求	高度防范，阻止信用危机产生	注意防范，警惕信用危机发生	注意监测，避免信用危机发生

4. 信用危机警报系统

信用危机警报系统的基本作用就是根据上述预警级别，及时向信用危机反应者及其潜在受害者发出准确的警报，使各方人员及时采取措施减少风险。

当企业监测到关联企业存在较严重的信用危机风险时，应及时通知本企业相关部门，采取果断措施，切断危机来源；同时也应明确地告诉信用危机的反应者（关联企业），以提示其采取必要措施，防止信用危机扩大化。如果是企业自身的信用危机警报，更应及时通报企业最高决策层，采取有效措施，防止信用危机的进一步扩展，以免信用危机损害程度的扩大。

（四）企业信用危机管理

企业信用危机管理是指企业信用危机不可避免地发生时，企业启动信用危机管理方案，以尽快控制信用危机，减少损失，尽快从危机中恢复，使企业保持持续的发展势头甚至获得新的生机。

企业信用危机管理有广义与狭义之分。

狭义的信用危机管理主要指对信用危机的处理，包括信用危机管理前的准备、确认、控制、解决等四个环节。

广义的信用危机管理还包括上述所提到的信用危机预警系统及信用危机风险评估。本节主要介绍狭义的信用危机管理。

企业信用危机可分为开始阶段、反应阶段、恢复阶段、管理评价 4 个阶段。不同阶段的损害程度不同，管理内容也不一样。

1. 信用危机开始阶段的管理

信用危机开始阶段指出现企业信用危机征兆到感知到信用危机产生损失的过程。在这个过程中，由于人们对信用问题缺乏警惕性和敏感性，通常没能引起足够的重视，如果企业能在这个阶段感知到信用危机的存在，采取有效措施，有可能防止信用危机的发生或使损失降到最低的程度。

此阶段管理的重点是设法阻止信用危机的发生或控制危机发生的强度，或延缓信用危机发生的时间。要增强企业信用危机的意识，充分利用信用危机预警系统，监测企业信用危机的征兆，防止其由量变到质变的转化。

在这个过程中通常可以采取的管理措施有：

（1）设法防止信用危机的爆发。

对引起信用危机的外部因素和内部因素进行综合分析，如有可能阻止信用危机时，应立即采取措施防止信用危机的发生，否则会贻误阻止危机爆发的最佳时机，致使信用危机爆发。信用危机不像自然灾害那样不可控制，在许多情况下，它是可以分析判断的。因此，在初期是可以采取适当的措施加以防范的。

（2）延迟信用危机爆发。

当信用危机无法阻止而势必发生时，应想尽办法延迟信用危机爆发。这些办法的效果取决于在短期内采取的有效行动以及采取这些行动的效率、速度与质量，这些办法越有效，速度越快，质量越高，信用危机带来的损失减少程度就越高。

（3）采取预防措施降低信用危机造成的损失。

在信用危机爆发前采取适当的措施可以减少信用危机爆发时所造成的损失。

首先必须清楚信用危机会对企业造成哪些方面的损失，如应收款无法收回、订购原材料无法到货、购销合同无法履行等。

其次必须了解哪些措施是有效的，这些措施降低危机损害的程度如何，例如应收账款应及时清理，对即将出现信用危机的企业的应收账款应重点监控，必要时派出专人追款，并提请有关部门帮助追款，销售部门停止发货等，使损失减少到最低程度。

2. 信用危机反应阶段的管理

当信用危机爆发后，企业就应进入信用危机反应阶段的管理，对信用危机做出积极的反应，采取合理有效的方法进行管理。

此阶段管理的重点是面对已经出现的信用危机采取具体的积极的行动，主动处理好信用危机，使危机顺利度过，否则信用危机会迅速蔓延，直到企业破产。

（1）信用危机反应阶段管理的任务主要有：

① 防止和减少信用危机对企业资源的损害，这些损害包括应收账款的扩大、原材料供应链的破坏、对产生信用危机的企业的依赖等；

② 阻滞或延缓信用危机的蔓延，包括设法阻止信用危机波及企业的其他业务，及时切断信用危机对企业其他领域的影响；

③ 防止信用危机的连锁反应。信用危机的爆发会引起其他危机的爆发，如不及时控制，会导致企业全面危机的爆发，危及企业的生存。

（2）在这个阶段可采取的管理措施有：

① 迅速建立有效的信用危机反应机构，使信用危机反应有统一的领导中心，以全面、迅速、高效地协调指挥信用危机反应的各项活动，采取适当的方式向媒体、公众客观公正地发布信用危机的相关信息，使企业在危机反应行动中掌握充分的主动权，增强透明度，减少猜疑，恢复信任；

② 果断隔离信用危机。由于信用危机会带来很大的冲击，产生连锁反应，企业那些暂时没有受到信用危机波及的经营领域极有可能会受到波及，使信用危机的损害范围扩大，这时应采取果断行动，隔离信用危机，保存企业未被波及的经营领域。

③ 分析信用危机产生的关键原因，有针对性有重点地采取解决行动。要客观冷静地分析造成信用危机的原因，找出关键原因，寻求解决的方法。

④ 综合运用企业所掌握的资源，投入到解决信用危机中去，包括人力、资金、物资、信息、媒体、公共关系等有形与无形的资源，使企业能及时有效地消除信用危机，将信用危机造成的损失减少到最小。

3. 信用危机恢复阶段的管理

信用危机恢复阶段指经过信用危机反应阶段的行动，企业有效地控制了信用危机的负面影响，信用状况得以改善并逐步恢复正常的过程。

此阶段应着重采取的管理措施有：

（1）明确信用危机恢复的目的在于重新构建信用，恢复公众对企业的信任，使企业得以生存和永续发展；

（2）成立信用危机恢复机构，负责制订与控制信用危机恢复计划；

（3）收集相关信息并统一对外公布，防止有害信息干扰危机恢复过程。

4. 信用危机管理评价

企业将信用危机管理的结果与信用危机管理的目标加以比较，找出差距，总结经验，进一步提高企业预防和处理信用危机的能力，防止信用危机的重演。

[案例 3-2]

可口可乐公司的危机管理

企业在处理危机时所采取的一切手段和策略,集中全面地体现出一个公司的危机管理能力、战略眼光、经营能力、组织效率、公关意识。

危机:

1999年6月中旬，正值饮料消费高峰期。此刻比利时、法国的消费者却在饮用可口可乐后出现不适症状，随即引起欧洲大陆公众的极度心理恐慌。比利时、法国、荷兰政府被迫宣布禁售可口可乐。可口可乐公司的股票直线下跌，销售损失数千万。更为严重的是，它极大地破坏了可口可乐的品牌形象和公司声誉。在资讯如此发达的今天，忽如一夜恶名来，这个100多年的世界饮料巨头无疑面临一场信任危机。

处理:

突发性危机发生后，可口可乐公司总部表现得异常冷静，迅速制定了处理危机的公关方案:公司所有高层管理者亲赴比利时、法国处理饮料污染事件，向受害者道歉。

6月22日，可口可乐行政总裁艾华士直飞比利时接受专访，公开向消费者道歉，当场喝了一瓶可口可乐 ，并表示了可口可乐对于重塑消费者信心方面的信心和举措。

与此同时，世界各地可口可乐有关机构配合当地卫生部门的检查，提供供应商及检验标准的资料。委托比利时一家独立的卫生检测机构调查处理事故原因并将调查结果公布于众，说明污染事件是发生在局部领域的偶然事件。在中国更是借商检部门检查之际，反复向媒体说明污染的欧洲可口可乐并没有输入到中国境内。

6月15日，北京办事处危机处理小组紧急召开会议决定处理方案，让消费者尽量了解事实的真相，减少他们的疑虑，配合卫生部门检查，全体紧密协作，并与媒体密切沟通。

6月17日，可口可乐组织记者去超市调查；6月18日，与中国卫生部门接触。

6月20日左右，卫生部在全国几个城市对可口可乐做了抽检，并派考察团去北京、天津、青岛的瓶装厂考察，中央电视台随团考察并记录了全过程。

6月23日，比利时卫生部决定，从24日起取消对可口可乐的禁销令，准许可口可乐系列产品在比利时重新上市。

6月29日，卫生部的官员说中国没有发现一例不合格事件，生产的可口可乐符合国家卫生标准。

可口可乐为此事付出的代价仅比利时就约为6000万美元。

可口可乐手中的牌:

可口可乐平时都有危机处理小组，成员包括各部门抽调的人员，如瓶装厂总经理、生产销售人员、对外推销人员、技术品控人员，甚至电话接线员。一旦危机发生电话如潮而至时，训练有素的接线员是公关的第一道门户。每年危机处理小组都要接受几次培训，培训内容包括模拟记者采访，模拟处理事件过程；几个人进行角色互换，总经理扮演品控人员，公关人员扮演总经理之类。这样可以从不同的角度来为事态全局服务。

协调与政府部门、媒介的关系，有效地引导舆论在危机发生时，可口可乐几小时内就可以联络到总裁，不管他正在进行高级谈判，还是在加勒比海度假，这是可口可乐严密高效的组织协作的体现。危机发生时，可口可乐全球的营销网络迅速做出反应，有完整的危机处理预案，它们步调一致、声音统一，危机发生时都知道该说什么，不该说什么。

危机公关的要义：公开诚实、勇于承担责任

可口可乐总裁在比利时，承认这次处理速度比较慢。认为自己对这次事件负有不可推卸的责任，并当场喝掉一瓶可口可乐。他承诺说让每个比利时人免费喝一瓶可口可乐。公开诚实、勇于承担责任，他自己也在实践着危机公关的要义。

国内一些企业危机时刻，往往是一张铁门把关，或者封堵记者，在万般无奈之中虽然派代表出面说明情况，却都是一律的“无可奉告”之类的不合作言辞。

[专栏 3-6]

美国危机管理体系

1. 联邦紧急事务管理署——FEMA

FEMA是联邦政府处置紧急事务的最高管理机构，直接对总统负责，实行24小时不间断运作，总部设在华盛顿，在全国各地设有区域运作中心。

在危机发生的前期，FEMA可以在没有总统授权的情况下动用初始应急资源和应急小组，发布重要命令、实施控制。根据事态发展，FEMA可以向国防部要求调用其资源，总统宣布紧急状态后，危机应对处理的各项职责由FEMA署长、副署长、区域首长、联邦协调官协同地方官员共同实施。在危机事后管理中，FEMA负责协调行动、判断形势和发布公共信息。

“9·11”事件发生后，FEMA启动了位于华盛顿的危机应对中心以及10个地方区域系统，与联邦调查局的战略运作信息中心紧密协作。FEMA同时进行的工作包括：动员12个紧急应急小组，请求美国工兵部队前来处理受害地区倒塌建筑物的清理工作，向美国国会申请资金等。

2. 联邦调查局——FBI

联邦调查局是司法部所属的主要调查机构，拥有国家犯罪信息中心这个庞大的信息系统，与联邦、州和地方各级刑事司法机构密切合作，全天候满足执法机构对重要信息的需要。

作为危机管理的牵头机构，FBI通过扭断危机的事态从而确定联邦应急的性质和范围，在和大法官、总统、国家安全委员会沟通后，向各有关机构发布危机信息，在必要的情况下建议大法官采取危机应急措施。危机发生后，FBI担当联邦现场指挥的职责，确保全国联邦、州和地方当局在应对危机时协调一致，直到大法官把牵头机构的职责交至FEMA。

3. 中央情报局——CIA

中央情报局是隶属美国国家安全委员会的独立机构，在美国庞大的情报系统中起核心协调作用，通过国家安全委员会向总统直接负责。

CIA作为美国情报系统中的行动机构，除向国家安全委员会就政府和机构同国家安全有关的情报工作提供咨询意见、协调联邦政府各情报系统的情报和反情报活动外，主要是在世界各地从事收集情报，反情报和颠覆活动，研究和发展技术收集系统。它没有国内安全的职能（这是司法部下属联邦调查局的职能），但在局长与司法部长同意的程序下可同FBI合作，在国内收集外国的情报和反情报，以及进行反情报工作。

在面临国家紧急状态或重大灾难时，美国危机管理体系之所以能够有机协调、高效运作，关键就在于它拥有全面的危机应对网络。

4. 政府（中央、州、地方各级）

处理危机的911应急指挥系统要求各级政府、各政府部门之间协同运作。从横向来看，明晰了各联邦政府部门与机构的相关职能，12项细分的职能都设有主要机构和辅助机构，总统、国会、联邦机构之间在应对危机时的协同关系也都有明确规定。从纵向来看，美国有上下级政府间的紧急事务管理系统（主要为联邦和州的两级制），国家以立法形式要求各州、县、市设有相应机构，每个部门都指定具体负责人员，持证上岗，充分保证下情上达。这样，在美国全国范围便形成了纵向垂直协调，横向相互沟通，资源充分共享，指挥协调高效，组织机构完备的网络系统。

5. 志愿者组织

政府系统的紧急事务管理离不开自愿者组织的支持。“9·11”事件发生后，在FEMA的统一协调下，美国卫生和公众服务部火速成立全国医疗紧急系统的抢救工作；红十字会在东部沿海各城市收集大量的血液，向华盛顿、纽约派遣空中救援小组，设立临时救护中心，筹集捐款；社区血源中心全国协会向纽约市各大医院紧急输送了大量的血液。

6. 私人机构

危机很可能波及的是整个社会，危机管理将动用一切可以利用的社会资源。作为私人机构的组织，诸如保险公司、银行以及别的商业组织，同样在危机应对网络中发挥着重要作用。“9·11”事件发生后，美国政府按照联邦航空管理局的命令，关闭全国所有机场；高层大楼人员被紧急疏散，重要旅游胜地均被关闭；采取的金融应急措施要求华尔街股市全面停市，美国联邦储备局向其他银行提供现金。

7. 国际资源

在当今世界经济一体化、信息网络化的背景下，随着危机发生波及的范围越来越广，复杂性越来越强，危机管理就需要从更高的层次，以更务实和有效的策略，寻求包括各国政府和国际组织在内的国际资源的大力协助和支持。“9·11”事件发生后，美国要求各国政府对美国驻外机构坚强戒备，并督促这些机构采取一切必要的安全措施防备突发事件的发生，国际刑警组织美国中央局发文向“国际刑警组织”各会员国中央局求援，希望能提供这次事件的相关情报。

8. 危机通信

危机管理中信息往往是决定性的因素，无论是灾情汇集、灾情研判、求援指挥，甚至个人亲友安危，技术层面的支持都是不可或缺的，然而，危机发生时往往商业通信系统也告失灵。基于此，FEMA与联勤总部达成特别协议，成立全套电子化的波音747为空中指挥的通信中心，开发各种计算机软件，评估预测灾变损失，积极运用信息网络等最新科技。

危机管理实质是对一个国家社会应对能力的综合考验。尽管9·11事件造成了重大的人员伤亡和财产损失，但美国的社会和生活秩序很快就恢复正常，美国市民在人员撤离和救援中表现出的内在有序和恢复能力，不仅仅来源于法制化程度，也取决于美国政府对全民危机教育的重视。

八、企业信用管理的成功经验

（一）组织整体对信用管理的认识程度

信用管理领域存在的问题，将直接关系到企业的经营与运作的安全性；企业在风险管理体系中其他领域采取的举措，也必须考虑到对信用管理的影响。因此，一个组织对信用管理的认识，应当提升到风险管理的高度予以重视。

（二）决策层的关注程度

信用管理是自上而下，而不是自下而上的过程。信用管理是典型的“一把手工程”，没有来自最上层的支持，信用管理制度难以有效运作。只有当组织决策层树立了正确的信用管理理念，愿意为信用控制投入充分的精力和资源，并通过宣传、执行、检查、考核等手段将管理策略自上而下逐级传递到业务末梢时，信用管理工作才有可能顺利开展。

（三）信用管理的参与者

发挥组织效能，强调组织协作。在一个跨越地域和产品线的复杂体系中，信用管理不是某个“专业团队”的职能，单纯的信用管理部门是难以担当重任的，最强大的信用管理团队就是销售队伍自身。在那些信用管理控制出色的业务单元中，往往可以看到风险意识高、自控能力强的各层次销售人员在发挥作用，而不是信用管理部门严格干涉、监控的身影，这是因为由于人员编制限制以及管理规范化的要求，信用管理部门往往无法对千差万别的业务情景进行区别化管理，采取针对性措施。而对客户和交易情况了解最多、对“游戏规则”认识最深的莫过于销售人员本身。脱离销售队伍，甚至与之对立，信用管理只会走进死胡同。

为解决信用管理部门与业务部门的冲突，应将销售人员纳入信用管理体系中。在信用管理KPI指标体系中，将组织关注的现金流、利润指标转化为信用管理指标，在前、后系统中进行分解落实。将现金流指标分解为各管理单元现金流指标，并进一步分解为规模指标和周转指标；从各管理单元利润指标中衍生出超期比和坏账计提指标。在销售人员考核指标组合中，除经营指标外，补充以信用管理指标，并与业绩评价建立显著线性关联。如此类推，通过指标分解与考核机制，将各级销售管理人员纳入从前台到后台、从中央到地方、从上级到下级的立体信用管理组织框架中。

（四）信用管理与经营指标的关系

对信用管理成绩的评价不能脱离整体经营业绩指标达成状况的背景。即使达成周转或坏账指标，但如果组织整体未能达成业绩和利润增长的目标，信用管理政策也不能认为是成功的。

信用管理人员需要从经营管理的角度理解自身工作的意义。在保障组织收入增长、占领更多市场份额、追逐更多利润方面，信用管理与销售活动肩负着同等重要的责任。

（五）构建有效的信用/销售决策机制

企业存在以下四种信用/销售决策机制供选择：

1. 销售主导型

销售部门对于客户信用风险承担主要责任。在信用审批决策过程中，销售部门的意见具有终审效力。在这种管理模式下，信用管理人员不参与决策或仅提供参考意见；销售部门在选择怎样的客户，接受怎样的交易条件，以及如何组织收款等方面具有高度自主权。企业主要通过资金政策和利润考核政策，以及风险承诺与问责制度来间接约束销售部门的行为。

优点：决策速度快；权利与责任高度统一。

缺点：收益与风险难以均衡；当销售压力大时容易出现不理智、不规范的行为；不同业务单元把控力度不同。

2. 信用主导型

信用管理部门对于客户信用风险负主要责任。在信用审批决策过程中，信用管理部门的意见具有终审效力。在这种模式下，信用管理人员制定政策并负责执行，有权拒绝所有认为存在信用风险或违背制度的业务，独立承担信用管理指标。销售部门只是提交交易申请并等待裁决，不必为交易结果承担责任。

优点：决策速度较快；流程制度执行准确；专业性强。

缺点：风险与收益难以均衡；容易流于僵化和主观。

3. 逐级对话型

在这种模式下，企业内部由低到高建立对话和上诉机制。即当下一级的信用控制与销售部门不能达成一致意见时，将意见分别向各自较高一级的直接上级汇报，由后者双方再次进行对话。如不能达成一致，继续上报。以此类推，直至达成共识或妥协为止。

优点：意见交换充分；重大或疑难问题决策层次高。

缺点：效率较低；越是上级越难以对实际情况做出准确判断。

4. 集体决策型

在这种模式下，企业在一定的范围建立风险评议委员会。风险评议委员会由信用、销售、管理，以及其他专家类人员构成。当信用控制与销售部门不能达成一致意见时，将各自的意见提交风险评议委员会。风险评议委员会经讨论后投票决策，其决定为终审意见。

优点：意见交换充分；民主气息较浓。

缺点：效率较低；容易推诿责任。

选择何种决策机制，是由组织的业务特点和管理文化决定的。对于不同的组织，适用的模型是不同的。甚至同一个组织，在不同的发展阶段，对信用决策机制也会有不同的诉求。

[案例 3-3]

西门子公司的信用管理

一、“四眼”原则

德国西门子公司是世界上最大的电气工程和电子公司之一。自从1847年公司成立以来，可持续性就一直是西门子公司的显著特征。在西门子，可持续性主要意味着长期的财务稳健及发展。西门子透明、负责的管理和监控体系是公司实现持续性增长的保证，同时也是西门子及其业务政策赢得和保持信誉的必不可少的条件。在公司的监控体系中“四眼”原则是西门子公司恪守的重要原则之一。

“四眼”原则就是利用四只眼睛来观察事务，这样在决策的时候可以尽可能地集思广益。坚持“四眼”管理原则，即“两只眼睛看业务，两只眼睛看商务”，所有的重大业务决策必须由技术主管和商务主管共同做出，保证了运营战略能平衡商业、技术和销售等各方面的风险。

二、西门子信用管理部门的独立控制作用

作为必不可少的职能部门，西门子信用管理部门隶属于整个公司的集中控制部门，它完全独立于业务部门之外，直接向公司董事会报告。在董事会的直接领导和协调下，有效地协调整个公司的销售目标和财务目标，平衡各个集团的利益。基于“四眼”原则的全面实施，西门子信用管理部门拥有相对独立的控制作用。它确保了公司在整个经营管理过程中对信用风险进行综合性的事前控制、事中控制、事后控制。同时在公司内部形成了一种科学的风险制约体制，防止其他部门或管理人员的盲目决策所产生的信用风险。其分层化管理的组织模式有效贯彻了职务不相容原则，科学划分职责权限，将信用控制的决定权、监控权、考核权、审批权彻底分离，形成了相互制衡的有效机制。

西门子信用管理部门的主要职能是组织对客户的资信调查进行分析，包括信用分析和信用等级评价；根据公司的发展战略和市场变化制定信用政策并相应改变；建立和完善客户信息的动态管理，定期对客户资信进行复核评定，确定合理的信用额度和信用期限；持续监控分析应收账款的总额和账龄，并定期出具相关报告；在最大比例追账的同时将费用将至最低，利用掌握的信息资源协助销售部门开拓市场和销售变现，监督销售部门的操作流程，建立并保持与专业信用管理机构的联系和交流。

在集中控制部门的领导下，各个业务集团的商务控制部门同时拥有自己的信用控制团队，负责集团内部日常的信用管理工作。

三、西门子公司的信用管理制度

1. 对内信用管理制度

西门子公司的信用文化，强调社会责任，注重员工的道德教育，培育信用至上的意念和社会道德。

业务部门人员必须在业务的开始阶段，就向客户详细介绍企业的信用政策，避免不必要的误会和冲突，并严格按照企业制定的信用政策，了解客户的信用状况。财务部门在资金运作和账务管理中配合信用管理部门工作，认真做好账款和现金分配工作。法律部门认真审核合同条款，并配合信用管理部门追讨债务。信用管理部门在调查、审核、批准、监控、追收等各环节按程序管理，并定期检查各部门的信用执行情况等。所有这些工作，都必须要求公司员工具有高度的信用管理意识和知识。

西门子公司的“四眼”原则促使业务部门和财务部门始终向一个共同的整体目标努力，在共同目标一致的前提条件下，组织结构内各个部门相互协作、相互监督、相互制约，规范了公司经营行为的综合管理模式，客观而又专业化地解决销售额增长与控制风险损失的矛盾，保证了公司的长远发展。

与公司长期发展战略和运营目标相一致，公司内部每位员工的工作成绩和考核指标也平衡分担了业务部门和财务部门的共同责任，在每位员工的考核激励中都必须包含固定比例的财务指标和销售指标，强化业务人员的回款意识，增强销售人员对清理和催收陈账的积极性和主动性。

2. 对外信用管理制度

（1）事前控制——客户资信管理制度。

① 客户资信调查评估。

西门子公司定期从专业的信用信息供应商处获取客户的信用资料，核心产品主要是信用报告和相应的信用评级。西门子公司选择美国邓百氏集团作为其信用信息供应商。

② 客户资信档案的建立与管理。

在确定客户信用等级和对客户进行信用评价的基础上，西门子公司为每一个客户都建立一个资信档案，详细记录其有关资料。在西门子公司，客户资信档案的来源主要包括三个方面：销售部门、客户、专业信用信息供应商。按照公司流程的规定，通过客户拜访等其他市场营销推广活动，销售人员必须确保其每一个客户的信息都录入到Maximizer系统中。

客户资信档案的主要内容一般包括：客户与企业有关的往来情况以及客户的付款记录；客户的基本情况，如客户所有的银行往来账户、客户的所有不动产资料以及不动产抵押状况，客户所有的动产资料、客户的其他投资、转投资等资料；客户的资信情况，如反映客户偿债能力、获利能力及营运能力的主要财务指标，反映客户即期及延期付款情况，客户的实际经营情况及发展趋势信息等。

③ 客户资信的定期监督与检查。

信用管理部门对客户资信的定期核查通常每年进行一次，并针对核查的结果做出相应的调整。如果客户的资信状况有所提高，配合相应的市场要求和业务发展的需要，可以合理地提高其信用等级并且授予更加优惠的信用政策；如果客户的资信状况不升反降，则需要及时调整其信用等级和信用政策，最大限度地减少潜在的风险。遇到特殊情况可随时对个别客户进行资信的核查，或者在一定时期内持续跟踪监督其信用状况。

（2）事中控制——内部授信管理制度。

① 信用政策的制订。

西门子公司的信用政策通常包括：信用标准、信用期限、信用额度。

首先，企业信用决策时的主要目标是：在增强市场竞争力、扩大销售与降低违约风险、收账费用这二者之间做出一个双赢选择，调整应收账款的风险、收益与成本的对称性关系。信用决策必须衡量在应收账款组合中增加一个赊销客户是否符合公司的最佳利益，利润及现金流量所造成的报酬是否足够来抵消预期的信用风险及损失。达到适当的销售金额，足够的现金流量，以及可接受的坏账损失之间的平衡是成功的信用管理的关键。

其次，制定信用政策要注意灵活性和松紧适度。企业根据情况的变化随时修改和调整其信用政策，尽量协调三个相互矛盾的目标：销售量提高到最大；应收账款投资的机会成本降到最低；坏账损失降到最小。

如果改变信用政策后所增加的利润，足以补偿所包含的风险时，企业就应改变信用政策。

信用标准。企业确定信用标准需要着重考虑3个基本因素：一是同行业竞争情况；二是企业承担失信违约风险的能力；三是客户的资信程度。

信用期限。信用期限的确定，主要是分析改变现行信用期限对收入和成本的影响。

信用额度。确定总体信用额度需要考虑以下因素：企业的剩余生产能力；企业可变成本的高低；企业增加信用销售对客户的吸引力。

② 信用政策的审批流程。

信用政策的申请。所有信用政策的申请必须由申请者填写信用申请表并得到相关部门销售总经理和商务总经理的签字批注，缺一不可。在申请之前，按照流程管理的要求必须出具邓白氏的资信报告和相关客户信息资料。

信用政策的审核。当信用申请表通过该部门的销售总经理和商务经理的签字后，还需要得到信用管理部门的审核。目前，西门子信用管理部门除了采纳邓白氏的资信报告以外，还需要运用CCC信用额度计算程序（CCC Credit Calculator）来运行出该客户理论上应该被授予的信用额度。同时，信用管理部门还需要考虑销售部门和当前市场及竞争对手的实际情况，综合权衡进行审核。

信用政策的批复。信用申请表，在申请部门的销售总经理和商务总经理的批复以及信用控制部门经理的审核后，还需要由公司的首席财务官批准。待完成所有批复后，信用控制部门负责将信用额度设置到SAP系统该客户的客户主数据中，此时信用额度方能生效使用。同时，将该申请表留档收存到客户资信档案中，以备以后随时对信用额度进行调整或取消。

③ 实际操作中对信用销售风险的防范与控制。

首先，公司加强了合同管理的力度。只有经过授权的管理人员才可以同客户签订销售合同。对于金额重大的销售合同都通过法律部门的法律顾问等专业人员事先审核把关。未经授权，任何人不能随意签订或修改销售合同。公司要求商务人员认真开展合同评审工作，对客户提出的标的、数量、质量、交货期、交货地点、付款方式及违约责任进行认真审查，并决定是否接受订单。一旦接受，公司要按合同要求组织生产与交货，确保全面履行合同。销售合同一经签订，不得随意变更；即使客户要求变更，也必须在合同更改条款里详细注明权利义务及相应责任。

在销售合同和分销商分销协议中确保严密的付款条款，特别是收款期限，延付的具体违约责任等标注清楚准确。在与客户合作之初，就通过盖章并签字的《分销协议》《销售合同》等具有法律效力的文书，详细地对货款结算做出规定和说明，让后期货款催收工作的开展变得有据可依。

其次，客户信用发放后，同时实施严格监控。负责订单处理的商务和信用控制专员在监控中主要起以下作用：a. 防止信用超额。b. 防止信用超期，对于超期客户，商务部门应立即停止发货。c. 提供客户应收账款报表给销售部门。在日常业务中，公司可以连续地接受某一客户的订单，只要对该客户的赊销额不超过其信用额度，就可以对其办理赊销业务；一旦超过信用额度，除非经过公司有关部门的特殊申请和批准，否则不能再对该客户提供赊销。

（3）事后控制——应收账款管理制度。

① 应收账款回收责任制度。

基于西门子公司“四眼”原则的贯彻实施，在公司内部明确了追讨应收账款是商务人员和销售人员的共同责任和义务。制订严格的绩效考核制度，这样使销售人员明确风险意识，加强货款回收的进程。将回收、责任、期限落实到人，辅以考核挂钩的手段，以充分调动销售人员收款的积极性。加强销售队伍的建设，明确发货审批权限，责任到人，防止盲目发货或发人情货。

② 定期对账制度。

公司商务部门每个月必须通过书面传真等方式向信用客户提供对账单，与客户核对应收账款账面余额，并对因产品品种、回款期限、退还货品等原因导致单据、金额等方面出现的误差进行核实，确保账龄和货款的清晰，并保存好有关材料，确保债权法定追索权的延续。对过期的应收账款，通常按其拖欠的账龄及金额进行排队分析，确定优先收账的对象。同时分清债务人拖延还款是否属故意拖欠，对故意拖欠的应考虑通过法律途径加以追讨。公司的SAP系统能够对应收账款进行系统全面的分析，并出具应收账款的报告，为各个部门做出账龄分析提供了详细完整的记录。对所持有的应收账款设置了预警程序，当一笔款到期时，SAP系统就会自动提示。

③ 应收账款报告制度。

公司的信用管理部门定期向销售部门及相关部门提供与其业务相关的应收账款总量、账龄、风险分析等报告。在应收账款的单个客户管理和总量管理过程中，对与自己有经常性业务往来的客户进行单独管理，通过付款记录、账龄分析表及平均收款期、判断个别客户是否存在账款拖欠问题。信用管理人员定期计算应收账款周转率、平均收款期、收款占销售额的比例以及坏账损失率，编账龄分析表，按账龄分类估计潜在的风险损失，以便正确估量应收款价值，并相应地调整信用政策。

在编制账龄分析表的过程中，检查应收账款的实际占用天数。据此了解，有多少欠款尚在信用期内，应及时监督，有多少欠款已超过信用期，计算出超时长短的款项各占多少百分比，估计有多少欠款会造成坏账，如有大部分超期，则公司会立即检查其信用政策。

通过应收账款账龄分析，提示信用管理人员在把过期款项视为工作重点的同时，有必要进一步研究与制定新的信用政策。同时建立信用客户的信用记录，特别是那些逾期付款的情况、原因和问题，需要详细登记并对其信用标准加以分析，作为以后是否给予信用付款的确凿依据。

④ 应收账款催收制度。

应收账款催收制度一般包括如下两部分工作：第一，确定合理的收账程序。催收账款的程序一般为：信函通知、电报电话传真催收、派人面谈、诉诸法律，在采取法律行动前要考虑成本效益原则，遇到以下几种情况则不必起诉：诉讼费用超过债务求偿额；客户抵押品折现可冲销债务；客户的债款额不大，起诉可能使企业运行受到损害；起诉后收回账款的可能性有限。第二，确定合理的讨债方法。若客户确实遇到暂时的困难，经努力可东山再起，企业可以帮助其渡过难关，以便收回账款，一般做法为进行应收账款债权重整：接受欠款户按市价以低于债务额的非货币性资产予以抵偿；改变债务形式为“长期应收款”，确定一个合理利率，同意用户制定分期偿债计划；修改债务条件，延长付款期，甚至减少本金，激励其还款；在共同经济利益驱动下，将债权转变为对用户的“长期投资”，协助启动亏损企业，达到收回款项的目的。如果客户已达到破产界限的情况，则需要及时向法院起诉，以期在破产清算时得到部分清偿。

首先，公司对于信用期内的应收账款进行追款主要分为三个步骤：

联系。电话联系沟通，债务分析拖欠征兆。销售人员或客服中心定期适时地与客户保持电话联系，随时了解客户的经营状况、财务状况、个人背景等信息并分析客户拖欠征兆。

信函。对期限实地考察，保持压力，确定追付方式。销售人员对客户进行全程跟进，与客户的接触率和成功回收率是成正比的，越早与客户接触，与客户开诚布公地沟通，被拖欠的机会就会越低。并且给予客户一个正确的观念：销售人员对所有欠款都是非常严肃的，是不能够容忍被拖欠的。

走访。进行资信调查，选择合适的催讨方式。销售人员定期探访客户，客户到期付款，需要按时上门收款，或电话催收。即使是过期一天，也应马上追收，不能持有等待的心理。遇到客户付款风险时，采取风险预警和时时、层层上报制，在某个责任人充分了解、调查、详细记录客户信用的情况下，由主管、经理等参与分析，及时对下属申报的问题给予指导和协助。

其次，对已拖欠款项的处理流程分为：

核查文件：检查被拖欠款项的销售文件是否齐备；

收集资料：要求客户提供拖欠款项的事由，并收集资料以证明其正确性；

追讨文件：建立账款催收预案。根据情况不同，建立四种不同程度的追讨文件——预告、警告、最后通牒、律师函，并视情况及时发出；

明确最后期限：要求客户了解最后的期限以及其后果，让客户明确最后期限的含义；

要求协助：对有偿债能力却不履行偿债义务，人为发生的赖账，在诉讼有效期（2年）内运用法律手段来解决，以避免丧失追诉权，造成坏账损失。

选择哪一种收账步骤要视账款的数额、逾期的时间、客户的信用，以及公司与客户的关系而定，要做到松紧适中。处置过严，容易招致反感，损害公司与顾客间的关系，有碍日后业务的发展；处置过宽，又可能导致收账期延长，应收账款的投资与坏账增加，减少公司的赢利。在所有方法当中，诉诸法律应该是收款措施中最后也是最无奈的一种选择。

再次，应收账款作为公司的重要资产，须按保持业务发展和资金流动性平衡的原则进行管理，可从以下三个方面加强控制：第一，加强对应收账款的总量控制，将总量分解到各部门、各客户、各销售人员和商务人员。第二，加强对应收账款周转天数的控制，并将应收账款平均周转天数的分析深入到具体客户，结合授予客户的信用期、信用额度，对客户进行综合评定、分析，以确保应收账款控制在合理的水平内。第三，加强对应收账款的账款控制，将应收账款按账龄分为预警期、协调期、通牒期、专门追账期进行严格管理。

⑤ 应收账款坏账准备金制度。

企业根据谨慎性原则的要求，在期末或年终对应收账款和存货进行检查，合理地预计可能发生的损失，对可能发生的各项资产损失计提减值准备和坏账损失。

⑥ 内部审计监督制度。

西门子公司的内部审计工作通常每年进行一次，如遇到特殊需要，随时开展内审工作。内部审计在应收账款管理中的监督作用主要体现在两个方面：一是不断完善监控体系，改善内控制度；二是检查内控制度的执行情况，防范因管理不善而出现挪用、贪污及资金体外循环等问题，降低经营风险。检查有无异常应收账款现象，有无重大差错；玩忽职守；内部舞弊；故意不收回账款等情况，确保应收账款的回收；内部审计对应收账款审计主要在销货和收款流程，核查销售业务适当的职责分离；正确的授权审批；充分的凭证和记录；凭证的预先编号；按月寄出对账单等方面。

公司每年召开年度分销商大会，使所有的分销商产生归属感。年会期间对其金、银、铜牌分销商褒奖有加，包括增大信用额度，延长信用期限，奖励金牌分销商免费去西门子德国总部旅游参观名额等。对于表现欠佳的分销商通过书面通知的方式予以警告，直至取消其分销商资格。对于资信差强人意的分销商，每年定期在企业内部公布分销商黑名单。

第三节 企业客户管理

一、客户管理概论

客户既是企业的财富来源，也是风险的最大来源。

企业控制信用风险的途径主要有三条：一是回避，在无法确定交易风险或风险过大、企业自身无法自行消化的情况下，企业可选择规避策略；二是自己消化，即根据自身能力的大小，有选择地承担信用风险；三是风险转移，即通过购买相应的信用衍生工具实现风险对冲，或者以一定的价格将信用风险卖出，或者购买信用保险等。企业目前控制信用风险主要依靠前两条途径。而在回避与自己消化信用风险中，要想不错失优质客户，又能杜绝劣质客户，还能最大限度地开发一般客户的潜力，同时又能将信用风险控制在可承受的范围内，首要的工作就是进行客户的挑选与客户资信的确定与管理。

（一）客户定义

凡对本企业的产品或服务有需求并有支付能力的法人单位或者消费者个人都是企业潜在客户，而付钱购买本企业产品或服务的企业或个人就都是企业的客户。

（二）信用管理部门与销售部门客户范畴比较

信用管理部门的客户主要是来自于销售部门；信用管理部门的部分客户超出了销售部门客户的范畴；不涉及赊销形式的客户，无论信用状况如何，都不属于信用管理部门的客户。

信用客户定义：凡是掏钱购货的买主都是企业销售部门的客户；凡是对企业构成经济损失或者潜在经济损失的购买者，都是信用管理部门的客户。两者的区别如表3-10所示。

表3-10　销售部门和信用管理部门对客户定义的比较

买主	信用管理部门的客户	销售部门的客户
产品批量购买	可能是，约占80%左右	绝对是
付现金购货的买者	不是	是
直销店的顾客	多数不是	是
海外进口商	是	是
代理商	是	是
外贸产地	是	不是
供应商	是	不是
部件发包的下游企业	是	不是
需要招待的来访者	是，特别是需要支出大额招待费者	不是
中介机构	可能是	不是
董事会成员投资的其他企业	可能是，在授权情况下	不是
同行业者	可能是	不是
企业的公关对象	可能是	不是

典型客户包括以下几类：

（1）企业产品的买主可能不是信用管理部门维护或监控的客户；

（2）对生产制造类企业，供应商是信用管理客户；

（3）可能使企业支出大额招待费的来访者或意向投资人是信用管理部门的客户；

（4）发包对象是企业信用管理部门的客户。

（三）客户管理的基本内容

1. 客户管理的内容

客户管理是指定期调查和评估客户的信用状况，预防商业欺诈，建立客户选择、维护、分级管理、额度管理的方法以及对客户的授信方法和赊销政策。

客户管理要回答以下问题：

（1）能否和该客户做生意？

（2）做多大量，每批发货控制在多少——信用额度是多少？

（3）采用什么样的交易方式、付款期限和保障措施？

2. 客户管理的准则

（1）选择信誉良好的客户、剔除风险较大的客户；

（2）保护对公司有较大交易价值的客户；

（3）维护企业的客户资源在一个较高的水平；

（4）维护公司的整体利益。

3. 客户管理的步骤

（1）新客户一律现款提款，经过3～6个月考核期才能成为信用客户；

（2）考察每个法人的经营作风，产品销售价格和采购货物的去向；

（3）建立信用高风险客户名单，进行定期跟踪；

（4）每年两次根据客户经营状况，调整其信用资格和信用额度；

（5）对私人企业客户要求其提供担保或抵押；

（6）定期拜访大客户，了解其经营状况，每月进行应收账款确认；

（7）向销售部门及时发布客户状况预警（周转天数超过××天）；

（8）一旦客户信用出现问题，对其信用等级立刻下降或取消，客户可能重新成为现款提货客户。

4. 客户管理系统

（1）客户档案管理。客户信息的收集，包括历史信息和信用记录，是客户管理的基础和依据。

客户信息收集原则：真实性、完整性、时效性、标准化、制度化。

（2）客户分析和评价。将客户按照一定的标准分类和排序，根据不同的评价目的使用不同的评价标准。

（3）客户的优化。通过对客户考察和比较，找出优质客户的标准，以此指导客户开发和筛选。

（四）客户分类管理

1. 依客户信用的等级管理

（1）信用优良的客户。这类客户的信用等级很高，信用评级为AAA、AA、A级。这类客户一般实力雄厚、规模较大，盈利水平较高，短期债务的支付和长期债务的偿还能力较强，企业经营处于良性循环状态。这类客户的长期交易前景都非常好，且信誉优良，可以放心地与之交易，信用额度不用受太大的限制。

企业对这类客户的管理策略，一是采取宽松的信用政策。授予客户循环信用额度，方便客户结算；二是建立良好的客户关系。企业应与客户建立经常性的联系和沟通，维护与这类客户良好的业务关系，努力不使这类客户丢失；三是企业定期地了解这些客户的情况，定期更新客户的信用信息，注意客户的信用状况的变化。

（2）信用一般的客户。这类客户的信用等级不很高，信用评级为BBB级。这类客户盈利水平一般，短期债务支付能力和长期债务偿还能力一般，经营处于良性循环状态，但未来经营与发展易受内外部不确定因素的影响，从而使盈利能力和偿债能力产生较大波动。这类客户具有较大的交易价值，没有太大的缺点，也不存在破产征兆，可以适当地超过信用限额进行交易。

企业在管理这类客户时，一是在信用上应做适当的控制，基本上应以信用限额为准，超过信用限额不宜太大；二是努力争取与其建立良好的客户关系并不断增加了解；三是对这类客户定期地进行信息搜集，尤其应当注意其经营状况和其产品市场状况的变化，定期对客户进行信用分析，调整对客户的管理策略。

（3）信用较差的客户。这类客户的信用等级较低，信用评级为B级和BB级。这类客户盈利水平相对较低，短期债务支付能力和长期债务偿还能力相对较差，经营状况较差，但促使客户经营与发展走向良性循环的内外部因素较多。这类客户一般对企业吸引力较低，其交易价值带有偶然性，一般是新客户或交易时间不长的客户，企业占有的信息不全面。企业与这类客户进行交易时不宜以信用支付方式，一旦需要与其交易，应严格限制在信用限额之内，而且可能会寻求一些额外的担保。

对这类客户，在使用管理上更加严格，应对其核定的信用限额打一些折扣；维护与这类客户正常的业务关系难度较大，但对新客户应当关注，争取发展长远的合作关系；对这类客户的调查了解应当更加仔细。在业务交往中除了要求其出具合法性文件之外，还应进行一些专门调查，如实地考察或委托专业机构调查，增加了解。

（4）信用差的客户。这类客户的信用等级很低，信用评级为CCC和CC级。这类客户信用差，很多信息难以弄到，交易价值很小。与这两类客户交易的可能性很小。

对这类客户，企业应尽量避免与之进行交易，即使是进行交易，也应以现金结算方式为主，不应采用信用方式；这类客户不应成为企业客户资源的重点，有些甚至可以放弃。企业可以保留这些客户的资料，但不应投入过分的人力和财力来搜集这些客户的信息，在急需了解的情况下，可以委托一家专业服务机构进行调查。

2. 依客户的规模管理

依客户的规模大小可以把客户分为大、中、小三类客户，这是以与客户的交易金额占整个企业交易合同总额的比重为依据的。

（1）小客户。小客户指与企业达成的交易合同余额不大的客户，但它们的数目却大约占了企业客户总数的60%左右。这种小客户如果是单个客户即使发生坏账，给企业造成的损失也不会太大。但是它们的数目却占了企业客户的多数，对于这类客户也应珍惜。

企业在与这类客户交易时，事前应在企业已掌握的资料的基础上作简单的信用分析，一线销售人员做好内部评价报告。重点在事后的管理，在授予信用额度之后，注意搜集客户的信用信息，特别注意与客户的交易经验，主要是客户的付款表现。如果在拖欠客户的名单中很快就有了某个被授予信用的客户，企业就应该立刻取消对它的信用交易。如果客户的付款表现良好，又有进一步交易的机会，企业应把其列为关注的客户，积极收集客户的信用信息或向征信机构订购信用调研报告，对客户进行信用分析，确实是值得重点培养的客户，应努力与之建立良好的关系，适当放宽信用额度。

（2）中等客户。中等客户一般已度过了初建的艰难时期，经营时间都已超过了3年，稳获立足之地了。它们必须按法律要求每年向公司注册管理机构投交财务报表和年度报告，这就使企业能更方便地搜集有关信息并运用于信用分析。中等客户这一组比较特殊，因为它经常处于变动之中。有些中等客户发展良好，很可能日后会扩大交易，成为企业的大客户。相反，有些状况不佳的中等客户也可能失信于企业，而它们对企业造成的损失要比失信的小客户造成的损失更大。

企业在管理这类客户时，一是分别识别好坏两类客户，区别对待，对于信用良好的客户应建立良好的客户关系，适当放宽信用限制；对于信用差的客户，则应收紧信用额度，加强应收账款监控，采取适当的应收账款追收措施；二是加强交易前的信用分析。由于中等客户发生信用风险造成的损失比较大，企业应注重要考虑信息的质量，即信息必须是全面、准确、及时的，为此必要时应订购信用评估机构的信用报告。三是注意客户的变化。交易余额达到某种水平时客户就可由小客户“晋升”为中等客户，当小客户扩大交易额成为中等客户时，就需要格外注意重新评估这位客户的信用状况，多方搜集有关它的信息，调整对它的信用管理策略。

（3）大客户。在企业的合同交易总额中通常总有这样一个“80:20”的规律，即 80%的生意来自 20%的客户，这 20%的客户也就是企业的大客户了。企业的销售额和应收账款的绝大部分都与这少数的大客户相联系，因此万一此类客户发生信用风险，对企业的打击是不言而喻的。

企业对这类客户进行授信管理时，一是做好客户信用分析，及时了解客户的财务变化，定期对其进行信用跟踪分析。企业应每年支出一定的费用去搜集客户的有关信息，尽力做到保持对客户财务状况的同步了解。必要时订购信用评估机构的连续服务信用报告，保证企业对客户的现状了如指掌；二是加强客户关系管理。这类客户在某种程度上是企业的衣食父母，因此，企业应加强与客户的联系，与客户建立良好的关系，为客户提供良好的服务；在信用分析的基础上，对信用优良的客户应鼓励其增大信用额度，给予信用循环额度，为其提供优惠的信用结算方式。

3. 依与客户的关系管理

（1）新客户。由于企业在接触一个新客户时，没有资料积累，所能获得的客户信息也很有限，因此对客户不了解，如果冒然与客户交易，往往会出现判断上的失误，碰上个实力较差的客户，甚至上当受骗。

企业在与新客户交易时，一是收集客户的信息，对客户做出信用判断。由于与这类客户是初次交往，对其不了解，所以企业应注意收集客户的信息，特别是客户的信用、财务方面的信息，根据初步的信息，对客户交易的信用动因与信用能力做出判断。对交易价值大，要求授信额度大的客户应收集客户的详细信用信息，必要时订购专业征信机构的资信调研报告，以判断客户的信用风险。从而筛选出信誉良好的客户、剔除风险较大的客户，使得企业遭受客户信用风险的可能性大大降低。二是严格信用销售的管理程序。由于对这类客户不了解，为了不受业务人员的主观因素以及客户行贿等方面的影响，有效地进行内部控制是必要的。三是注意开发有潜力的客户。新客户是企业要开发客户，形成客户资源的开始，因此，应注意开发有潜力的客户，一方面应注意积累客户的资料。另一方面应注意积累与客户交往的经验，特别是客户的付款记录，对于付款记录良好的客户应努力与之建立联系，提供良好的客户服务，纳入企业优良客户的管理群。

（2）老客户。一般来说，企业与老客户较为熟悉，掌握的信息也较多，因此较为放心，然而恰恰因为如此，有可能粗心大意，放松警惕，如果对于这些客户在某些方面的变化视而不见，直到情况发生突变时，已是悔之莫及了。

企业在与老客户继续交易时，一是依客户的信用等级对客户进行分类管理，不同信用等级的客户在授予信用额度、结算方式方面应区别对待；二是关注客户的财务及信用方面的变化，及时进行信息更新，调整客户信用等级及管理策略；三是努力建立良好的客户关系。对于交易价值大，是企业主要利润来源的客户应通过加强与其沟通、提供良好的客户服务、核定客户信用循环额度及结算优惠等方式，建立良好的客户关系。

（五）客户信息来源

1. 客户信息内容

客户管理需要通过调研获取客户以下信息：

（1）客户的发展历史信息，如发展状况、重大变革事项、近期重大事件等信息；

（2）客户经营状况信息，如主营业务、采购情况、供应商、产品与品牌、销售情况、经营业绩、经营场所、雇员情况等信息；

（3）客户组织管理状况信息，如股东结构、管理组织结构、附属机构、管理人的背景等信息；

（4）财务状况信息，如资产负债情况、损益情况、财务分析等信息；

（5）信用记录信息，如银行状况、付款记录、担保记录、诉讼记录、同行评价等信息。

2. 客户信息获取渠道

建立稳定的信息来源，建立信用资料数据库是进行客户管理的前提。

获取信用资料的渠道分为外部渠道和内部渠道（如图3-11所示）。

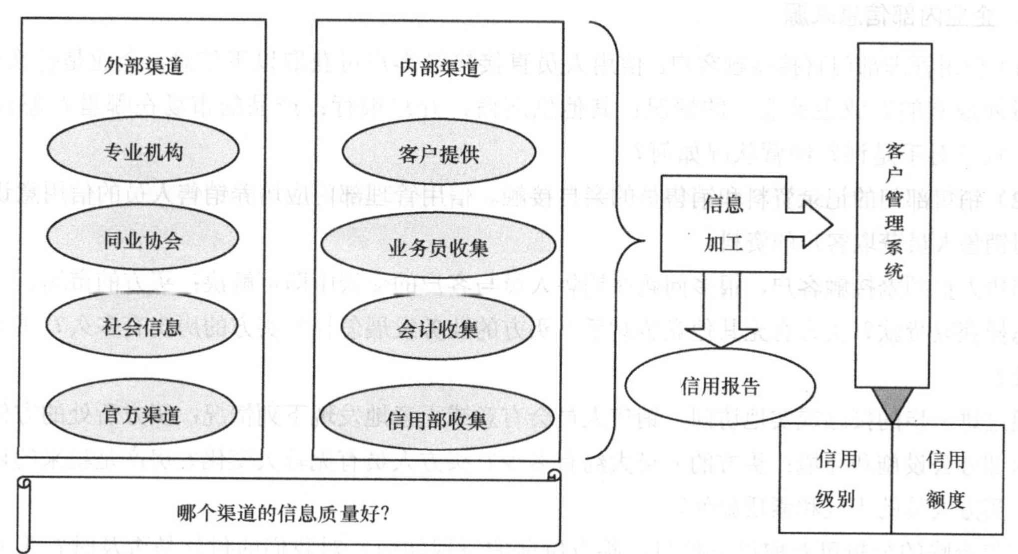

图3-11 客户管理系统

外部渠道包括专业机构、同业协会、社会信息、官方渠道。

内部渠道包括客户提供、业务员收集、会计收集、信用部门收集。

（1）官方信息来源。

官方信息来源是指相关政府部门掌握的信用信息。在执行公务和实施监管的工作过程中，相关政府部门，如工商、人民银行、海关、司法、劳动、人事、国有资产管理、统计、房管、技术监督、税务等十几个相关政府部门产生了可以用于评价企业信用价值的信用信息。除了政府掌握的信用信息外，其他都属于非官方信息。

在中国，类似国有商业银行、保险公司、人才交流中心、行业协会等掌握的信息，称为准官方信息。

主要的官方信息来源有：

工商行政管理部门掌握企业的注册资料、年检资料；

中国人民银行建立的企业贷款登记咨询系统，掌握的企业的开户、信贷、偿贷等信用信息；

海关掌握企业的进出口报关和货检信息；

统计局掌握定期形成的各种统计报表上的信息，包括企业的财务报表，以及调查大队的一些相关调查结果；

税务局掌握的企业税务登记、纳税、欠税、稽查等信息，以及掌握的企业的财务信息；

法院掌握的企业的诉讼记录；

房产登记部门掌握的房产所有权和抵押情况；

国有资产管理部门掌握的企业的国有资产使用权、登记和价值等信息。

（2）社会信息来源。

社会信息来源多指一些掌握客户付款信息的机构，包括任何金融和非金融授信机构、公用事业单位等，提供的典型信用信息包括拖欠通信费用、水电费、煤气费、房租、物业费等。

3. 企业内部信息来源

（1）信用管理部门直接接触客户。信用人员直接接触客户可获取以下信息：企业是什么性质，什么时间成立的？业主或股东的情况；其他供应商；开户银行；产品的市场在哪里？怎样获得付款？竞争对手是谁？经营状况如何？

（2）销售部门的记录资料和销售员的亲自接触。信用管理部门应培养销售人员的信用意识，充分利用销售人员获取客户的资料。

销售人员频繁接触客户，很多问题在销售人员与客户的交谈中即可解决：买方的市场在哪里？买方怎样获取货款？买方有无其他竞争对手？买方的业务发展怎样？买方的历史有多久？买方的股东是谁？

通过进一步的接触或实地访问，销售人员会有意或无意地发现下列情况：买方所处的方位；买方的内部办公设施和环境；买方的人员大约有多少？买方人员有无较大变化？房产是租来的还是自有的？买方人员的士气和素质如何？

销售台账的分析可获取以下信息：买方以前的表现如何？对我们的付款是否及时？买方订货量是否呈上升趋势？买方的订货是否有季节性？其平均付款期是多少天？其前身是否是一家失败的公司？

（3）生产部门的信息。

通过生产部门可了解供应商的信用状况。

4. 公共媒体信息来源

（1）公开会议资料。

（2）电视、报刊、网站等媒体。

5. 中介机构提供的信息

中介机构是指征信机构、征信数据供应商、私人侦探机构、会计师事务所和律师事务所等。

同其他信息来源相比，中介机构提供的信用信息最专业和丰富。企业可以从中介机构获得成套的征信数据、客户资信调查报告、特殊的专业调查、事实核实和跟踪侦察。其中资信调查报告提供客户的资信等级和风险指数，受到业界普遍欢迎。

在获取客户信息的过程中，要注意剔除虚假成分，保证信息质量。

对于从各种可能渠道获取的信用信息，企业信用管理部门还需进行信息的核查和加工处理，以保持信用信息的及时更新、准确、规范等性能，并规避信息风险。

对于企业授信业务而言，具体获取被授予信用客户的信用信息主要有 11 种途径，其可能发生的信息风险程度和产生费用如表 3-11 所示。

表 3-11　外部信息源信息风险可能性及发生费用统计

外部信息源	可靠程度	完整程度和状态	费用
客户介绍资料	10%～60%	可达 80%，静态	无
中介机构介绍	平均 55%	可达 90%，动态	低
企业网页	平均 50%	可达 70%，半动态	低
直接同客户接触（初步）	30%～70%	可达 50%，动态	中等偏高
直接同客户接触（长期）	60%～90%	可达 90%，动态	非常高
领导介绍	平均 30%	可达 60%，静态	无
驻海外机构调查	50%～70%	可达 70%，静态	低
银行提供的报告	平均 80%	可达 90%，静态	中等偏低
征信公司的调查报告	平均 80%	可达 95%，动态	中等程度
委托政府机构调查	平均 70%	可达 97%，静态	高
律师取证	90%以上	可达 100%，静态	非常高

在当前的市场状态下，企业信用管理部门要获取完整、合格的客户资信信息一般是要付费用的。就选择获取信用信息的途径而言，使用征信公司的产品与服务最可靠和经济的，即征信公司的产品与服务的性价比最高。

[案例 3-4]

客户信息调查

1999年7月，武钢实业公司收到一封法国阿普洛德国际（集团）公司的来函。信中称，该集团的注册资金为23亿美元，是一个在欧美拥有众多投资企业的大型跨国集团，1997年总营业额高达35亿美元，并正以年均20%的速度递增。该集团希望能和武钢实业公司合资开发纸塑复合袋项目，条件是在600万元人民币总投资中，双方各投资50%，由法方负责购买设备并返销全部产品。然而，经过几轮谈判，武钢怀疑了。为什么法方坚持生产设备必须要从法国进口，而且价格如此高呢？通过外贸部门的调查得知：法国工商登记处根本没有该公司的登记，其提供的地址是一家与该公司无任何关系的小餐馆的地址。

分析：外经贸部门是社会信用体系的重要组成部分。他们拥有有关企业资信状况的数据库，拥有遍布世界各地资信调查人员，可以低成本的为需要信用信息的企业提供专业的信息服务，预防失信行为的发生或使失信者遭受惩罚。该案例中，如果没有信用服务机构或没有这些信用数据库，武钢很可能会和对方签合同，其后果是不堪设想的。

（六）客户信用信息的分析及客户评价

客户信用信息的收集仅仅是进行科学的信用决策的前提，收集到的客户信用信息要想真正成为科学信用决策之依据，还需进行信息的合并、评估与分析工作。

客户信息分析表（见表 3-12）就是把来自于供应商、银行、企业财务报表的信息集中起来，把各个供应商的推荐进行比较，把银行提供的企业信用信息与企业财务信息展示出来，并结合从信用评估机构中获得的信用报告，一同比较以确定企业信用状况。

表 3-12 客户信息分析表

公司名称：________ 信用限额：________
地址：________ 授权日期：________

供应商情况介绍	供应商 1	供应商 2	供应商 3
供货年限			
最近最大信用额度			
流动资产			
到期欠款余额			
信用期限			
折扣等			

供应商的评价：________
银行证明：
存款账户（开户日期/平均余额）________
支票账户（开户日期/平均余额）________
贷款（设备、土地、建筑物、流动贷款）________
信用额度（包含贷款）________
评价________
财务评价：
日期________
是否审计________
如审计，审计评价________
是否有邓白氏，MACM，或其他公司的信用报告：
报告公司名称________
报告日期、信用等级________
其他评价________

在应用表 3-12 进行客户信用信息整合和比较时，如果发现供应商对客户的信用评价良好，且客户与银行关系良好，又有良好的财务报告和专门征信公司给出的信用报告，则公司可以考虑对客户授予一定的信用。否则，公司将只能给予客户很低的信用额度或拒绝授予信用。

二、客户信用评级

（一）客户信用评级流程

客户信用评级有效期一般为一年，以保证信用批准始终建立在获得客户最新资料的前提下，最大程度地减少信用风险。重新评定的程序与新增时相同。企业信用评定流程如图 3-12 所示。

（二）客户信用评级系统

客户信用评级系统由信用风险因素选择、数据挖掘、指标体系设计及评分方法组成（如图 3-13 所示）。

客户信用评级系统由外部评级系统和内部评级系统两部分组成。

1. 外部评级系统

（1）信用评级指标选择。

信用评级指标一般包括市场状况、财务、现场感观、信用习惯等方面。可供选择的客户信用评级指标如表 3-13 所示。

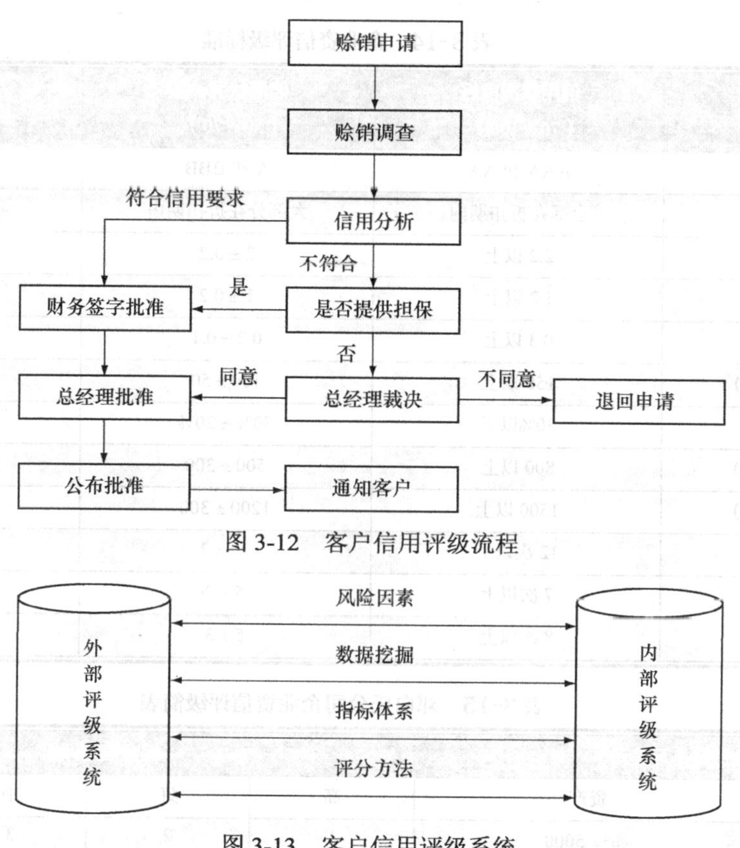

图 3-12　客户信用评级流程

图 3-13　客户信用评级系统

表 3-13　客户信用评级指标

客户的基本特征	客户的优先特征	客户信用及财务特征
表面印象：业务人员素质、厂区环境、生产状况等	**交易利润率**：与客户交易所能为企业带来的利润水平	**付款记录**：客户以往对本企业或其他企业的货款支付情况
组织管理：股东结构及背景、管理组织结构、主要负责人等	**交易条件**：企业为了满足客户的要求所付出的努力程度	**银行信用**：银行对客户的信用评级、客户在银行的存贷款情况等
产品与行业：产品特点及其在行业中的地位等	**对市场吸引力的影响**：客户能否给企业在市场上造成较大的吸引力	**获利能力**：客户的盈利水平和利润增长状况
市场竞争性：客户的产品与服务在市场上的需求等	**对市场竞争力的影响**：客户对企业增强市场竞争力所能产生的影响程度	**资产负债表评估**：客户的资产负债表的各类信息
经营状况：生产状况及经营范围、购销区域、结算方式等	**担保条件**：客户是否在交易过程中提供一些担保	**偿债能力**：客户到期支付其债务的能力
发展前景	**可替代性**：企业对客户的依赖程度	**资本总额**：企业的股本总额

（2）客户信用评级方法。

企业资信评级标准和评级结果是呈阶梯状变化的，对企业的资信评级展示出一张客户风险分布全景图，即将客户的信用风险按资信级别的高低排序，便于进行相应的风险管理（如表 3-14、表 3-15 所示）。

企业征信机构主要对非上市的中小企业进行资信调查，对被调查企业的资信状况进行量化评价，标示出被调查的风险，推荐交易方式，更重要的是希望将量化风险指标与授信额度挂钩，算出指导性的授信额度。

表 3-14　企业资信评级标准

指标及付款记录	信用状况良好（70～100）	信用状况一般（50～70）	信用状况差（50 以下）
资信评级	AAA 和 AA	A 和 BBB	BB 以下
以往付款记录	全部在折扣期内	大部分在折扣期内	很少在折扣期内
流动比率	2.2 以上	2 ± 0.2	1.8 以下
速动比率	1.2 以上	1 ± 0.2	0.8 以下
现金比率	0.3 以上	0.2 ± 0.1	0.1 以下
营运资金（万元）	150 以上	100 ± 50	50 以下
负债比率	30%以下	50% ± 20%	70%以上
资产总额（万元）	800 以上	500 ± 300	200 以下
销售规模（万元）	1500 以上	1200 ± 300	900 以下
应收账款周转	12 次以上	10 ± 2	8 次以下
库存周转	7 次以上	5 ± 2	3 次以下
赚取利息倍数	8 次以上	5 ± 3	2 次以下

表 3-15　邓白氏公司企业资信评级简表

企业资产（万美元）		综合信用评级			
级别	资产	高	好	中	有限
5A	超过 5000	1	2	3	4
4A	1000～5000	1	2	3	4
3A	100～1000	1	2	3	4
2A	75～100	1	2	3	4
1A	50～75	1	2	3	4
BA	30～50	1	2	3	4
BB	20～30	1	2	3	4
CB	12.5～20	1	2	3	4
CC	7.5～12.5	1	2	3	4
DC	5～7.5	1	2	3	4
DD	3.5～5	1	2	3	4

（3）企业信用风险指数。

企业资信调查报告中，除了给出资信级别外，还给出信用风险指数。该指数是决定授信额度的依据。在无法取得完整财务数据的情况下，可以代替资信评级，是资信评级的另一种解释。风险指数的得出必须有数学模型的支持。需要采集被调查企业的包含影响信用风险评价的重要因素的征信数据，形成变量，带入模型计算得出企业的信用风险指数。

不同的信用评级公司一般会根据经验，结合自身模型，给出信用风险指数的计算标准。表 3-16、表 3-17 分别列出了邓白氏公司、新华信公司的信用风险指数。

在企业信用管理的实际操作中，经常使用一种简单的客户风险测算方法进行快速的信用风险评估，满足实地测算信用风险的需要（见表 3-18）。

表 3-16 邓白氏公司风险指数的含义

风险指数	含义	企业停业比率
RI1	最低风险	0.01%
RI2	显著低于平均风险	1.09%
RI3	低于平均风险	1.8%
RI4	略低于平均风险	2.5%
RI5	两倍高于平均风险	8.0%
RI6	五倍高于平均风险	19.6%
NA	信息不足，无法评估	—

表 3-17 新华信公司资信报告中的风险指数

风险等级	风险系数	风险程度
CR1	1.0～1.5	可以忽略不计
CR2	1.5～2.0	很小
CR3	2.0～2.5	低于平均水平
CR4	2.5～3.5	平均水平
CR5	3.5～4.0	高于平均水平
CR6	4.0～4.5	较高
CR7	>4.5	很高

注：资不抵债的企业、被法院查封或被政府勒令停业的企业和由于种种原因歇业和废业的企业都被划入 CR7 等级。

表 3-18 信用风险简易指标

	X	B	A	Y
	高风险	平均风险	低风险	无风险
流动比率	<1.25	1.26～2.00	>2.00	存在 A 级别风险，但资产大于 3 亿元
速动比率	<0.5	0.51～1.00	>1.00	
流动负债/净资产	>1.25	1.24～0.75	<0.75	
负债总额/净资产	>2.00	1.99～1.25	<1.25	

2. 内部评级系统

在企业信用管理的实际操作中，由于企业与企业之间差异悬殊，一种企业评级标准不能解决所有企业的问题。同时，专业评级方法虽然科学、严密，但却操作复杂，耗时长，不能满足企业实际需要（如表 3-19 所示）。因此，企业不能完全依赖专业机构的服务，或者套用其他企业的方法和标准，每个企业都要开发适合自己的客户评价方法和指标系统，根据企业所在行业的特殊性，修正征信机构提供的评级和指数，使对客户信用的评价结果更符合实际，从而得出与其风险程度相符合的授信额度。

表 3-19 专业化评级与企业内部评级的比较

比较项目	专业机构评级	企业内部评级
适用范围	大	小
需要样本数量	多	少

续表

比较项目	专业机构评级	企业内部评级
风险因素数量	多	少
主观评价占比	低	高
客户经营风格	无体现	有体现
行业特点占比	低	高
耗时长短	长	短

开发内部评级系统的流程具体如下：

（1）选择风险因素。

这是建立评级体系的第一个关键步骤。

选择标准：

① 风险因素要能说明企业的特征；

② 要考虑到风险因素的可获取性；

③ 要能将风险因素与客户的信用程度联系起来。

（2）收集和分析客户信息。

这是解决问题的关键。

首先，要从企业现有信息入手；

其次，要控制好主观评价。

（3）确定各个风险因素所占权重，建立指标体系。

确定风险因素的权重需要考虑以下几个方面：

① 权重要能体现各风险因素影响企业信用的重要程度；

② 权重需体现各风险因素之间相对重要程度，且随风险因素的变动而调整；

③ 要有统计学上的意义。评级的目的是既要将好坏客户分开，又要使客户的评分均匀地分布，调整权重是基本手段。

（4）确定评分方法。

为了计算方便，通常对每个因素以 10 分计。同时，可以将指标评分设定上限和下限，锁定最高和最低评分。例如，对净资产一项的评分，500 万元以上的为 10 分，10 万元以下的 0 分。确定上下限后，再对净资产在 10 万～500 万元的情况细分不同得分。

说明

划分上下限时，一方面要考虑企业对客户的基本要求，另一方面还要考虑对一些风险因素的常规经验取值。其中经验取值主要针对财务指标，例如，流动比率小于 1.25 属于高风险，1.26～2.00 属于平均风险，大于 2.00 属于低风险。

（三）授信决策

确定客户信用评级后，根据企业的信用政策确定信用额度。

信用额度一般采用营用资产模型确定信用限额，具体见第二章的介绍。

上述方法确定的信用额度供信用经理决策参考。最终确定的信用额度通常低于信用限额。

三、信用报告

根据获取的客户信息，依据选定的信用评价模型，撰写信用报告。

（一）信用报告的作用

（1）有利于企业了解和分析潜在的分销商、代理商和交易对象。

（2）有利于企业分析交易对象的信用状况，评估其信用度。

（3）有利于企业对投资、收购、兼并等对象的全面认识。

（4）有利于企业加强对其客户、合作伙伴的了解。

（二）信用报告类型

1. 注册报告

企业注册报告包括企业注册情况、股东情况、其他信息，用于判定企业的合法存在、判断企业的规模和性质。

2. 普通信用报告

普通信用报告包括企、事业机构信用状况的基本信息，是企业正常贸易活动中，用于了解交易对象信用状况的必备资料，是从事现代企业信用管理的基础，是保障企业交易安全、确保应收账款及时回收的前提。

3. 深度信用报告

深度信用报告是在普通信用报告的基础上，对所涉及机构的历史背景、经营方式、信誉状况、信贷能力、财务状况、行业现状以及在市场中的公众形象等各方面的情况进行深入了解和分析，更加详细地反映所涉及机构的综合运行情况。

4. 特殊报告

特殊信用报告是为满足客户的特殊需要，根据客户要求而为其量身定做的专项报告。

（三）信用报告的内容

企业信用报告全面提供关于目标公司的经营状况、财务状况、信用记录以及历史背景等方面的信息，评价目标公司的风险级别并给出建议信用额度。

一份完整的企业信用报告包括以下内容：

（1）信用评价：信用评价结果和建议的信用额度。

（2）综述：专业人员对目标公司的总体经营状况和风险状况的分析和评述。

（3）财务状况：尽可能全面的财务数据和相关分析帮助了解目标公司的经营规模、资金效率和盈利能力，分析其财务风险。

（4）主营业务：描述目标公司的主要业务、行业地位，以便掌握目标公司的经营现状及可能发生的经营变动。

（5）销售信息：介绍目标公司的销售渠道、销售区域、客户状况和基本销售条件。

（6）采购信息：介绍目标公司的采购渠道、采购区域、供应商状况和基本付款条件。

（7）信用记录：调查人员通过访问银行、目标公司的供应商和查询法院的诉讼记录，了解目标公司对其他企业的付款历史和贸易记录，使您了解目标公司在支付方面的态度、习惯和历史。

（8）注册资料：官方注册资料是评定目标公司经营合法性的信息。经营合法是与目标公司建立业务关系的前提。

（9）股东背景：股东、股份和主要股东介绍。企业的股东特征对判断企业的信用风险状况总是具有重要的参考意义。

（10）管理人员：一个企业的经营前景和对待债务的态度相当程度上尚取决于主要领导者的能力和风格。尽可能多地掌握目标公司主要管理人员的背景对信用决策的意义不言自明。

（11）附属机构：了解目标公司的附属机构有时能提供意想不到的有价值的资料。

部分企业信用报告由于目标公司的特定情况可能不包含上述全部内容。

（四）使用信用报告服务的情况

（1）与新客户第一次交易时；

（2）老客户资料超过一年时；

（3）客户改变交易方式时；

（4）客户最近三个月付款明显出现各类问题时；

（5）客户股东和重要领导人突然发生变化时；

（6）遇有重大合作项目时；

（7）定单骤增或骤减时；

（8）处理与客户的各种纠纷时。

（五）谁需要信用报告

如下人士需要企业信用报告：信贷经理、财务总监（经理）、投资经理（顾问）、采购经理、市场经理（总监）、管理顾问、律师（法律顾问）、会计师（会计顾问）。

[案例 3-7]

企业信用报告（概览）

您的订单编号：

您的订单名称：

所给地址：

所给电话：

所给传真：

委托时间：

委托类型：普通

完成时间：

目标公司名称：

主营地址：

邮政编码：

电话：

传真：

网址：

打印日期：

报告类型：企业信用报告

调查说明：本报告仅供参考。由于具体企业的情况千差万别，同时在信息收集过程中存在大量不能控制的因素，因此，实际提供的报告与本样本报告可能存在一些差异。

本报告所指的金额除特别说明外，均为人民币。

本报告中“—”表示“未获取”或由于资料不充分“不予评价”。

报告摘要

成立时间：

企业性质：

注册资本：

主营业务：

主营业务收入：

净利润：

资产总额：

股东权益：

员工总数：

进出口权：

信用等级：CR3

基准信用额度：1 500千元

注册资料

历史沿革

股东及股份

目标公司的股东及股份比率情况如下：

股东出资额	份额
合计　　千元	100%
股东到位率	出资方式
**公司100%	货币资金

目标公司验资报告由会计事务所出具

主要股东背景

主要管理人员

附属机构

办公设施
地理位置：目标公司位于 ，办公面积为 平方米，内部装潢较好
产权性质：系目标公司租用

主营业务
主营业务：

采购情况
主要采购商品：
主要供应商数： 家左右
主要供应商：
主要付款条件：30天赊销、立即付款
其他采购信息：

销售情况
国内销售：××%
国内销售区域：
主要客户/行业：零售商、一般零散用户
主要销售条件：30天赊销、立即付款
国际销售：××%
国际销售区域：
出口总额：
国际销售条件：L/C
其他销售信息：目标公司正计划加强对中小城市的销售力度。

信用记录
供应商名称：
主要供应商品：
被访问者姓名：
被访问者职务：
被访问者电话：
被访问者评价：目标公司付款较为及时
被访问时间：

诉讼记录：经向当地法院查询，未发现目标公司被起诉的记录。

财务资料

资产负债表（单位：千元）

损益表（单位：千元）

重要比率表

年度

净资产收益率（%）

资产回报率（%）

净利润率（%）

总资产周转率（次）

流动资产周转率（次）

应收账款周转率（次）

资产负债率（%）

流动比率

速动比率

财务资料获取渠道：

审计单位：

财务说明

目标公司2003年年底的存货及应收账款很大，据目标公司财务经理介绍，这是公司采取更加激进的赊销以扩大市场份额造成的结果。

行业财务指标对比

年度	目标公司	行业平均
净资产收益率（%）		
资产回报率（%）		
净利润率（%）		
总资产周转率（次）		
流动资产周转率（次）		
应收账款周转率（次）		
资产负债率（%）		
流动比率		
速动比率		

行业财务指标对比分析

与同行业平均财务指标的比较表明，目标公司的各项财务指标明显优于行业平均水平，显示目标公司在同行业中有较高的财务竞争力。

综合评述

目标公司在其行业已经发展了×年，属行业中一家规模较大的企业，有较高的竞争能力。

目标公司的股东实力较强，管理层也显示出较丰富的行业和管理经验，表明目标公司有较稳定的发展前景。

目标公司近几年业务收入增长速度高于整个行业的增长速度，其资产结构和资产效率好于同行业的平均水平，显示出较好的偿债能力。

信用等级

CR3　　风险低于平均水平，可以给予正常信贷条件与其交易

基准信用额度

×××××××元

在计算基准信用额度时假定目标公司平均从多家供应商采购主要商品或服务，主要计算因素包括注册资本、净资产、总资产、营业额、利润和信用风险等级等，没有考虑与目标公司的具体交易情况。您在进行信贷决策时可参考以下建议但需根据您的营销策略和信用政策做出适当调整：

年供货量占目标公司销售额的比例	建议信用额度
40%	以上基准信用额度的4倍以上
30%～40%	基准信用额度的3～4倍
20%～30%	基准信用额度的2～3倍
10%～20%	基准信用额度的1～2倍
10%	以下基准信用额度以内

—本报告完—

四、客户档案管理

客户信用信息的收集、处理、评价的成果都具体地记录在标准版式的企业资信调查报告中，它构成了合格的客户档案。为了充分利用这些客户档案、保持客户信用管理工作的连续性、动态性，有必要建立合格的客户信用档案库。它是企业信用管理工作的起点，也是企业信用管理部门的基本建设工作。

（一）客户档案管理的基本原则

1. 集中管理原则

无论是客户资料散落在业务人员手中还是分散在各个部门，都可能给企业管理带来困难，甚至给企业带来潜在损失。对客户档案进行全面集中管理，企业可以进行统一授信，全面跟踪，及时控制可能出现的问题，降低信用风险。企业档案是重要的商业机密，在集中管理模式下，要注意提高档案管理部门工作人员的职业道德，树立客户档案是企业特殊资产的意识。

2. 电子化管理原则

计算机和网络技术的发展日新月异，利用这些新技术对客户档案进行电子化管理是进行现代化信用管理的必然发展方向。电子化的信用管理信息要同企业管理信息系统中的决策系统相联结，以便能向企业管理人员随时提供客户的信用等级、信用额度等重要信息，发挥信用管理在决策中的重要作用。

3. 动态管理原则

动态管理是指对客户档案信息不断更新，包括两个方面，一是根据内外部最新的信息，更正客户的记录；二是随着客户的财务、经营、人事变动情况，及时调整对客户的授信额度。同时，通过长期积累客户信息，可以看出客户的发展趋势，更好地对客户的潜力进行分析。

4. 分类管理、重点突出原则

企业的信用管理部门对客户进行分类，主要是出于对客户重要程度和客户档案管理费用的考虑。客户的规模大小各异，对企业贡献大小不同，考虑到客户档案管理的成本限制，应将客户分类，进行重点突出的管理。

（二）客户档案作用

企业通过保管的档案，主要是销售台账，了解和掌握客户的交易状况情况，如买方以前的表现如何？对我们的付款是否及时？买方订货量是否呈上升趋势？买方的订货是否有季节性？其平均付款期是多少天？其前身是否是一家失败的公司？

客户档案系统示意图如图 3-14 所示。

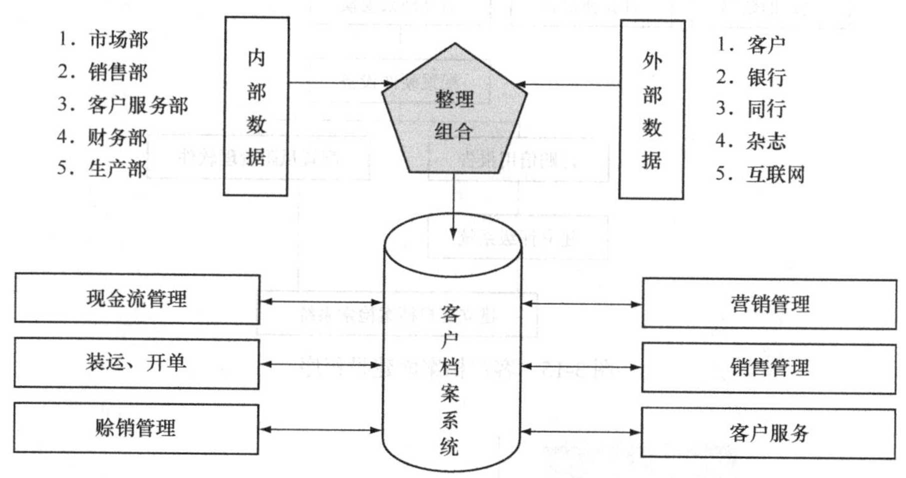

图 3-14　客户档案系统示意图

（三）客户档案库建立程序

合格的客户信用档案一般来说，必需具备以下 5 个方面的要求。

（1）全球性的资信评级机构只有穆迪公司和标准普尔公司，对于一个上市企业的资信调查报告，只有植入根据这两个体系原则制定的评级或风险评价系统才是合格的。

（2）对于中小企业的资信评级是按照行业和规模分类的国标进行的，也使用类似穆迪公司的符号表示方法。

（3）应该给出客户信用风险指数作为参考，它与授信额度直接相关。

（4）其报告的编码应该具备多种检索功能和排他校验功能，最好在全球流行，或者被国际标准化组织接受。

（5）必须具备英文版本的档案或报告文本，以利于使用现行的信用管理类软件，包括客户风险管理或应收账款管理软件。

建立客户信用档案库则应根据企业自身的实际情况和预算，设计一个合理的筹建工作方案，并依次开展建库工作。

公司客户信用档案库建设的一般工作程序可参考图3-15。

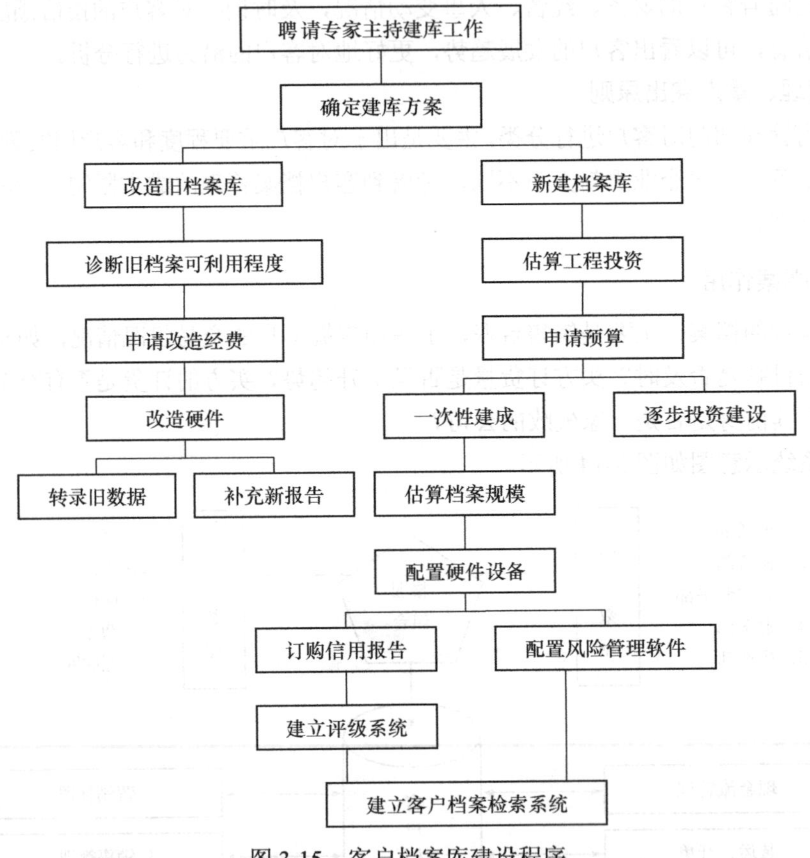

图3-15 客户档案库建设程序

第四节 企业赊销管理

一、赊销的必要性

（一）赊销是成本最低的交易方式

赊销是与现金交易方式相对的交易方式，即买方预先获得货物或服务，后期偿付货款的商品买卖行为，是信用方式的基本形式。

赊销产生于古代，是商品流通发展的产物。在中国古籍《周礼》的《地官·泉府》中，就已经有了春秋战国时期关于“赊”的记载。在封建社会中，随着商品经济的发展，“赊”逐渐成为商业习惯。

在现代市场经济体系中，由于以买方市场为特点的激烈竞争以及企业间贸易方式的改进，自20世纪80年代以来，赊销已成为国际上居主导地位的交易结算方式。据统计分析，目前发达市场国家的贸易活动中，80%的贸易额是在信用方式条件下进行的。

从价值交换的成本上讲，赊销赊购是费用最低廉的价值交换活动。人类经济活动经历了三个阶段：自然经济、货币经济和信用经济。自然经济的特征是物物交换，成本最高昂；货币经济的特征是以特殊单一商品——货币作为物物交换的桥梁，虽然成本较自然经济下降，但仍有较高的货币成本。

信用经济的特征是以信用作为物物交换的桥梁，因为信用成本最低（理论上没有成本），所以是现代社会企业交易的最佳方式。买方市场的主要特征就是赊销。从市场经济条件下竞争的角度讲，世界市场呈现买方市场特征，中国市场也进入买方市场特征，商品过剩，赊销成为商业中主要的竞争手段之一，不赊销就无法竞争和生存。融入世界市场的中国市场必然是高度发达的赊销市场。

从企业经营的角度讲，商品是剩余的，资金永远是短缺的，买方希望超越资金的限制更多地购买产品，扩大经营规模和效益，而赊销就能起到节约资金、扩大经营规模的目的。

[专栏 3-8]

DSO 与资金管理

假定美国人、欧洲人、中国人在做同行业的生意，而他们皆拥有1万元资金；根据各国的行业平均应收账在外天数（DSO）统计，如表3-20所示。

表 3-20　DSO 与资金管理

国家	金额	DSO	年周转次数	等于金额
美国	1 万元	9 天	40 次	40 万元
欧洲	1 万元	60 天～90 天	4 次～6 次	4 万～6 万元
中国	1 万元	180 天	2 次	2 万元

（二）赊销能提升企业竞争力

如何在不增加投资的情况下，增加营运资金，其出路在于有效的赊销管理。

现代企业竞争的主要体现为：①应收账天数的竞争，加速资金的周转率，将有限的资源最大化；②市场份额的竞争，以最省力、最低成本的方式来占领市场。

赊销管理就是要求企业思考如何在缺乏资金的情况下，善于利用资金，以小博大，加速资金周转率，提高企业的盈利能力和市场竞争力。

市场实践证明，有效的赊销则可以增加企业客户数量和提高客户质量，增加企业的有效销售额，扩大市场份额，树立企业诚实守信的信誉。

[专栏 3-9]

赊销与企业竞争力提升

假设年销售额为1000万元，利率为10%。只要我们能控制时间，将货款平均在外天数减少，营运资金即能马上增加。公司资金运营状况如表3-21所示。

表 3-21　公司资金运营状况

情况	货款在外天数	被绑资金	利息	总共被绑资金	流动现金的差别
好	40 天	109.6 万元	11.0 万元	120.6 万元	—
中	60 天	164.4 万元	16.4 万元	180.8 万元	60.2 万元
坏	90 天	246.6 万元	24.7 万元	271.3 万元	151.7 万元

假设有两家销售同类产品的企业，他们的年销售额都是 1200 万元，因管理方式不同，产生以下的不同情况，如表 3-22 所示。

表 3-22　不同赊销状况下企业运营状况比较

A 公司		B 公司	
平均货款在外天数	120 天	平均货款在外天数	45 天
平均支付货款天数	90 天	平均支付货款天数	60 天
资金短缺天数	-30 天	资金短缺天数	+15 天
等于：欠缺营运资金	100 万元	等于：拥有营运资金	50 万元

（三）赊销促进经济增长

信用管理的成败直接决定了信用经济的发展速度，间接影响了市场经济发展的整体过程。在良好的市场信用环境下，一国的市场规模会因为信用交易而扩大，间接地提高就业水平，增加政府税收总额。中美两国的赊销情况调查（如表 3-23 所示）显示，若能对赊销实施有效的管理，能够起到促进经济增长的作用。

表 3-23　赊销与 GDP

国家	部门	每增加 1 亿美元赊销额，GDP 的改变
美国	非金融部门	上升 2498 万美元
	金融部门	上升 1831 万美元
	消费者	上升 5619 万美元
中国	金融部门	上升 4753 万元
	非金融部门	下降 8852 万元

美国赊销总规模的年均增长速度是 GDP 的 1.5 倍以上，并且这种趋势正在加速。

良好的信用管理会促使客户诚信观念的确立和诚信行为的实现，客观上促进社会诚信文化的构建，加快社会信用体系的建设。

[案例 3-5]

公司资金的故事

A公司资金（紧张到宽裕）的故事

A公司是一家东莞地区的中型企业，业务为批发食品，其客户多为超市及小商店。该公司的平均月营业额为500万元，货款平均在外天数为60天，坏账率平均为3%；

当该企业建立赊销管理系统后，其货款平均在外天数减为37天，坏账率降为0.7%，需要现金的压力开始减轻！

因货款平均在外天数减少，则

原来成本：500÷30×60=1000（万元）

现在成本：500÷30×37≈617（万元）

此项节省：1000－617=383（万元）

因坏账率下降，则

原来成本：500×12×3%=180（万元）

现在成本：500×12×0.7%=42（万元）

此项节省：180－42=138（万元）

合计共节省：383+138=521（万元）

B公司（弱势到强势）的故事

B公司是一家佛山地区的小企业，业务为批发日常用品，所以客户大多为小商店；该公司的平均月营业额为200万元，货款平均在外天数为98天，而向供应商取货是现金结算。

从上述数据，我们了解到该公司的现金压力非常重！明显属于弱势企业！

该公司在引入赊销管理系统之初是非常疑惑的，因为客户都是小商店，能否接受赊销管理是一个疑问。当推行后，发现大部分客户是合作的。

现其应收账天数已降为60天，因其还款能力提升，所以其供应商亦给予30天的赊销期，则

原来成本：200÷30×98=653（万元）

现在成本：200÷30×[98-(98-60)-30]=200（万元）

总共节省：653-200=453（万元）

二、赊销成本分析

（一）坏账成本

坏账成本是指企业销售后无法收回的价值，即价值的灭失。

坏账成本随着应收账款持有量的增大而上升（如图3-16所示）。

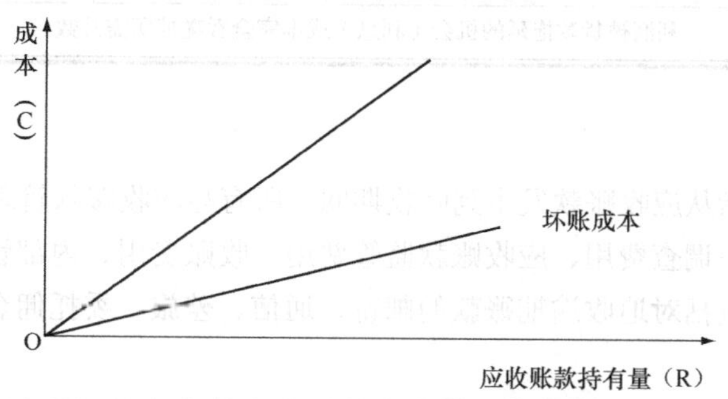

图3-16　坏账成本示意图

在一个行业中，信用水平的高低决定了企业坏账率的高低。坏账过高，说明企业管理水平低下，是企业经营的最大隐患，必须克服；坏账损失是不可避免的，也不应该刻意避免，完全没有坏账，反而说明企业的赊销能力没有完全发挥。

坏账成本高低与企业信用管理水平密切相关，企业管理水平越高，坏账成本线的斜率越小。管理水平越低，坏账成本线斜率越高（如图 3-16 所示）。

据保守统计：我国坏账每年吞噬企业 5%的销售收入。加上隐性坏账，我国企业的坏账率应为10%以上。美国企业坏账占销售收入的 0.25%～0.5%。两者相差是 10～20 倍。一个销售 1 亿元的企业，中国企业平均坏账为 500 万～1000 万元，美国企业坏账只有 25 万～50 万元。

（二）机会成本

机会成本是指应收账款作为企业强化竞争、扩大市场占有率的资金占用，明显丧失了该部分资金用于其他投资的收入，与应收账款额度成正比。

机会成本是测算企业赊销总量和考察信用管理水平的重要数据。赊销和账款逾期造成机会成本的产生。在一个企业中，机会成本往往是最大的信用成本。信用管理重中之重是减少机会成本损失。

机会成本计算方法：

机会成本=稳健投资回报率×DSO

或=（企业利润率+贷款利率）×DSO

很多欧美企业机会成本（利息）是坏账成本的 10 倍以上，因此称为 10∶1 规律。

我国企业的坏账成本偏高，企业机会成本和坏账成本的比例通常为 2∶1 或 3∶1。

中国企业销售未清账期（DSO）为 90～120 天，美国企业平均为 37 天，两者相差的 3 倍。一个赊销 1 亿元的中国企业，平均利息成本损失 200 万元，而美国只有 60 万元。

机会成本与净利润的关系如表 3-24 所示。

表 3-24　机会成本与净利润的关系

机会成本	销售净利润				
	10%	8%	6%	4%	2%
5%	24.0	19.2	14.4	9.6	4.8
6%	20.0	16.0	12.0	8.0	4.0
8%	15.0	12.0	9.0	6.0	3.0
10%	12.0	9.6	7.2	4.8	2.4
12%	10.0	8.0	6.0	4.0	2.0
15%	8.0	6.4	4.8	3.2	1.6
利润被贷款拖延的机会（利息）成本完全吞噬掉所需月数					

（三）管理成本

赊销的管理成本是指从应收账款发生到回收期间，所有与应收账款管理有关的费用总和。

管理成本包括：客户调查费用、应收账款监管费用、收账费用、内部管理程序、场地、人员、办公等费用。收账费用包括对追收逾期账款的邮寄、通信、差旅、委托佣金、人员等费用和诉讼、仲裁、执行的法律费用。

中国企业收账费用占销售收入的 2%。很多企业设立人员庞大的追账部门和常年的法律部门，管理费用巨大。

管理成本的特征：呈阶跃性，在一定规模之内时，管理成本保持基本稳定，超过这个规模时，管理成本将跳跃到另一个更高的成本数量级，并保持相对稳定（如图 3-17 所示）。

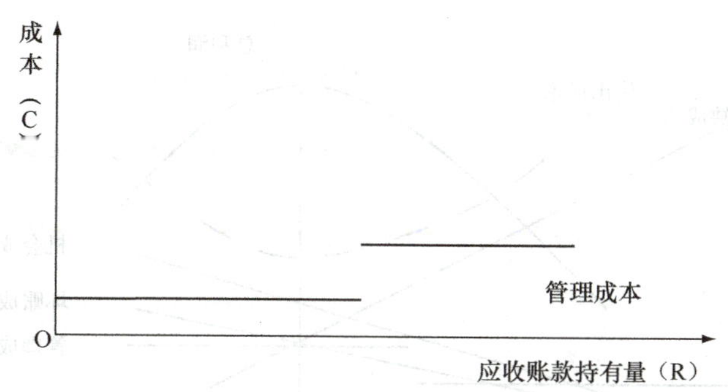

图 3-17　管理成本示意图

（四）短缺成本

短缺成本是指没有获得最大销售而产生的损失。

短缺成本斜率的大小的本质就是行业竞争性的大小（如图 3-18 所示）。每个国家、每个市场、每个行业，其短缺成本（斜率）都是不同的。市场竞争越自由化，买方市场越成熟，赊销不足造成的损失越大。

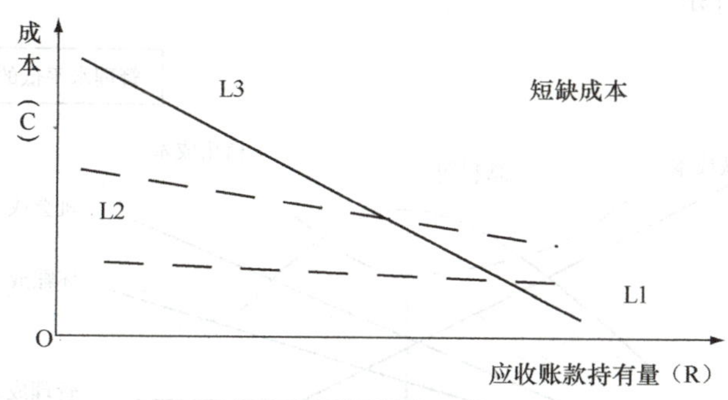

图 3-18　短缺成本示意图

L1：商品稀缺情况下短缺成本与持有量关系

L2：市场适度竞争下的短缺成本与持有量关系

L3：高度竞争时短缺成本与持有量关系

从 L1 过渡到 L3，短缺成本损失越来越高昂，不赊销企业的短缺成本损失就越大。

（五）信用成本

信用成本是指与信用销售有关的所有成本的综合，是机会成本、坏账成本、管理成本和短缺成本四项成本的综合指标，是考核企业管理水平的最重要的综合指标。

信用成本线在应收账款持有量/成本坐标图中呈 U 型分布，利润在坐标图中呈钟型分布（如图 3-19 所示）。企业在过少持有应收账款的情况下，短缺成本损失大于其他三项成本。企业管理水平低下。在过多持有应收账款的情况下，机会成本、坏账成本、管理成本的损失大于短缺成本，企业管理水平低下。

企业持有应收账款的信用成本曲线上存在一个最低点，与这一点相对应的应收账款额度就是企业持有应收账款的最佳额度。

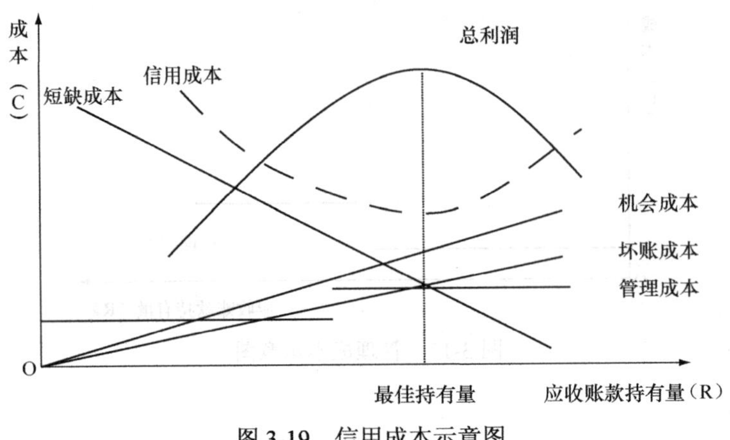

图 3-19　信用成本示意图

[专栏 3-10]

信用成本的比较

如图3-20、图3-21所示。

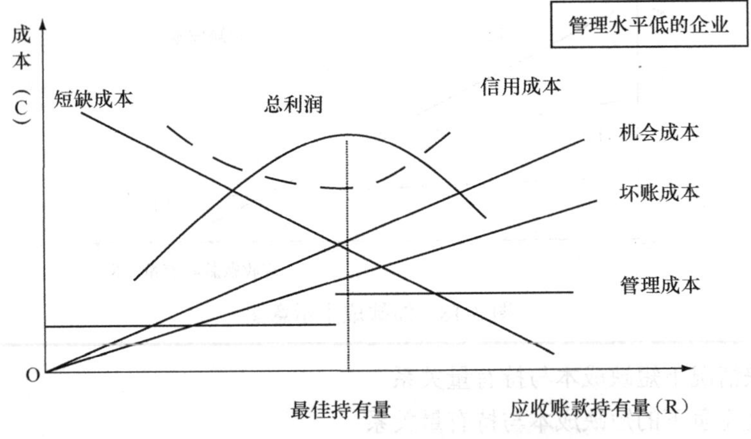

图 3-20　信用成本示意图

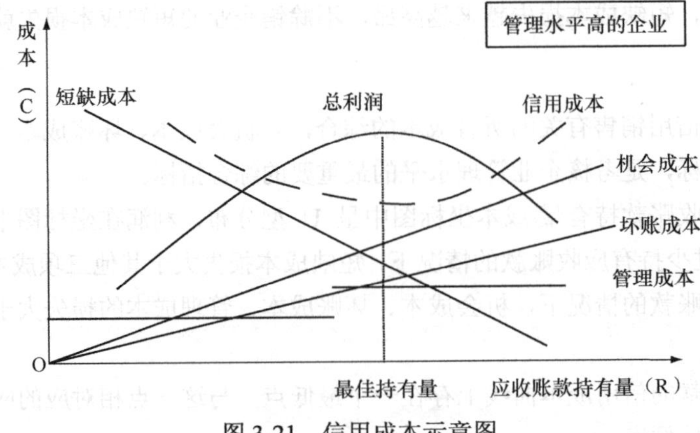

图 3-21　信用成本示意图

三、赊销政策的制定

（一）赊销政策标准

赊销政策的具体化表现。要求客户达到某种标准时才能获得信用额度。比如：企业以利润最大化作为制订信用政策的原则，选择平衡型是最佳选择。但是，由于要占领市场，企业可能会放弃一些利益而放松信用政策；由于资金短缺而紧缩信用政策等。

赊销政策制定后，企业可以通过预期 DSO 和坏账率作为企业信用标准。当指标超标时，紧缩信用标准，当指标太低时，可适当放松赊销标准。

赊销标准是确定企业客户群的主要依据。其他信用政策都是在此原则下制定的。

（二）赊销政策的影响因素

（1）影响赊销政策的因素主要包括内部因素和外部因素。

① 内部因素主要有：市场战略、库存水平、历史经验、企业与产品生命周期（如图 3–22 所示）、企业与产品垄断性、企业实力和规模等。

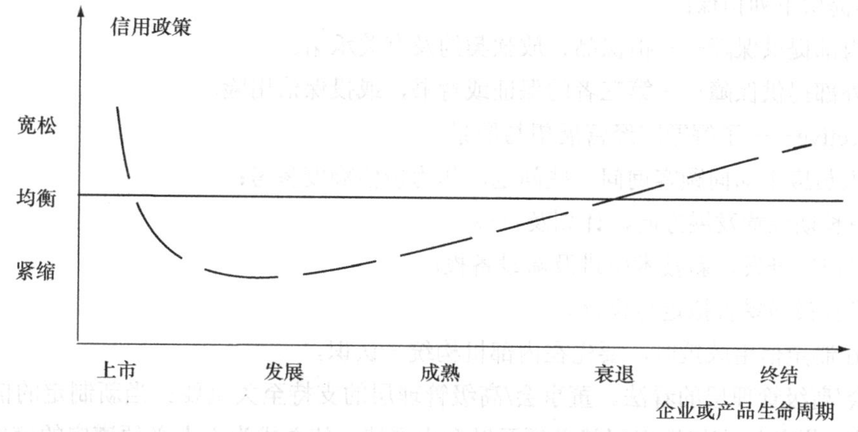

图 3-22　生命周期对信用政策的影响

② 外部因素主要有：企业所属行业、市场竞争程度、竞争对手信用政策、市场规范程度等。

（2）企业在制定具体的赊销政策时所考察的因素可概括为 5P 准则。

1）People——企业经营者人格与信用

① 企业经营年限的长短。经营年限较长的企业，具有比较悠久的历史，一般会有比较高的知名度和比较雄厚的资金储备，可以授予较高的信用额度，如：可口可乐；相反，经营年限越短的企业，由于对其了解不够，可以参考的信息较少，故应该减少信用额度。

② 企业经营规模的大小。一般而言，企业的规模越大，还款能力越强。

③ 企业经营者经营能力、责任感及一般风评及信用评价。企业的经营者可以说是企业的灵魂和核心，经营者的人品、性格、爱好、习惯等会潜移默化地影响企业的经营方式，也就会影响企业的信用等级。因此，对于企业的经营者要做较深入的调查，个人信用较好的经营者领导的企业团队一般也会具有较高的信用。

④ 企业经营团队的综合能力。经营者可以影响企业，经营团队也如此。团队的作用在企业运行过程中不容小觑，一个具有高凝聚力的团队往往容易较快速地做出决策，因此这样的企业在经营过

程中会比较有决断力，往往经营效率会较高，利润就会较高，相应的还款也会较顺利。

⑤ 和银行往来情形与银行对企业的评价。企业经营必然与银行打交道，因此银行对该企业的评价也会较客观、较详细，具有较高的参考价值。

2）Purpose——与本公司往来的基本动机及目的

购买本企业产品的动机探讨。动机是很重要的一项考核指标，如果该企业购买本企业的产品处于不良目的，可能会给本企业带来无法预料的严重后果，从而影响本企业的社会形象和经营业绩。

3）Payment——未来偿还账款条件

对付款方式与付款方法要深入研究。探讨未来如何结算应收应付款项对于本公司和交易对象而言都有很大的必要性，将付款方式和付款方法以及对方不能及时付款本公司将采取何种应对措施等各种细节情况以合同形式形成具有法律性质的文件，在未来发生任何一种情况时可以有所依据，不至于使本公司遭受经济损失，同时提前将各种情况考虑清楚，也可以避免紧急情况下不能做出最佳决策的窘境。

4）Protection——债权确保风险最低原则

要求顾客提供下列担保：

① 企业内部提供保障——担保品、放款契约及有关承诺。

② 企业外部提供保障——第三者的保证或背书，或投保信用险。

5）Perspective——了解顾客经营展望与愿景

① 业务人员应主动向顾客询问一些问题，作为授信额度参考：

a. 企业中长期经营发展方向、计划及目标。

b. 企业对研究开发、新技术引进及新设备投产。

c. 企业成长策略妥善拟定与执行。

② 企业在制定信用政策时，要先在内部机构统一认识。

a. 董事会/高级管理层的看法。董事会/高级管理层的支持至关重要。当新制定的信用政策不能被顺利贯彻时，董事会/高级管理层就必须予以全力支持，使之成为人人必须遵守的信用政策。所有有关人员可以在制定信用政策时发表意见和看法，但信用政策一旦制定且需实施时，所有人就都得认真履行这项政策。

b. 销售部门的看法。某些销售人员总是认为信用政策是与他们对立的，其实，一套行之有效的信用政策并不是去限制什么人，它是用来鼓励有利可图的销售，使销售和给予信用变得更容易。在操作中，经过良好沟通的销售人员能够排除销售中的阻力而全身心地投入到销售中去，只需按照基本的信用程序工作，其他工作都交给信用部门去做。

c. 客户的看法。某些企业担心信用管理会使客户心烦，其实，一笔低效率的贸易和低效率的信用管理政策才会使客户心烦。不加分辨的怀疑、杂乱的发货单和失调的资金分配都会比专业的信用管理更让客户心烦。信用管理其实是把“心烦”降到最低程度并提高对客户的服务水平。而系统完善的信用管理只会赢得客户的尊敬和更多的订单。

（三）赊销标准松紧度分析

按赊销标准松紧度分类，分为以下 4 种类型。

1. 前松后松型

高销售+缓慢付款+高坏账=现金流量严重不足=破产

2. 前紧后松型

低销售+缓慢付款+0 坏账=低利润+现金流量不足

3. 前紧后紧型

低销售+及时付款+0 坏账=低利润

4. 前松后紧型

最大销售+及时付款+最小坏账=最大利润

四、赊销交易前的授信调查

1. 调查选择

为了确保赊销所产生的债权能顺利回收，企业应谨慎确定顾客选择标准，合理确定企业信用额度，以此作为业务人员交易的基准。

2. 明示交易条件

企业业务人员与顾客进行交易时应明确将企业交易条件告知客户，获得顾客确认后才算交易成交。

交易条件一般包含：商品规格及价格、商品运送条件、收款时间及付款最长时间、折让及特别优惠办法。

[案例 3-6]

警惕四种经销商

“三拍型”经销商

有的经销商在收付款的方式看似从不计较，诚心十足，豪爽不已，一拍脑袋，二拍胸脯，什么支付款项条件都答应，最后拍着屁股一跑了之。

贿赂型的经销商

此类经销商见谁都一副和蔼可亲，尤其是对手握权力的骨干业务员和部门领导更是称兄道弟，嘘寒问暖，直把企业人员拉下水，弄个“糊涂账”或“冤假案”。

跳槽型的经销商

此类经销商经常改弦易帜，更换法人代表，甚至转型做其他买卖，意在逃款。

骨灰级

有些经销商店牌、经营内容、法人代表面目全非，让你查无此人，人走楼空，款物尽失，血本无归。

五、赊销额度确定

（一）赊销额度审批原则

1. 审核的原因

根据公司政策进行定期审核（半年或一年）；客户要求提高额度；客户订单超过额度；客户付款明显缓慢或逾期过多。

2. 审核的方法

企业应根据业务计划、资金计划、现金计划确定总体额度。

结合不同客户的信用状况，即分析客户账龄和评价付款时间，分析客户订货情况，信用部门合理分配具体客户的赊销额度。

信用部门批准的额度分为两种：单项额度、循环额度。

单项额度为一次信用销售达到的最高限额，分次或一次使用后额度自动减少，用完为止，额度用完后须再次申请；

循环额度是可以循环使用的最高限额，客户付款后，付款部分的额度仍可使用，不需再次申请。

当申请额度超过已核准的最高额度，业务部门仍然需要信用部门审批后才能发货。

一切发货必须在信用部门核准的条件内。

对风险较大的业务，信用部门可提出担保、抵押、保理、信用保险等债权保障手段。

信用部门可以随时减少或取消已经核准的信用额度，对此业务部门必须立刻执行。

3. 新客户赊销额度审核

在给新客户确定额度时，信用经理应考虑以下问题：

（1）企业对此客户的信用政策是什么（保守、温和或开放）？

（2）考虑到日常现金周转，公司可以承受多大的应收账款？

（3）公司通常的销售条件是什么？

（4）客户的信用风险有多大？

（5）客户一年内大约要购买多少货？

（6）若客户是一家分销商，公司在该地区是否已有分销商？

（7）公司以前是否向类似的公司赊账？经验如何？

对新客户确定信用额度时应更加慎重。合理的做法应是先给一个较低的额度，三个月或半年后若付款令人满意，再提高额度。

4. 审核结果

（1）对于付款及时且销量已经超过额度的客户提高额度；

（2）对于付款及时且销量有望超过额度的客户提高额度；

（3）对于付款基本及时且订货量平稳的客户维持现有额度；

（4）对于订货量大但付款很不及时的客户适当降低额度；

（5）对于订货量远远小于额度的客户适当降低额度；

（6）对于逾期账款过多的客户取消或暂时取消额度；

（7）对于财务状况明显将要恶化的客户降低或取消其额度。

（二）赊销额度审批程序

企业对客户的信用额度核准由专门的信用分析人员来完成，同时对信用额度的审批权限应该有明确的规定。

信用分析员有权确定较小额度，信用经理确定较大额度，特大额度由财务总监或总裁确定。没有信用管理部门的企业，由有经验的业务人员确定较小的信用额度，总裁确定较大的信用额度。信用额度的相对大小根据本行业、本企业的具体情况确定。

额度审核结果应及时反馈客户。

（1）对于低风险客户，告知信用关系已经确立，确认付款条件；

（2）对于平均风险客户，告知信用关系已经确立，确认付款条件，委婉告知信用额度；

（3）对于高风险客户，委婉告知供应商的政策，要求对方用现款或其他条件购货。

授予客户信用额度的基本程序如图3-23所示。

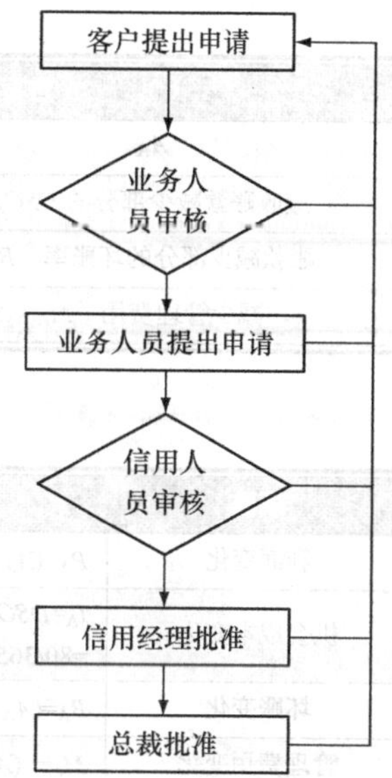

图3-23 授予客户信用额度的基本流程

（三）确定赊销额度的方法

1. 确定赊销额度的基本方法

企业一般采用下列方法确定赊销额度：

（1）递增法。不论是否评估客户等级，均按规定逐步放宽信用标准。

（2）信用评级法。将客户主要信用要素设置权重，综合评分后授信。信用评级法主要适用于新客户的评估。

（3）模型分析法。通过对几项主要财务数据的分析，推断客户破产概率和发展趋势。包括：Z分析模型、巴萨利模型、营运资产分析模型等。模型分析是其他方法的补充形式。

（4）动态评估法。通过对客户财务、付款、基本要素的评估，区分客户等级并授信。动态评估法主要适用于老客户的评价。

（5）营运资金测算法。将营运资金与动态评估结果相结合的一种方法。

（6）财务分析法。采用利润对比法和指标达标法等方法测算赊销额度，评估赊销决策。本书重点介绍该方法在实践中的应用。

2. 利润对比法

对赊销额与财务成本、管理成本之间的关系进行预测，计算出利润最大化时各项数据值。

优点：追求公司效益最大化，从总体评价出发。

缺点：各项权数和预测标准难于确定。

主要方法包括：边际分析法、净现值流量法、应收账款的合理持有量分析。

（1）边际分析法。

【例3-1】 甲公司一直按照行业平均水平，给予客户30天的信用期限，去年的赊销总额为800万元。企业希望了解，如果放大或缩小赊销额度，是否会增加企业利润？

信用管理部将现在的与预计情况列表如下（如表3-25、表3-26、表3-27所示）。

表3-25 销售情况

项目	数据
A_0 目前的应收账款额	800万元
P' 销售利润率	15%
B_0 平均坏账损失率	3%
C_0 信用条件	30天
DSO_0	65天
R_0 机会成本	12%

表 3-26 方案预测

A 方案		B 方案	
A_A	500 万元	A_B	1200 万元
应收账款减少部分的 DSO_A	80 天	应收账款增加部分的 DSO_B	90 天
账款减少部分的坏账率 B_A	4%	账款增加部分的坏账率 B_B	5%
减少管理费用 M_A	1%	增加管理费用 M_B	1%

表 3-27 方案盈利比较

项目	A 方案	B 方案
利润变化	$P_A=(A_A-A_0)\times P'=-45$	$P_B=(A_B-A_0)\times P'=60$
机会成本变化	$I_A=DSO_A/365\times(A_A-A_0)\times R_0$ $=80/365\times(-300)\times 12\%=-7.9$	$I_B=DSO_B/365\times(A_B-A_0)\times R_0$ $=90/365\times 400\times 12\%=11.8$
坏账变化	$B_A=(A_A-A_0)\times 4\%=-12$	$B_B=(A_B-A_0)\times 5\%=20$
管理费用变化	$M_A=-(A_0\times 1\%)=-8$	$M_B=(A_0\times 1\%)=8$
净收益	$PM_A=P_A-I_A-B_A-M_A$ =-17.1(万元)	$PM_B-P_B-I_B-B_B-M_B$ =20.2(万元)

结论：扩大赊销有助于增加利润。

（2）净现值流量法。

采用净现值流量法计算的企业特点：产品单价成本与销售量的弹性大，而且通过赊销等方式提高销售量。

【例3-2】 甲公司一直按照行业平均水平，给予客户30天的信用期限。产品单价为1000元/件，单位成本为500元/件。每天销量为400件，*DSO*为40天，坏账率为2%。

企业希望大幅降低成本提高销量，决定提高日产量到500件。这样，单位成本可下降到440元/件。预计*DSO*升为50天，坏账率增加到3%。

企业希望了解，这样做是否会增加企业利润？

信用管理部将现在与预计情况如表3-28所示。

表 3-28

条件	数值
NPV：产品单价（元）	1000
C_0：当前生产成本（元）	500
C_1：新生产成本（元）	440
Q_0：当前日销售量（件）	400
Q_1：新日销售量（件）	500
B_0：当前坏账率	2%
B_1：新坏账率	3%
K：日利率	0.05%
DSO_0：当前平均收账期（天）	40
DSO_1：新平均收账期（天）	50

① 原方案日营业净现值：

$$NPV_0=[P\times Q_0\times(1-B_0)]/(1+K)-C_0\times Q_0=[1000\times400\times(1-2\%)]/(1+0.05\%)-500\times400=191804\text{（元）}$$

② 新方案日营业净现值：

$$NPV_1=[P\times Q_1\times(1-B_1)]/(1+K)-C_1\times Q_1=[1000\times500\times(1-3\%)]/(1+0.05\%)-440\times500=264757\text{（元）}$$

结论：新方案可行。

（3）应收账款的合理持有量分析。

【例3-3】 某公司赊销成本如表3-29所示，评估应收账款的最适量。

表 3-29　某公司赊销成本

应收账款持有量（万元）	短缺成本（万元）	机会成本（万元）	管理成本（万元）	坏账成本（万元）	总成本（万元）
100	55	10	4	1	70
200	40	20	4	2	66
300	30	30	5	4	64
400	12	40	5	6	63
500	7	50	8	9	74
600	3	60	8	9	74
700	0	70	10	10	90

结论：当应收账款持有量为400万元时，总成本较低。

3. 指标达成法

将各种信用考核指标，如坏账率、逾期账款率、DSO 指标、账龄结构指标等控制在某一个具体数值上，以此数据作为考核和调整的标准，数值可以根据行业特点制订。当某一数据没有达标，则加强这方面的力度。

优点：指标明确，易于信用部门执行。

缺点：满足一个数据的要求，可能影响其他数据。缺少总体评价依据。

具体考核指标包括：坏账率、逾期账款率、回收成功率、*DSO*——销售未清账期

（1）坏账率。

坏账率是最常见的考核指标，反映某一时期坏账占销售额的比率。

坏账率=注销的坏账/销售额×100%

有时也考核赊销坏账率。

赊销坏账率=注销的坏账/赊销总额×100%

（2）逾期账款率。

逾期账款率反映的是某一时期逾期账款占应收账款的比率。

逾期账款率=逾期账款/应收账款×100%

（3）回收成功率。

该比率反映的是某一时期的应收账款的成功率。

逾期账款率=（$BTR+QCS/3-ETR$）/（$BTR+QCS/3-ECR$）×100%

其中，*BTR* 表示期初应收账款余额；*QCS* 表示季度信用总销售额；*QCS*/3 表示季度平均赊销额；*ETR* 表示期末总应收账款余额；*ECR* 表示月赊销额。

（4）销售未清账期（*DSO*）。

定义：企业的所有赊销业务中，每笔应收账款平均多少时间可以收回。

DSO的重要意义：使销售变得理性化。企业通过计算DSO，了解到企业的现金储备是否充足，企业管理政策是否合理和有效，以及信用管理改进的目标。把DSO和所有赊销业务合同规定的平均赊销期限进行比较，可以清楚地了解到企业资金被占压的时间和损失。

DSO计算方法：期间平均法、倒推法、账龄分类法。

① 期间平均法。

DSO=期末应收账款余额/这一时期的销售额×这一时期的天数

计算的期间可以是三个月、半年或者一年。

计算期间平均法DSO的目的是进行企业的横向和纵向比较。可以用年度DSO数据同本企业前几个年度比较，以判断本年度的现金回收速度是更快了还是更慢了，从而为下一年度目标做准备。用该数据与其他企业本年度DSO比较，可以评估本企业的信用管理水平。

缺点：由于该方法不考虑销售高峰与低谷变化的原因，计算的期间越长，误差越大，只能做综合评估使用。

【例3-4】 某企业采用信用管理后，6个月统计企业销售的情况如表3-30所示。

表3-30 企业销售统计

统计日期：2010年6月　　　　单位：人民币元

	1月	2月	3月	4月	5月	6月	合计
平均日销售额	20000	17000	18000	20000	14000	1000	
总销售额	620000	476000	558000	600000	434000	630000	
其中：未收账款	25000	30000	85000	120000	310000	600000	1170000

2010年上半年的DSO为：

DSO=(25000+30000+85000+120000+310000+600000)/(620000+476000+558000+600000+434000+630000)×181（天）=64天

2010年4～6月的DSO为：

DSO=（120000+310000+600000）/（600000+434000+630000）×91（天）=56天

假设该企业给予客户的平均信用期限为30天，说明2010年上半年企业的货款回收推迟了34（64～30）天，2010年4～6月虽然货款回收也推迟了26（56～30）天，但比上半年的DSO又提前了8天。这说明4～6月的账款回收速度快于1～3月，企业赊销正向好的方向发展。

② 倒推法。

倒推法是以最近的一个月为开始，用总的应收账款减去逐月的销售额，直到总应收账款为零时，再查看减去的总天数，总天数即为DSO。这种DSO的计算方法注重最近的账款回收业绩，而非全年或半年的业绩。这种方法是使用率最高的一种方法。

因为倒推法DSO是从最近的一个月算起，计算倒推法DSO可以掌握最近日期的DSO大小，准确反映出每个月的DSO变化，从而使企业信用部门和信用经理及时做出安排。如果本月的DSO比上月减少，说明信用管理部门业绩提高；如果增大，收款速度放慢，资金更多地被占压了，信用部门需要更严格的审查额度，加大追款力度。

缺点：倒推法DSO无法了解每笔被拖欠货款的账龄。

【例3-5】 以上面的企业为例：某企业采用信用管理后，6月统计企业销售的情况如下（如表

3-31所示）：

表 3-31 企业销售统计

统计日期：2010 年 6 月　　　　单位：人民币元

	1月	2月	3月	4月	5月	6月	合计
平均日销售额	20000	17000	18000	20000	14000	21000	
总销售额	620000	476000	558000	600000	434000	630000	
其中：未收账款	25000	30000	85000	120000	310000	600000	1170000

在2010年6月，企业的应收账款总额为：

25000+30000+85000+120000+310000+600000=1170000

1170000−630000（6月的销售额，天数：30天）=540000

540000−434000（5月的销售额，天数：31天）=106000

106000相当于4月平均106000/20000=5.3天的销售数量

那么：*DSO*=30+31+5.3=66.3天

③ 账龄分类法。

这种方法综合考虑了赊销和账龄的关系，信用部门可以掌握每笔应收账款的账龄，通过计算每个阶段应收账款的比例，发现拖欠的原因和解决办法。

【例3-6】 以上面的企业为例：某企业采用信用管理后，6月份统计企业销售的情况如下（如表3-32所示）：

表 3-32 企业销售统计

统计日期：2010 年 6 月　　　　单位：人民币元

	1月	2月	3月	4月	5月	6月	合计
平均日销售额	20000	17000	18000	20000	14000	21000	
总销售额	620000	476000	558000	600000	434000	630000	
其中：未收账款	30000	85000	120000	310000	600000	1170000	25000
货款在外天数	1.25 天	1.76 天	4.73 天	6 天	22.14 天	28.6 天	64.48 天

因此，*DSO*=64.48天

④ 现金与 *DSO* 的关系。

利用 *DSO* 可以用来分析与监控信用管理执行情况。

如果一个企业的 *DSO* 日期超过同行业平均水平，信用经理就必须采取措施，降低 *DSO*，以保障现金的尽快回收。

【例3-7】 A企业的销售额为7300万元人民币/年，平均20万元人民币/天。其中期末应收账款为1200万元/年，则*DSO*=1200/7300×365=60（天）。

如果同行业中B企业的销售额与A企业相似，但*DSO*为70天，这时，A企业的现金流量比B企业多200万元人民币（10天×20万/天=200万元）。

假设银行贷款利息为7%，那么B企业的利润比A企业减少14万元人民币。

这只是从银行利息角度分析，实际上B企业在机会成本中也比A企业付出更多。

从现金回收速度来看，A企业的信用管理比B企业更好。

当然，如果全面评价，必须查看A企业的坏账率和B企业的坏账率之间的高低。

【例3-8】 以上面的企业为例计算（数据如表3-33所示）：

表3-33 企业销售统计

统计日期：2010年6月 单位：人民币元

	1月	2月	3月	4月	5月	6月	合计
平均日销售额	20000	17000	18000	20000	14000	21000	
总销售额	620000	476000	558000	600000	434000	630000	
其中：未收账款	25000	30000	85000	120000	310000	600000	1170000

用倒推法计算*DSO*：

应收账款总额为：1170000，减去

6月的销售额630000（天数：30天）=540000，再减去

5月的销售额434000（天数：31天）=106000，再减去

4月的销售额106000（天数5.3天）

那么：*DSO*=30+31+5.3=66.3天

如果同行业的*DSO*为60天，信用经理必须在下个月把*DSO*降低6.3天。

到7月底，又将有31天加到现在的*DSO*上，即总天数为97.3天。要使7月的*DSO*降到60天，就需要减少过去的37.3天的销售额，具体为：

1月的：25000（天数1.25天）

2月的：30000（天数1.76天）

3月的：85000（天数4.72天）

4月的：120000（天数6天）

5月的 310000（天数22.14天）

6月的 30030（天数1.43天）

总计： 600030（天数：37.3天）

因此，必须在7月底前收回600030元人民币的货款，才能使该企业的*DSO*达到同行业*DSO*平均水平。

（四）赊销政策的调整

学习科学地制定和调整企业信用政策的方法，对企业各阶段的战略决策意义重大。这些方法也可考核企业信用部门的业绩和下一个阶段的发展方向。

制定、调整和考核的方法可以分为两大方法。

（1）将各种信用考核数据，如坏账率指标、逾期账款率指标、*DSO*指标、账龄结构指标等控制在某一个具体数值上，以此数据作为考核和调整的标准，数值可以根据行业特点制订。当某一数据没有达标，则加强这方面的力度。

优点：指标明确，易于信用部门执行。

缺点：满足一个数据的要求，可能影响其他数据。缺少总体评价依据。

（2）对赊销额与财务成本、管理成本之间的关系进行预测，计算出利润最大化时各项数据值。

优点：追求公司效益最大化，从总体评价出发。

缺点：各项权数和预测标准难于确定。

（五）现金折扣的确定

现金折扣是指给予提前付款的客户的优惠安排，包括两个要素：折扣期限和折扣率。

1. 折扣期限

折扣期限是享受现金折扣的付款时间。

2. 折扣率

折扣率是提供优惠的程度。

3. 折扣方式

两种折扣方式：单一折扣、两期折扣。

单一折扣：在折扣方式上使用一个折扣比率。如账单中的“2/10，N/30”表示在发票开出后 10 天内付款，款项可享受 2%的折扣，如果不想获得折扣，该笔款项须在 30 天内付清。

两期折扣：在折扣方式上使用两个折扣比率。如：账单中的“3/10，2/20，N/45”表示在发票开出后 10 天内付款，款项可享受 3%的折扣，20 天内付款，款项可享受 2%的折扣，如果不想获得折扣，该笔款项须在 45 天内付清。

4. 现金折扣

现金折扣优点：加快资金周转，有利于账款回收，减少坏账，降低管理成本，对提高销售额有益，并扩大市场分额。

现金折扣缺点：利息损失巨大（详见赊销期与折扣对比表）。

如此大的利息损失，企业一般在一段时间内出现现金流量短缺问题，而且无法通过其他手段融通资金的时候才重点考虑使用现金折扣。

【例3-9】 评估企业的折扣方式。

一家知名企业目前的销售业绩如下：

销售收入（S）：8300万元，坏账率（B）：2%，信用管理成本：30万元，信用期限：60天，银行贷款利率：6%

（1）市场预测。

A方案：2/10，80%货款10天内收回，管理成本降低40%，坏账率降至1%；

B方案：2/20，90%货款20天内收回，管理成本降低30%，坏账率降至1.5%；

C方案：3/10，95%货款10天内收回，管理成本降低50%，坏账率降至0.5%。

（2）计算。

A 方案：现金折扣：2/10	B 方案：现金折扣：2/20	C 方案：现金折扣：3/10
减少管理成本：30×40%=12 万元 减少机会成本： 8300×80%×(60−10)×(6%/365)=54.6 万元 减少坏账损失： 8300×(2%−1%)=83 万元 合计成本减少：149.6 万元	减少管理成本：30×30%=9 万元 减少机会成本： 8300×90%×(60−20)×(6%/365)=49.1 万元 减少坏账损失： 8300×(2%−1.5%)=41.5 万元 合计成本减少：99.6 万元	减少管理成本：30×50%=15 万元 减少机会成本： 8300×95%×(60−10)×(6%/365)=64.8 万元 减少坏账损失： 8300×(2%−0.5%)=124.5 万元 合计成本减少：204.3 万元
账款损失： 8300×80%×2%=132.8 万元	账款损失： 8300×90%×2%=149.4 万元	账款损失： 8300×95%×3%=236.55 万元
净收益： 149.6−132.8=16.8 万元	净收益： 99.6−149.4=−49.8 万元	净收益： 204.3−236.55=−32.25 万元

结论：实施A方案可给企业带来更大的效益。

此预测还没有考虑到销售额增长带来的收益。

（六）信用文件和表格

1. 信用额度申请表

信用额度申请表是提供给客户填写的，反映客户基本情况的表格。

申请表由业务部门向客户提供，待客户填写完毕，加入业务部门评价意见后递交信用部门。

信用额度申请表

客户填写部分：

*客户名称：	客户代码：
*地址/邮编：	*发票地址：
*业务部门电话：	财务部 电话：
*业务部门联系人：	财务部门负责人：
*传真：	电子邮件：
*注册日期：	*注册号：
法律性质：	*注册资本：

请提供以下资料（复印件）：

1. *营业执照；2. *税务登记证；3. *产品经营许可证；4. 上年度财务报表

请您推荐您的两个供应商		
1.	电话：	联系人：
2.	电话：	联系人：

拟销货物名称	平均月销售量	*申请信用额度（新客户填写）	*追加额度（老客户填写）

我公司了解贵公司的信用政策，并认真执行。对贵公司提供的货物和服务，我们将如期付款，即在发票日期后30天内付款。

申请单位负责人：　　职位：　　申请日期：　　年　　月　　日

信用部门填写部分

业务部门陈述：			
核准信用额度	核准信用期限	附加条件：	信用经理签字
			年　月　日

注：有“*”号的项目，客户必须填写和提供。

2. 咨询评价表

咨询评价表是向第三方调查客户信用状况的表格。

第三方一般为客户自己提供，并取得客户同意。

评价函起到一定的调查作用，但仍然需要其他的客户信息。

调查可以采用电话咨询或邮寄、传真进行。但以书面较为正式。

咨询评价函

尊敬的××公司××小姐/先生：

我公司与我们的客户××公司有贸易往来。该企业为证明其良好的信用状况，推荐我们向贵司和您咨询。如果您能够提供我们需要的更多信息，我们将不胜感激。

贵司和您提供的信息将被严格审查和保密。如果贵公司也有类似的要求，我们将十分乐意提供。

请回答以下问题：

1. 客户名称、地址是否准确？ 准确（ ）、不准确（ ）
2. 贵公司和该企业贸易的时间有多长？ 半年内（ ）、一年内（ ）、两年内（ ）、两年以上（ ）
3. 贵公司目前给予该企业的信用额度是多少？ 1万元以下（ ）、5万元以下（ ）、10万元以下（ ）、10万元以上（ ）
4. 贵公司给予的信用期限是多长？ 10天内（ ）、30天内（ ）、60天内（ ）、90天内（ ）、90天以上（ ）
5. 该企业的付款是否及时？ 绝对及时（ ）、偶尔有拖欠（ ）、有时拖欠（ ）、经常拖欠（ ）
6. 除了贸易关系，贵公司与该企业是否有其他人员、财政、管理等方面的关系？ 没有关系（ ）、有关系（ ）
7. 在过去9个月内，贵公司是否曾经停止向该企业发货或采取措施追收逾期账款？ 是（ ）、否（ ）

以上调查得到被调查企业的认可。请于 年 月 日反馈给我公司，对此我公司不胜感激。

3. 客户交易记录表

客户交易记录表是记录老客户以往交易情况的报表。在信用管理规范的企业，客户交易记录表由信用管理部门自行统计，但在另一些企业，由财务部门负责统计和整理。

客户交易记录表

截至：2010年3月31日

账号名称	日期	债务总额	过期 期内	1～30	31～60	61～90	90+	争议	累计销售额	DSO
××公司	2009年5月	1649	1649	0	0	0	0	0	1649	31
	2009年6月	3459	1810	1649	0	0	0	0	3459	98
	2009年7月	5264	1805	1810	1649	0	0	0	5264	92
	2009年8月	5160	1545	1805	1810	0	0	0	6809	92
	2009年9月	5267	1917	1545	1805	0	0	0	8726	92
	2009年10月	4196	1816	1917	463	0	0	0	10542	71
	2009年11月	2445	0	1816	629	0	0	0	10542	71
	2009年12月	1347	135	0	1212	0	0	0	10677	81
	2010年1月	2207	2162	135	0	0	0	0	12839	61
	2010年2月	4972	2810	2162	0	0	0	0	15649	62
	2010年3月	4805	1960	2810	35	0	0	0	17609	60
		3542	1162	1960	420	0	0	0	18771	64

4. 信用审核书

信用审核书是信用部门给予客户的信用申请答复。

一些公司只是把信用额度申请表传真给客户，但是更规范的做法是发出信用审核书。

信用部门在任何情况下都应保持对客户的尊敬和重视。

信用审核书（核准）

尊敬的××公司

××小姐/先生：

我们很荣幸地通知您，贵公司×年×月×日的信用申请，我们已经审核。我们批准给予贵司的信用总额度为×××元人民币（以前给予的信用额度自动取消），可循环使用，信用期限为发票日期后的30天。

如有任何问题，欢迎随时打电话与我公司信用管理部联系，电话：×××××××，传真：×××××××，E-mail:××××@×××××××.com

真诚希望与贵司保持长期的合作关系。

××× 信用总监 ××公司信用管理部

信用审核书（未核准）

尊敬的××公司

××小姐/先生：

贵公司×年×月×日的信用申请，我们已经审核。但是，我们非常遗憾和抱歉，我们暂时无法给予贵公司新的信用额度。我们建议我们的业务部门与贵司从事现汇业务，待几笔业务后再重新审核贵司申请的额度。

如有任何问题，欢迎随时打电话与我公司信用管理部联系，电话：×××××××，传真：×××××××，E-mail:××××@×××××××.com

真诚希望与贵司保持长期的合作关系。

××× 信用总监 ××公司信用管理部

5. 到货确认书

到货确认书是在信用期限到期前客户向授信方发出的确认货物品质和数量的函件。

到货确认书在国际贸易中十分普遍，内贸中以电话确认为主。但在一些对质量认可比较敏感的行业中也经常使用。

到货确认书

中国××公司：

我公司已经收到贵司发票号NO.×××××××项下的货物。经检验，货物在品质和数量上符合合同要求。

我们将按时支付全部货款。

签字： 职务：

日期：

6. 跟踪监控表

跟踪监控表是信用部门管理账期内应收账款的内部表格。信用部门按照发票日期顺序登记，并定期与客户联系，确认货物、提示付款。

跟踪监控表

客户名称	到期日	发票号	金额	质量确认	到期前3日提示	逾期7日提示	通信方式	联系人

7. 逾期询问函

逾期追讨函在逾期7～10天发出，语气相对缓和。

发票号：

逾期账款金额：

账款到期时间：　　月　　日

以上金额已经逾期　　　天

先生：

我公司财务部提醒我们，我公司的发票号　　　项下的账款尚未收到，此笔账款已经逾期（　）天，可能贵公司尚未发现这个情况。

请贵公司务必在　　月　　　日前支付这笔欠款，或提前告之原因。

签章：

8. 逾期催款函（严重）

这个函件的语气开始加重，对债务人施加更大压力，表明企业对此事严肃认真的态度。

发票号：

逾期账款金额：

账款到期时间：　　月　　日

以上金额已经逾期　　　天

根据我们双方协议，我公司给予贵公司的信用额度是发票日期后××天，目前账款已过期　　天。这个账款过期时间已经超过我方提出的付款宽限期限，将产生严重后果。

请贵公司立即支付上述迟付货款并告知我方迟付的真实原因，并在　　　月　　　日之前给我们答复，否则我方会关闭信用账户，停止向贵公司供货，并将采用必要方式追收该账款。希望本信函能够引起贵公司注意，以便使我们的交易继续顺利进行。

签章：

9. 拒绝客户延期支付请求的回复函

这个函件对客户的延期支付请求作出明确的答复。

尊敬的××先生/女生：

账号：×××××××××

欠款：________元

我们收到您_____月_____日的延期支付申请，您要求每月支付_____元，4个月付清。

遗憾的是，因为付款时间太长，我们不能同意此请求。

我们同意2个月分期付款，每月支付_____元。也就是您必须在_____月底前付清款项，以避免我们采取进一步行动。

开户银行：

账户名称：

账号：

顺祝商安！

信用经理：

年　　月　　日

六、债权保障措施

对风险较大又必须成交的业务，采用出口信用保险、保理、信用证、动产和不动产抵押、个人或法人担保等债权保障措施。

1. 合同规范性

信用交易的各项原始凭证是追讨应收账款的法律证据。任何一笔交易必须有合同可查。合同使用公司制订的标准合同，如是单笔交易，必须签订单笔合同；如是长期合同，当合同到期后其他原因无法延续时，必须续签合同。

合同审查时要重点审查合同条款完备性，便于日后应收账款管理。尤其对于国际贸易的合同审查应更为谨慎，合同条款应更为严密，特别是支付条款应特别小心，审查单证是否相符。

2. 债权保证

信用部门可建议业务部门在债权保障措施下从事交易。这些方式有：抵押、债务公司股东或主要负责人的个人担保，其他个人担保、法人担保、物的担保等。

在使用抵押和担保手段时，必须考察其合法性、实效性、安全性、可操作性、可变现性以及采取审慎原则。担保合同内容应规范，抵押资产应符合规定，防止重复抵押。操作时必须征询法律部门的意见和审查。

3. 其他债权保障措施

主要有保理、福费廷和信用保险等。这些业务在操作中都有一定的专业技巧，使用时必须严格按照程序操作，具体内容参见本书第六章的相关知识介绍。

债权保障的相关费用列入信用部门的特殊预算中。

七、信用部门的考核

企业衡量信用部门绩效的指标包括：应收账款周转天数、DSO 指标、坏账率、赊销比例和管理费用、企业信用销售利润增长率等。信用部门的人员工资和待遇与企业信用销售利润增长率挂钩。

为考核信用部门的工作成绩，总经理办公室每年对信用部门的工作成果进行测算。

具体方法为：

企业信用销售利润增长率$=[A_1\times(P-B_1)-DSO_1/365\times A_1\times R-M_1]/[A_0\times(P-B_0)-DSO_0/365\times A_0\times R-M_0]$

其中：A_1：评估年的总赊销额；A_0：上年总赊销额；P：销售利润率；B_0：上年坏账率；B_1：评估年的坏账率；DSO_0：上年销售未清账期；DSO_1：评估年的销售未清账期；M_0：上年的管理费用；R：年贷款利率；M_1：评估年的管理费用。

[案例 3-7]

企业赊销风险

案例：

A企业2003年进口6万吨选矿渣销售给某钢厂（以下简称B企业），按合同约定，将货物一次性发运至B企业货场，同时派业务人员驻厂监督货物使用情况，根据付款进度安排供货。B企业产能虽大，但其生产线主要以利用铁矿粉炼钢为主，6万吨选矿渣足以满足其2年的生产需求。因货物发运至B企业货场，即使有人驻厂监督，也无法控制B企业在未付货款的情况下擅自提取货物安排生产。在1年多的时间里，B企业将全部货物使用完毕。对于A企业来说，销售没有实现，货物也不复存在。此后，B企业要求A企业继续发货，否则，新货不到，旧账不结。

原因分析：

1. 盲目追求高额回报，风险防范意识不强。高收益总是伴随着高风险，对于“高收益”的业务，A企业曾有人提出过疑义，但受对方给予较高回报的诱惑，心存侥幸，没有在风险可接受程度下开展业务。

2. 满足约定俗成做法，合同条款审查不细。A企业与B企业的销售合同中，结算条款简单约定“货到验收合格，结算后付款”，这一条款实际没有明确约定付款时间，无法在规定的时效内主张债权，客观上给债务人拖欠货款提供了条件。审计小组查询了A企业其他销售合同，发现结算条款多以此方式约定。

3. 深信客户回款能力，误入圈套解脱不易。向B企业供应原料前，取得了对方的预付款。与B企业以往的交易中，B企业表现为回款及时、信誉良好，受此假象蒙蔽，A企业随即大批供货，并形成事实上的赊销。当赊销额超过千万元时，客户则提出“不供新货，不还旧账”的无理要求，使公司处于欲罢不能的局面。

4. 迁就客户违法行为，突发事件处置不当。A企业在没有收到货款的情况下，B企业强行将货物提走，虽然事后取得了对方还款的承诺，但由于没有及时采取有效措施，致使货款至今未能还清。

第五节 应收账款管理

一、应收账款管理制度

（一）应收账款定义

应收账款是企业在正常经营过程中因销售产品、商品或提供劳务而形成的债权。

应收账款具有增加销售、减少存货的功能。一般来说，应收账款与销售收入规模存在一定的正相关，当企业放宽信用限制时，往往会刺激销售，但同时也增加了应收账款，而企业紧缩信用，在减少应收账款时又会影响到销售。因此，科学有效的应收账款管理，是企业必须具备的能力。

由于信用体系不完善和内部信用管理制度不健全，近年来，中国不少企业应收账款状况恶化，以致严重影响了企业的正常运行。

（二）应收款项管理必要性

1. 节约流动资金

中国企业应收账款占流动资金的比重为50%以上，远远高于发达国家10%的水平，严重影响了企业正常运转。若能降低应收账款，则可以减少流动资金被冻结，增加企业营业收入，增进资产流动性。

2. 降低经营风险与资金成本

若能压缩应收账款账期，降低逾期应收账款，则可降低资金成本，改善经营效益。

3. 减轻账款处理成本

企业若能丰富应收账款处置方法，实行科学的催收应收账款的方法和程序，提高信用管理人员素质，则可大幅降低账款处理成本。

（三）应收账款日常管理制度

1. 建立动态客户资料卡

广泛收集赊销客户信用状况的资料，建立顾客资料卡，掌握客户的付款动向，进行科学化的收款活动。

强化单个赊销客户管理和总额管理。对有经常性业务往来的赊销客户进行单独管理，通过付款记录、账龄分析表及平均收款期判断是否存在账款拖欠问题。对用户提供的每一笔赊销业务，都要检查是否有超过信用期限的记录，注意检验用户所欠债务总额是否突破了信用额度。

2. 科学划分应收账款管理职能

企业只有建立分工明确、配合协调的应收账款内部管理机制，才能有效地降低不必要的应收账款占用，避免坏账损失的发生，也可以有效地防止业务处理过程中的舞弊和差错，避免或及时发现不法分子截留、贪污企业货款的行为，减少应收账款风险。

为了保证应收账款业务的有效性和可靠性，需明确各相关部门的岗位的职责、权限、确保办理销售与收款业务的不相容岗位相互分离、制约和监督。企业的销售部门、仓管部门和财务部门的销售审批者、销货员、仓库保管员、收款员和会计相互分离，即接受客户订货单，填制销货通知单、批准信用、发运商品、结算开单、办理销货折让、退回、收取货款、会计记录及核对账目等，必须由不同的人员分别负责办理，强调内部牵制，防止错误及舞弊行为的发生，确保应收账款的安全和业务的合理性。

3. 建立严格的审批手续

应收账款业务要明确各岗位审批人对销售与收款业务的授权批准方式、权限、程序、责任和相关控制措施，规定业务经办人员办理销售与收款业务的职责和工作要求。审批日应当在授权范围内进行审批，不得超越审批权限。经办人应当按照审批意见办理销售与收款业务，主要包括：

（1）在销售前对销售合同的审批；

（2）销货部门对顾客订单，订购品种、数量、价格和销货通知单的审批；

（3）信用部门对顾客的资信情况和赊销限额的审批；

（4）仓库保管部门对出仓单的审批；

（5）财务部门对销售价格、销售发票、销售方式、销售收入、销售费用、销售折让、退回或坏账注销等业务的审核和控制。以防止企业财产因向虚构或无力支付货款的顾客发货而蒙受损失。

4. 强化应收账款日常管理

组建专门的应收账款管理部门，负责应收账款的管理和催收，提高收款效率。其主要任务：

（1）强化企业信用政策的制度力度，制定并实施具体的清算方式及企业信用奖惩规定。

（2）加大客户信度的考核，建立债务人的信用账，进行日常台账记录，分类排队进行信用及账龄分析，避免掺杂人为因素影响对客户的考核。

（3）定期分析应收账款与现金流量的关系，及时实施协调各项应收账款的日常工作，协同销售部门、财务部门的收款，保证应收账款的安全性。

（4）加强与客户的沟通，了解客户的抱怨和要求，避免客户对交易事项销售条款、货物质量、交货期、结算方式的错误理解，及时协调有关部门采取补救措施；

（5）完善销售人员激励机制，将佣金与账款回收进度挂钩。

5. 加大对追款技巧的培训

追款技巧为营销人员在成功追收账款的过程中起着很重要的作用，在日常工作中要加强营销人员在这方面的培训。

6. 建立有效的账款催收制度

及时与客户对账，杜绝因与客户对不上账而产生的坏账；根据情况的不同，可建立三种不同程度的追讨文件：预告、警告、律师函，按情况及时发出；让客户了解最后期限的含义及后果；将欠款交予较高级的管理人员处理，将压力提升；成立公司内部的法律部，以法律部的名义发出追讨函件；使用分期付款、罚息、停止数期等手段分期收回欠款；使用法律维护自己的利益。

应收账款管理流程如图 3-24 所示。

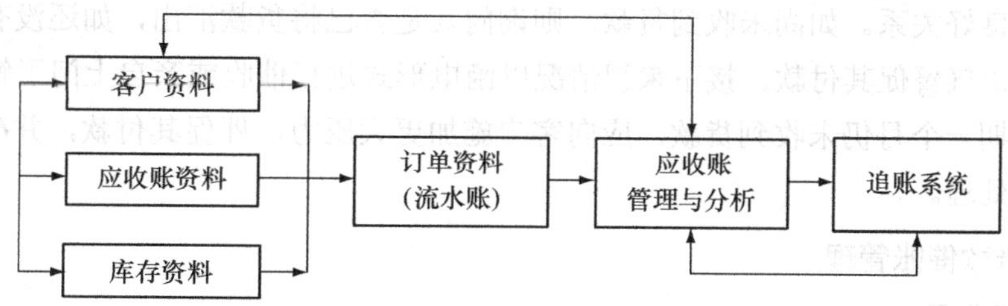

图 3-24 应收账款管理流程

（四）应收账款跟踪管理服务

应收账款管理和追收的所有工作由信用部门完成，但业务部门和相关人员应在信用部门要求下协助沟通和收账。

应收账款跟踪管理服务（Receivalbe Portfolio Management，RPM）系统，以账龄管理为监控核心，要求债权人或其代理人对应收账款的整个回收过程实施严格的跟踪管理，明确相关责任人的权利和义务，保证货物和销售程序的安全，保证客户得到满意的服务和适当的付款压力，从而最大限度地降低逾期账款的发生率。

1. RPM 的主要内容

（1）货物一经发出，业务部门应将发货情况通知信用部门，由信用部门负责跟踪监控，制定监控时间表，及时记录客户的反馈信息。

（2）信用部门必须在发货后按时与客户（债务人）取得直接联系，询问和沟通货物接受情况、票据情况，取得客户的收货证明和质量确认，了解付款准备情况，提醒和督促客户及时付款。

（3）在出现逾期账款的早期，及时进行追讨，不断施加压力，争取早日回收账款。

（4）在一定期限之内，如债务人仍未付款，建议债权人采取进一步的追账行动。

2. RPM 的实施步骤

第一步，建立应收账款档案，并在发货后 5 日内，以电话或传真方式主动与客户联系，通知客户发货情况及付款日期和金额。此次联系主要是显示良好的服务态度，并注意观察客户是否有异常反应。

第二步，估计货到日期，再次与客户联系，询问客户是否收到货物、货物件数与发货单是否一致、包装是否有损坏、接货是否顺利等，注意客户的态度，并记录下货到日期。如果客户发来传真或信函，要保留并归档。

第三步，货到一周后，业务人员以电话、传真或信函方式再与客户取得联系，询问客户的货物查收详细情况，了解是否有意外事故发生，客户对货物质量是否有异议等。注意这时要多让客户讲情况，认真做好记录，并关注对方的语气和意愿，分析客户是否有拖欠的企图。如果出现异常情况，及时备案并汇报，同时通知有关部门。

第四步，在货款到期前一周，业务人员要再一次与客户联系，可视客户情况，选择录音电话、传真、电报、快信甚至登门拜访等多种形式。了解客户对交易是否满意，并提醒客户货款的到期日，了解客户的支付能力，同时暗示客户按期付款的必要性。注意客户对按期付款的反应，并保留客户的来电、来函等资料，以备日后必要时作为法律诉讼依据。切记：这一阶段要保持与客户的良好关系，措辞要礼貌、周到、严谨，并体现出对按期收款的关切和信心。

第五步，在货款到期日后 5 天内，应与客户直接联系，对已按期付款的客户给予感谢，以进一步加强与客户的良好关系。如尚未收到货款，则询问其是否已将货款汇出，如还没有汇出，询问其原因，并以严厉语气督促其付款。接下来视情况以函电形式进行催收或亲自上门了解情况。

第六步，逾期一个月仍未收到货款，应向客户施加更大压力，催促其付款，并准备在其仍不付款时，采取专案处理。

（五）应收账款催账管理

1. 实行全面监督

针对不同的账款，依据账龄分析、平均收账期分析、逾期账款率、账款回收期、账龄结构、坏账率、收现率分析等数据进行分类，制定有针对性的收账政策。

2. 成立应收账款催收专门小组，负责账款催讨

企业对已经到期的应收账款应交由应收账款催收小组进行催讨。对于催收小组的组织管理工作要注意以下几个方面：

（1）原款项经办人、部门领导或单位负责人应为某项应收账款的当然责任人，参加催收小组，在催收小组负责人的调配下参加工作。

（2）催收小组成员按客户分工，并分解落实清理回收目标任务。

（3）严格考核，奖罚分明，提高催讨人员的积极性和效果。

3. 应收账款属性诊断

催收小组要对应收账款进行划分，按国际上通行的划分标准，债权分为 6 个等级：

（1）正常债权；

（2）要注意债权；

（3）问题债权；

（4）危险债权；

（5）实际破产债权；

（6）已破产债权。

逾期应收账款一般指除正常债权已外的 5 种债权，催收小组应根据不同情况采取不同的催讨方式。

对于要注意债权和问题债权首先要分析拖欠的原因，如属于产品质量问题应积极与对方有关部门联系，争取能解决双方纠纷，如属于对方短期资金困难，不应过多的干扰，而应最大限度地争取顾客，保持市场份额，为下次销售打下良好的基础。对于危险债权和实际破产债权，催收小组要加大催讨力度，争取在债务人进行破产程序前收回债权，并寻求债务重组的可能性。对于已破产债权，催收小组应积极进行司法程序，尽可能收回部分债权。

4. 应收账款分类

根据付款习惯，客户付款分四种类型：应该付款时才付款；被提醒时才付款；被威逼时才付款；在付款前宣布破产。

在客户中，一般总是第二类最多，绝大多数客户是被提醒后才付款。如果没有被提醒，则一般在方便的时候付款。提醒得越及时，提醒的方式越高明，越能及早得到付款。

5. 收账政策

根据逾期应收账款性质的不同，制定不同的收账政策。

（1）全部免除；

（2）部分免除与部分收账；

（3）应收账款不予免除；将此类账款交由业务员催收或专业人员催收。

6. 收账策略

企业在催收过程中一定要通过合法的途径保护自己的债权利益，制定合理、合法并且行之有效的应收账款催收策略。企业应收账款催收策略的制定应当根据不同类型的企业、应收账款、客户进行。

（1）根据账龄制定催账策略。

企业应当在每个月底打印每一客户的账龄记录详细清单，根据具体情况采取不同的针对性措施。如表 3-34 所示。

表 3-34　催账策略

	逾期账龄短	逾期账龄长
金额小	电话沟通提醒，业务人员催收，不进入催账程序	采用信函、电话、传真等方式催收，一般催账程序
金额大	上门催收，如果感到问题严重，立即进入重点催收程序；相反，如果客户有理由，适当延期，并进行严密监控	进入重点催收程序，由专人负责，催账手段不断升级

（2）依据客户规模制定催收策略。

在制定收账政策时，应考虑客户关系的维护。如表 3-35 所示。

表 3-35　针对不同类型客户的策略

客户类型	相应策略
长期、大客户	追账经理或财务经理上门追账；优先解决争议问题；保障继续发货
一般客户	根据其信用限额，欠款超过一定天数停止发货
高风险客户	立即停止供货，严密监控并追讨

（3）依据信用状况的不同制定催收策略。

① 准时付款的客户。

这一类客户一般具有良好的付款习惯，企业产品及其销售政策对其非常有影响，并且也愿意与企业合作，能达成长久合作意向。对于这种客户，催收人员表达贸易伙伴关系，坚持宽松的销售政策，并且在与客户对账过程中需要准时邮寄各类文件，以便客户了解公司应收账款政策，达到提醒的目的。

② 付款略微延迟的客户。

客户有可能由于付款流程较为烦琐（不排除客户有拖延付款的习惯），结算手续审批的部门较多，难以在短时间内流转完成。需要催收人员与客户明确付款流程，阶段性跟踪客户结算情况。

③ 拖延付款的客户。

拖延付款的客户有两种情况：

其一，客户已经形成拖延恶习。为了减少这样的事情发生，催收人员必须具备：货款到期前一周，电话通知或拜访客户，及时解决客户提出的问题并了解客户预支款项的具体日期；货款到期前三天与客户确定结款日期；结款日当天一定按时前往拜访客户，收取货款或取得客户付款凭证。养成到期收款的习惯有利于与客户的及时沟通，减少产生纠纷的可能性；

其二，客户缺乏资金。催收人员要关注该行业的情况，是否受行规的影响，加强与客户的沟通，加强系统跟进制度。

应收账款作业平台概览如图 3-25 所示。

二、应收账款账龄分析

（一）账龄分析相关概念

账龄是指应收账款发生时间的长短，以天为单位进行计算。

账龄分析实际上就是将每笔应收账款按照对其所持有的时间长短进行排序，并给以统计表述，从而为指导信用管理部门的信用额度控制工作和逾期应收账款催收工作提供依据。

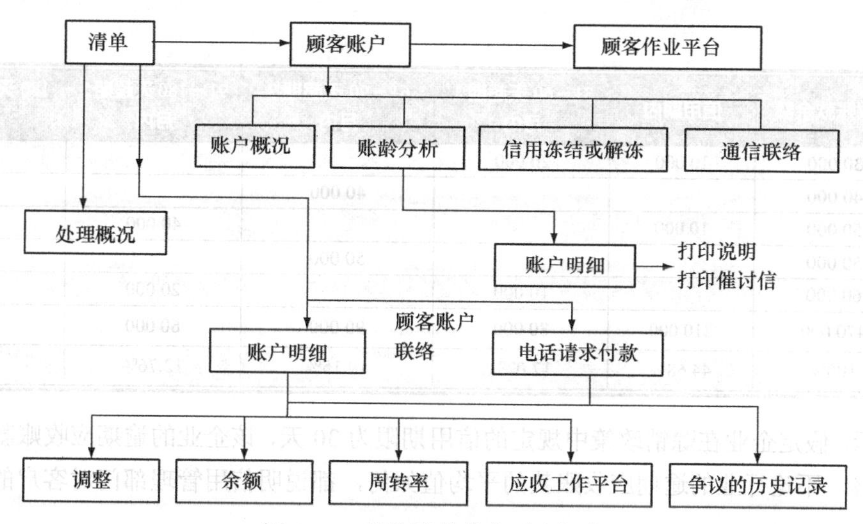

图 3-25　应收账款作业平台概览

（二）账龄分析的作用

企业发生的每笔应收账款的账龄都是不同的，持有一笔应收账款的时间越长，表明客户占用企业资金的时间就越长。一旦一笔应收账款变成逾期应收账款，客户拖欠时间越长，该笔应收账款变成坏账的可能性就越大。

通过账龄分析获得以下信息：

（1）在各个不同的付款时间内，已付账款占应收账款总额的百分比，拖欠账款占应收款总额的百分比，拖欠账款占应收款余额的百分比；

（2）有多少应收账款是在信用期内支付的；

（3）有多少应收账款是逾期支付的；

（4）有多少应收账款仍未支付；

（5）有多少应收账款已成为呆账、坏账。

应收账款分析结果是尽快对欠款客户施加更强压力的依据。

从信用管理经理的角度看，账龄分析可以用来考核应收账款追收工作的效果。

对于企业财务管理工作而言，根据对应收账款的账龄分析，可以了解企业应收账款的流动性，可以根据应收账款的账龄分析测算出每期可收回的应收账款净值，以及做出坏账准备金预算。

（三）账龄分析：列表分析法

对应收账款的账龄分析通常采用列表分析法。

表 3-36 后 5 列给出不同账龄下的应收账款余额，显示出企业的应收账款的分布。可以做出账龄分布图来直观表示。

表 3-36　账龄分析表

客户	应收账款余额	信用期内	31～60 天超期 1 月内	61～90 天超期 2 月内	91～180 天超期 5 月内	180 天以上超期半年以上
A	100 000	100 000				
B	60 000	50 000	10 000			
C	80 000	40 000	40 000			

续表

客户	应收账款余额	信用期内	31～60 天超期 1 月内	61～90 天超期 2 月内	91～180 天超期 5 月内	180 天以上超期半年以上
D	30 000	10 000	20 000			
E	40 000			40 000		
F	50 000	10 000			40 000	
G	50 000			50 000		
H	60 000		10 000		20 000	30 000
合计	470 000	210 000	80 000	90 000	60 000	30 000
比例	100%	44.68%	17.02%	19.15%	12.76%	6.39%

表中所示，假定企业在赊销政策中规定的信用期限为 30 天，该企业的逾期应收账款超过应收账款总额的 50%，不论行业的逾期应收账款的平均值如何，都说明信用管理部门对客户的筛选工作做得不好。

根据分析结果，信用管理部门应该尽快采取如下措施：

1．考虑收紧信用政策，并控制应收账款的发生总额；

2．加强对逾期应收账款的催收工作，特别是要加强已过期 60 天以上的各笔应收账款的催收工作；

3．开始考虑诊断账龄最长的逾期应收账款，做坏账核销申请的准备。

（四）账龄分析：二维象限图

二维象限图账龄分析法可以直观地显示出应收账款按照账龄的分布情况，如图 3-26 所示。

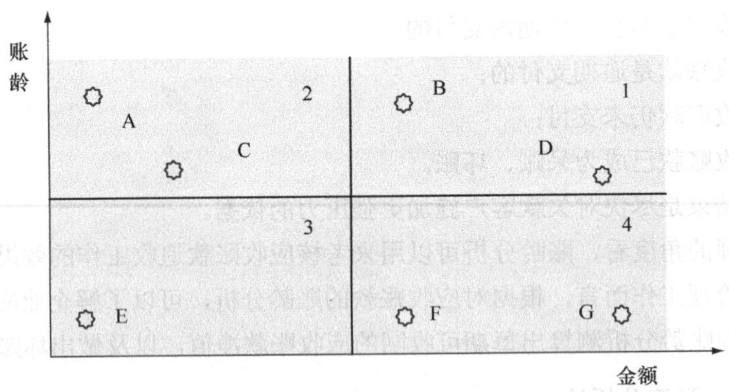

图 3-26　账龄分析的二维象限图

从图中可以看出，账龄最长且金额最大的 B、D 两笔逾期应收账款处于第一象限内。其他应收账款依其账龄和金额排列在不同象限内。通过该图，企业信用管理部门很容易找到应收账款管理工作的重点对象，或者说是特别催收的重点，为企业信用管理的催账工作提供了可供直接观察的目标。

处于不同象限的应收账款，采取不同的催收政策：

第一象限：立即催收、重点催收；

第二象限：上门催讨；

第三象限：暂缓催收、自行催收；

第四象限：立即催收、发催讨函。

（五）账龄分析：平均账龄

在编制账龄分析表的基础上，计算出企业所持有应收账款的平均账龄。

平均账龄的计算按如下公式进行：

$$A=\alpha_1\omega_1+\alpha_2\omega_2+\cdots\alpha_n\omega_n$$

其中：A：应收账款的平均账龄；$\alpha_{i\,(i=1,2,\cdots n)}$ 笔应收账款的账龄；$\omega_{i\,(i=1,2,\cdots n)}$：各笔应收账款的权重。

通过对平均账龄的定期监督，企业可以随时掌握应收账款的平均账龄以及每笔应收账款的质量。

将平均账龄与赊销合同中的平均信用期限和DSO进行比较，可以发现信用管理工作中的问题所在，明确工作重点和方向。

通过将平均账龄指标与行业平均数比较，可以了解自己企业在市场竞争中的地位。

信用管理部门通过对平均账龄的分析，评价本企业应收账款的质量。

【例3-10】 账龄结构分析（账龄分析表如表3-37所示）

表3-37 某企业应收账款报表　　时间：2014年6月　单位：元

项目	今年月度计划		上月		本月	
1. 总应收账款	60DSO	4 000 000	65DSO	4 612 134	64DSO	4 351 267
2. 逾期账款	10%	400 000	12.3%	567 292	11.2%	487 342
3. 逾期账龄						
过期1～30天	75%	300 000	69%	391 433	73%	355 760
过期31～60天	20%	80 000	19%	107 785	18%	87 721
过期61～90天	4%	16 000	7%	39 710	6%	29 241
过期91～180天	1%	4 000	5%	28 364	3%	14 620
总计	100%	400 000	100%	567 292	100%	487 342
4. 争议货款	0.5DSO	33 333	1.2DSO	85 147	0.6%DSO	39 460
5. 总应收/销售额	16.7%		17.8%		17.5%	
6. 坏账		20 000		14 226		14 460
7. 应收账款分类						
内贸	62DSO	2 600 000	67DSO	3 302 274	66DSO	2 894 729
政府	40DSO	900 000	41DSO	888 464	41DSO	936 428
外贸	95DSO	500 000	98DSO	421 396	98DSO	520 110
总计	60DSO	4 000 000	65DSO	4 612 134	64DSO	4 351 267

根据此表数据作出图3-27。

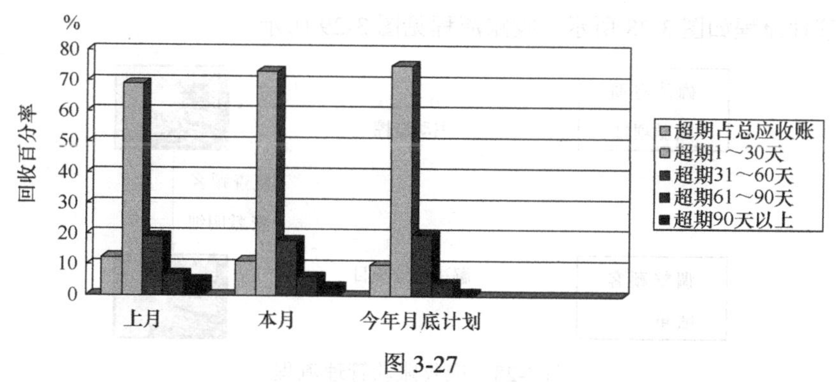

图3-27

账龄结构分析结论：

1. 本月总结

（1）本月和上月都没有达到今年的月度计划；

（2）本月的账款回收状况比上月有所改进，特别是长期的逾期账款和争议账款回收上；

（3）对政府和出口的销售来讲，收款状况较好；

（4）对内贸来说，收款状况不佳。

2. 下月措施

（1）针对过期60天的逾期账款展开严厉的收款活动；

（2）与国内关键客户召开三次碰头会；

（3）制订新的DSO目标和逾期账款比重指标。

三、应收账款催收流程

（一）应收账款催收程序

应收账款从其存续时间上划分，可分为信用期内应收账款和逾期应收账款。逾期应收账款分为一般超期（15 天以下）、严重超期（15 天以上）、呆账（超期 30 天）、严重超期（超期 60 天）。

正常期的收账，对于采取月结的客户，超过协议账期 10 天视为正常延迟。对于信用期内应收账款，企业关心的是能否或者有没有必要提前变现，在货款到期前企业应主动与客户联系，账款到期日时准时收账。

对于逾期应收账款，则必须想办法尽快收回，应收账款逾期时间越长，其收回的可能性就越小。逾期应收账款的催收应当设有专人负责，制订合理的催收计划，掌握催收的技巧。

对于超过协议账期的账款，信用部门按预定的收账预案，启动催收程序。信用经理必须全面掌控、随时监督账款的回收状况，按照下列程序展开收账。

（1）一般超期（15 天以下），由信用主管和销售经理负责，发付款通知，并电话督促客户付款；

（2）严重超期（15 天以上），由信用经理介入关注，以电话保持付款压力，同时通知销售部暂停信用交易；

（3）呆账（超期 30 天），由信用经理和总经理负责，停止信用交易后付款则恢复交易，但信用额度调低 40%；

（4）严重呆账（超期 60 天），取消客户资格，列入黑名单，取消信用额度，终止信用交易，只能现金交易，如还没有回款，与对方最高级别管理层电话沟通，通知客户进入诉讼准备程序或外部收账机构。

应收账款管理流程如图 3-28 所示。收账流程见图 3-29 所示。

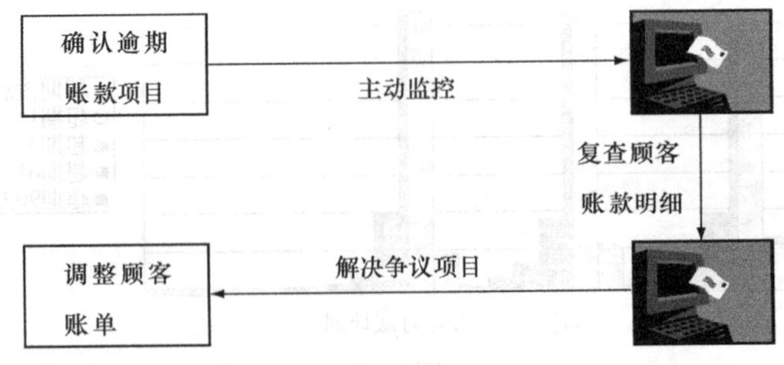

图 3-28 应收账款管理流程

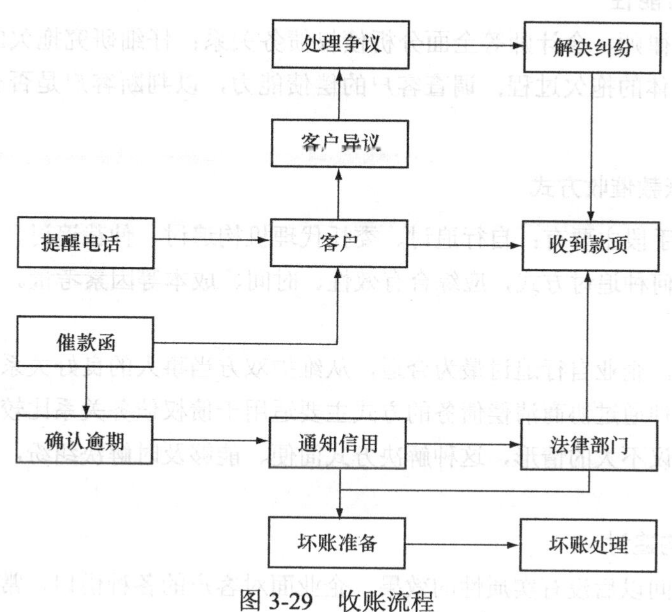

图 3-29 收账流程

（二）应收账款催收预警

如果看到以下现象要加快应收账款的回收，并及时向主管汇报，调查并进行债权保全策略的研究，以防不良债权发生。

（1）付款方式重大改变，如由支票付款改为一般商业本票；

（2）经销商门前讨债的人增多，老板避而不见；

（3）不正常交易情况发生：如进货量激增或锐减，大量廉售或抛售存货；

（4）经销商对下属销售网络赊销较多，货款回收困难；

（5）经销商内部矛盾加剧，争吵不断；

（6）员工离职增加；

（7）经销商主业转移；

（8）主力银行变化；

（9）支票付款变更，通常为延长付款期限；

（10）员工薪资迟发或降低薪资条件；

（11）告贷无门，利用高利贷周转资金。

（三）应收账款催收准备

1. 整理原始凭证

这是企业进行对逾期货款进行追讨的重要依据，也是确定对方法律责任的重要依据；检查逾期款项的销售文件是否齐备；要求客户提供拖欠款项原因，并收集资料以证明其正确性。

2. 调查债务人现状

发生应收账款，要弄清客户拖欠的真正原因。在发生拖欠的早期，从维护客户关系的角度出发，业务人员不宜采取强硬态度来追讨，而主要以沟通的、非敌对的方式催收，并通过电话沟通现场调研等方式找出拖欠的真正原因，以决定相应的追讨措施。

3. 分析回收的可能性

业务人员应会同律师、会计师等全面分析债权债务关系；仔细研究拖欠的各种特征，了解债务发生的全过程和具体的拖欠过程；调查客户的偿债能力，以判断客户是否有能力偿还部分或全部货款。

（四）确定应收账款催收方式

逾期账款追讨的手段主要有：自行追讨、委托代理机构追讨、仲裁追讨、诉讼追讨、申请破产追讨。具体企业采用何种追讨方式，应综合有效性、时间、成本等因素考量。

1. 自行追讨

从追账成本上看，企业自行追讨最为合适，从维护双方当事人的良好关系看，双方当事人自行解决也较为理想。这种通过协商清偿债务的方式主要适用于债权债务关系比较明确，各方对拖欠债务的事实无争议或争议不大的情形，这种解决方式简便、能够及时解决纠纷，有利于双方今后的商业往来。

2. 委托代理机构追讨

如果追讨一段时间以后没有实质性的效果，企业面对客户的各种借口，常常面临着一种两难困境。一方面，由于客户的一再拖欠，企业的自身追讨已没有太大作用；另一方面，如果诉诸法律，则可能由于费用过高、程序复杂、漫长，判决结果的执行有困难，大多数企业不情愿采用这种方法，而且法律方式具有敌对性，造成自身与债务人关系恶化的可能性最大，也不利于以后的合作、发展。在这种情况下，企业可以委托专业机构代为追讨，这些机构包括律师事务所、会计师事务所、追账公司等专业机构。

委托代理机构追讨有如下好处。

（1）增加收账力度。专业收账机构大都采用自己的专业收账人员或代理机构在客户当地机构进行追讨，专业收账人员具有丰富的追讨经验，能够在很短的时间内对客户态度作出判断，及时制定相应的追讨对策。而在客户当地进行追讨，则避免了企业自己在异地追讨的花费和不便。这无论是在追账形式上，还是在追账效果上，还是对债务人的心理压力上，都远远高于企业自身的追讨力度。

（2）对拖欠案件的专业化处理。企业对拖欠事宜的认识往往由于专业性知识的缺乏或对自身利害考虑过多，而造成主观的判断，浪费、丧失追讨机会，而专业机构多具有丰富的经验和知识，对每一类拖欠，都会制定一套相应的、有效的、包括多种手段的措施，包括对案件的分析评估，调查追踪客户，与客户直接接触、协商，施加多方面的压力，有相关律师参与等。

该方式具有灵活性强、手段多样的特点，对客户的压力逐渐增加，最终达到收回欠款的目的，它比企业自己人员的追讨更具时效性、目的性，更能够及时掌握客户的心理活动。

（3）成本与费用。企业产生预期账款拖欠后，已经造成了相当大的损失，尤其是考虑到对账款被收回的可能性没有多大把握时，更不愿意过多支付追讨费用，造成更大的损失。而专业收款的代理机构一般都采用“不追回账款，不收取佣金”的政策，使客户不必冒额外的损失。当然，代理机构在收回账款后要收取一定比例的佣金，这是企业应预先考虑的。

在各种不同的追讨手段中，从追账成本上看，如果能确定马上收回欠款，则企业自己追账成本最低，委托代理机构收账次之。但当企业自行追讨的时间过长，而且无效时，其用来追账的费用则大大增加，而通过专业追账机构的追账，在接案时已定好有关追讨费用，不成功不收取佣金，显然成本较低。

3. 仲裁追讨

如果客户的拖欠是由于双方的纠纷所致，申请仲裁则是一种解决纠纷收回货款的手段。

申请仲裁时应注意如下问题：

（1）仲裁是一种自愿解决争议的准司法方法。一方面，只有当事人双方同意将其争议提交仲裁解决时，仲裁机构才能取得对争议案件的管辖权；另一方面，仲裁庭做出的仲裁具有法律上的约束力，如果当事人一方不执行裁决，另一方当事人可以请求法院强制执行。

（2）仲裁解决具有较大的灵活性，因为当事人可以选择审理的仲裁员和仲裁使用的规则。在审理过程中，除当事人另有约定外，仲裁一般不采用公开审理的方法。这样当事人的商业信誉和商业机密就可以得到较好的保护。

（3）根据仲裁机构的仲裁规则，仲裁裁决为终审裁决，不允许上诉。

与诉讼相比，仲裁裁决不仅可以节省时间和金钱，还可以使问题得到尽快的解决。

仲裁不同于协商，因为通过协商调节达成的调节协议没有法律效率，不能申请法院强制执行；仲裁也不同于法律诉讼，因为诉讼必须严格遵守法院所在地的诉讼程序法，当事人不能选择审理其案件的法官和程序规则。仲裁已成为介于协商调节和司法诉讼之间一种迅速、灵活的解决争议的办法。

4. 诉讼追讨

当企业与其客户发生债务欠款纠纷时，通过协商、调节无法达成一致，或当事人不愿意采用仲裁方式解决的，企业可以进行诉讼判决予以解决。

（1）企业作为起诉人应具备的条件：作为原告起诉时，必须是因自身权利受到侵犯或因债权债务关系与客户发生争议，必须是本案的直接利害关系人才有资格作为案件的原告；有明确的被告；必须具有具体的诉讼请求和事实、理由；必须是属于法院受理的范围和管辖的案件。

（2）企业在运用诉讼追讨欠款时应注意的问题：

① 诉讼时效。案件超过时效期限，法院不予受理。

② 财产保全。应有效、合理地利用诉讼中的财产保全措施，防止债务人转移财产；

③ 支付令。为了有利于债权人依法主张权利，债权人可以向法院申请支付令。双方当事人之间债权债务关系明确，彼此对债务并无争议，而且支付令可以送到债务人的，债权人可以填写申请书。法院在收到申请书 5 日内通知债权人是否要受理，对证据、事实确凿的债务，法院在受理之日起 15 日内向债务人发布支付令，债务人应当在收到支付令之日起 5 日内偿付债务。债权人在向法院申请支付令之前，要做好以下准备工作：一是理顺债权债务关系，提出书面债权债务文书；二是没有债务凭据的，要向债务人出具表明拖欠金额或有价证券数额的书面凭证；三是核实清楚债务人名称、所在地等情况，以便支付令能送达债务人。

④ 申请执行。当法律做出有效的民事判决后，债务人却拒绝履行，债权人可向人民法院申请执行。法院有权向银行等单位查询被执行人的存款情况，有权冻结、划拨被执行人的存款。而债权人则应收集债务人的有关存款、收入、财产的证据，为法院提出并实施执行提供可靠依据。

⑤ 办理公证债权文书。在一般的经济活动中，合同双方都以协议的方式明确双方的权利和义务。债权人在协商还债的过程中，应争取办理文书公证，在公证的文书中明确所欠债务金额、偿还债务时限、抵押担保的财产或保证担保的保证人、计息办法等事项。这样债务偿还期限到后，债务人如不履行，债权人可直接向人民法院申请执行，而不必再经过诉讼程序。

⑥ 诉讼清偿中要注意发挥律师的作用，企业可以聘请律师代理诉讼，以便适当地选择程序、措施和使用的法律，较好地实现诉讼目的，特别要适时申请证据保全及财产保全，保障债权的实现。

⑦ 诉讼清偿的条件相对严格，程序相对复杂，所耗的时间、人力、财力、物力也较多，而且可能因为债务人没有财产而形成“空判”。但比较而言，诉讼清偿仍不失为企业清偿最终的、有效的方式之一。

5. 申请破产追讨

对不能清偿到期债务或资不抵债的客户，企业可以向法院提出对其实行宣告破产的请求，以破产财产使自己获得公平清偿。

优点：以债务人企业的全部财产保障债权能在最大程度内满足；一次性全面解决债权债务关系，避免企业陷于诉讼拖累，防止其他债权人先于自己而得到清偿，而自己得不到足额清偿。

对那些有钱不还，故意拖欠，在几经催收仍然无效的情况下，企业应寻求法律帮助，及时采用法律手段以规避自身的财务风险。

表 3-38 列出了各种追账方式。

表 3-38　各种追账方式比较

	自行追账	法律追收	委托代理机构追收
效率	中等。因负责追账人员中大部分是公司职工，成功与否，对个人影响不大	较低。因法律已经定有一定的方法、程序，不能改变	较高。因追账员的收入与欠账之回收率成正比，成功率越大，收入越多
与客户的关系	最好。因债权人最熟悉债务人的需要。但此点也是造成欠债的因素	最差。最冲突的方法，不可逆行	中等。较灵活，可因债权人的要求改变
时间	不确定。如果能在发生时马上追讨，是最好的，但如果因担心与债务人的关系，一拖再拖，可能变成最差	最差。例如，在香港，通常要一年半以上	最好。当收到案件后马上处理
费用	如能马上收回，费用是最少的，但如计算机会成本、边际利润等费用就很高	最差。法律费用很高，而且随着时间的增加，没有确定的数目	中等。接案时已定好费用。不成功，不用付佣金
保障	不确定	最好	如果委托正常的追债公司也有很大保障
其他	企业往往缺少有经验的追账人员	法律是根据文件及程序，不一定能胜诉，如失败，就增加损失；如胜诉，法庭并不会协助追账，只是确认了债权	追账机构对当地的法律及商业习惯都很熟悉

（五）应收账款的处置方法

应收账款的处理方式决定了应收账款的回收率和利用率。好的处理方式能够降低企业坏账的数量，加快企业资金的周转。应收账款处理不当影响企业的各个运转环节，甚至可能导致公司资金链断裂而破产。

应收账款的处理方式主要有：应收账款质押担保融资；应收账款转让；应收账款债转股。

1. 应收账款质押融资

应收账款质押融资是指企业与银行等金融机构签订合同，以应收账款作为抵押品。在合同规定的期限和信贷限额条件下，向银行等金融机构取得短期借款的融资方式。

2. 应收账款转让

应收账款转让是指企业将应收账款出让给银行等金融机构以获取资金的一种筹资方式。

（1）应收账款抵借。

应收账款抵借是指持有应收账款的企业与信贷机构或代理商订立合同，以应收账款作为担保品，在规定的期限内企业有权以一定额度为限借用资金的一种融资方式。合同明确规定信贷机构或代理商借给企业资金所占应收账款的比率，一般为应收账款的70%～90%不等，借款企业在借款时，除以应收账款为担保外，还需按实际借款数据出具借据，如果作为担保品的应收账款中某一账款到期收不回来，银行有权向借款企业追索。

（2）应收账款让售。

应收账款让售是指企业将应收账款出让给信贷机构，筹集所需资金的一种方式。企业筹措的资金是根据销售发票金额减去允许客户在付款时扣除的现金折扣、信贷机构收取的佣金以及在应收账款上可能发生的销售退回和折让而保留的扣存款后的余额确定。扣存款占的比例由双方协商确定，一般为10%左右。应收账款让售后，假若出现应收账款拖欠或客户无力清偿，则企业无需承担任何责任，信贷机构不能向企业追索，只能自己追索或承担损失。

（3）保理。

借助保理业务，企业可以把应收账款卖给保理商，等于变相实现了应收账款的回收。保理的一项基本功能是催收账款，其专业化特点决定了它可以把企业持有的应收账款的时间尽可能缩短，同时避免伤害买卖双方关系。在催收账款的同时，保理还可以为企业提供销售账户的管理，使企业随时掌握所有买主的付款情况。

3. 财务重组

债务重组是处置企业应收账款的一种有效方法，主要包括采取贴现方式收回债权、债转股、和以非现金资产偿债三种方式。

（1）采取贴现方式收回账款。

贴现方式是指在企业资金严重缺乏而购货者又无力偿还的情况下，可以考虑给予债务人一定的折扣而收回逾期债权。这种方式不同于企业在销售中广泛采用的现金折扣方式，首先它是针对债务人资金相对紧张的逾期债权，其次往往伴随着修改债务条件，即债务人用现金清偿部分债权，剩余债务在约定日期偿还。通过这种方式，企业虽然损失了部分债权，但收回了大部分现金，对于盘活营运资金降低坏账风险是一种较为实际的方法。

（2）债转股。

债转股是指应收账款持有人与债务人通过协商将应收账款作为对债务人的股权投资，从而解决双方债权债务问题的一种方法。

由于债务人一般为债权人的下游产品线生产商或流通渠道的销售商，债权人把债权转为股权投资后对产品市场深度和广度的推广很有利。

（3）以非现金资产收回债权。

是指债务人转让其非现金资产给予债权人以清偿债务。债务人用于偿债的非现金资产主要有：存货、短期投资、固定资产、长期投资、无形资产等。在债权人不缺乏现金流量，而债务人的非现金资产又能为债权人利用，或者债务人的非现金资产有活跃的交易市场和确定的参考价格时，才可考虑以这种方式收回应收账款。

（4）债股互转。

债股互转是指企业为了强化应收账款的管理，通过契约的形式约定在购买商品或接受劳务的企业偿付困难时，将本企业的债权转为股权，而在购买商品或接受劳务的企业支付能力具备时，再将股权转回债权的一种应收账款管理新方式。

债股互转是一种创新的应收账款的管理模式，它从根本上不同于债转股或者股转债，可以使债权人和投资者进行互转，是一种应收账款的事先控制方法。

（5）应收账款证券化。

应收账款证券化是企业将应收账款包装后转让于特定的中介机构（如特设信托机构等），由其向资本市场投资者发行资产支持证券（ABS）以获取资金，用以购买所转让的资产，资产发起人即获得资金流入。应收账款证券化不仅提供了一种重要的应收账款管理方式，同时也提供了重要的企业融资方式。在美国，各类金融机构、贸易公司和租赁公司将应收账款的证券化作为重要的融资手段，在资产支持证券市场中扮演着极其重要的角色。

（6）应收账款转为应收票据。

应收账款转为应收票据是指企业可将其拥有的应收账款转换成商业票据。只需要求买方开具商业汇票，卖方与商业银行签订贴现协议将应收票据进行商业票据贴现即可。商业票据贴现手续具有简便、利率低的优点，但应收账款转为应收票据由买方与卖方的交易合同与协商谈判所决定。

（7）基于应收账款的信托贷款。

基于应收账款的信托贷款是指信托公司依照企业的需求，发行在应收账款基础上的买入返售的信托计划，再以信托贷款方式为企业提供融资贷款。这种信托贷款方式取决于信托公司的品牌影响力，银行与信托公司之间的合作尤为重要，且其对企业的资信水平要求较高。

（六）收回后账款管理

（1）防范收款人员挪用公款潜逃。

（2）经验累积，吸取前车之鉴。

四、应收账款催收技巧

（一）催收成功的关键因素

应收账款能否顺利回收的关键因素是时间。

未回收账款的风险取决于账龄的长短。随着账龄的增加，收回应收账款的机会日渐减少。

美国收账者协会统计（如图 3-30 所示），追账成功率随逾期月份的增长急速下降，超过半年的账款回收成功率为 57.8%，超过 1 年的账款回收成功率为 26.6%，超过 2 年的账款只有 13.6%可以收回。

时间是欠债者的保护伞，一旦出现欠款，应该马上追讨。所有应收账款都要勤催，勤上门。如果催收不紧，客户也不会十分重视，从而造成催收的难度加大。不但永远收不到货款，而且也保不住以后的交易。客户所欠货款越多，支付越困难，越容易转向他方购买，就越不能稳住这一客户，加紧催收才是上策。

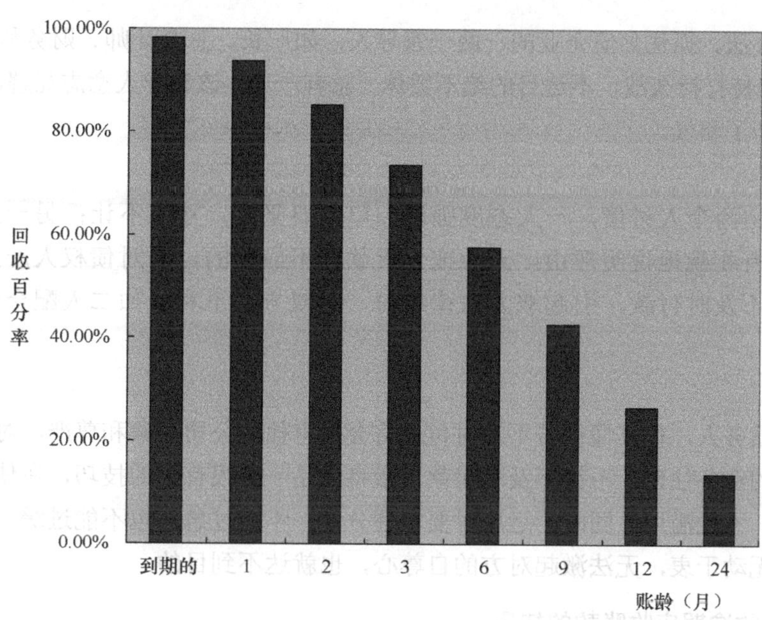

图 3-30　应收账款回收率与时间的关系示意图

[案例 3-8]

时间影响追账效果

案例一：外贸公司A代理某服装厂向美国出口服装，货款发生拖欠6个月，经对债务公司调查，发现该公司目前仍在经营，但因信誉不良身负多笔债务而正在被另一家追账公司讨债。外贸公司马上委托追讨。外贸公司与服装厂就由哪一方委托的问题发生了争执。耽误了很长时间，拖4个月后才由服装厂正式授权追讨。而此时，该债务公司已经不知去向。后来经该债务公司内部人员透露，如果早几个月进行追讨，追回全部货款的可能性是非常大的。

案例二：电子进出口公司B向香港出口电子元件，进口方无故拖欠货款18万美元，电子公司断断续续向进口方催要，进口方一直口头承诺会付款，但始终未付。某年5月电子公司正式委托追讨，此时拖欠时间已经长达年之久。经追账人员与债务人交涉，债务人提出由于货物质量和数量问题影响了他们的销售和收款，建议以9万美元还款了结此案。由于时间过长，有关文件发生遗失，经办人员也已经调离，债务人提出的货物问题无从查对，因此电子公司接受债务人的条件。同年8月，债务人一次性支付电子公司9万美元的损失。由此可见，发生拖欠后，及时采取措施，应是每个债权人都必须时刻牢记的。

（二）催收方法

账款催收是一件耗时耗力的工作，企业应设有专人负责催收，讲究一定的方法。

1. 侧隐术法

讨债人应如实讲清自己的困难，说明本身的危险处境，以打动债务人的恻隐之心，使债务人良心发现，按时付款。不要以一个讨债者的身份出现，而要像朋友之间在谈心一样，互相帮助。

2. 疲劳战法

对于一些总是不好要钱的客户，要有一种不达目的不罢休的精神。不要让客户觉得你很好对付，不给钱你也没有办法。抓住欠债企业的一两个领导人，如厂长、总会计师、财务科长，长期软磨硬泡，死缠烂打，坚持打持久战，不达目的绝不罢休，总有一天，该领导人意志瓦解，终于同意付款。当然要尽量不要伤了和气。

3. 软硬术法

软硬兼施，由两个人讨债，一人态度强硬，口气要坚定，寸步不让；另一人态度和蔼，委婉，以理服人，有礼貌地说明理由，无故拖欠货款是不应该的，已对债权人产生消极影响，造成经济损失。若不及时付款，引起双方法律纠纷，对双方都不利。如二人配合较好，会收到较好效果。

4. 激将法

用语言刺激债务人，使其懂得若不及时付款将会损害他的公司形象和尊严，对方为了面子和公司的信誉，长久的业务往来，不得不及时付款。激将法是一种很有力的技巧，在使用时要看清楚对象、环境及条件，不能滥用。同时，运用时要掌握分寸，不能过急，也不能过缓。过急，欲速则不达；过缓，对方无动于衷，无法激起对方的自尊心，也就达不到目的。

（三）自行催收逾期应收账款的技巧

1. 催款要领

如果企业决定自行进行逾期应收账款的催收工作，销售人员和收账员就必须掌握一些基本的技巧，以提高收账效率。收账的基本规则是找出对方的弱点进攻，使用威慑手段，而不能够违法追账。

收款要诀，应具备六心：习惯心、模仿心、同情心、自负心、良心、恐吓心。

2. 催收逾期账款的要点

（1）运用常识。就是要通过自己的经验，在和客户的接触中了解到客户不按时归还账款的原因，同时分析客户归还的可能性，运用自己的财务和法律常识劝导客户及时还款。这不仅需要公司对于营销人员加强培训，同时也需要营销人员在平常的工作之余加强学习，提升自身的素质。公司应完善激励制度，对于努力提升自身素质的人员进行物质和职位上的奖励。

（2）追讨函件。每一次追讨的时候应该寄出格式正确，措辞合理的函件，既能够产生对于欠款人的威慑作用又不至于咄咄逼人。

（3）丰富、完善客户资料档案。在每一次催讨之后要及时补充客户的信用信息，对于那些顽固的拖欠者要及时将其拉入黑名单，同时减免对其的授信额度。对于资信优良的客户也要及时记录，也可适当扩大其授信额度。

（4）让对方写下支付欠款的承诺函件并加盖公章。这一点对于成功追讨是非常有好处的。加盖公章的承诺函件是具有法律效力的文件，等到双方实在无法通过协商方式解除纠纷必须诉诸法律的时候将是对追讨方非常有益的证据。所以一定要提升营销人员签订合法合规的承诺函件的意识。

（5）与负责人直接接触。尽量与负责人直接接触，这么做的目的是为了防止不同部门的搪塞和推诿。如果不和负责人直接接触，其他人并没有决策权，最后还是必须经过负责人的手，负责人不同意仍然无法达到我们的目的。因而与负责人直接接触是有效的方式。

（6）录音。在法律中，录音是非常重要的证据，在一些比较不利于我方的场合，录音将会起到关键作用。

（7）向警方求助，面对一些难以收回的款项，特别是当借款人涉黑的情况下，就不要强行收回甚至与对方发生冲突，要注意保护自己，此时最明智的做法是向警方求助，通过警方的力量完成收款任务。

（8）谨慎从事。在与借款人交流的过程中要注意方式方法，要把握好分寸，当情况明显不利于本方的时候要注意适可而止。

（9）丰富自己财务方面的知识，如支票、电汇、汇票等。在与借款方交涉的时候不要被对方所蒙蔽，要有自己的判断力。

3. 不同催账方式的技巧

（1）信函收账。收账信是一种传统的收款方式，使用收账信方式进行收账具有费用低、较正式的优点。随着网络的普及，电子信函收账的效率也在提高。这种方法能够对客户付款起到潜在的影响，企业可以用相对较低的成本，使绝大多数信用尚可的客户及时付款，从而把追账精力集中在疑难账户上，进而降低总体收账成本。

企业在应收账款快要到期时，首先要发函通知客户，有礼貌地提醒客户付款日期将到，请准备好资金以按时付清欠款。如果客户逾期没有付款，通常要打电话询问为什么还没付款。如果还收不回，可以再发一封催收函或多发几份措辞越来越严厉的催收函。

催收函优点就是一次性可以发给众多客户，价格便宜，提高催账人员的工作效率，以及供应商的信用管理形象。如果客户还没有反应，就有必要请公司的常年律师给客户发信函，律师发信催款的效果往往要好过企业的催收函。如果以上措施仍没有效果，企业就应该派人上门催收。

使用收账信时需要注意以下要点：

① 信的地址要具体写到某个人，或某一具体职位；

② 写明签字人的职位与职权；

③ 写明电话，以方便回话；

④ 语言简洁，长度以不超过一页为宜；

⑤ 要求支付的货款金额要写在信函前部最显著的位置；

⑥ 一定要说明货款的来龙去脉，如果太复杂，则可附一张清单复印件；

⑦ 避免“时间段”的写法，例如：“七天之内”要写到具体的到期日，例如“12 月 15 日之前付款”。

（2）电话收账。电话收账的费用相对较低，且能够和对方直接进行沟通。电话收账人员要弄清自己的权限和决策范围，事先做好准备工作，包括了解客户的相关资料和其与本企业的订货资料，在合适的时间打电话给关键的联系人。

与客户通电话时，要使自己成为一个好的聆听者并带有一种友好的声调，始终保持的态度是：“对您的困境我很遗憾，但我们确实需要你们立即付款，我们已经尽了自己的责任。”

在电话中要坚持自己的意见，不要偏离既定的目标，始终回到要求付款这一目标上，让债务人感觉他必须尽快付款；要有与人合作的态度；要取得对方的明确的兑现承诺，对确定的事项要做好记录并得到对方的确认。

[专栏 3-11]

电话追账时客户的常用伎俩

电话催款人员要经常总结客户在有意拖欠时使用的伎俩，提前加以防范，想好应对措施。常见的情况可能有如下几种：

1. 从一开始就不告诉催款人员企业财务部门的正确联系方法和负责人，客户采购人员迫使卖方的电话催账人员必须通过他们来联系。

2. 由秘书一类的人挡驾，不让卖方的电话催账人员与购货企业的负责人或者财务负责人通话。

3. 经理人员回答说“了解一下情况再说”，然后再也不主动回电话。

4. 将案子推给另外一位经常不坐班的人员，说该员负责此事，而电话催收人员联系不上该人员。

5. 客户吹嘘其企业如何有实力，付款绝没有问题，但现在资金紧张。

6. 对于所购货品说三道四，显得有许多不满，或者答复说研究后再付款。

7. 答复说签合同时没有理解销售条款，而销售条款的要求与买方企业的想法不符，他们不按照合同执行，只按照自己的想法和所认为的市场惯例做。

8. 答复说没有理解销售条款. 因此没有取得现金折扣，虽然已经过期，但要求卖方必须给予现金折扣再付款。

9. 谎称已经汇出贷款。

（3）面访催收（上门催讨）。上门面访收账是自行收账方式中最严厉的一种措施，面对面的交涉可以使施加的压力最大。当函件和电话追账无效时，可以采用这种方式，以免债务人随意搪塞。但面访的成本相对较高，对收款人员的要求也较高，它适用于对重点客户和收款困难客户的催款。

如果与客户建立了良好的人际关系，熟悉不同客户的具体资金审批规则和结账管理制度，就有可能抢在其他债权人之前取得偿付。特别是当客户的资金确实不足，已很难遵守付款的承诺时，如果催收工作做得好，就有可能早点拿到欠款。对于信用差的客户，要有思想准备，讨账人员要有打攻坚战和穷追猛打的精神，即使不能全额追回，也要带回部分款项，还要落实进一步追款计划和时间表。讨债时，期望值越高，将来收回款项的数额可能就越大。

面访催收是了解拖欠账款实际情况的最佳途径。有经验的收款人员可以通过面访掌握大量的客户的信息和意图，并通过语言、行为技巧推动收款行动。这种方式一般让债务人说出迟付款的真实理由，并立刻达成某种协议或者就付款做出安排。采用这种方式不单是为了施加压力，也有助于协调客户关系。

（四）催收注意事项

1. 讲究顾客心理

（1）调整优势心态：催收你的欠款，我有一千个理由。不少销售人员在催欠时认为“是求别人办事”，没有丝毫的底气，未上阵就会表现出某种程度的畏缩。由于这样一种怯弱的心态，让客户觉得“好欺负”，故意刁难或拒绝付款。有的收款人员认为催收太紧会使对方不愉快，影响以后的销售。客户所欠货款越多，支付越困难，越容易转向别的公司进货，你就越不能稳住这一客户。加紧催收才是上策。

（2）收到欠款后，要做到有礼有节。在填单、签字、消账、登记、领款等每一个结款的细节上，你都要向具体的经办人真诚地表示谢意，以免下一次他故意找借口刁难你。如果只收到一部分货款，与约定有出入时，你要马上做出一副不依不饶的样子。如因对方的确没钱，也要放他一马，发脾气的目的主要是让他下一次别轻易食言。

（3）对于集团型企业，分公司为了不和客户撕破脸皮，可让集团总部出面向欠款户武收——打官司，当恶人，到时分公司派人出面协调，当好人。这样公司收回了欠款，也许今后还能合作，继续销售你公司的产品。

（4）分清欠款户类型采取不同的行动。对付款不爽快却十分爱面子者，可以在办公场所当着其邻里和用户的面，要求他还欠款，此时他会顾及自己的信誉形象而结清货款。甚至可以在下班时间到他家里去，他不愿家庭生活受到干扰也必立即结款；对付款爽快的，则应明确向其告知结款的原因及依据，并经常地鼓励他，将其纳入信誉好的代理商之列；找准付款人，悄悄地收了钱就来一个“走为上策”。向做不了主的人提出结款要求，只能是徒劳无益，甚至会“打草惊蛇”。

（5）依据货款期限的长短、货款金额大小及类型、客户的信誉度、为人情况，资金实力，离公司的远近等因素，做出“武”收还是“文”收的准备；“武”收如拉货、打官司，或以客户最恼火的方式去收；“文”收就是做工作，帮助他催收下面客户欠他的款，或给他搞促销。确定是“武”收还是“文”收的标准主要看客户是否与公司友好配合。对那些居心不良、成心赖账的经销户只能是“武”收。

（6）业务员不可向客户讲出自己的高待遇。

2. 应具备正确的收款态度

（1）坚定信心，让欠款户打消任何拖、赖、推、躲的思想。人人做梦都想空手套白狼，认为欠账是一种本事。面对这种情况，不下狠心是收不回来欠账的。不能心软，要义正词严，表现出非收不可的态度。不可摆出低姿态。例如，不可说：“对不起我来收款”。否则，有些客户会认为你好欺负，而拖延付款。

如果你是代表一个大公司收欠款，你应当将公司的强大摆出来，以坚定的口气告诉对方：宁可花两万元也要收回欠款一万元。不可与其他公司相提并论，要有信心照本公司规定执行。不可欠客户人情，以免收款时拉不下脸。

临走前切勿说出：“还要到别家收款”这类的话，以显示专程收款的姿态。

若客户说：“今天不方便”。对策如下：问客户：“何时方便？”客户回答：“三天后”。则当着客户的面说：“今天是某月某日，三天后是某月某日，我就在那天再来收款。”同时当着客户的面前在账单的空白处写“某月某日再来”。届时一定准时来收款。

（2）在收欠款的过程中需归纳整理账目，做到胸有成竹。如果营销人员自己心目中对应收账款的明细也没有数的话，收款效果肯定不佳。

自己心中有数后还得与经销户对清账目，留下其签字依据，使得今后收款时打电话最好，因他们上午一般较忙，给欠债人留下上半天做生意是个好主意，这样他们有足够的时间进入正常的工作状态.下午是他们点钞票的时候一般心情都较好。此时催欠容易被接受。必须避免在人家进餐的时间打电话。此外，在经销商进货后，你估计他卖到80%后催还欠款的时机最佳。

（3）做好进货记录，并让对方签上字，以免日后有争议。明确在哪一天经销商进了哪些品种，合计多少钱，每一笔款项按约定该何时回笼。

（4）做好欠款的风险等级评估。按照欠款预定的回收时间及回收的可能性，将货款分为未收款、催收款、准呆账、呆账、死账等。对不同类型的货款，采取不同的催收方法，施以不同的催收力度。

3. 注意收款节奏

（1）根据欠款户还欠的积极性高低，把握好催欠时机。对于还欠干脆的客户，约定的时间必须前去，且时间一定要提早，这是收款的一个诀窍。否则客户有时还会反咬一口，说："我等了你好久，你没来。"还有可能被挪用。

对于还欠款不干脆的客户，如果只是在约定的收款日期前往，你可能白跑路，必须在事前就去候着，或先打电话去让他准备，催他落实。

事前上门催收时要确认对方所欠金额。如果是打电话，还得告诉他下次收款日一定准时前去，请他事先准备好这些款项。这样做，一定比收欠款当天去催讨要有效得多。

如果对方总是说没钱，你就要想法安插内线（必要时还可花点小钱）。在发现对方手头有现金时，或对方账户上刚好进一笔款项时，飞马杀到，逮个正着。

（2）到经销商处登门催收欠款时，不要看到经销户处有另外的客人就走开。有的业务员总是处处为经销户考虑，生怕因自己催欠损害了经销商的形象，今后业务不好谈。但你为他考虑，他会以为你是倚重他，因而会怠慢你。你一定要说明来意，专门在旁边等候，说不定这本身对催欠还有帮助。

（3）有时欠款户一见面就百般讨好你，心里想赖账，见面了却表现得很积极。他会假意让你稍稍等候，说自己马上去取钱还你。但跑一圈回来，十有八九是两手空空。这时他会向你表示对不起，另一方面还说自己已经尽力了，让你不好责备他。这是经销商在施缓兵之计。这时，你一定要强调，今天一定得拿到欠款，且根据当时的具体情况，采取实质性的措施，强迫其还款。

（4）在收欠款时，如对方有钱故意吊你的胃口，那一定在准备下一步有扯皮之事发生，应及时找出对策。

一般不能在此时去耐心地听对方说明，如客户确实发生了天灾人祸，在理解客户难处的同时，让客户也理解自己的难处，你可说就因没收到欠款，公司已让你有一个月没领到工资了，连销售部经理的工资也扣了一半。诉说时，要做到神情严肃，力争动之以情。

（5）掌握打催欠电话的时机。在欠债人情绪最佳的时间打电话，他们更容易同你合作，例如下午 3：30 时开始打电话最好，因他们上午一般较忙，给欠债人留下上半天做生意是个好主意，这样他们有足够的时间进入正常的工作状态，下午是他们点钞票的时候一般心情都有较好。此时催欠容易被接受。必须避免在人家进餐的时间打电话。此外，在经销商进货后，你估计他卖到 80%后催还欠款的时机最佳。

（6）查出客户最适当的收款时间。例：凡不忌讳："早上尚未开市不愿被收款者"，可排在早上第一家收款；若"客户"不睡午觉，可排在"中午"收款等。

（7）尽可能避免在大庭广众之下催讨。

（8）反复走访付款成绩不佳的客户。

4. 注意沟通的技巧

（1）不能在拿到钱之前谈生意。此时对方会拿还欠做筹码与你讨价还价。

若你满足不了其要求，他还会产生不还钱"刺激"你一下的想法。此时一定要把收欠款当成唯一的大事，如这笔钱不还，那怕有天大的生意也免谈。

（2）假如你这天非常走运，在一个还欠款本不积极的欠款户出乎意料地收到很多欠款，最好提起包包赶紧离开，以免他觉得心疼反悔，或者觉得对你有恩而向你要好处。

（3）销售人员在把客户当上帝一样敬的同时，也要把他当“贼”一样地防，时刻关注一切异常情况，如经销商打算不干了，欲把店给他人了，或是合伙的散伙，转为某人单干了。一有风吹草动，得马上采取措施，防患于未然，杜绝呆账、死账。

（4）可打银行的牌，对欠款户收取欠款利息。事先发出有效书面通知，声称银行对公司催收贷款，并给公司规定出了还贷款期限，如公司没按期限归还银行贷款，银行将按“什么样的”措施处罚公司。因此公司要求销售欠款户必须在某期限还欠，否则只好被迫对其加收利息。如此一来，一般欠款户易于接受，使他们觉得公司是迫不得已而为之。

（5）公司暂搁下欠款不提，但强调“要想进货，一律现款”。这样做可以稳住经销商，保持销量。等销售商销售公司的产品比较稳定，形成稳重难返或难舍难分的局面时，压在公司的折扣的积累增加了，再让其清欠容易得多。

（6）因势利导，巧妙施压。假如对方对销售公司的产品非常倚重，你在结款时，除了“按程序办事”、“按规矩办事”之外，比如开发盈利较大的新品种，无欠款的经销商才允许销售此产品，或规定只有还清欠款的经销商才给其经营。此外，一般公司都把现场折扣定得较高，你可规定凡是欠款的经销商一律扣下现场折扣以抵消欠款。在采取这类较为强硬的措施时，一定要充分地估计对方的承受限度。如果经销商已不值得公司珍惜了，在采取强硬措施的同时，还应在他进最后一次货时，等他把本次进货的钱交消，才可以翻脸，一方面扣回部分欠款，同时马上向法院申请拆前保全，以防翻脸后欠款户采取转移财产赖账。

（7）有时经销商会以各种原因为借口，不予付款。如：管钱的不在，账上无钱，未到付款时间、产品没有销完或销路不好，赊货款没收上来等。这就要求业务员把工作做到赊欠户那里去，留心各赊欠户还款的时间，及时地掌握与结款相关的一切信息动态。只有这样，才能辨明客户各种“借口”的真相，并采取有效的针对措施。

（8）变通。可能有时候客户欠款并非有意而为之，而是迫不得已，如：自身账款管理出现问题，他的下游客户欠款太多造成他的资金链出现问题；或他的经营出现困难。这个时候，一般要先给客户一封有礼貌的通知信函，进一步可通过电话催收，如再无效，企业的收账员可直接与客户面谈，若证实客户确实遇到暂时困难，你如果出手帮他一把，如：帮他催收下游客户欠款，为他出谋划策提高经营业绩，经过努力可以东山再起，帮助客户渡过难关，这些都是很好的方法。以合情、合理、合法的方法收回较多账款。在收账时，对逾期较短的客户，不便过多地打扰以电话或信函通知即可，以免失去该客户；对尚未到期的客户，可措辞婉转地写信催收；对逾期较长的客户，应频繁地进行催收；对故意不还或上述方法无效的客户则应提请有关部门仲裁或诉诸法律。

（9）避免被客户要求“折让”。在回收货款时，如果客户要求暂付部分款项，要设法以不伤害对方感情，说服对方尽量付款。

（五）收账技巧及应对用语范例

1. 一般场合

对于一般客户，在收款时应尽量避免以下的表现方式：“我们公司的会计部等我们收款已等得不耐烦了，尤其是你们公司以往付款一向无误，所以会计科早已把这部分收入计算进去了”。

首先，应先确立计划，平常就要勤于拜访对方，为收款工作做准备。须与主管仔细商量，考虑利用信函等方法来督促对方，必要时才加强语气表现。如客户地处较远的区域，每有货车送货至附近时，就应前往拜访。其他也可利用电话、信函等来加强联络。

2. 目前付款情况良好的商店

如对方要求暂付部分货款时，销售人员可以如此应对："因为以往我总是如期收齐全部货款，以为本月份也绝对可以百分之百收齐全额，我恐怕要头痛了。无论如何请看我的面子想想办法。老实说，我今天的命运都操纵在您的手中了，请务必想办法帮忙。"设法让对方多付一些货款。

3. 付款情况总是不佳的商店

当我们向对方表示："实在很抱歉，这个月份的货款我们完全没收到，今天希望您能一次缴清。您一再地拖延部分余款，会计部一再地催我们，实在是很困扰。所以，无论如何请看在我的面子上，结清余款"之后，对方仍然无法缴付全额时，我们必须再强调："什么时候我会再来，届时请务必拜托"或"送货时我们会附上发票过来，到时麻烦您了"等。

4. 都市以外区域的情况

A. "上个月收款时因只收到部分货款，回到公司后，会计部责怪这种做法将使作业混乱。我们向会计部保证这个月一定设法收齐全额，所以，今天无论如何请看我的面子，多多帮忙、合作。"等，诚心恳求对方。

B. "我们这次应该收您的货款，这已列入我们的账款，但因为你们也有你们的计划，所以取其折中，今天希望你们至少能还部分货款"。

C. "非常感谢你们这次的付款。不过，老实说，因为是你们，我们特别在单价方面打了折扣，所以，能否请您再多付一些？当然你们也有你们的不方便，但因为本公司每月都有制定收款计划，根据此计划来进行对外付款等计划，如果计划乱了，不但会计部会非常困扰，我们也会受到责备。而且对于未付余额较多的客户，我们还须把他们的名字提报上去，对于我们来说，这实在不是我们愿意做的事。很抱歉，讲了这么多，总之希望本月能多收部分货款，无论如何希望您合作，配合我们的计划。"

D. "谢谢你的这部分付款。本月的清款原为××元，现在还有余款××元，实在很抱歉，能否请您再多付××元，因为本公司财会部对外采购原料都是用现金，因此收款的预定对我们非常重要。在此是否能提一无理要求，可否把您部分的客户收款拨给本公司代行，请您务必协助"。

5. 收到货款的反应

收到货款（订金）后应客气言谢，并收入皮包中。"这几个月以来我们都只收到部分货款，无法结清全账，不知阁下是否对我有任何不满之处？如有不满敬请不吝指教，我将尽速改正。"

对方表示没有不满之处时，"还是送货时，司机有什么不周到之处，或是你来电时，我们有疏忽、怠慢之处？"

对方仍表示无上列情况时，"还是您对我们的质量或价格感到不满？"

对方答案仍然是没有时，接着就请教对方感到满意的原因。"就您所知道的，我们的商品不像其他建材店一样标上单价，而且我们是以现金交易，所以都由你们自行结算。如果你们不能如期付款，不但上面的会计部会抱怨，主管也会怪我们做事不力。不但如此，主管每月要我们提出未缴齐全款的客户名单，每1000家当中约有20家左右会被提报出去。这时如果光是我们受到责备倒也没关系，目前客户需要量大，产品供不应求，遇到配货忙时，这些提报出去的客户恐怕会被挪到最后处理，这样我们对客户就说不过去了，凭我一个人的努力也难把货品尽快送达给客户。我明白你们也有不方便的地方，不过还是请您配合付款。另外，如果您有什么特别情况，也请不必客气告知我们，我会设法将情况报告给公司上级。无论如何，请多见谅，谢谢。"

6. 客户抱怨“其他的店并没有涨价”时

这次的涨价是因为工资、运费、材料费都提高了的关系。这种涨价是全国性的，有的厂商或批发商也许会因为其他因素，延一两天才采取行动，但涨价是势在必行的。诚如您所知道的，最近最令人头痛的问题是，人力招募十分困难，这是一个很现实的问题，我们也面对待遇的改善、现场的机械化等问题。而要克服这些问题就只有靠提高商品价格这个对策了，对经营者而言这是一个攸关存活的问题，所以在价格方面都审慎地做过检查才决定的。而我刚才也说过的，在日期上虽有两三天的差距，但涨价是绝对的趋势，请您务必谅解。

7. 客户虽知涨价为行业界的一致行动，但仍有不满时

A. “关于涨价问题，在今年年初，其他厂商及批发商曾强烈提出反应，希望执行，一度经本公司控制下来，不过基于工资与运费的双双上涨，逼得实在不得不上涨，关于这一点，请您多体谅。”

B. “如您所说不错，确实在本地区有数家同业者尚未采取行动，不过只有我们是完全依照工会的规定在行动的，其他的业界看到我们的行动后，相信不久也会随后跟着采取涨价行动的。”

C. “事实上这次的涨价是迫于工资的上涨和为确保从业人员的劳务费而采取的行动，这是全国性的趋势，绝不是我们一家公司自行决定就冒然实施的，关于这一点盼您多谅解。其他可能还有几家店还没有跟着行动，不过，相信近日之内，他们一定会采取行动的。”

D. “就像您说的没错，有的厂商还没涨价，不过这只是迟早的问题，像总公司最近就准备行动。因为不管怎么说各厂商的库存都不多，再加上人事费等各项经费跟着行动涨价，但事实上他们的业绩有的并不好，也很想涨价，只是还在观望别人的动作罢了。总之，他们都在一旁静观我们公司的动作而已，这点请您务必理解我们的立场。但若从另一方面来看，等有降价的时候，同样的，我们的脚步也是会比其他厂商快的。”

E. “其他公司我想大概都还在观望别人的动作吧！如果我们公司没有率先行动，恐怕其他的店也不敢安心冒然行动。总而言之，工资等不断提高已影响到批发商，涨价实在是趋势所向，您不必这么在意。”

F. “这次的涨价，实际是因为劳务费的提高所致，各厂商目前的人力成本费都大幅提高，而本公司目前仓库的存货已有限，生产又赶不上需求，正处于困境之中。所以，其他公司最迟在近日内必有涨价动作，这点请您体谅并多合作。”

G. “现在只要是商品，几乎每样都要涨价，实在是很令人头痛。这次的涨价趋势可以说是全国性的，请您多体谅。”

H. “您说别的厂商尚未涨价，似乎好像只有我们公司自己在涨价。其实，我们只是尽可能提早将消息通知较早，但实施的时机是和别家公司同步的，关于这一点请您放心，同时请务必配合。”

8. 对于不同类型企业的注意事项

对于一些小的私有企业，包括小加工厂、贸易类公司等各种形式的小企业，即使官司打赢了，也不一定能够获得赔偿、对方可能早就把财产转移了，或者根本就注销了原来的公司，另外再开一家。对于这样的小企业，追讨成功的关键不是优先考虑采取法律手段，而是先早找其可用来偿还债务的财产，并及时对财产进行保全。也就是说，是否有被执行财产，能否找到被执行财产，是追账成功的关键。

经营不好的国有企业拖久贷款也比较严重，即使官司打赢了，也不一定有办法执行。对这样企业的最好办法就是和个别人关系搞好，或者通过其上级施压。

[案例 3-9]

庄臣的信用管理

一、难以抗拒的销售风险

1991年，成立了5年的上海庄臣初步建立了全国性的分销网络。但是公司随之发现，庄臣销售上的问题越来越严重。全年资金平均周转天数曾一度高达170多天。坏账的预提比率已经达到销售额的1.5%，实际的坏账率还要高，吞没了企业的一大部分利润。

由于资金被压在分销网络里，银行给庄臣的信贷额度全部被用完，公司不得不另外向银行借钱，贷款总额达到2亿多元。拿不到货款的供应商天天在门口排队逼债，有的甚至很不客气地停止发货。明明销售做得十分红火，却拿不到实际利润，还要面临这种“杨白劳”式的尴尬境地，全公司上下一片沮丧。怎么办？一个大大的问号压在了公司的管理层心里。

二、原因分析

一是原有的国营批发站和包销制度土崩瓦解，企业自己搭建的分销商网络质量参差不齐，混杂着不少不按“游戏规划”运作的皮包公司，造成坏账大量出现。

二是整个销售体系对于还款不太重视。对于销售员来说，销售、签单之后，佣金已经稳稳地落在了个人账户里，客户还不还款，对于他们来说已无关痛痒；而分销商当然是越慢付款越好，可以拿资金顺手多做几笔其他生意。如果销售员不去主动收款，他们巴不得不付款。所以，能早日收上来的钱也被压在了分销渠道中，应收账款居高不下。1991年的记录显示，当年的应收账款有1.7亿元之多！也就是说，从银行贷出来的钱，几乎都被应收账款“吞噬”掉了。

这些还只是“浮出水面”的表症，造成黑洞的深层原因是管理体制——客户掌控在销售员手上，而不是掌控在公司手上。公司只知道销售员的销售记录，却无法直接进一步了解客户。

三、解决办法

（一）建立信用管理制度

首先，庄臣更改业务流程。任何一张订单，都必须首先通过信用管理部门的审核才能放行。超过信贷额度的特殊订单，必须经过信用管理部门的特别批准。而且，信用管理部门有最终裁定权。有时候，连销售总监放行的订单，也可能被信用部门一票否决。

分销商客户的资料由公司直接掌握。对于任何一个新客户，庄臣都要求他们出示开业执照，然后在检验过开业执照的时效性和真实性以后，由专人复印后存档掌管。对于新客户来说，由于从来没有实际接触过，在业务关系开始的最初3～6个月必须要用现款提货，以避免销售风险。在经过六个月的考核期以后，“生客”成为“熟客”以后，而且交易额达到了一定标准之后，庄臣才会给予一定的信用额度。在此期间，庄臣还会具体考察客户的经营作风：是否有欺诈性的历史，产品的具体销售去向和价格等。从这些细微的经营手法中，都可以推断出一个客户未来的发展状况和经营的风险程度。在正式给予信贷额度以后，庄臣还会要求客户留下抵押或担保。

对于经常与庄臣打交道的大客户，要押一笔巨额资金做担保显然不可能。尤其在日化产品市场竞争非常激烈的情况下，强势零售商只会以各种名目收促销支持、新品入场费，哪有倒过来向厂家交钱的道理。所以庄臣不得不用另外一种方式来了解客户的详细情况。对于大客户，庄臣的销售员会定期了解其每个月的详细库存情况并记录在案。

通过库存量的变化，庄臣可以知道客户的销售趋势，然后控制给他们的发货数量，控制应收账款的数额。如果一个大客户的存货太多的话，在他再下一张大订单时，就会得到庄臣销售员的提醒：库存太大，要注意一下自己的经营风险。有时候大客户的应付账款已经超过了信贷上限，庄臣的信用管理部门可能会行使一票否决权，拒绝客户的订单。

每个月的月底，庄臣的销售员会带着一张应收账款的对账单到大客户那里去嘘寒问暖，然后"顺便"请他们签字盖章确认，以便作为下次催款时的法律依据。

（二）公共监督

庄臣使用了一套风险跟踪软件来减轻信用管理业务的繁重程度。可以根据客户类型的不同设定不同的风险指数和授信额度。譬如，大卖场就比一家小批发商的风险指数要低一点，而授信额度要高许多。外资公司、国营企业和民营企业也都可以分别被授予不同的风险指数。每周将公司最大的100家客户的类型、账龄表、付款情况和其他内部财务信息输入数据库，计算机会自动给前100家客户算出一张信用评分表。使用软件的最大好处是，信息繁杂的信用记录可以被制成走势图。一个客户几个月甚至几年来的信用趋势就一目了然。

四、效果

建立了一整套防范体系之后，庄臣的坏账率由1991～1992财年的1.5%以上降到了2001财年的0.5%，资金周转天数由最高峰的170天下降到50天，这意味着，一笔1000万元的资金，毛利率不变的情况下，周转速率是过去的3倍，盈利能力也是过去的3倍。

思考练习题

1．结合企业信用管理案例，总结成功企业信用管理经验。

2．诊断企业货款产生拖欠的原因，如何制定控制方案。

3．任选一家上市公司的年度报告，根据其财务数据进行信用分析，并给出相应的信用政策。

4．假设公司生产能力富裕，有一客户要求以10%的折扣率赊销公司产品。你作为公司销售主管，应如何决策？

5．假设公司派你到客户催收账款，你如何制定适宜的催收策略？

6．现金折扣方案的选择。

某企业的信用条件及相关资料如下：

（1）信用期限为45天；（2）销售额为100万元；（3）管理成本为2万元；（4）坏账损失率为1%；（5）银行年利率为10%。

现在有A、B、C三个现金折扣方案可供选择如下表。请选择最佳方案。

采用折扣方式	A 方案 2/20	B 方案 3/10	C 方案 2/10
账款在折扣期收回可能性	98%	95%	90%
管理成本降低为	50%	70%	80%
坏账损失率	0.5%	0.6%	0.8%

7. DSO 的计算。

某企业某年 6 月采用新的赊销政策后，12 月统计企业销售的情况如下表，（1）请用期间平均法计算该企业该年上半年和下半年的 DSO，并评价企业新的赊销政策；（2）用倒推法计算 12 月的 DSO；（3）用账龄分类法计算该企业该年两个半年度的 DSO。

	1 月	2 月	3 月	4 月	5 月	6 月
平均日销售额	23 000	20 500	20 000	22 000	20 000	22 000
其中未收账款	335 000	250 000	250 000	300 000	240 000	310 000
	7 月	8 月	9 月	10 月	11 月	12 月
平均日销售额	16 000	18 000	17 000	16 000	20 000	18 000
其中未收账款	125 000	140 000	130 000	125 000	150 000	150 000

8．案例：美国企业建立信用管理制度的过程和分析

（1）背景。美国 D 医药集团公司是美国第三大医药集团，从业时间长达 80 多年。D 公司很早就开拓国际市场，欧洲、亚洲和南美洲都占据了一定的市场份额，有多个医药产品是世界级品牌。D 公司的主要销售还是在美国本土，占其销售总额的 65%以上。

1970 年以前，D 公司的前身 UM 公司一直采用信用销售手段开发客户，集团专门成立了销售公司，而且发展了三十多个国内销售代理和十几个海外代理，同时海外还有 5 家子公司。由于没有信用管理部门，信用管理的实际职能分配到了几个部门的手里：财务部门负责管理销售产生的应收账款，业务部门负责收集客户的资料和审核赊销的金额，法律部门负责追收逾期的应收账款。1975 年，UM 公司与另一家企业合并，成立 D 集团公司，并在董事会改组后任命了新的总经理拉斐尔先生。拉斐尔先生是美国哈佛大学管理学硕士，曾长期在石油、汽车和电信等领域的大企业任职，享有很高的声誉。

拉斐尔上任的 4 个月里，马不停蹄地穿梭于国内销售代理、子公司和世界各地的销售网点，认真研究了公司以往的销售策略和管理方式，认为影响公司在销售和财务方面出现危机的根本原因，主要是信用管理存在严重缺陷，体现在企业坏账和拖欠款比较严重，同时销售竞争的方式也存在问题。4 个月后，拉斐尔向董事会提交了一整套销售管理改革方案。

（2）信用部门的筹备。1976 年 3 月，董事会采纳了拉斐尔的方案，拉斐尔开始大刀阔斧地进行管理体制和机构的改革。

首先，他指示财务副总监辛迪女士分管信用的全面工作，并限期着手组建信用部门。辛迪立刻从财务部门和清欠部门抽调了两位长期从事账款管理和收账的经验丰富的职员，专职协助她开始信用部门筹建工作。

为了尽量避免少走弯路，达到公司预定的目标，辛迪与信用管理的专业机构取得联系，并最终委托了一家专业的信用管理机构作为管理顾问，并签署了一年的管理合同。

4 月，以资深信用管理专家雷蒙德先生、会计顾问乔恩先生组成的工作小组前往 D 公司，开始协助 D 公司的筹建工作。辛迪向拉斐尔汇报后，组织公司财务部门、业务部门、管理部门、仓储部门、采购部门和分公司主管，以及筹备组人员一起，参加信用管理知识的讲座和培训，由雷蒙德先生授课和讲解信用管理的知识和技巧。之后，雷蒙德先生又分头召开小组会议，就各部门的具体工作和相互协作等问题深入细致地进行了探讨。

5 月，为了寻找信用部门合适的人选，辛迪、雷蒙德和人力资源部共同起草了一份招聘广告，公开招聘信用经理。经过大量的面试，辛迪和雷蒙德终于从众多的应聘人员中找到合适的人选——杰森先生。杰森毕业于英国的信用管理学院，取得硕士学位，并在英国的一家信用管理机构实习一年。之后，杰森在两家较小的公司担任过信用部门经理，对信用管理的理论和实际经验都有一定经验。在得到拉斐尔总裁的批准后，杰森正式上任了。

（3）部门的建立。6 月下旬，杰森上任后，与雷蒙德先生一起讨论部门建设方案。在雷蒙德的协助下，杰森在一个月后提交了 5 份报告，分别是：《企业信用管理的诊断结论和问题》、《各部门的信用资源整合和利用》、《信用部门初期组建方案》、《关于组建信用部门的费用申请》和《人员培训计划》。

在《企业信用管理的诊断结论和问题》中，系统阐述了企业目前的信用政策、营销策略、客户资料完整性、信用分析与决策、应收账款回收天数（DSO）、坏账率、现金流量、应收账款账龄结构、逾期账款率等与信用管理密切相关的问题，并分析造成目前状况的原因。

在《各部门的信用资源整合和利用》中，阐述了建立客户信用档案数据库，整合企业各部门的客户资料，报告标准化设计，制作各种信用调查表格，培训信息收集人员，帮助企业用最低成本收集客户信用资料等方面的问题。

在《信用部门初期组建方案》中，报告设计了信用管理部门的职能、架构，企业招聘、选拔信用经理和其他信用管理人员；指导企业建立内部纵向、横向申报、通报制度等方面的内容。

在《关于组建信用部门的费用申请》中，报告提出年度普通预算、年度特殊预算的计划和申请。

在《人员培训计划》中，提出了培训企业管理、销售、财务、仓储、采购、客户服务等部门人员，传授信用管理理论与实务知识，提高企业信用管理意识和管理水平的计划。

8 月，公司开始第二轮招聘，招聘对象是信用部门的信用调查和管理员、信用评估员和账款管理员。其中，信用调查和管理员要求具有档案管理的学历和经历，信用评估员具有会计师执照，账款管理员有律师执照并有多年的法律事务经验。9 月初，5 名信用管理部门的人员到齐。

9 月下旬，在雷蒙德先生的配合下，信用经理杰森先生起草出了一部公司信用政策的大法——企业信用政策管理和实施方案（草案），并上报财务副总监辛迪女士。辛迪女士立刻上报拉斐尔总裁，并在总裁召集下召开了高层经理办公会议，会议由辛迪主持，杰森详细介绍信用管理纲要的内容。经过 1 天的讨论，在征求了其他部门的意见后，杰森把意见汇总起来，并起草正式方案。

10 月，修订稿再次上报给董事会和公司最高管理层，并抄送财务部、销售部、会计部、采购部、仓储部、资料室、子公司、直销店和销售网点等，并在 7 天后通过。同月，信用管理部年度预算报告被批准。10 月底，公司特意召开了全体员工大会，公开宣布了信用管理部门正式成立的消息和信用政策的执行方案。

至此，信用部门成功组建起来了。

（4）运转。

由于没有计算机系统，信用部门临时雇佣了几个图书专业的大学生，负责整理散落在各部门的客户信用资料，并长期订购了一个信用调查机构的信用报告。经过两个月的整理和收集，信用部门基本建立了公司1000多个客户的信用资料。审计发现，有多达304笔业务长期未收回欠款，公司也长期没有与客户联系，有56笔出现争议而无人解决，账款逾期现象严重，坏账率很高。经过信用部门两个月的努力，82%的欠款得以全部或妥善解决，一些失踪和倒闭的企业被销户。

在运转4个月，信用档案和应收账款处理完善后，企业开始着手信用审批制度。这时，计算机已开始进入市场，信用部门申请建立计算机信用管理系统。

1977年5月，公司专门为信用部门购进两台计算机，并委托专业机构逐步设计客户管理数据库，应收账款预警系统和自动提示打印系统。1980年，企业最终实现了信用管理全部自动化的管理目标，企业的信用管理水平、速度、规范性都进一步大幅度改善，管理费用降低至原来的1/3。

到1977年底，公司的信用部门完全走入正轨。统计显示，经过一年的信用管理，企业的销售额上升了56%，坏账率从7.9%下降到2.5%，销售未清账期从83天降到55天，客户的数据库档案齐全，每笔交易都记录在册，客户的等级关系基本建立。各项指标全面超过行业平均水平，企业从年初的轻度亏损变成盈利5000多万美元。在随后的20年中，D公司的信用管理一直非常规范，信用部门成为公司最卓有成效的部门之一。

资料来源：信用中国网。

案例分析：根据上述美国公司信用制度的建立过程，分析其成功的经验。

9．案例：某公司经济纠纷案

1995年5月18日，甲有限公司与乙外贸经济开发公司签订005号和006号两份合同。005号合同规定：甲公司供给乙开发公司国际中级毛绿豆3000吨，每吨价格985元，总货款2 955 000元，于同年6月20日前交货，并负责办理商检证、免疫证、产地证、供货证和化验单。需货方开发公司在合同生效后预付22万元定金，5月底付足货款的50%，包括定金共1 477 500元；货物在当地装上车船后再付货款的40%，余下10%的货款平仓结清。006号合同约定：甲公司供给乙开发公司原苎麻2万吨，每吨价格3600元，总货款7200万元，于同年6月30日前交付5000吨，其余在7月至9月底分批交付；需货方乙开发公司在合同生效后，于5月底前预付批货款的5%，后陆续付出批货款的90%，余下5%平仓结清。上述两份合同还分别对质量、运输等做了约定。合同签订后，乙开发公司于1996年5月19日给付005号合同定金22万元，并在收到甲公司提供的商检、产地等证和省经贸委的绿豆计划外销售批件后，于同年6月3日将合计金额为1 257 500元的两张汇票交给甲公司。甲公司将其中的142万元汇入A市蔬菜乡农副产品购销站，作为甲公司与该购销站签订的购销绿豆合同的预付货款。同年6月9日，A市工商行政管理局以A市蔬菜乡农副产品购销站无履约能力为由，将该货款冻结。甲公司在无货可供的情况下，将款被冻结一事告知乙开发公司。乙开发公司提出无货退款。双方遂于同年6月17日达成“退款协议”。协议规定：甲公司将被A市工商行政管理局冻结的货款142万元立即退回乙开发公司。同年6月24日、7月4日，A市工商行政管理局先后将该款解冻。甲公司借款后，未按约退款，却致电乙开发公司速按006号合同约定付款。乙开发公司则表示，先退绿豆款，再办苎麻事宜。双方为此发生纠纷。

案例分析：是什么原因导致乙外贸经济开发公司陷入经济纠纷中？由这个案例你得到什么启示？

10．案例分析：阿里巴巴诚信体系

阿里巴巴作为全球最大的网上贸易市场，它的诚信体系主要包括：诚信通档案、诚信论坛、投诉曝光机制、信用记录搜索。

（1）诚信通档案。它结合传统信用认证和网络互动的特点，多角度、及时、持续、动态地展现企业在网上贸易过程中的信用情况，让诚信的企业赢得客户青睐达成更多交易，对不诚信的企业进行曝光。通常情况下，诚信通档案包括以下组成部分：企业身份认证、客户评价、证书荣誉、资信参考。

（2）诚信论坛。阿里巴巴论坛是网商们交流信息的园地，其中不少是揭露网络骗子的信息，用户对某企业诚信程度不能把握的情况下，可以到阿里巴巴论坛中去搜索相关信息，如果发现有网商发帖子揭露该企业的不诚信行为，那用户与该企业进行商业贸易的风险性就比较大了。

（3）投诉曝光机制。对于不诚信的企业和不诚信的行为，会员可以进行投诉曝光。

（4）信用记录搜索。在阿里巴巴的企业信用数据库中，可以查询到很多信用不良的企业被投诉的记录。这些记录，可以帮助用户判定信息发布方的诚信程度。

（5）搜索引擎搜索。前面四项防范贸易风险的措施，均是依据阿里巴巴网站来获取信息的，除此之外，也可以借助其他工具获得相应的信息。而通过搜索引擎获取某个企业的贸易诚信信息也不失为一个好办法。

（6）工商管理部门网站查询。

要了解交易对方诚信的资讯，可以通过国家权威部门的网站上查询。

案例分析：阿里巴巴的信用评级方法是否符合电子商务实际。请协助优化阿里巴巴的评级体系。

11．案例分析：长虹应收账款

2001年起，为实现长虹的海外战略，长虹与当时在美国市场有一定影响力的APEX公司接上了头，这家公司的掌舵人正是季龙粉，此人因拖欠国内数家电器公司的货款早已声名狼藉。但从2001年7月开始，长虹彩电便源源不断地发向美国，由APEX公司在美国直接提货。APEX公司一度成了长虹最大的合作伙伴，季龙粉也成了长虹的红人。

2002年，长虹的出口额达7.6亿美元，其中APEX就占了近7亿美元；2003年长虹出口额达8亿美元左右，APEX占6亿美元。而从2000年长虹开始出口到现在，其总的出口额也就24亿多美元，长虹内部为此专门成立了APEX项目组，同时在美国设立了一个联络点，但这个联络点不负责APEX项目的监管。后来，季龙粉总是以质量或货未收到为借口，拒付或拖欠货款。长虹一方面提出对账要求，一方面却继续发货，APEX方面总是故意搪塞或少量付款，“对账都对了一年”还没有结果，欠款却在继续增加。长虹海外营销部发现这其中的风险太大，曾下令不准发货，但季龙粉总能说服长虹继续发货。2003年底，季杀回长虹会晤高层，结果2004年初长虹又发了3000多万美元的货到美国。

2004年，据内部人士透露，长虹挂在APEX公司名下的欠款高达4.7亿美元，折合人民币近40亿元。这个巨额的负担已让长虹不堪重负，长虹下决心在2005年以前甩掉这个包袱，对APEX的这笔高额欠款计提坏账准备。而对于长虹来说，40亿元的教训已成事实。

讨论：长虹应吸取哪些教训，从哪些方面改进信用管理制度？

12．案例分析：A公司是从事机电产品制造和兼营家电销售的国有中型企业，资产总额4000万元，其中，应收账款1020万元，占总资产额的25.5%，占流动资产的45%。近年来企业应收账款居高不下，营运指数连连下滑，已到了现金枯竭，直接影响生产经营的地步。造成上述状况除了商业竞争的日愈加剧外，企业自身内部控制制度不健全是主要原因。

会计师事务所 2004 年 3 月对该公司 2003 年度会计报表进行了审计，在审计过程中根据获取的不同审计证据将该公司的应收账款作了如下分类：

（1）商业被骗损失尚未作账务处理的应收账款 60 万元；（2）账龄长且原销售经办人员已调离，其工作未交接，债权催收难以落实，可收回金额无法判定的应收账款 300 万元；（3）账龄较长且回收有一定难度的应收账款 440 万元；（4）未发现重大异常，但期后能否收回，还要待时再定的应收账款 220 万元。

请针对 A 公司存在的上述问题，提出改进信用管理的措施。

第四章 政府信用管理

学习目标

- 了解政府信用管理的概念和政府信用管理体系；
- 了解公债信用管理的概念；
- 了解政府信用评级方法；
- 掌握公债信用管理方法。

第一节 政府信用管理概述

一、政府信用的概念

政府是执掌公共权力的主体，是按照一定规则建立起来的组织机构体系。一般而言，政府有广义和狭义之分。广义的政府包括一个国家的立法机关、行政机关、司法机关、军事机关、国家元首等在内的所有行使国家权力的机构；狭义的政府仅指国家行政机关。本文讨论的“政府信用”的“政府”指的是广义的政府，即行使国家权力的所有政府机关。因此政府信用就是指国内外社会各主体对一国政府守约重诺的信任，它是社会信用体系的核心。

政府信用是指各级国家行政机关在经济社会管理和服务活动中能够履行契约而取得的信任，是社会组织、民众对政府行政行为所产生的信誉和形象的一种主观评价或价值判断，是政府在从事管理国家事务的活动中与广大社会公众之间建立起来的诚实守信为基础的践约能力，也即政府是否得到社会公众信任的因素及其履约能力在客观上能为社会公众所信任的程度。

孔子特别强调“言必信，行必果”（《论语•子路》），认为“人无信不立”（《论语•颜渊》），于是信用作为公共伦理范式成为安身立命之本、社会交往准则、国家治理指南。政府信用体现的是政府的德性，是政府的主观言行和社会评价的反映。

政府信用主要包括三层含义：

（1）国家行政机关以平等主体的身份与个人或企业签订行政合同（或行政契约），并能够以实际行动履行合同而取得对方当事人的信任；

（2）国家行政机关在法律、法规、政策的执行过程中，能够做到依法行政，从而取得社会的信任；

（3）国家行政机关在没有法律、法规、政策和行政合同具体约束的情况下，也能始终主持正义，维护公众的利益，正确履行自己的职责，从而取得社会的信任。

前两层含义主要体现的是法律方面的信用，后一层含义主要体现的是道德方面的信用。

二、政府信用的思想

政府信用的思想来源于近代西方出现的社会契约理论。17、18 世纪英国资产阶级思想家霍布斯、卢梭提出的社会契约论，着重说明国家是人们由于理性驱使，为摆脱无序争夺状态而寻求有组织和平生活而相互订立的一种社会契约。

在这个契约中，人民交出一部分自然权利，把它委托给主权者，从而有了政府，政府成为政治代理人，享有管理社会的权利，行使行政权，同时主权者也担负保证人民安全、维护社会秩序与公共利益等政治、经济责任与义务。

据此，政府实际上是掌权者与人民订约的产物，人民与政府之间存在着政治委托—代理关系：公众将行政权委托给政府行使，同时期望获得能维持其利益的政府产品，这实际上构成了政府的义务或职责。

政府代理公众行使行政权，并通过履行职责获得相应的利益；政府作为一个组织，通过履行其职责得以继续存在和发展；政府官员作为真正的利益主体，获得工资、地位及其他利益。

在委托—代理关系已经发生或者已经存在的情况下，政府信用就成为决定这种委托—代理关系存续的最重要因素。如果政府无法回应公众的期待和信任，就会出现信任危机，政府不能获得公众的信任甚至失去公众的信任，就会威胁到委托—代理关系的存续，也意味着政府对社会的违约。信任是编织公众和政府之间和谐关系的重要因素，它有利于保持稳定的政治局势。

近代的西欧各国，在经历了罗马法复兴、文艺复兴和宗教改革三次运动后，契约关系就从经济领域向社会各个领域延伸，从而出现了经济生活和政治生活的契约化，形成了西方的契约文明和契约型社会。契约的衍生价值—信用也就成了西方社会的主导价值之一。经过几个世纪的发展，西方社会信用体系建立起来了。在西方社会信用体系中，个人信用是基础，政府信用居于核心的地位。

在中国的传统思想中，信用和契约的关系被以“信”和“约”的概念表达，“信可使守约，做事可法”，信用成为契约的本质内涵和契约行为的逻辑起点。“民无信不立”，“ 信”是优先于“兵”和“食”的重要的治国方略，强调了政府信用的重要性。

将诚信提高到政治高度的，是春秋时期霸主齐桓公的宰相管仲，他在《管子》中论述：“先王贵诚信。诚信者，天下之结也。”也就是说，诚实守信的统治者会得到天下人的拥护，只有“诚信”的因，才能取得“结”这个果。中国古代政治家在治理国家方面往往强调“得民心者得天下，失民心者失天下”，认为国家的领导者只有以诚心诚意的态度和方法取信于民，才能达到人民安居乐业，进而国家太平、社会安定。

商鞅变法是从“立木求信”开始的，取得了变法的成功；周幽王为了博得褒姒的“千金一笑”，随意动用烽火台，戏弄诸侯，而当大敌真正来临，他真正使用烽火台时，却再也没人相信他了，由于失信于诸侯，他丢掉了江山。

几千年源源不绝的以“德”、“仁”为核心的传统文化，影响制约着一代代封建王朝和帝王将相“践礼求仁、取信于民”。

由此可以看出，在以“礼”作为治国之道的中国古代，诚信是作为伦理道德、修身治国平天下来使用的。

可见，无论是西方还是东方，诚信在整个道德体系中都占有重要的地位，是人类重要的德性之一，是人类有秩序的生活所绝对不能缺少的。特别是在世界各国经济高度发展、技术高度发达、人民高度自由、政治高度民主的时代，维护社会秩序稳定、提高人民生活水平都离不开诚信。

三、政府信用的作用

（一）政府信用是整个诚信体系的核心与支柱

信用的体现主体是多种多样的，可以将信用分为国家信用、政府信用、政党信用、社会组织信用、企业信用、团体信用、行业协会信用及公民个人信用等。这些不同信用主体所体现的信用相互作用、相互影响，构成一个完整的社会信用系统。

在这一社会信用系统中，政府信用处于核心地位，是整个社会信用体系建立的基石。

（1）政府信用的范围最广、内容最复杂。政府作为公共管理的客体，主要体现为两个大的方面：一是国家事务的管理，如军事、国防、外交、法制、公安等；二是社会公共事务的管理，如经济、文化、教育、科技、社会保障、人口控制、环境保护等。从政府与其他社会组织、企业、公民的比较中，可以看出，社会组织、企业及公民的信用内容较为单一，其范围远不如政府信用的范围广。

（2）政府信用是其他信用得以存在和发展的基础，政府信用贯穿于政府与公众的整个互动关系中。政府的每一项决策，公务员的一言一行，都在显示着政府信用。在社会信用系统中，政府信用是最关键和最基础的信用，政府要成为诚信的典范。

（3）政府是整个社会信用的捍卫者。无论是社会团体、组织、企业还是个人，在社会、经济交往中都应遵守信用准则，但信用不是靠单个的组织、团体或个人来维系的，而主要是靠政府通过法令、法规来维护。对破坏、违反信用规则的社会组织、企业及个人，政府可以对其给予制裁或惩罚，而企业信用、公民信用则不具有这种功能。

（二）政府信用是政府职能顺利实现的保障

政府的职能可以从两个层面来界定：一是从静态角度将政府职能分为四个基本方面，即政治职能、经济职能、文化职能及社会管理职能；二是从动态角度即从政府行政行为的整个运作过程，将政府职能分为计划职能、组织职能、执行职能、调控职能及监督职能等。

不论是政府的静态职能还是政府的动态职能，其能否顺利实现，既需要从人、财、物等有形方面提供保障，也需要从制度、规则、信用等无形方面提供精神支持与动力。人无信不立，业无信难兴，政无信必颓。如果政府信用缺失，政府职能的实现就必然遇到阻碍。如政府信用度低，失信于民，其法令、决策就不可能得到贯彻落实，就必然出现“有令不行”、“有禁不止”的现象，政府行为就得不到社会和民众的支持与配合，甚至还会引起民众与政府的对抗，危及政府自身的生存与发展。

（三）政府信用促进市场经济的良性发展

市场经济是一种法制型经济，是一种依靠秩序、规则、信用维系的经济。市场经济离不开竞争，市场中各竞争主体之间的竞争行为既要严格依法进行，也要严格依信用规则进行。但市场竞争中的信用规则的确立、维系单靠竞争者的自身行为往往是无济于事的，而必须依赖于政府和政府信用：

1．政府要为市场竞争制定游戏规则、信用规则，从而为市场运行提供公平竞争、诚实守信的规则基础；

2．市场游戏规则、信用规则的遵守与履行离不开政府。政府要通过政府行为，运用法律、行政、经济等手段对不讲游戏规则，不按信用规则办事的当事人给予制裁与惩处；

3. 政府信用是市场经济信用的表率与楷模。在市场经济条件下，不仅要求各市场竞争主体要讲信用，恪守诚实信用原则，更要求政府首先要讲信用，只有政府做到诚实守信，才能为市场运行提供信用示范与表率。政府作为法律和法规的制定者，如果不讲信用，对整个社会信用体系的危害最大。政府规则的不稳定，必然造成人们预期的不确定性增大，导致人们只追求短期利益。在一个政府信用缺失的社会，不可能建立起诚信的市场经济，没有政府信用的规范引导作用，市场经济不可能良性运行与发展。

四、政府信用危机

（一）政府信用危机的概念

社会信用危机的核心问题就是政府信用危机。由于政府在社会生活当中居于强势和支配地位，政府的政治强权、经济强势、信息优势不可避免地存在，政府的主观随意性自然而然地出现，偏好行政、随意行政、政府不可治理性随之产生，信用缺失、信用贫困、信用滥用也就产生了，这些现象统称为政府的信用危机。

政府信用危机可以划分为客观型信用危机和主观型信用危机。

（1）客观型信用危机又可划分为能力变故型信用危机和条件变故型信用危机。能力变故型信用危机主要由于政府所遇到一些不可抗力因素，如自然灾害、战争等，导致政府履约能力的完全丧失；条件变故型信用危机则是由于包括政府客体，如公众的素养与能力未能兑现而导致政府失约。

（2）主观型信用危机可以划分为随意型信用危机和故意型信用危机。随意型信用危机表现为政府的随意性行政行为，包括政府行政的不作为、行政裁量权的放大、政府官员的草率行为，不考虑自身的能力和受限条件，轻率许诺，最后因许诺的责任超出自己的能力范围而不能践约；故意型信用危机则是政府无视法律权威、契约规则和自身信誉，利用手中权力和信息不对称性故意践踏规约、恶意损人、欺上瞒下等。

实际上，在政治生活中政府信用危机主要表现为主观型信用危机，本书所讨论的政府信用危机主要针对这种随意型信用危机和故意型信用危机。

（二）政府信用危机产生的原因

政府的强势性、官员的自利性、信息的不对称性、地方利益的可保护性、道德资源的短缺性、制度供给的不足性等方面原因是导致政府信用危机的主要根源。

1. 政府的强势性

政府始终居于社会的支配地位，享有各个方面的优先权，包括政治、经济、文化、信息等方面，也享有国家法律和公共政策的制定与执行的指导权，政府及其部门的监督显得极其脆弱，因而有些地方政府随意行政、出尔反尔、办事拖拉、推诿扯皮、不负责任就不足为怪了。政府政策的随机性越大，变化越大，公众对政府的信任度就越低。如果政府都可以说话不算数、言行不一致，整个社会就会陷入信用危机的恶性循环中。

2. 官员的自利性

按照公共选择理论的观点，政府官员是理性的自利者，也追求个人利益的最大化。出于“经济人”的本性，政府官员的获利通过“创租”和“抽租”的方式实现。“创租”就是创设人为的稀缺性而诱使私人或企业向他们“进贡”；“抽租”就是故意提出某项会使私人或企业利益受损的政策作为威胁而迫使他们割让一部分既得利益给予政府官员。官员创租和抽租的存在，促进了寻租活动的普遍性和经常性，政府信用大为降低乃至沦为政府失败。

3. 信息的不对称性

委托代理存在信息不对称带来的风险。政府所提供的公共产品或公共服务在质量、性能等方面享有充分的信息优势，而公众作为消费者处于明显的信息不对称状态。在缺乏法律规则制约和公众有效监督的情况下，官僚制及政府官员常凭借其专业知识和特殊地位，拒绝公开信息，使公众陷于无知状态，公众就无法保证政府按公众意愿行事。政府有损害公众利益，谋取私利的机会倾向。由于公众本身所拥有的知识、信息相当有限，加之虚假失真信息泛滥，这样就会怀疑政府所提供公共产品或公共服务的真实性。特别是在一些比较复杂的领域，比如金融保险、公共工程、基础设施、公共安全、公共秩序等，存在严重的信息鸿沟（information gaps）和知识差距（knowledge gaps）。这种不对称最终导致信用危机的出现，致使社会交易成本增高和交易链的中断。

4. 地方利益的可保护性

国家利益和地方利益之间存在着某些不可调和的矛盾，他们都可能因为在利益总量当中争取更大的份额而产生利益冲突。一些地方由于自身利益的驱使对国家政策产生对抗性反应，甚至制定了与中央政策相悖的“土政策”。这种地方保护主义的后果造成了“上有政策、下有对策”的拉锯，公共政策文本及其执行的不一致性在公众心目当中形成了政府信用滥用的映象。事实证明，地方保护不但危害了地方经济的发展，也损害了地方政府的信誉。

5. 道德资源的短缺性

诚信应该是公共伦理的道德底线，是每个公民的道德守则，特别在市场经济的发展中显得尤为重要。但传统的“农本商末”“无奸不商”“无商不奸”“小人喻于利、君子喻于义”等非理性教条仍然残留于一些人头脑当中，对提出“以经济建设为中心”的政府的信用危机也隐性地存留着。

由于诚信教育的缺失和某些政府官员本身的职业道德素养存在问题，禁不起各种诱惑，不能做到荣辱不惊、富贵不淫，因而滥用职权、谋取私利，政府的信用形象受到损害。

6. 制度供给的不足性

制度建设存在两大“软肋”：一是制度短缺即制度供给不足；二是制度执行失范。在信用制度建设方面，完善的信用管理法律制度、完备的信用信息披露制度、公正的信用评估体系、有效的信用监督惩戒机制等出现供给不足的问题。如果守信者和失信者享受“同等待遇”，那就会出现如古典经济学所言的格雷欣法则——“劣币驱逐良币”的现象。这种集体行动的逻辑（the logic of collection action）将会使公众“人人自危”，信用环境恶化，政府信用危机在所难免。

7. 传统文化的负面效应

传统文化博大精深，许多积极的东西仍是我们今天的瑰宝。但是，其中也有一些影响人们思想文化的负面成分，比如官本位现象。在中国古代思想中，当官做老爷与光宗耀祖、出人头地是密切相连的，领导者一旦拥有支配社会财富的权力，就高高在上，为所欲为。由于官本位的价值观是以做官为核心的，因而对善政、德政都很少考虑，其根本出发点不是为政以德、为政以信，而是为官为己。

8. 政府职能尚未完全转变

市场经济下的政府必须转变职能，退出微观经济领域。切实转变到宏观调控、社会管理和公共服务方面来。但是政府包揽一切、管制一切、指挥一切的现象仍存在。管理一切，势必造成缺位和越位现象。而政府的能力是有限的，不可能承担无限责任，从而导致政府失信。

（三）政府信用危机的危害

一个政府信用失范的社会，不可能建立起诚信的市场经济，不可能实现政府的有效职能，不可能树立良好的政府形象，不可能建构政府文明和政治文明。政府失信行为将加速信用体系的崩溃，加大信用制度建设的难度。

1. 毁掉了政府机构公信力

政府信用危机对政府与公众之间良好的互动关系造成了严重的影响，损害了政府的权威，使得政府的行政行为往往难以得到公众的理解和配合，造成政府无力提供最基本的公共服务。

2. 影响经济发展

政府信用危机增加了交易成本，扰乱了市场秩序，降低了经济运行效率，引发行政效率低下、乱收费、乱罚款、黑恶势力猖獗等行为，恶化投资环境，导致经济发展受阻。

3. 影响政府的公众形象和国际形象

政府信用危机造成政策执行走样，行政效率低下，客观上使政府的公正性和权威性受到质疑，动摇了公众对政府的信任。如果一国的信用危机长期持续，得不到根本遏制，信用危机后果就会蔓延至全球，影响一国的国际形象。

4. 影响执政地位的巩固和提高

如果政府信用危机持续恶化，意味着政府权威的下降和政府运作成本的上升，就会影响人民对政府的信赖，影响到执政地位的巩固，导致非正式秩序的滋生，甚至最终会丧失人民的信任，丧失执政地位。

五、政府信用的管理

面对严重的政府信用危机，重塑政府信用刻不容缓。

房檐下有个臭水缸，里面生了好些蛆虫，如何处置？

问题：你是选择不厌其烦地杀那不断再生的蛆虫，还是选择立即把臭水缸清洗干净？

答案是不言而喻的：自己清洗干净了，还有谁会说你这里有臭味？

政府的信用要靠自己的行动去建立。

政府信用建设是一项复杂的系统工程，需要在道德和制度两个方面加以完善。

（一）政府信用道德建设

培养政府官员的诚信意识。政府要把“恪守信用”“诚信为本”作为社会道德建设的基础工程来抓，把讲信用作为公共伦理的底线。要使公民做到诚实守信，政府首先要做到诚信。政府行政的宗旨是全心全意为人民服务，没有良好的政府信用道德就不可能形成良好的行政作风，也不可能出现良好的政府行为。

政府信用道德要求强调服务的理念、绩效的理念、伦理的自主性、公共精神、责任意识，要求行政机关和政府官员处理好权力与权位的关系，要求在思想、言论、行动、决策上对公众高度负责，忠实履行岗位职责，遵守行政伦理，不要被“自利性”淹没了“公共性”，树立良好的公仆形象和良好的政府信用形象，从而建构“道德型政府”。

政府的诚信是由政府中各个具体官员的诚信行为构建而成的，要根据诚信养成需求，营造舆论环境，有计划、有组织地进行诚信教育，反复训练，形成诚信习惯；树立诚信文化　弘扬正气；推行诚信法制，规范诚信行为。

（二）政府信用制度建设

1. 外部制度建设

以信用为基点，严格依法行政，建立公开的社会信用信息网络，优化“信用生态”，建立信用管理制度，强化政府信用，完善政府信用管理体系。

（1）政府必须充分运用行政行为推动社会诚信体系建设。政府应当制定并组织实施管彻信用原则的法律法规，如《社会信用法》《公正信用报告法》等，规范企业、个人的行为，引导市场主体诚信交易、守法经营、有序竞争。

（2）要强化信用需求。引导、推进建立信用的记录、评价、公开制度，为社会提供信用信息，使诚信者获得更多的交易机会，使失信者无机可乘；信用状况必须纳入政府工作的诸环节，将信用状况列入干部提拔的主要标准。

（3）政府要确立诚信规则。建立监督机制和惩戒机制，对失信的行为要追究行政及经济责任，给予受损方一定的补偿，对严重的政府失信行为要采取行政、经济、法律等综合惩治措施，特别恶劣的，要坚决追究失信者法律责任。形成守信者受益、失信者守法的良好社会氛围。

（4）政府要大力扶植和监督信用中介服务行业的发展。引导信用中介服务企业加强行业自律，推动企业内部的信用管理制度建设，完善个人信用制度。

2. 内部制度建设

根据诚信建设的总要求，政府应本着诚信在先的原则，打造信用政府，强化政府信用。严厉惩治政府官员的腐败行为，建立相应的权力监督体系，对政府在改变制度和政策方面的权力作出严格限定，严格执行行政执法责任制和行政过错责任追究制等。

（1）建构有公信力的政府。由“任性”政府走向守信政府，实施善政——依法履行契约，有效承担代理责任，良性回应公众期待；推进法治行政、责任行政和回应行政。

（2）建构服务型政府。判断是否是服务型政府以人民是否满意为尺度，任何行政行为都要以人民满意不满意、人民拥护不拥护、人民赞成不赞成、人民高兴不高兴作为价值评判标准。要从管理人民转变到服务人民，从政府愿望出发转变到从服务对象的需求出发。各级政府要大力整顿机关作风，推行服务承诺制、办文限时制。政府要严守承诺，凡是向群众承诺的事情，必须坚决落实到位。严格按承诺办事，是各级政府机关取信于民的重要保证。

（3）建构责任型政府。承担责任是政府的第一要义，也是服务于民取信于民的基本要求，为此，要完善政府官员的政绩考核机制，建立失信追究和赔偿制度。这是建立政府信用体系的主要链条。要对在工作中出现重大违法、失职、滥用权力的行政首长给予罢免或责令辞职；对公务员违法失职、滥用职权、贪污受贿等行为给予行政处分和刑事处罚；行政机关和公务员轻微违法失职或官僚主义等行为，应向公民、法人代表赔礼道歉。

建立相应的权力监督体系，一切以人民利益为中心，把人民赋予的权力交给人民去监督，约束某些政府官员的决策和行为，防止腐败行为的发生，防止失信行为发生；严厉惩治政府官员的腐败行为，恢复人民对政府的信心；建立行政责任追究制度，要按照《国家赔偿法》的规定，对政府机关及公务员违法行使职权侵犯公民、法人和其他组织的合法权益的，依法予以行政赔偿。

（4）建构法治型政府。强调依法行政，实施政府行为法定化。要加强政府信用建设，必须实施政府行为法定化、按照法定职权和程序，依法管理国家事务、社会事务、经济和文化事务；改进行政执法作风，建立行政执法责任制，规范行政执法行为，努力实现依法行政，杜绝多头执法、重复处罚、执法扰民等现象。

构建责任明确的政府，明确权力与利益的边界，明确政府及工作部门职责、权限，依法、科学、合理地设置行政审批权，精减行政审批事项，解决交叉审批、重复审批等问题；对政府进行“限权”，有效制止行政的随意性，克服政府权力部门化、政府权力地方化、地方权力利益化、部门利益法制化等不良现象。增强责任意识，切实转变作风，本着对人民负责的精神，努力做到廉洁、勤政、务实、高效，以实实在在的政绩取信于民。

（5）建构有限政府。变全能政府为有限政府，深化行政体制改革，进一步转变政府职能，建立公正、廉洁、高效、精干的行政管理体制。要精简机构和人员，改革行政审批体制，推行电子政务，建立行政听证制度，实现行政程序公开。要按照建立“有限政府”的要求，本着“政府创造环境，民间创造财富”的市场经济一般原则，合理界定政府与企业、政府与市场、政府与社会、政府与中介关系，将本属于市场、社会中介组织、企业和个人的权利还本复位，充分发挥市场机制在资源配置中的基础性作用，最大限度地减少对经济行为的直接介入，政府的角色须转变为市场经济和社会公众的裁判员和服务员，做到不越位、不缺位、不错位，该由自己管的要管住管好，不该管的坚决不管，该放的放下去，该转移的转移出去，放权于基层，还权于社会和企业，以更好地承担起指导、协调、监督、服务的职能。只有这样，才能保证政府充当好制定规则、营造环境、提供服务、维护公平公正的角色。

（6）建构透明政府。实现“阳光行政”“透明行政”，推行政务公开，要公开政府的行政内容和行政程序。

行政内容的公开包括政府的职权范围、资格条件、办事标准、办事规范、危机处理、救济措施及其途径；行政程序的公开就是建立政府立法、执法的公开运行机制，消除“暗箱操作”。只要不是涉及国家机密，国家法令、公共政策、行政行为、行政程序、行政结果都应通过传播媒介或者汇编文件及时告示或发布，使政府行为有效地接受群众监督，显示政府的信用，以诚信去赢得群众。

要从根本上改变政府的公共服务，就必须推行电子政务。把发展整合性的电子化取用信息服务作为重点，按民众的方便来组织政府信息的提供，以帮助公民“一站式”访问现有的政府信息和服务，节约公众的时间成本、费用成本和其他一些无法预料的成本，提高政府行政的透明度，增强政府的行政效率。

（7）建构以人为本的政府。以服务对象为本，解决宗旨、感情问题；以工作队伍为本，解决服务能力、水平问题；政府在处理经济活动中发生在各种行为主体之间的利益冲突时应该采取公正、公平、公开的原则，同时兼顾向弱势群体倾斜。政府只有真正成为一个合格的“裁判员”，才能得到社会各阶层的认可。

（8）建构可评价的政府。建立科学的、可评价的政府信用评级指标体系，引入市民和社会的评价，用于督促和规范政府行为。

第二节 公债信用管理

一、公债信用的内涵

公债信用也称财政信用，是以国家（中央和地方政府）为主体，按照信用原则筹集和运用财政资金的一种再分配形式。它包括两个方面的内容：一是国家运用信用手段筹集资金，如发行国库券、地方政府债券、财政统借统还外债等；二是国家运用信用手段供应资金，如以有偿的方式安排的某些财政支出。

（一）西方经济学对公债信用问题的认识

随着公债的产生并在社会经济生活中发挥越来越重要的影响，公债成为财政学中最受关注而又贬褒不一、争论最多的工具，公债理论和政策也成为自亚当·斯密创建政治经济学以来最使学者们感兴趣的话题之一。各种关于公债的思想和学说也普遍兴起。这些学说大体上分为两派：正统学派、新兴学派。

正统学派以古典经济学家亚当·斯密和大卫·李嘉图为代表，他们从公债的非生产性用途出发，对政府举借公债持反对态度。

随着自由资本主义向垄断资本主义过渡，对公债持肯定态度的新兴学派应运而生，这一学派反对古典经济学派自由放任的经济思想，主张国家积极干预经济生活。他们认为，政府不但应该发行公债，而且还应主动利用公债来解决资本主义经济所面临的问题。

第二次世界大战以后，根据公债规模不断增长的现实，西方经济学家对公债制度有了进一步的认识。特别是近年来，在一些发展中国家纷纷出现债务危机的情况下，学者们重又强调减少财政赤字的必要性，并指出公债的功能应转向以实现中央银行的公开市场业务为主，从而达到利用财政、货币政策双重调控宏观经济运行的目的。

（二）公债信用发生的前提条件

公债是指国家为了筹措资金而向投资者出具的，承诺在一定时期支付利息和到期还本的债务凭证。广义的公债是指公共部门债务，狭义的公债是指政府部门债务。在现实生活中，所指的公债大多是狭义的，即政府举借的债。一般把中央政府发行的债券称为中央政府债券，或国家债券，简称国债，而把地方政府发行的债券称为地方政府债券，简称地方债。

（1）充裕的闲置资金。只有在商品货币经济发展到一定水平时，社会上才会有充足和稳定的闲置资金，这是发行公债的物质条件。

（2）金融机构的发展和信用制度的完善是发行公债必需的技术条件，否则公债发行便缺乏有效的手段和工具。

（3）公债的存在和发展还必须与商品货币经济下的社会意识观念相适应。

（三）公债信用的性质

马克思在《资本论》中对国家信用的性质进行了明确的论述：“国家对借入资本每年要付给自己的债权人以一定量的利息。在这个场合，债权人不能要求债务人解除契约，而只能卖掉他的债权，即他的所有权证书。资本本身已经由国家花掉了。”

1. 公债是一种虚拟的借贷资本

公债体现了债权人（公债认购者）与债务人（政府）之间的债权债务关系。公债在发行期间是由认购者提供其闲置资金，在偿付阶段是由政府主要以税收收入进行还本付息。公债资本与其他资本存在的区别在于公债资本（用于非生产性开支）并不是现实资本，而只是一种虚拟的资本。用于生产性开支的公债则表现为不能提取的公共设施等国家的现实资本。

2. 公债体现一定的分配关系，是一种延期的税收

公债的发行，是政府运用信用方式将一部分已作分配、并已有归宿的国民收入集中起来；公债资金的运用，是政府将集中起来的资金，通过财政支出的形式进行再分配；而公债的还本付息，则主要是由国家的经常收入——税收来承担。因此，从一定意义上讲，公债是对国民收入的再分配。

（四）公债信用的作用

1. 从财政角度看，公债是财政收入的补充形式，是弥补赤字、解决财政困难的有效手段

当国家财政一时支出大于收入、遇有临时急需时，发行公债比较简捷，可济急需。从长远看，公债还是筹集建设资金的较好形式。一些投资大、建设周期长、见效慢的项目，如能源、交通等重点建设，往往需要政府积极介入。

2. 从经济的角度看，公债是政府调控经济的重要政策工具

（1）调节积累与消费，促进两者比例关系合理化。公债采用信用的方式，只是获得了一定时期内资金的使用权、没有改变资金的所有权，适当发行公债，可以使二者的比例关系趋于正常。

（2）调节投资结构、促进产业结构优化。

（3）调节金融市场、维持经济稳定。公债是一种金融资产、一种有价证券，公债市场可以成为间接调节金融市场的政策工具。

（4）调节社会总需求，促进社会总供给与总需求在总量和结构上的平衡。

国债同其他金融工具一样，都被视作一种金融资产。投资者选择什么样的金融资产，取决于其偿还期、流动性、风险性和收益率等几个方面。国债作为国家信用的代表、“金边债券”，风险最小，投资者可根据自身的风险承受能力，灵活调整投资组合。对于个人和非金融机构来说，适用国债有利于优化其金融资产结构。

对于商业银行而言，他们愿意持有的主要是短期国债。短期国债由于期限短、风险小、流动性强，一般可以视作准货币。商行持有短期国债，主要是作为二级储备，持有国债，有利于商行资产多样化，降低风险。

国债也是中央银行的资产之一。央行资产包括：国债、再贴现、再贷款和黄金外汇占款，央行资产总额等于央行资金来源总额，资金来源总额构成了央行的基础货币和高能货币，能够成倍地派生创造出存款货币，形成货币供给。如果央行因持有国债而增加了基础货币量，并超过经济中需要的资金量，就会造成货币供给过多，出现通货膨胀。但在实践中，央行能够控制基础货币量。控制基础货币量的方法主要是央行的货币政策的三大手段：准备金政策、再贴现政策和公开市场业务。其中，公开市场业务是指央行在公开市场上购入和出售国债，以此投放和收回基础货币，影响货币供给的行为。公开市场业务的前提是存在着高度发达的证券市场，有大量的短期国债可供操作。如美国的国库券为一年期之内的国债，发行方式为每周拍卖发行，在百余年的发行中已经积累了大量余额。

（五）公债信用的基本形式

1. 公债

按发行的地域分为：国内公债和国外公债；

按发行的主体分为：中央政府公债和地方政府公债；

按偿还期限分为：短期公债、中期公债、长期公债；

按公债的流动性分为：可转让公债和不可转让公债；

按举债的方式分为：强制公债和自由公债。

2. 国债

国债是一国中央政府作为债务人，按照法律的规定或合同的约定，向其他经济主体承担一定行为的义务所形成的债权债务关系。

按契约形式分为：债券型国债和非债券型国债（政府间借款、财政透支等）；

按发行地域分为：国内国债和国外国债；

按购债意愿分为：强制国债和自由国债；

按计量单位分为：实物国债和货币国债；

按利率决定分为：固定利率国债和浮动利率国债；

按流通条件分为：流通国债和非流通国债；

按使用方向分为：一般国债和专项国债。

3. 国库券

国库券是一种可转让公债，是短期国债的最主要形式，期限有 3 个月、6 个月、9 个月，最长不超过 1 年。其面额多样，可大可小。国库券一般不记名，不按其付息，债券上只有票面金额，而不载明利率，但出售时按票面金额打一定折扣发行，到期按票面金额足额还本。

（六）国家信用对经济增长的作用

1. 国家信用是国家筹集建设资金的主要手段

国家通过发行国债，可以筹集经济建设所需资金。

2. 国家信用是国家履行财政职能的需要

国家可通过调控国债发行规模和结构来调控经济运行。

二、公债信用风险

（一）公债信用风险的类型

1. 国债风险

这种风险主要体现在国债发行风险、国债投资风险和国债偿还风险。这种风险到一定程度，将可能使国家陷入债务危机。

2. 地方政府债务风险

地方政府如果发债规模过大，将面临着无法按期偿还到期债务的风险，导致地方财政破产。

（二）公债信用风险特征

1. 公债信用风险具有隐蔽性

只要公债能获得市场认同，就能持续发行，公债风险就可以推迟爆发。

2. 公债风险的积累性

只有公债规模达到一定程度，才会对经济运行带来全局性、系统性的损伤。在此之前，公债风险是可控的，其负面影响不易为公众所觉察。

（三）国家信用风险对宏观经济的影响

1. 国债发行规模过大影响经济稳定

如果国债发行规模过大，未清偿国债余额过多，国债还本付息压力加大，将会给未来经济带来沉重的负担。

2. 国债规模不合理会导致通货膨胀

政府举债规模持续增加，意味着社会总需求的扩大，若规模超出了现实经济可以承受的水平，则会带来通货膨胀预期。

3. 国债流通可能会将民间资源排挤出商业领域，产生一定的“挤出效应”

政府发行国债，实质是将社会资金吸引到政府。如果此时社会资金供求状况紧张，将导致私人融资困难，抑制民间投资需求。

4. 国债规模过大有可能引发财政危机

如果政府国债发行规模过大，导致偿债困难，可能引发通货膨胀或债务危机，严重时将导致政府财政破产。

三、国家信用评级

（一）国家信用等级的概念

国家信用等级是衡量其偿付能力强弱的标志，是国家外币债务利率的决定性因素之一，通过影响国家本币债务利率，成为国内债市、股市、汇市和信贷市场价格形成机制的主要因素。根据国际惯例，国家主权等级列为该国境内单位发行外币债券的评级上限，不得超过国家主权等级。

国家信用评级在第一次世界大战前发源于美国，此后，穆迪、标普、惠誉三家信用评级机构主导了这一评级体系，是全球仅有的三家国家信用评级信息提供商，他们据此垄断国际评级体系近百年。

（二）国家信用评级方法

国际上流行国家主权评级，体现的是一国偿债意愿和能力，主权评级内容很广，除了要对一个国家国内生产总值增长趋势、对外贸易、国际收支情况、外汇储备、外债总量及结构、财政收支、政策实施等影响国家偿还能力的因素进行分析外，还要对金融体制改革、国企改革、社会保障体制改革所造成的财政负担进行分析，最后进行评级。

国家主权信用评级具体涉及的主权评级有：长、短期外币债券国家上限评级，长、短期外币银行存款国家上限评级。鉴于外币转移风险及国家系统风险，国家上限评级代表了外币债务发行人所能得到的最高评级。另外还涉及政府外币及本币长期债券评级。主权评级标准从 AAA 至 C。

三个主要信用评级机构都有一系列决定其国家信用评级的关键因素（如表 4-1 所示）。对于每个要素，它们都评价了一系列定量标准和定性标准。尽管这些要素特征表现方式存在差别，但考虑的潜在信息大同小异。比如，所有信用评级机构均将人均 GDP、债务水平及构成、政府金融资源、政治稳定性的某一指标及金融部门的活力视为关键标准。评级指标存在的差别主要体现在，惠誉和标准普尔对政府或有负债赋予较高权重，而穆迪对事件风险赋予较高权重。穆迪和标准普尔对经济结构考虑更多的因素，包括收入差别、竞争性和保护主义者因素（标准普尔）以及人力资本的创新和投资（穆迪）。

表 4-1　信用评级机构使用的国家主权信用评级指标

	惠誉	穆迪	标准普尔
宏观／增长	人均 GNP 及人均 GDP 货币和财政政策及信誉和政策框架的一致性 长期增长途径的可持续性 经济竞争力 本币需求深度 执行反周期宏观政策的能力 经常账户构成	人均 GDP 名义产出的长期波动 经济规模 经济和贸易区一体化	评级及经济增长模式 货币政策工具的范围及效率 存款和投资规模及构成 货币和信贷扩张 经济周期价格行为
公共融资	政府金融资产 主权净外资头寸 政府收入波动性 收入／GDP 比率 中期公共债务动态 财政政策框架及机构信誉 金融灵活性	政府增加税收、削减支出、出售资产或取得外币的能力(比如从官方储备)	政府总税收、支出及盈余／赤字趋势 财政态势和货币及外部因素的兼容性 增加税收的活力及效率 支出的有效性及压力 非金融公共部门企业规模及健康程度
债务	公共债务的规模及增长率 政府债务构成(期限、利率和货币) 政府或有负债 外币债务和资产的期限及货币结构 不同部门国外负债及资产的分布 支付记录	债务水平 利率支付及收入 政府债务结构 债务偿还负担 债务动态 有条件负债 金融深度	政府总债务及净债务；总外部债务及净外部债务 利息专用税收份额 一次性还本付息的负担 期限分布及货币构成 优惠融资的获得 当地资本市场的深度及广度
金融部门	宏观审慎风险指标 银行部门质量及监管 银行部门或有负债 银行部门外资所有权	金融部门实力 银行部门或有负债	金融部门稳健性 金融部门效率
外部融资	资本流动 非居民扩展信贷及购买国内资产的意愿 对外债务专用经常产出的份额储备充足率	国际收支动态 外汇储备 外汇使用权 外部脆弱性指标	财政政策及货币政策对外部账户的影响 经常账户结构 资本流构成 储备充足率
汇率	汇率机制 指数化及美元化	汇率机制 指数化及美元化	汇率机制和货币目标的兼容性 指数化及美元化
政治	战争风险 政治机制的合法性 国际社会及国际机构的关系	战争 政治共识的程度 政治混乱 政府行为的效率及可预测性 政治透明度水平	政治机构的稳定性及合法性 政治过程的大众参与 领导继任的秩序 经济政策决定及目标的透明度 公共安全 地缘政治风险

续表

	惠誉	穆迪	标准普尔
结构／机构	政府效率 向国际资本流及贸易的开放程度 商业环境、人力资本及治理 关于财产权的法治 私人部门的竞争性和营利性 控制腐败	透明度 创新水平 人力资本投资 尊重财产权	公共部门效率 机构因素，比如中央银行独立性 报告的合时性、覆盖率及透明度 私人部门的竞争性和营利性
其他	存储比率 经济向贸易的开放程度 商品依附性	地震 飓风 投机危机	市场导向性的繁荣、多样性及程度 收入差距 贸易保护主义及其他非市场影响 劳动力的灵活性

资料来源：全球金融稳定报告——主权、融资和系统流动性，2010年10月。

信用评级机构在信息集聚成单一评级方式上存在细微差别。惠誉将标准结合成单一分数，通过调整该分数来求出长期发行人违约评级。穆迪对四个关键因素的每一个都根据五点级别进行评级，然后将相关的信息相结合。标准普尔对9个关键因素的每一个根据六点级别进行排列，但没有计算分数的精确公式。此外，每个因素的趋势以及其绝对水平也被考虑到最后评级中。信用评级机构使用国家当局提供给它们的公共信息和额外信息，尽管数据质量检验有时很难做到，但它是国家风险分析的一个重要部分。

尽管信用评级机构极力使用清楚客观的标准为每个因素下的国家表现“打分”，但实际评级不是这些因素的机械加权，而是由评级委员会决定，该委员会将相关分析提供的材料考虑进去，形成对该国信用风险的判断。

[专栏4-1]

中国大公国际的国家信用评级

2010年7月11日上午，大公国际资信评估有限公司（以下简称“大公”）在北京发布2010年国家信用风险报告和首批50个典型国家的信用等级。这是中国也是世界第一个非西方国家评级机构第一次向全球发布的国家信用风险信息。

（一）大公国家信用评估关键要素分析

大公通过对国家管理能力、经济实力、金融实力、财政实力和外汇实力五大要素的分析，对一国中央政府的信用风险水平作出评价。

1. 国家管理能力分析

国家管理能力考察的核心是一国的制度环境及政府的管理水平能否保障并促进本国经济长期、稳定、健康发展。国家管理能力分析主要包括国家发展战略、政府治理水平、安全状况和国际关系四个方面。

（1）国家发展战略。

国家发展战略能充分反映一国所处的政治、经济发展阶段，国家在当今国际体系中的地位和处境，以及政府在现阶段的政策主张和执政水平。

（2）政府治理水平。

政府治理水平分析具体包括政策连续性和稳定性、政府有效性及中央政府的动员能力三个方面。政策的连续性和稳定性是国家形成政治、经济和社会秩序的前提。政府的有效性指政府机构履行各自职责的能力。中央政府的动员能力考察国家在面对重大情况或危机事件时动员全社会的力量应对挑战的能力，其中需重点考察的是政府在偿债资金不足时调动资源的能力。

（3）安全状况。

良好的国家安全环境是国家发展战略及经济发展的重要保障力量，国家安全环境的不稳定直接造成政府安全支出大量增加，降低政府的还款能力，间接影响社会稳定，妨碍正常生产秩序，阻碍经济发展。安全状况分析主要包括国内动乱、内战及非传统安全因素三个方面。

（4）国际关系。

当今世界进入全球化时代，各个国家间的联系及影响愈发紧密，国际层面的因素已对一国发展进程产生重大甚至是决定性的影响。对国际关系的分析主要从三个层面展开：国际战略；区域层面的国际关系；全球层面的国际关系。

2. 经济实力分析

经济实力分析主要包括经济规模和体系、经济稳定性、经济增长潜力三个方面。

（1）经济规模和体系。

经济规模和经济体系的结构状况在很大程度上决定了经济体系创造国民财富及抵抗危机的能力。当前的国民财富规模是经济体系长期以来创造财富能力的综合反映，也是政府财政收入的基础，决定了政府从国内进行融资的能力。名义和实际国内生产总值是衡量经济规模的主要指标。

经济体系主要考察经济的发展水平和经济结构。经济发展水平用人均国内生产总值来衡量，它能够在一定程度上代表一国经济发展所处的阶段。经济结构的考察包括经济增长动力结构、资源禀赋结构、产业结构、科技投入水平、储蓄率与投资率、经济增长方式的可持续性等方面，其中对产业多样化程度、产业竞争力以及储蓄和投资情况等应尤为关注。

（2）经济稳定性。

经济稳定性主要考察经济在当前和未来一段时间内能否保持稳定、健康发展，即在运行过程中抵抗各种冲击的能力。经济稳定性分析包括宏观经济稳定性和经济安全两个方面。宏观经济稳定性侧重考察当前阶段一国宏观经济运行是否稳定；经济安全则着眼于发掘经济体系内部长期存在的导致自身不稳定的因素来判断一国经济体系的抗风险能力。

宏观经济稳定性主要通过通货膨胀率、失业率和经济增长率三个指标来反映。经济安全状况分析主要包括两个方面，首先考察影响经济安全的内部因素，主要指产业结构单一化或畸形化是否会带来经济的周期性波动和导致经济运行不稳定；然后分析经济的对外依存度，包括产业依存度、粮食依存度和能源依存度。对外依存度高的国家往往更容易受外部环境变化的影响。

（3）经济增长潜力。

经济增长潜力的分析重点是经济在当前及未来调整和解决运行中存在的结构性和制度性问题，优化利用各类要素，促进经济保持长期增长的能力。国家宏观经济战略对于实现经济未来的增长十分重要，是经济增长潜力部分分析的一个重要方面。国家宏观经济战略作为战略性要素，对该国如何利用基础性要素以改善经济的结构性问题起到了指导与统领的作用。对国家宏观战略的分析具体包括产业发展战略、经济增长方式转变战略及人才战略等。

3. 金融实力分析

金融实力分析的核心是金融体系保障财富创造、经济增长及抵御金融风险的能力。一国金融体系对国家信用会产生重大影响，这已由历次金融危机的实践所证明。对金融实力的分析可以从效率和风险两个方面，分别对金融体系的发展水平和金融体系的稳健性进行考察。

（1）金融发展水平。

金融体系主要通过长期形成的基础性体制功能和即时调节功能对经济体系产生影响。对金融发展水平的分析包括金融体系的规模与结构、货币政策两个方面。

金融体系的规模与结构能够体现一国金融体系的整体发展水平。大公采用金融相关比率，即一国全部金融资产价值与国内生产总值之比、私人信贷规模与国内生产总值之比等作为主要的规模性指标。金融结构是指构成金融总体（或总量）各个组成部分的规模、运作、组成与配合的状态，是金融发展过程中由内在机制决定的、自然的、客观的结果或金融发展状况的现实体现。

货币政策在此处指政府、中央银行和其他有关部门所有有关货币方面的规定和所采取的影响金融变量的一切措施（包括金融体制改革，即规则的改变等）。大公对货币政策的考察首先判断其目标选择的恰当性，然后考察其货币政策工具运用的合理性，并通过对金融体系发展水平的考察判断其传导效率如何，最后判断其政策的执行效果，以及与财政政策的协调程度等各方面的情况。

（2）金融稳健性。

由于金融本身的高风险性及金融危机的连锁效应使得对金融体系稳健性的评估成为对金融实力评估的重要方面。对金融体系稳健性的评估主要从风险产生机制和风险防范机制两方面进行。

风险产生机制主要考察金融机构与金融市场的稳健性，金融机构与金融市场的不稳定是引发金融风险的直接原因和表现形式。风险防范机制主要考察金融监管体系和信用评估体系状况，金融监管及信用评估体系是当前能够对金融机构及金融市场中的风险进行监控、管理和预警的最重要的机制。

在考察金融体系的稳健性时，大公的评估方法关注一国信用规模与实体经济的比例关系是否适当。金融监管是来自政府层面的对经济发展中金融风险防范的有力手段。在对一国金融监管水平进行考察时，大公具体从法律基础设施、金融监管体制和金融监管效率三个方面来衡量。

4. 财政实力分析

财政实力是指政府通过综合运用财政收支和债务管理等多种财政手段保证本币债务偿付的

能力。财政实力分析的目的是通过债务规模和偿债收入之间的对比分析，来重点考察政府资金的流动性状况。对财政实力的分析包括财政收支平衡状况、政府债务状况及政府收入增长潜力三个方面。

（1）财政收支平衡状况分析。

财政收入和支出状况主要反映了财政运行的基本状态及所存在的主要问题。在对财政收支平衡现状进行评价时，最常用的分析工具是政府的财务报表。根据财政结余=财政收入-财政支出，分别对财政收入和财政支出状况进行具体分析。

（2）政府债务状况分析。

政府债务负担状况在国家信用风险分析中占据重要地位。对政府债务的综合考察包括债务存量状况、偿债负担状况、债务变化趋势三个方面。

存量债务是长期财政赤字累积的结果，其规模通常用政府债务存量对国内生产总值的比率及政府债务存量对政府财政收入的比率来衡量。偿债负担状况反映了政府当年需偿付的债务规模，通常用当年还本付息数额来代表。债务变化趋势是通过对以往政府债务负担变化规律的分析，来判断未来债务负担变化的趋势和波动幅度。偿债负担状况反映了政府当年需偿付的债务规模，通常用当年还本付息数额来代表。债务变化趋势是通过对以往政府债务负担变化规律的分析，来判断未来债务负担变化的趋势和波动幅度。

（3）政府收入增长潜力分析。

政府收入增长潜力是对政府未来用于偿债的收入状况进行分析和预测。政府收入是政府可获得或可创造的资金，是主权政府偿债资源的保障。大公重点通过对政府收入结构的具体分析来判断政府收入在未来的整体增长潜力。政府收入包括税收收入、债务收入、其他收入，收入来源的不同使对债务的保障力度也不同。

税收收入是政府收入中最稳定且最易监督管理的部分，它通常是主权政府用以偿债的第一来源。税收收入的增长潜力取决于国民财富的增长速度、税基和税率三个方面。债务收入是以政府的名义，通过国内、国际借款或发行各种债券所获得的收入。债务收入仅作为主权政府偿债的第二来源。其他收入是除税收收入、债务收入之外的其他收入来源。主要包括各项收费、赠款、私有化收益和国有资产收益等，其规模相对较小，对政府收入的贡献有限，收入不确定性较大，因此属于主权政府偿债资金的第三来源。

大公引入币值分析以判断政府的实际偿债能力。币值考察一般针对一国出现货币大规模贬值，或发生加速、恶性通货膨胀的情况——小幅的货币价值变化不会使债权人的利益严重受损。根据债权人的不同，一国货币币值变化的衡量标准不尽相同。对于国内债权人，应以货币对内价值的变化情况（通货膨胀率）作为衡量政府实际偿债能力的标准。对于国外债权人，则还需通过货币的对外价值变化（汇率）对此作出全面判断。

5. 外汇实力分析

外汇实力分析的核心是政府获取外币资产来保障外币债务偿还的能力，重点是考察在发生外部冲击时，一国政府能否保持充足的外币资产流动性。政府偿还外币债务时，如需要外币资产，可通过三种途径：在国际市场兑换、利用官方外汇储备、进行外部融资。因此，对外汇实力的分析也相应表现为从货币汇兑能力、外汇充裕度和外汇融资能力三个层面展开。

（1）货币汇兑能力。

确定一国的货币属性是外汇实力分析的第一步。是否是国际储备货币、一般可自由兑换货币及不可兑换货币（根据货币属性的不同），决定了政府能否采用即时的货币汇兑方式来满足其偿还外币债务的需求，以及这种能力的强弱——本国货币为国际储备货币的国家，这种即时兑换能力最强，同时其特权货币的地位使其外债主要以本币计值，外币债务规模有限。

（2）外汇充裕度。

当前官方储备资产规模、国际收支状况以及国家外债规模是决定外汇存量状况和外汇流量状况的三个最重要的因素。外汇存量状况，主要反映为官方储备外汇资产，是指货币当局持有的包括外汇、黄金、特别提款权、在基金组织的储备头寸等。国际收支状况表现了一国通过国际经贸往来活动获取外汇资产的能力。大多主要从总体国际收支平衡状况、贸易收支情况、外商直接投资、国际证券投资等方面的指标来综合考察一国外汇资产流量状况。一国外债规模，包括公共部门和私人部门对外净负债，也会对一国外汇资产充裕度产生负面的抵消和稀释作用。

（3）外汇融资能力。

外汇实力分析的第三步主要是针对经由资金融通渠道而获取外汇资源进而保障主权外币债务偿付能力所进行的分析，这主要可以从国际金融市场外汇融资渠道和官方外汇融资渠道两个方面来考察。就政府在国际债券市场上的融资行为而言，国债收益率等能够衡量主权政府债券的投资价值和投资风险。

（二）大公国家信用等级确定

根据确定的影响国家信用风险五大关键评估要素及能够刻画这些要素的具体指标，大公建立了国家信用评估操作系统。录入指标数据，依据设定的评分方法和评分标准，系统会产生初始信用等级，之后经过信用评审委员会的调整形成最终的本、外币国家信用等级。其具体思路和步骤如下。

第一步，分别确定国家管理能力、经济实力、金融实力、财政实力及外汇实力的信用分值。

以国家管理能力为例，首先对其中的各项指标进行模型量化处理，接下来将得分加权平均，得到一国国家管理能力的最初得分，之后评审会会综合考虑在模型中没有体现的该国在国家管理能力方面的特有优势或劣势，并通过国家间的比较，对初始得分进行一定调整，最后得到该国家的最终得分。分值区间从0到9，0分代表风险最高，9分代表风险最低。

第二步，对前四大要素进行加权平均，得到本币信用分值，并将分值对应为信用等级。

大公国家信用等级从高到低，从AAA到D共十个等级。除“AAA”和“D”等级外，每个信用等级可用“+”或“-”进行微调，分别表示比相应等级的信用质量稍高或稍低。

第三步，综合外汇实力得分，对本币信用等级进行调整，得到外币信用等级。

外汇实力很强的国家，外币信用等级有可能超过本币信用等级，但在多数情况下，外币信用等级会等于或低于本币信用等级。

四、公债信用管理

（一）公债发行管理

1. 内债发行规模风险管理

内债发行规模可用以下指标衡量。

（1）内债发行规模与国债投资者投资能力的适应程度。用国债应债率指标衡量，即国债累计余额占当年居民储蓄存款余额的比例。

（2）内债发行规模与社会经济承受能力的适应程度。用国债负担率指标衡量，即一定时期的国债累计余额占 GDP 的比例。国债累计余额相当于当年的财政收入总额，也被国际上公认为国债规模的最高警戒线。

（3）内债发行规模与财政偿债能力的适应程度。用财政收入偿债率指标衡量，即国家用于偿还内债债务支出占财政收入的比例。

（4）内债发行规模与财政支出之间的适应程度。用债务依存度指标衡量，即指当年的国债发行规模与财政支出的比例。

2. 外债发行规模风险管理

外债和外资是发展中国家特别需要的经济资源，它提供了一种发展的机遇。但外债过多也能引发债务危机。因此，对待外债规模，应该始终持谨慎的态度。

可用下列指标衡量外债发行规模风险状况。

（1）偿债率。指当年的外债本金和利息偿还额占当年贸易和非贸易外汇收入之比。国际上一般认为，这一指标保持在 20%为宜，最高不要超过 25%。

（2）债务率。指外债余额与当年贸易与非贸易外汇收入之比。

（3）负债率。指一国对外债务的负担程度，可用下列指标来衡量负债率：

外债余额占同期商品及劳务出口外汇收入额的比重，一般应保持在 100%左右；

外债余额与同期国民生产总值的比率，一般不应超过 20%；

外债还本付息额占同期国民生产总值的比率，一般应控制在 5%以内；

年末利息支付额占同期国民生产总值之比，一般应控制在 3%以内。

3. 国债发行结构风险管理

国债发行结构风险管理是指国债发行人通过合理确定发行条件的不同组合和量的比例，以达到降低风险的目的。

国债结构风险主要体现为国债品种单一、利率偏低、期限比较集中、币种不够对称等因素。

国债结构管理要注重推进品种结构多样化、利率结构基准化、期限分布平缓化、币种结构相关化。

4. 国债发行风险综合管理

投标竞争不足、利率定价偏高、投资主体弱小、市场准入较严、政策告示不强，是形成国债综合管理风险的潜在因素。

稳步推进发行方式竞争化、利率水平市场化、投资主体机构化、市场准入宽松化、公开操作告示化、债务管理规范化，是降低国债发行风险的可行办法。

多重价格竞争、二次加权定价、基数均衡曲线、充分预示信息，均为化解发行风险提供了综合分析的技术手段。

（二）公债流通管理

1. 国债流通规模管理

（1）国债流通规模的衡量指标。

绝对指标：

国债流通规模＝国债自营买卖交易额＋国债代理买卖交易额

国债自营买卖交易额＝国债自营买入额＋国债自营卖出额

国债自营库存＝国债自营买入额－国债自营卖出额

相对指标：

国债流通率＝国债流通规模/国债累计发行规模×100%

国债余额流通率＝国债流通规模/国债余额×100%

证券国债流通率＝国债流通规模/全社会证券流通规模×100%

（2）国债流通规模对货币流量的影响。

处于准货币地位的流通国债的换手对货币流通量将产生两方面影响：

一是弥补货币流通量的不足，帮助物质商品实现其社会价值；

二是排挤信用货币量，引发通货膨胀。

国债流通规模的临界值通常考虑四个关键性指标：国债流通率、国债余额流通率、证券国债流通率、流通国债需要的货币量。这些指标反映了国债流通的过程和主要方面，又具有简洁、便于业务部门进行实际操作的基本特点。

2. 国债流通结构管理

（1）国债流通期限结构管理。

一个国家政府债券的流通期限结构的特点是由很多因素形成的。如国民储蓄的特点、投资者的构成、居民消费结构的特点、金融体系的特点、国债二级市场的流动性等。

合理的国债流通期限结构的特点是长期、短期、中期国债相结合，品种丰富，各期限国债相互搭配、相互补充，形成一体化的流通品种系列。

（2）国债收益率曲线和流通结构管理。

国债收益率曲线是描述在某一点上一组上市交易的国债收益率和它们剩余期限之间相互关系的数学曲线。通过二级市场的流动性所形成的国债收益率，反映市场利率的期限结构，揭示市场利率的总体水平，推动流通市场发展，并为中央银行制定货币政策、进行利率调控和市场风险监管提供了重要的依据。

3. 国债流通品种结构管理

从债券形式来看，发行的国债可分为凭证式、无记名式和记账式三种。其中凭证式国债为非流通国债，后两种为可流通国债。

流通国债与非流通国债的结构关系可以总结为：可流通国债是国债的主要品种，非流通国债是国债的重要补充和组成部分。可流通国债规模过小以及流通国债与非流通国债的比例失调，会对市场交易规模、市场流动性等将产生不利影响。

4. 国债投资者结构管理

国债投资者，即国债持有人，指在国债二级市场上买卖政府债券的个人、各种养老保险基金、银行和外国投资者。

从世界各国的实际情况来看，政府债券的主要投资者是各种机构投资者，如养老保险基金、基金管理人、银行。这样的国债投资者结构是健全的国债市场的重要标志，优点：一是基金长期持有国债，有利于市场稳定；二是银行持有国债可以为中央银行实行公开市场操作创造条件；三是有利于实行招标或承购包销等市场发行方式，降低国债发行成本。

5. 国债流通风险综合管理

除了关注对流通规模、流通结构的管理外，还必须综合考虑国债市场交易技术、交易方式，市场体系的布局与构建以及市场机制等诸多方面的风险管理，以建立完整、全面的国债流通市场风险管理机制；在合理控制市场风险的基础上，进一步扩大国债流通市场的交易规模，增进市场容量，促进国债流通市场在广度、深度上的提高，充分发挥国债流通在整个宏观经济中的作用。

就实践而言，做市报价、库存头寸、非对称信息、市场分割、监管缺陷，构成了当前国债流通综合管理风险的可能性因素。

（三）公债使用管理

1. 国债资金使用状况

发行长期建设国债，筹措建设资金，主要投放到以下领域：基础设施项目、水利和生态项目、产业结构调整项目、教育设施、城市环保项目。国债项目投资成为拉动经济增长的重要力量。

2. 国债资金运行中的问题

（1）国债资金使用分散，影响了资金的使用效益，增加了资金管理的难度；

（2）挪用或不按规定用途使用国债项目资金；

（3）国债项目前期准备不足，工程预算严重超支；

（4）建设项目单位财务管理弱化现象普遍存在。

3. 加强国债资金管理，控制国债资金流向，提高国债使用效益

（1）严格国债资金的使用管理和监督；

（2）完善国债建设项目管理；

（3）全面提高建设单位财务管理水平。

（四）公债偿还风险管理

1. 国债偿还规模风险管理

国债偿还规模包括两个概念，即当年的国债还本付息额和国债余额。

（1）国债偿还规模风险指标分析。

① 国债偿还规模增幅与中央财政支出增幅的比较；

② 国债偿债率分析；

③ 国债依存度分析；

④ 国债负担率和国债应债率分析。

（2）管理重点。

中央财政集中度偏低、税制无弹性、进口额增长速度较快，是影响偿还规模风险的潜在因素。

提高中央财政的集中比重，增强税制弹性，保持较高的出口增长率，是消除潜在隐患的基本对策。

2. 国债偿还结构管理

(1)国债偿还利率结构管理。

国债偿还利率结构主要是指不同期限国债的利率结构。良好的利率结构不仅保障国债发行成功,同时能降低国债的发行成本。

(2)国债偿还期限结构管理。

国债偿还期限结构的优化关键在于调整好国债发行期限结构,即扩大短期国债的发行,重视长期国债的发行,适当调整中期国债的期限设计。

3. 国债偿还风险综合管理

加强偿还风险的综合管理,重点应消除隐性赤字和结构性赤字的压力,坚持财政周期性平衡与结构性平衡并举的方针,强化债务余额管理,实现债务经济的稳定性。

建立偿债基金,赋予偿付、减债、调节、增值和担保功能,完善基金的提取、存储、管理和运用管理,形成以债养债的机制也是各国的成功经验。

(五)公债风险的转移与处置

1. 公债风险转移

公债风险可通过保险转移、非保险转移等方式转移。

保险转移是最基本的风险管理技术。国际上有很多保险机构开展对主权国家债务的保险业务,对主权国家发行国家债券予以承保。

非保险转移,主要是通过第三国银行,对主权国家发行债券提供担保。

2. 公债风险处置

对于存在偿还困难的债务国,可通过对债务的重新安排,改善债务国状况。

贷款重新安排,通常做法是债权银行通过和债务国协商,采取延长贷款宽限期、延长贷款偿还期限、降低贷款利率、豁免部分到期贷款本息、提供部分新增贷款、债转股等方式来缓解债务国的严重流动性危机。其中,官方或官方担保的贷款重新安排通常在国际清算银行、国际货币基金组织或巴黎俱乐部的主持下进行。

20 世纪 80 年代以来,拉丁美洲的国家爆发了严重的债务危机,通过一系列债务安排,成功地降低了债务负担。

思考练习题

1. 简述政府信用危机的表现。
2. 论述政府树立信用形象的措施。
3. 如何降低公债的风险?
4. 简述国债发行风险的管理措施。
5. 简述国债偿还风险的管理措施。
6. 简述主权国家信用评级的要点。

第五章 个人消费信用管理

学习目标

- 了解个人消费信用的概念、分类和形式；
- 了解个人消费信用管理的流程和具体的管理制度；
- 掌握个人信用评价方法，了解提升个人信用等级的途径。

第一节 个人消费信用概论

一、个人消费信用的概念

消费信用从一个小故事说起。一个美国老太太和一个中国老太太同一天在天堂相遇。美国老太太说："唉，我昨天总算把30年的住房按揭款还清了。"中国老太太说："唉，我昨天总算用我毕生的积蓄把住房买进了。"

消费观念和消费方式的差异造成了两位老太太截然不同的生活质量。

前者是用信用消费方式，后者是用现金消费方式。在经济发达国家，个人信用消费已经成为最主要的消费方式。

按授信对象分类，个人信用是授信机构向个人提供的信用。这种信用形式以消费者个人及其家庭为授信对象，为消费者购买生活资料和为消费者理财提供融资。由于个人信用一般用于满足个人的消费需求，一般也称作个人消费信用，或简称为消费信用。

只要授信机构将一种信用工具售给提出信用申请的自然人，而他（她）是将取得的信用用于家庭生活，这种个人信用就称为消费信用。

消费信用的定义强调的是受信人的自然人身份特征和信用工具用于私人家庭生活为目的，而不论授信机构的性质和信用工具的种类。

消费信用是消费者通过把授信机构提供的信用来满足消费需求的一种经济行为。在性质上，消费信用是与个人储蓄行为相对应的，储蓄的目的是用现有收入实现未来的消费，而消费信用则是未来消费的即期实现。

消费信用的使用形式表现为赊购大件消费品、分期付款购物、延期付款、消费贷款等。投放消费信用能够扩大消费品市场的需求，缓解消费者有限的购买力与不断提高的生活需求的矛盾，扩大消费，刺激经济发展。

根据消费信用的定义，有的消费信贷用于个人创业目的，例如无指定用途的消费信贷。此时，虽然该信贷是以自然人的身份取得的，授信机构也是根据申请信贷者的自然人身份将其分类到个人信贷，但违背了消费信用的定义，不应将其视为消费信用范畴。

二、消费信用理论

（一）马克思的信用理论

剩余价值的生产所受的是社会生产力的限制，而剩余价值的实现所受的是社会消费力条件的限制。社会消费力是指消费者在一定社会关系（即分配关系）中所具备的消费能力。生产者迫切需要一种稳定并具有连续性的解决剩余价值实现困难的问题的有效措施。而消费信用作为能够满足这种需要的有效手段就应运而生。由此可见，消费信用是社会化大生产的产物，是社会生产力发展到一定阶段，为了缓解生产与消费的矛盾，促进剩余价值实现的必然要求。

（二）经济增长理论

在凯恩斯的经济理论中，国民收入是总需求和总供给决定的。总供给和总需求是决定国民收入的力量，国民收入达到均衡的条件是：总供给＝总需求。

通过发展消费信用可以达到同时减少储蓄和增加消费的目的。消费者获得消费信用后会将其用于即期消费，同时减少了当期储蓄（因为消费信用一般不提供消费者的全部费用，至少还有一个首期付款和自付款部分），结果导致消费增加而储蓄减少。

消费信用除了可以通过增加消费减少储蓄从而增加总需求来刺激经济增长以外，还可以通过提高社会边际消费倾向从而增大“乘数”来刺激经济。

（三）商业银行经营管理理论

商业银行之所以进入消费信用领域，一个重要的原因是商业银行经营管理理论的演变为商业银行介入消费信用领域打开了缺口。

资产管理方法在理论上的突破是20世纪40年代提出的“预期收入理论”。该理论认为，借款人的预期收入是归还贷款的真正的资金来源和衡量其归还贷款能力的标准。

（四）持久收入假定和生命周期假定理论

持久收入假定理论认为，消费者的消费支出主要不是由其现期收入决定的，而是由其持久收入决定的。持久收入是指消费者可以预期到的长期收入，即在一生各个阶段可望得到的收入的平均值。消费信用的实质是将费者的未来持久收入提前到即期，即增加现期收入，将预期消费需求提前实现，只要消费者预期未来收入向好，便可增加现期消费。当现期收入不能满足现期消费支出时，可以根据自己对未来持久收入的预期结果而暂时向金融机构申请消费信贷加以弥补。实质上，债务人是借助消费信贷这一手段，将其未来的持久收入转化为现实收入提前进行消费。

“消费与储蓄的生命周期”假说中将人的一生分为青年、壮年和老年三个阶段，该理论假定消费者是理性的，其行为的唯一目标是效用最大化，消费者总是要估算一生总收入并考虑在生命过程中的各阶段如何最佳分配自己的收入与支出，以获得一生中最大的消费满足。年轻人收入一般偏低，消费支出超过收入。步入壮年后，收入逐渐增加，此时收入大于支出，一方面可以偿还年轻时欠下的债务，另一方面积攒收入用于养老。到了老年退休后，收入下降，支出又会超过收入。消费信贷可以很好地解决收入与消费需求的错位。

三、消费信用的特点

1. 消费信用风险高

由于个人信用信息的缺乏，消费信用经营机构无法有效甄别个人信用，在确定信用额度和信用期限方面存在一定的盲目性，导致消费信用的呆账率一直处于较高水平。特别是消费信用的风险与经济周期密切相关，一旦经济步入萧条，极易引发消费信贷危机。

2. 消费信用经营成本高

个人消费信用的经营对象是居民个人，存在个体消费信用规模小、发放对象分散、调查成本高等特征，导致消费信用经营成本居高不下，只有整体上达到一定的经营规模才能获利。

四、消费信用的原则

1. 早借钱、早立信

建立“信用”的开端始于向银行借钱。越早借钱，才能越早在银行建立借款记录，为逐渐建立个人“信用”打基础。

2. 小额信贷是立信之初的最佳帮手

银行向来对个人借贷持审慎态度，特别是当人们在银行没有任何信用记录的时候，借钱是很困难的。在众多借款方式中，贷记卡作为一种小额信贷的工具，是申请信贷及建立个人信用最便利的工具。信用卡在申请之后必须使用，否则，它只是张睡眠卡，信用并未被启动，更谈不上建立信用记录了。

3. 准时还贷，再借不难

尽早借钱、小额信贷都是在为建立个人“信用”做准备，但如果光借不还，您在银行面前就成了无信用可言的人，银行也不会再继续接受您的贷款请求。即使是有借有还，但却未按期偿还，同样也不会帮助您建立起良好的个人“信用”。只有准时还贷，良好个人“信用”才能建立，才能再借不难。

五、消费信用的分类

根据授信主体的不同，消费信用可以分为零售信用（retail credit）和现金信用（cash credit）两大类。

（一）零售信用

零售信用是指商品制造企业或商业企业等非金融机构授予消费者个人的信用。根据定义，赊销企业对自然人性质的消费者个人授信，使用的是企业自有资金，没有金融机构资金的直接介入。换言之，使用零售信用赊销商品的消费者，将根据赊购协议向赊销企业还款，而不直接与金融机构打交道。

零售信用通常分为三种：零售赊欠信用、零售分期付款信用以及零售循环信用。

1. 零售赊欠信用

零售赊销信用是传统的零售信用方式，表现形式为普通赊欠账户，即俗称的挂账方式。它是最古老的消费信用方式，已经有几千年的历史，据记载，我国的商朝时期就有了这种方式。

零售赊欠信用应用范围很广，让消费者感到非常方便，是一种常用的促销方法。但它是一种比较落后的信用销售方式，也有明显的缺点，即商家和厂家承担了全部来自客户的风险。

2. 零售分期付款信用

零售分期付款信用是近代出现的消费信用方式，一般被用于大件耐用消费品的赊销。在签订赊销合同以后，消费者只需按照要求付少许的首付款，就可以将所购商品拿走使用，但只要消费者没有清偿贷款，商品的所有权仍然属于厂家。

零售分期付款信用赊销商品的还款方式是分期偿还贷款的本金和利息，一般是按月偿还分割到每个月的本金和利息的相加额度。

3. 零售循环信用

零售循环信用是一种仅由零售商资金支持的赊销形式，是开放式循环使用的信用。零售循环信用属于现代信用方式，它的大规模出现是受到了信用卡概念的影响。

在形式上，零售商的通常做法是发给消费者一张赊购卡。只要消费的金额不超过随卡授予的信用额度，持卡消费者可以从发卡公司开办的商场赊购任何商品。消费者可以在 30 天内付清赊欠账款，而不用支付利息和其他费用。

（二）现金信用

1. 现金信用及其特征

现金信用是对主流金融机构对消费市场投放的信用类别的统称，是金融机构介入赊销而产生的消费信用方式，直接由金融机构与消费者个人签订信贷合同。最为熟悉的现金信用类工具是消费信贷和信用卡。

金融机构开办消费信贷和信用卡业务是为资金寻找新的且有价值的信贷领域。

消费者使用现金信用主要理由：

（1）在某些交易中，零售商或者服务的提供者只收取现金，不接受任何形式的挂账，例如大学的学费等。因此需要有单笔信贷形式的信用需求。

（2）在使用商业银行提供的现金信用的利率比大件耐用消费品制造商提供的信用的利率低时，消费者会权衡使用现金信用。

（3）某种现金信用的授信标准门槛比较低时，对于被个人征信局给予低信用评分的消费者和有些信用记录有瑕疵的消费者，会转向使用现金信用。

（4）消费者为合并多笔额度较小的债务时，出于个人理财的目的，会向金融机构申请一笔额度能够盖过其他债务总和的贷款。

（5）由商业银行发行的信用卡等现金信用工具，其使用更为方便，用途更为广泛。

2. 分期付款式信贷

分期付款式的消费信贷是现金信用的一种，是在商业银行介入以后最早出现的消费信贷形式之一。分期付款式消费信贷是由商业银行发放的，消费者在赊购大件耐用消费品时，需要与提供商业银行直接签署贷款合同，消费者的信贷申请完全由商业银行审查和批准。

注意在使用分期付款式信贷时，美国有些州的法律要对消费者提前付清贷款予以罚款，或不允许提前还清贷款。

3. 开放式循环信用

开放式循环信用指授信方从不要求消费者必须结清账款，消费者可以“永远”只定期支付所要求的最低付款额度，并继续使用这种信用工具。

最常见的开放式循环信用工具是信用卡。

（三）其他类别信用

1. 服务信用

服务信用是指服务提供者给予消费者的信用，消费者在使用了服务之后，服务的提供者没有立刻向消费者收取费用，而是经过一段时间再将积累的账单寄送给消费者，请求照单付款。

2. 美国式房地产信用

它类似于我国的按揭贷款，贷款申请被金融机构核准后，借款人便要签订一份房贷借据，同意在约定时间内连本带利以分期付款方式逐渐还清购房贷款和利息。

六、消费信用的形式

消费信用常见的表现形式为消费信贷和信用卡。

（一）消费信贷

消费信贷是指商业企业、银行或其他金融机构对消费者个人提供的信贷。主要用于消费者购买耐用消费品，如家具、家电、汽车，房屋和各种劳务。

消费信贷的形式：赊销、分期付款和消费贷款。

1. 赊销

赊销是指零售商以商品赊销形式向消费者提供的信用。主要用于日常生活消费品的购买，属于短期信用。在发达国家多数采用信用卡的方式进行。

赊销是零售商向消费者提供的短期信贷，即用延期付款的方式销售商品。西方国家对此多采用信用卡的方式，定期结算清偿。

2. 分期付款

分期付款是指消费者在购买高档消费品时，只支付一部分货款，然后按合同分期加息支付其余货款。如果消费者不能按时偿还所欠款项，其所购商品将被收回，并不再退回已付款项。

分期付款是购买商品和劳务的一种付款方式。买卖双方在成交时签订契约，买方对所购买的商品和劳务在一定时期内分期向卖方交付货款。每次交付货款的日期和金额均事先在契约中写明。分期付款的方式一方面可以使卖方完成促销活动，另一方面也给买方提供了便利。

分期付款方式是在第二次世界大战以后发展起来的。开始时只局限于一般日用商品或劳务的购买。后来，随着生产力的迅速发展，工、农业生产的规模日益扩大，所需费用增大，加之银行信用的发展，分期付款的领域扩大到企业购买大型机器设备和原材料上。

分期付款实际上是卖方向买方提供的一种贷款，卖方是债权人，买方是债务人。买方在只支付一小部分货款后就可以获得所需的商品或劳务，但是因为以后的分期付款中包括有利息，所以用分期付款方式购买同一商品或劳务，所支付的金额要比一次性支付的货款多一些。

3. 消费贷款

消费贷款是指银行通过信用放款或抵押放款以及信用卡、支票保证卡等方式向消费者提供的贷款。消费信贷又可分为买方信贷和卖方信贷，前者是对消费品的购买者直接发放贷款；后者则是以分期付款单作抵押，对销售消费品的商业企业发放贷款，或由银行同以信用方式销售商品的商业企业签订合同，用现金的形式把货款付给商业企业。

消费贷款一般属于中长期信用，按直接接受贷款的对象可分为两种：

（1）买方信贷，即由银行直接对购买住房等耐用消费品的个人发放贷款；

（2）卖方信贷，即以分期付款单证作抵押，由银行对提供耐用消费品的生产企业的贷款。

消费贷款的产生和存在是社会生产发展和人们消费结构变化的客观要求，在一定程度上可以缓和消费者有限的购买力与不断提高的生活需求之间的矛盾，对开拓销售市场，促进生产和流通有积极作用。但是，消费者对未来购买力的超前预支，往往会造成一时的虚假需求，掩盖生产与消费之间的矛盾。

（二）信用卡

信用卡作为现代信用工具，具有存取款、转账结算、汇兑和消费信用等功能。它是银行（或信用卡公司）对具有一定信用的顾客发放的一种赋予信用的证书，需要信用卡的顾客可以向银行申请，并由银行核定一定的透支额度，然后凭信用卡向承接该银行信用卡的各个商业部门赊销商品，再由银行定期向顾客和商业部门进行结算。

信用卡最早出现于美国，20世纪70年代在西方发达国家流行。中国从1986年开始发行信用卡。信用卡上印有持卡人姓名、签名式样、编号和每笔赊购的限额。信用卡的特点是先消费，后付款。持卡人外出可以不必带现金或支票，凭信用卡到指定商店、宾馆、饭店购买商品、车票或就餐等，并可向发卡银行的分支行或代理行透支小额现金。

那些和银行签有合约的商店、宾馆、饭店等商业部门凭持卡人签字的账单向银行收款，再由银行送持卡人核对，在规定的期限内付清。如果逾期未付清，发卡银行就按期计算欠款利息，直到持卡人付清利息为止。由于信用卡方便消费，能增加公司、商店、宾馆和其他服务机构的营业额，有助于银行业务的开展，所以得到了广泛的使用。电子计算机的采用，也使得信用卡的使用更加安全、方便和普遍。

1. 信用卡的分类

（1）国际上使用的信用卡主要有4种。

① 购物卡，即在百货公司、超级市场等商业零售商那里购买消费品，并具有信贷功能的信用卡。使用这种信用卡的消费者在规定时间内偿还货款，无需支付利息；超过规定期限的，则不仅要支付利息，还要按使用金额支付一定的手续费。

② 现金卡，即购物时用于付款、转账并可在发行银行的分支机构或设有自动取款机的地方，随时提取现金的信用卡。

③ 记账卡，即购物时用于记账、转账的信用卡。

④ 支票卡，即凭卡签发支票付款的信用卡。支票卡一般都规定了使用期限和签发的最高金额，在限额内，银行保证支付；如果超过了限额，则可以拒绝支付。

现金卡和支票卡实际上是一种客户向银行透支的形式，银行与客户签订信贷限额以后，客户就能够凭信用卡签发超过其存款余额的支票，自动取得贷款。

（2）按性质与功能的不同，信用卡可划分为：

① 借记卡（Debit Card）：先存款，后支用；

② 贷记卡（Credit Card）：先消费，后还款；

③ 综合卡：结合两种功能的卡，偏重“借记”。

（3）按发卡机构不同，信用卡可划分为：

① 金融卡：万事达卡（Master Card）、威萨卡（Visa Card）、中国银行长城卡等；

② 非金融卡：加油卡、地铁卡、电话卡、商业优惠卡等。

（4）按发卡对象，信用卡可划分为：主卡、附属卡、个人卡、公司卡等。

（5）按持卡人信誉或社会经济地位，信用卡可划分为：白金卡、金卡、银卡、普通卡等。

（6）按流通范围，信用卡可划分为：国际卡、区域卡。

2. 信用卡的功能

（1）ID功能。能够证明持卡人的身份。

（2）结算功能。用于支付，是非现金、支票、期票的结算。

（3）信息记录功能。将持卡人的属性（身份、密码）、对卡的使用情况等各种数据记录在卡中的功能。

（4）信用卡的补充功能。消费信用、消费信贷、吸收存储、转账结算、通存通兑、自动存款、代发工资、代理收费、信誉标志。

七、消费信用的作用

（1）刺激消费，扩大消费品销售额；

（2）加快消费品更新换代步伐；

（3）过量发展消费信用会导致信用膨胀；延期付款的诱惑下，对未来收入预算过大使消费者债务负担过重，增加社会不稳定因素，严重可能诱发债务危机。

八、经营消费信用的机构

（一）零售商

零售商包括提供商品和劳务的许多部门，如汽车推销商、家具推销商、百货商店、专业商店等。零售商开办消费信用有其久远的历史，在商业发展的早期就已存在。它们不是对消费者提供贷款，而是给予消费者一种在接受商品和劳务后延期支付的权利。

（二）专业消费信用机构

专业消费信用机构属非银行金融机构，主要包括金融公司、信用协会等，它们直接向消费者发放货币贷款，往往只经营消费信用中的某一项。专业消费信用机构大多是消费信用的开拓者。

（三）商业银行

商业银行几乎经营所有的消费信用业务，其中汽车贷款，循环信用、住房贷款业务都遥遥领先于其他机构。商业银行通常要求对所贷款项提供担保品，担保品可以是贷款所资助购买的商品（如汽车和家具），也可以是储蓄支票簿、人寿保险单或不动产等。

[专栏5-1]

小额信用消费贷款借款合同

借款人：__________

住所：__________

身份证号码：__________

电话：__________

邮政编码：__________

开户银行及账号：__________

信用卡卡号：_________

有效期：_________

贷款人：_________

住所：_________

法定代表人（或授权委托人）：_________

电话：_________

邮政编码：_________

借款人（以下称甲方）：_________

贷款人（以下称乙方）：_________

本合同所称贷款人是指具有开办消费信贷业务资格的××银行各分支机构；本合同所称借款人是指在××银行各分支机构取得消费贷款的自然人。

甲方向乙方申请小额信用消费贷款，乙方根据甲方的资信状况向甲方发放小额信用消费贷款。为维护甲、乙双方利益，明确各自的权利、义务，甲、乙双方按照有关法律规定，经协商一致，订立本合同，共同遵守执行。

第一条　借款金额

甲方向乙方借款_________（币别）_________元。

第二条　借款期限

甲方借款期限为_________个月（自合同生效之日起）。

第三条　借款利率和计息方法

借款利率为（月／年）息_________，在本合同履行期间，如遇国家利率调整，本合同项下贷款利息不变。贷款利息自贷款发放之日起计算。

第四条　贷款的适用范围

本合同项下的信用消费贷款可用于正常消费及劳务等费用支付。

第五条　本合同所称债务是指借款人应向贷款人偿还、支付的全部款项，包括贷款本金、利息、罚息、费用、违约金、赔偿金及其他一切款项。

第六条　用款方式

甲方的借款由乙方以转账形式划入甲方在××银行开立的活期存款账户后由甲方用于消费。

第七条　还款方式

本合同项下的贷款本息采用一次性或分期还本付息法。若采用一次性还本付息法，贷款到期后，甲方应按约定将贷款本息存入本人活期存款账户，并授权甲方将贷款的本金及利息从其活期存款账户中一次性或分期划扣。若采用分期还本付息法，甲方授权乙方在每个还款期规定时间自动从其活期存款账户中扣除还款本息。

第八条　提前还款

本合同项下贷款允许甲方提前偿还贷款本息，可不收取提前还款承担费。

第九条　展期贷款处理

甲方如不能按合同规定的期限偿还贷款本息，应于还款到期日前30个工作日向贷款人提出书面展期申请。展期申请经甲方审查批准后，甲乙双方应签订展期协议，乙方有权对展期贷款加收利息及罚息。

第十条　甲、乙双方的权利和义务

1. 甲方有权要求乙方按合同约定发放贷款；

2. 甲方应按合同规定的还款期限归还贷款本息；

3. 甲方必须按约定用途使用贷款，不得将贷款挪用；

4. 甲方应按乙方要求定期提供其有关经济收入的证明；

5. 甲方在未清偿贷款本息之前，不得办理存款账户或信用卡账户清户手续；

6. 乙方有权检查、监督贷款的使用情况；

7. 乙方按合同规定期限及时发放贷款；

8. 乙方在贷款到期时有权从甲方的活期存款账户或信用卡账户内直接划款。

第十一条　合同的变更和解除

本合同生效后，甲、乙任何一方不得擅自变更和解除本合同。当事人的任何一方要求变更合同内容或解除合同须以书面形式提前1个月通知合同的另一方。未达成协议前，原合同继续有效。

第十二条　违约责任

1. 甲方未按本合同约定用途使用借款，乙方有权对违约使用部分按________计收违约金；

2. 甲方未按本合同规定归还贷款本息，乙方有权对逾期贷款按计（加）收利息；

3. 在合同有效期内，甲方发生下列情况之一的，乙方有权停止发放尚未划付的贷款，并可提前收回已发放的贷款本息：

3.1　甲方未按合同规定用途使用贷款；

3.2　甲方拒绝或阻挠乙方对贷款使用情况进行监督检查；

3.3　甲方曾向乙方提供过虚假的资料；

3.4　甲方与其他法人或经济组织签订有损乙方权益的合同和协议；

3.5　甲方死亡、失踪或丧失民事行为能力后无继承人或受遗赠人，其法定继承人、受遗赠人、监护人拒绝履行借款合同；

3.6　甲方发生其他影响其偿债能力或缺乏偿债诚意的行为；

3.7　甲方与特约商户之间的纠纷影响还款的行为。

4. 由于乙方的原因未能按合同规定及时发放贷款，给甲方造成损失的，乙方应按影响天数和数额，每天付给甲方万分之________的违约金。

第十三条　费用

与本合同有关的费用均由借款人支付或偿付，法律另有规定的除外。

第十四条　本合同争议的解决方式

甲、乙双方在履行本合同中发生的争议，由双方协商或者通过调解解决。协商或调解不成，可以向合同签订地人民法院起诉，或者向________仲裁机构申请仲裁。在协商和诉讼期间，本合同不涉及争议部分的条款，双方仍需履行。

第十五条　甲、乙双方约定的其他事项

________。

第十六条　本合同未尽事宜，按国家有关法律、法规和金融规章执行。

第十七条　合同生效和终止

本合同经甲、乙双方签字盖章后生效，至合同项下贷款本息全部清偿完毕后终止。

第十八条　合同附件

《××银行小额信用消费贷款借款申请表》、乙方身份证影印件、购物发票影印件以及乙方要求的其他相关资料。

第十九条　本合同正本一式________份，甲、乙双方及合同见证人各执一份。

甲方（盖章）：________　　乙方（盖章）：________

代表人：（签字）　　代表人：（签字）

________年____月____日　　________年____月____日

签订地点：________　　签订地点：________

第二节 个人消费信用管理概论

一、个人消费信用风险

消费信用的风险分为系统风险与非系统风险。

（1）系统风险是指与宏观经济体系相关的风险，如失业率上升、收入水平下降、需求萎缩等。

（2）非系统风险即由于债务人违约导致信用提供者（债权人）不能收回本息而造成损失的可能性。债务人违约既有可能是由于其收入变化等原因失去足够的支付能力，也有可能是债务人的恶意欺诈。

[专栏5-2]

卡奴

卡奴——从词面意思上来看，是成为信用卡的奴隶，为信用卡左右。这个词来源于台湾，是指靠刷信用卡透支消费，结果无力偿还最低款额，终日还债的人。

据资料显示，现在台湾卡奴 90 万人，很多人因为债台高筑，流浪街头，从经济影响到社会甚至到政治。

二、个人消费信用管理概念

消费信用管理是为防范消费信用风险而采取的管理制度。消费信用管理由客户授信、账户管理、商账催收等部分组成。

消费信用管理的目标客户是消费者个人。个人信用消费的特点是单笔交易的金额小，交易数量庞大。

[专栏5-3]

新加坡个人消费信用贷款的管理

新加坡金融管理局有关个人消费信用的控制条款：

1. 住房贷款

住房贷款额度以抵押房产售价的80%为限，贷款期限与法定的退休年限挂钩。

个人申请无抵押装修贷款的额度，不得超过申请人6个月工资总额。

2. 汽车贷款

贷款期限以车价的70%为限，贷款期限不超过7年。

3. 信用卡

信用卡申请人必须符合年收入3万新元的最低要求；在每张主卡下发出的附属卡不得超过2张；信用卡的最高信用额度不得超过主卡客户2个月的薪金。

4. 信用贷款

申请个人信用贷款，年收入必须达到3万新元；个人信用贷款额度不得超过2个月的薪金。

三、个人消费信用管理流程

1. 客户授信

当消费者提出信用申请，企业的信用管理部门首先要对其进行信用审核，并依据企业的信用标准，最终决定是否授予信用、额度多少、期限多长。

这个环节保证评分标准不断地更新以及及时对客户定期不定期信用状况的复查，一旦不符合当前标准，要及时进行调整。

信用标准是企业的内部文件，它统一规定了在各种情况下授信的标准和条件。企业的信用管理部门要依据这一标准，对消费者的信用申请发表意见。

2. 账户管理

消费者接受了信用交易的条件后，企业的信用管理部门要为其开一个信用账户，记录所有的交易数据、还款记录和信用记录。由于拖欠风险的存在，企业的信用管理部门要在信用期限内对消费者进行风险监控和额度调整，同时还要协助销售部门找到新的交易机会。

对消费者的风险监控主要是通过观察和分析消费者的行为表现，及时判断消费者的信用程度如何变化。如果出现信用恶化，企业的信用管理部门要及时进行预警；反之则要及时地提高消费者的信用额度，或延长合同期限。

3. 商账处理

商账处理要分两个部分：一是正常的账款回收，即定期地向消费者提供账单，提醒消费者及时还款；二是拖欠账款的催收。

消费者使用企业提供的信用服务后，其消费记录会输入账款记录系统。在规定的时间内，系统会定期自动打印账单，由企业的信用管理部门统一提交给消费者，消费者则根据账单的要求进行付款。

除了正常还款的情况，客户中还会出现拖欠或不还的情况。这时企业的信用管理部门要及时进入催收程序。催收工作是循序渐进的，从信函催收到电话催收，再到上门催收，直到进行诉讼催收。

四、个人消费信用管理体系

个人消费信用管理体系着重在两个方面，一是降低不对称性，二是建立失信惩罚机制。

（一）完善消费信用法律体系

消费信用发展有赖于消费信用法律环境的完善。完善的消费信用法律体系由以下法律组成：

1. 消费信用评级法律

通过《信用评估法》，对信用评估机构、评估标准、操作程序等加以明确规定；

2. 消费信贷环境法律

通过《信贷机会平等法》《诚实信贷法》《公平信贷报告法》《社会再投资法》规范消费信用法律环境；

3. 授信法律

通过《诚实贷款法》《信用卡发行法》《公正贷款对账法》规范授信流程；

4. 还贷法律

通过《破产法》规范破产条件和流程；

5. 消费信用数据保护法律

通过《个人数据保护法》，明确界定公民的隐私权，保护消费者的个人隐私；通过《信用公示法》，对信用公示的条件、程序、范围、方式、途径、机构、效力等做出规定；为确保公示信息的公信力，要特别明确公示机构对信用公示失实的法律责任。

6. 在其他法律体系中规范消费信用

完善失信惩罚法律制度，在《合同法》《银行法》等法律中明确限制失信者、破产者在某些经济活动中的权利能力，给失信的消费者在个人生活和经营活动中制造一定的困难和障碍。

[专栏5-4]

身份冒用与假冒阻止法

身份冒用是指窃取消费者个人资料，包括姓名、地址、信用卡或社会安全码等，并以此开立新账户、订购商品或进行借贷等行为，其影响范围涉及消费者、企业及经济全体。为此，美国于1998年制定“身份冒用与假冒阻止法（Identity Theft and Assumption Deterrence Act）”，修正美国法典第18议题第1028条，将未经合法授权，转移或使用他人身份证明，意图从事、帮助或教唆任何违反联邦法律或任何构成州、地方法律重罪之非法活动，均定义为联邦犯罪。

（二）强化政府在个人征信体系中的作用

（1）个人信用评估标准化。建立个人信用登记体系，统一个人身份编码标准、信息分类标准，个人信用报告格式、报送数据格式标准和网络传输标准。建立客观、合理、科学、统一的个人信用评估指标体系。

（2）强制或协助基础征信数据的开放，搭建公共数据库平台，实现联合征信。个人基础信用信息数据库主要是为银行业内部的授信决策、化解信用风险提供信息支持。在公共征信数据库的建设方面，建立个人信用档案登记制度，将银行、税务、社保、法院、司法、工商等政府部门的个人公共记录信息，以及保险、证券、商业机构掌握的个人信用交易信息纳入公共征信数据库。数据库要向符合条件的公司和个人开放，以充分利用个人信用信息资源。尽快扩大个人征信体系的覆盖面。

（3）扶持征信公司的发展，推动征信行业协会的建立，以加强个人征信业与政府的交流，推动业内交流，加强行业自律。

（4）加强信用文化的宣传力度，鼓励各界使用征信公司的产品。

（5）构建个人信用风险控制与预警机制。严格实施贷款后风险监测，跟踪信贷资金流向，发现问题及时向借款人发出警告并采取措施加以制止。具体控制措施包括三个方面的内容：制定相关金融法规、制度、办法，依法约束信用借款人的行为；金融机构按严格程序和要求与借款人签订借款契约；银行采用抵押、担保和信贷保险等方式转移自身风险。

（6）建立不良信用惩罚机制

个人消费者失信后，惩罚机制是十分重要的。个人信贷者一旦失信，银行必须严格执行各种法规和规定，对个人消费者进行严格管理与惩罚。只有将惩罚机制严格贯彻，才能令消费者对失信的严重后果有所顾忌，从而不敢随意违约。消费信用失信惩罚主要是借助于信用报告的公信力来实现的，信用报告能对相关主体产生广泛的约束力。

五、个人消费信用风险防范

（一）银行防范个人消费信用风险

1. 强化法律约束借款人的行为

从个人消费信用的申请、过程及事后处理各方面，保证各个环节严格进行，从源头上减少个人消费信用违约的可能性。

2. 采用抵押、担保和信贷保险等方式转移自身风险

银行对个人消费者施行抵押、资产证券化、担保和保险等方式，不仅减少自身风险，更可以使消费者更加重视自己的信贷，不敢轻易违约。

3. 建立健全对个人消费信用的监管系统

监管是对风险防范最有效的方法之一，严格的监管可以使各个环节严格进行，减少差错。常见的措施包括建立并监管个人信用信息征信系统，强制有关部门将征信数据以有偿或无偿的方式交给有资质的专业征信机构，使有关部门监督和规范个人信用信息和征信数据的取得、使用和披露程序，建立和实施失信惩罚机制。

（二）个人消费信用自我管理

1. 建立个人信用记录

一个人要想在现代社会方便地生活，就必须有良好的信用记录，而建立个人信用的第一步就是开立个人的银行和公共事业付费户头。个人应当注意建立和维护自己的付费账户，要使用银行的信用工具，履约及时付款，消费者才能提升自己的信用分值。

2. 对个人信用记录进行维护

个人进行信用消费，要对自己的信用记录随时跟踪，以防发生错误以致信用级别受到损害。

维护个人信用的方法有以下两种：

第一，个人应定期查看自己在征信局的“当事人信用调查报告”内容，确认没有负面记录，或

者一切负面信用记录的内容正确。同时确认自己的信用档案的记录“干净”。

第二，可以委托专业机构或者自己的律师定期查看自己的信用档案。如果所在地区有不止一家征信局，需要确认每家征信局所做的记录都正确。

一旦产生不良信用记录，要及时依法解释，或尽快解决欠款问题，争取撤销记录。

3. 谨慎消费

要遵循留有余地原则，不要将手头的现金全部用完，对于家庭的经济承受能力要留有余地，不能过分追求消费而不顾及自己的实际能力。

[专栏5-5]

信用卡的选择

信用卡花样层出不穷，如何选择适合自己的信用卡呢？

首先，选择一家合适的银行。在办理卡片时，及时向银行工作人员了解所申办信用卡的年费、免息期、各种业务手续费、还款方式等。由于各银行网点分布不同，申请者应该充分考虑到日后信用卡还款便捷，选择一家方便实惠的银行。

其次，选择合适的信用卡额度。信用卡额度并非越高越好，高额度意味着高年费。同时高额度也容易引发过度消费。从消费心理讲，使用现金和使用信用卡是两种不同感觉。现金在使用时控制欲望较强烈，而使用信用卡则只在看到账单时才会心疼，这是不少持卡人盲目消费的重要原因。建议一个人申请2～3张信用卡为宜，总额度不应超过月收入的4倍。

（三）商家的消费信用管理

个人消费信用在为商家提供销售量，带来更多的利润的同时，也带来了很大的风险，有的甚至成为坏账死账。如今分期付款成了大型商业企业的困惑，赊销成了零售商的困惑，甚至是最头疼的困惑。对个人授信就像滚雪球一样，一不留神就越滚越大，使商企越陷越深，商业企业应加强对个人消费信用的管理。

1. 商家对个人消费信用的管理流程

（1）事前防范。指在正式交易（签约或发货）之前，对客户资信情况进行的审查及对信用限额和信用条件进行的分析和决策。包括客户信用信息管理、客户资信状况评估和信用销售政策（授信）决策。

（2）事中管理。指发货之后直到货款到期日之前，对客户及应收账款的监督、管理和对信用风险进行合理的转移。包括应收账款监控和信用风险合理转移。

（3）事后管理。债务客户发生拖欠以后，对逾期账款的有效处理。包括逾期账款追收、坏账处理以及客户信用重审。

2. 商家防范个人消费信用风险的措施

（1）从法律上保证个人消费信用。

在商企直接向个人提供赊销，或与银行联合推出信用卡为个人提供信贷的过程中，《担保法》《合同法》和《信用公示法》是商业企业面对个人消费信用中最具重要的法律保护。

（2）尽可能利用个人征信机构系统。

国家建立的个人信用信息基础数据库的信息准确，是很好的参考信息。

（3）商企应对个人消费信用进行科学评估。

每个商企都应该建立标准化的个人信用等级，不要受人为情绪的干扰或对过去经验的依赖而陷入主观性的缺陷。

（4）商企应建立个人失信惩罚机制。

将有经济失信行为的个人从市场主流中剔除出去，为以后的经济交易减少风险。同时，形成一种向诚实守信的消费者倾斜的政策优惠和社会环境以及一种正向的激励机制。

（5）商企应进行必要的防范手段。

商企在对个人提供赊销或分期付款信用时，为了稳妥起见，应采用担保、贷款证券化和保险等必要的防范手段。

第三节 个人信用体系

一、个人信用征信机构的经营模式

西方发达国家经过100多年发展起来的现代个人信用制度已经比较成熟，形成了科学化、法制化、规范化的运作机制。其特点主要表现在以下五个方面：完善的法律体系；完善的个人信用资信档案登记系统；规范科学的个人信用评级机制；严密而灵敏的个人信用风险预警、管理和转嫁机制。

（一）政府主导模式

个人信用信息主要由国家央行和政府出面，由中央银行建立一个全国性的个人信用登记系统。征信机构成为服务于公共利益、服务于政府政策目标的非营利性组织。征信机构加工的个人信用信息产品主要供银行内部使用。

欧洲国家，如德国、法国、意大利等国都是这种模式的实践者。

[专栏5-6]

德国个人信用体系

1. 德国信用管理的法律

（1）规范信用信息公开的法律

德国《商法典》规定，成立公司必须在地方法院以公开可信的形式，即通过公证进行商业登记注册，以载入商业登记簿。商业登记包括公司法律形式、工商注册号、公司地址、注册资本、法人代表、主要股东、营业范围等内容。商业登记簿可公开查阅。

德国《特定企业与企业集团账目公布法》对超过一定规模的企业如何公布账目做了明确的规定。凡符合下列三个条件中的两个的企业有义务在做年终决算报表日后的第3天公开账目。这三个条件是：年终决算报表中的资产总额超过6500万欧元；年营业额超过1.3亿欧元；员工总数超过5000人。

德国《破产条例》规定，企业破产必须到当地破产法院申请。该条例对企业和消费者破产的条件、过程做了明确的规定。破产申请经破产法院审核批准后即进入破产程序，法院将破产企业或消费者列入破产目录，并予以公布。联邦各州建有各自的破产目录中心。

（2）保护个人隐私的法律

德国保护个人隐私的法律主要有《联邦数据保护法》《信息和电信服务法》及1998年10月生效的《欧盟数据保护指南》。上述法律对个人数据的获取、储存、使用、传播等方面都有严格的规定。征信机构必须公正、合理地收集消费者和企业的信用资料。消费者有权了解征信机构收集、保存的本人信用资料。数据处理单位的工作人员有保密的义务，只有在法律允许或经用户同意的情况下，有关公司才能提供用户的信用数据。禁止在消费者信用报告中公开消费者收入、银行存款、生活方式和消费习惯、超过法定记录期限的公共记录中的负面信息等。

（3）规范催账程序的法律

2000年5月1日生效的德国《反不道德支付法》规定，客户在收到账单30天后或在账单规定的付款截止日后30天仍未付款，债权人可加收超过银行贷款利率5%的滞纳金。如客户在收到连续3次催账警告后仍置之不理，债权人可向地方法院申请强制执行。

（4）关于信用监督的法律规定

德国《信贷法》规定，德联邦银行和联邦金融服务监管局负责对银行与金融机构的监督与管理。联邦银行是唯一具有对金融机构行使统计权力的机构，各类金融机构须每月向联邦银行报送包括信贷业务数据在内的各类统计报表。联邦银行通过建立“信贷登记中心”的信息共享机制控制银行业内部的信用风险。

德国《联邦数据保护法》规定，德国联邦内政部负责国家秘密保护工作的指导、监督和管理。联邦政府及各州政府均须设立个人数据保护监管局，负责对掌握个人数据的政府机构和信用服务机构进行监督和指导。

2. 德国社会信用体系的结构

（1）公共信用信息系统主要有联邦银行信贷登记中心系统、地方法院工商登记簿、破产法院破产记录、地方法院债务人名单。除联邦银行的信贷登记系统供银行与金融机构内部使用外，工商登记簿、破产记录和债务人名单均对外公布，并可查询。

（2）私营信用服务系统主要从事企业与个人资信调查、信用评级、信用保险、商账追收、资产保理等业务。

3. 德国社会信用体系的特点

（1）信用体系结构多样化。德国社会信用体系涵盖了目前世界上三种最普遍的社会信用体系模式：以中央银行建立的“信贷登记中心”为主体的公共模式；以私营征信公司为主体的市场模式；以行业协会为主体的会员制模式。后者以具有公司性质的通用信用保险保护协会为代表，由协会建立信用信息系统，为协会会员提供个人和企业的信用信息互换平台，通过内部信用信息共享机制实现征集和使用信用信息的目的。这三种模式在德国相辅相成，构成德统一完整的社会信用体系。

（2）信用保险和征信公司规模大。德国三大信用保险公司裕利安宜、Atradius和科法斯占德信用保险市场份额的98%。Creditreform、Buergel、Schufa三大征信公司在资信调查与信用评估业务领域占主导地位。

（3）混合经营成为信用服务公司的发展趋势。德国信用服务公司的经营模式已从单一的资信调查、信用评级、信用保险、商账追收等服务向同时提供多种信用服务的模式发展。目前，德国较大规模的征信公司均提供信用报告和信用风险评估服务。大的信用保险公司更是提供从信用咨询、信用保险到商账追收和资产保理等全方位的信用服务。

（二）市场主导模式

美国模式是市场主导模式的代表。

美国是世界上信用管理最发达的国家，但并未专门设立一个信用管理部门来管理有关事务，而是通过严密的信用管理法律来实现的。

美国的消费信用管理机制包括严密的个人信用调查制度、规范的个人信用评估制度和严格的信用报告制度。

按照市场化的原则，成立信用信息经营公司——信用局。在美国，有超过 1000 家的地方性信用局，它们大多归属于三家主要的信用报告机构（Equifax、Experian、TransUnion）或者与它们有协议关系。这三家全国性的机构都建有中央数据资料库，其中保存着 1 亿 7 千万美国人的信用记录。

这些独立的征信公司都是企业法人，以营利为目的。它们的运作模式就是收集消费者的个人信用数据，然后按照科学的信用评价体制，把这些原始的信用数据分析整理成信用产品，出售给授信机构。反过来，当银行、保险等授信机构同消费者发生信用业务时，它们会及时地把自己手中最新的消费者信用资料反馈给征信公司，解决了征信部门的数据来源问题。

美国的信用报告往往被用于确认该消费者的消费信贷资格或保险资格、确立一定的雇佣关系、确定政府机构批准消费者领取某种许可证的资格、满足涉及该消费者的有关商业交易的任何其他合法的商业需要。信用报告具有浓厚的商业化和经济资源化色彩，从而对相关主体产生广泛的约束力；这种约束力内化为消费者个人严于自律和深刻内省的动力，迫使他们像爱护自己的眼睛一样珍视自己的信用，进而保证了整个消费信用体系的健康发展。

美国个人消费信用防范风险的主要手段是担保、贷款证券化和保险，其中以保险方式最为典型。

（三）银行协会模式

日本模式是银行协会模式的代表。

1973 年，日本第一家个人信用信息中心在东京成立。该中心由一个银行家协会发起，主要为地区性的会员机构提供服务。随着消费信贷市场的发展，1988 年 10 月 17 日，信息中心与其他的 24 个银行家协会联合。合并为日本银行家协会下的一个单位，为 2002 家会员机构提供服务。现在，日本国内提供个人信用信息情况的机构主要有 3 家。它们基本上是按照行业划分的，即银行系统的“全国银行个人信用信息中心”、邮购系统的“信用信息中心公司 CIC”以及消费金融系统的“日本信息中心 JIC”。

（四）国际主要个人评信机构介绍

全球最有影响的个人信用评级机构有三家，分别是 Experian、Equifax、TransUnion。

1. Experian 公司

Experian（益百利）公司主要提供消费者个人信用调查服务，是美国和英国最大的个人信用评估机构。公司记录了近 2 亿人的个人信用记录。消费者不良信用记录保留 6 年零九个月，信用良好记录永远保留。

2. Equifax 公司

Equifax（艾贵发）公司总部设在亚特兰大。该公司始建于 1899 年，它是一家跨国征信公司，在北美、南美、英国、欧洲大陆和一些亚洲国家都有分支机构。公司拥有 1.9 亿消费者信用记录，主要提供消费者信用调查和保险信息服务。

3. TransUnion 公司

TransUnion（全联）公司总部设在芝加哥。1988 年，TransUnion 开始提供全国消费者个人信用调查报告。到 90 年代，TransUnion 公司已拥有 45 家地区性信用评级机构以及 220 家代办处，足以同其他两家竞争。TransUnion 公司最先于 1990 年将信用报告服务推上联机检索服务和网络服务，它为推动美国授信机构的办公自动化做出了贡献。公司拥有 2.2 亿消费者信用记录，提供雇员背景调查、住房贷款人资信调查、风险管理等服务。

二、个人信用评价系统的运作流程

1. 个人消费者向授信人提出信用消费申请，允许授信人调查其信用状况；
2. 授信人（或其委托的机构）向信用评估公司进行信用调查；
3. 信用评估公司向消费者进行补充调查；
4. 个人向信用评估公司提供补充资料；
5. 信用评估公司向委托人提交该消费者的信用评估报告；
6. 提供信用的企业或金融机构决定是否向该消费者提供个人信用。

个人信用评价运作如图 5-1 所示。

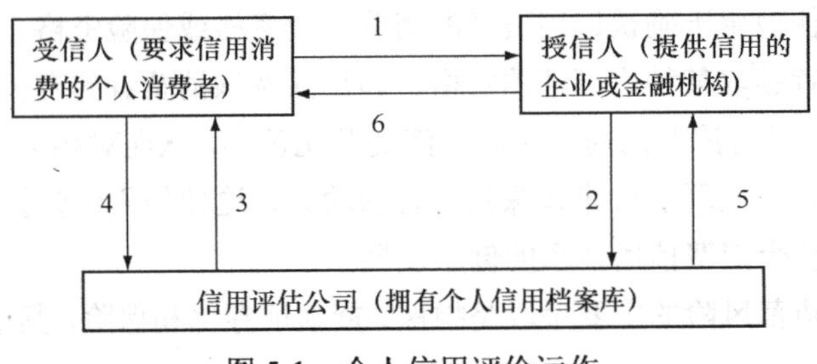

图 5-1　个人信用评价运作

三、个人信用评价系统建立的步骤

（1）选择具体的客户群；
（2）定义正面行为和负面行为；
（3）获取数据抽样；
（4）将数据转化为电子格式；
（5）数据分析；
（6）推导被拒客户的行为；
（7）属性分类及分值加权计算。

四、个人信用评价方法

（一）个人信用评价方法的选择

信用评分是利用个人资信报告中的信息，如付款记录、欠款账户、账户数量和信用记录时间等，通过量化和计算得出的分值。信用评分可以客观地预测消费者按时足额还款的可能性。对于银行和金融机构来讲，预测性评分是一种风险评估工具，它可以帮助贷款人估计贷款申请人在未来的信用表现，帮助贷款人做出迅速、有效地决定。

个人信用评价指标体系可由三部分组成。

一是用于反映个人信用存量的指标，包括个人拥有的金融资产、实物资产等有形资产，专利、著作权等无形资产，负债状况，收入水平及稳定性等，考察个人还款能力；

二是用于衡量个人信用历史的指标，包括银行信用记录、社会不良记录、司法信誉和社会地位等，考察个人的还款意愿；

三是用于揭示个人信用预期的指标，包括工作背景、健康程度、个人未来发展、所在行业前景等，考察个人信用状况动态变化的可能性，预测未来还款趋势。

信用评分模型是个人信用评分的最重要工具，是可以得出评分的一系列计算公式。评分模型是利用统计学对大量的消费者信用记录进行处理而得出的。

个人信用评价所用数据不可能像企业资信评级那样齐全，可对报表进行全面分析，在实践中一般采用专家打分方法，如 5C 法、5W 法、5P 法、LAPP 法、CAMRARI 法，其中以 5C 法在实践中应用更为普及。具体方法见第二章的介绍。

个人信用评价方法选择包含以下步骤。

1. 明确评价的目的，界定评价的内容。个人信用评价的目的就是对个人信用状况进行测定，并将测定结果划分出若干等级，以降低消费信贷中的信用风险。这一目的决定了个人信用评价的内容。无论是国外还是国内，对个人信用评价的内容基本上没有脱离 5C 原则的框架，5C 原则基本上成为共同的个人信用评价内容。

2. 根据个人信用评价内容选取若干评价指标，以此构建评价指标体系。这些指标应全面反映评价对象的总体信用状况，一般包括借款人的基本情况、借款人的品德、借款人的财产、借款人的能力和借款人的担保等指标。

3. 采用某种合成方法把反映评价对象不同侧面的多个指标整合起来，形成一个综合指标，并以此来衡量评级对象的风险大小。

4. 设定风险等级数，并制定风险等级的判断标准。

5. 根据综合指标值，对照统一的等级判断标准，确定出评价对象的风险等级。

具体的个人信用等级划分及信用状况描述如表 5-1 所示。

表 5-1 个人信用等级设置及说明

等级	级别说明	级别评语
AAA	信用极好	近年来无贷款逾期欠息，个人资产雄厚，收入稳定，偿债能力强，有充足把握按时足额偿还本息，其他信息优良
AA	信用优良	近年来无贷款逾期欠息，个人资产实力较强，收入稳定，按时足额偿还本息的可能性很大，其他信息较好
A	信用较好	近年来偶有贷款逾期欠息，但逾期时间短，收入较稳定，有一定的经济实力，其他信息较好。
BBB	信用一般	近年来偶有贷款逾期欠息，但逾期短，申请本次贷款时无逾期欠息，经济实力一般，收入较稳定，其他信息一般
BB	信用差	近年来屡有贷款逾期欠息，申请本次贷款时还存在逾期欠息，经济实力弱，收入不稳定，基本没有能力按时足额偿还本息，其他信息差

（二）美国个人信用评价方法

在美国，经过长期改良并借助计算机应用功能的信用管理相当规范。信用报告公司或简称信用公司给外界提供的有关个人信用的文件称为个人信用报告，包括以下几个内容：

（1）个人信息，如姓名、住址、社会安全号、出生日期以及职业；

（2）信用历史，主要是消费者借款和还款的状况；

（3）调查的情况，它涉及贷款人、保险公司和其他类似机构和消费者的交易记录；

（4）公开记录，如法院的公布判决或者破产情况。

从以上四点可以看出，除了姓名、住址、出生年月这些自然状况外，信用报告汇集材料的重点集中个人的借贷以及消费行为上，它涉及的隐私是有限的。即便在借贷领域，信用报告也只能披露消费者与贷款人的交易账户，而不能披露消费者的储蓄账户。至于消费者的工作表现、收入水平以及种族、宗教信仰以及政治倾向等信息是禁止出现在信用档案中的，除非消费者本人同意这样做。

1. 信用评分

美国个人信用评估的核心是信用分评定。每个美国人都有一个三位数的信用得分，在他们签发支票、申请信用卡、贷款买车和买房时，信用分将决定他的信用情况，并决定他需要付出的价格和可以享受的信用额度。

为了将一点点搜集来的零散信息集中处理并加以量化，信用报告公司采用了评分的方法。美国有多种信用分的计算方法。可以从不同的角度划分信用分的种类，或者根据用途，或者根据主要数据来源。一般把信用分分为三种：信用局信用分、定制信用分、普通信用分。FICO 信用分是最常用的一种普通信用分。由于美国三大信用局 Equifax、Experian 和 TransUnion 使用 FICO 信用分，每一份信用报告上都附有 FICO 信用分，以至于 FICO 信用分成为信用分的代名词。

美国信用评分，有的评分标准将积分定在 330 至 830 分之间，有的定在 300 至 900 之间。评分越高，贷款的代价越低。评分越低，贷款的代价越高。在近年来的个人信用报告中，美国信用报告公司常常会应邀卖给当事人一份三合一信用评分，就是将益百利（Experian）、艾贵发（Equifax）、全联公司（TransUnion）三大信用公司的各自评分集中在一份个人信用报告上。一般来讲，由于信息来源大同小异，这三个公司的评分往往没有什么大的差异，对评分的解释也没有多大区别。

一份个人信用报告不仅打出个人的信用评分，还标示等级并给出比例。例如，在近来流行的三合一信用报告评分标准定在 330 至 830 分之间，分成 5 个等级，分别是：很差、差、一般、好、出色。一个获得 761 分的申请人就会被归到“出色”的最高级别。同时，信用报告还给出 73.79%的比例，顺便告诉申请人，美国消费者中 73.79%的人信用评分不如他，换句话说，他属于 26.21%信用出色人的行列。

信用评分的历史大约出现在第二次世界大战前后，战争使得人力匮乏，信用分析人员严重不足，于是信贷公司开始让有经验的人将评估标准写下来，仿照申请医疗保险的评分卡，以便让没有经验的贷款人决策。20 世纪 50 年代，数学家比尔 • 费尔（Bill Fair）和工程师厄尔 • 艾萨科（Earl Isaac）在美国西海岸的旧金山用两个人的名字成立了第一家专门致力于信用评分的费尔－艾萨科公司，并建立了后来盛行美国的评分标准——费科积分（FICO）。如今，它是美国 Fair Isaac Company 的专有产品。

FICO 信用分模型利用高达 100 万的大样本的数据，首先确定消费者的信用、品德，以及支付能力的指标，再把各个指标分成若干个档次以及各个档次的得分，然后计算每个指标的加权，最后得到消费者的总得分。FICO信用分的打分范围是325～900分。

信用评分的原理是借用统计数据和分析技术的结合，将消费者以往相互关联又繁杂凌乱的各种涉及信用表现的资料量化，经过加权平均得出简单且具体的分数，使银行和信贷公司一目了然，便于决策。同时信用评分系统的出现统一了标准，使得以往手工操作的审核人员有了一个工作指南，贷款取舍的决定更为规范。

随着计算机的普遍运用和现代社会网络的发展，费科积分运用越来越普遍，汽车贷款、房屋抵押贷款、保险费的计算以至于手机销售都与这个积分相关。

在审查各种信用贷款申请时，每个金融机构都有各自的方法和分数线。一般来说，如果借款人的信用分达到680分以上，金融机构就可以认为借款人的信用卓著，可以毫不迟疑地同意发放贷款。如果借款人的信用分低于620分，金融机构或者要求借款人增加担保，或者干脆寻找各种理由拒绝贷款。如果借款人的信用分介于620～680分，金融机构就要做进一步的调查核实，采用其他的信用分析工具，作个案处理。

2. 评级标准

信用评估公司根据信用资料中的五项基本内容对消费者进行打分。这五项内容是：（1）付账记录；（2）未偿还债务；（3）开立账户的时间长短；（4）申请贷款情况；（5）信贷种类及综合信用。

从第1项付账记录来说，按时支付贷款、还本付息就可以逐渐积累较高的信用积分，这当然是对的。但并不是说早付就比晚付好。比如说在信用卡公司给的一个月的宽限期之内，只要能按期到达，在当月第一天付和在期限最后一天支付效果是一样的。所以一个精明的消费者会充分利用时间差、最大效用的使用金钱，将欠款在最后一刻付出，他积累的分数和收到催账单马上急着付款的保守消费者的一样。当然，如果精明反被精明误、日期算得过于紧凑造成逾期付款会留下迟付记录，就前功尽弃了。

尽管这样，按期付款积累的积分不过占总积分的三分之一多一点，就是说你在一生中每次都做到了在宽限期内付款，也不过争取到最高积分的三分之一而已，而不是最高积分。你甚至可能比其他曾经拖欠贷款的人的积分还低，这就看你的其他的几项中的表现如何了。这一点上和信用积分与常理的不同，很多人以为只要按时付账就可以得到最高积分，事实上不是如此。

从第2项未偿还债务上看，之所以越小越好，是因为债务积累大的积分就少。理论上虽然如此，但是美国是一个鼓励消费的社会，在实际生活中，还款记录同样及时的消费者，借钱多、消费也多的人实际积分要高于借钱少、消费也少的人，后者又高于不借钱的人。拿信用卡做例子，一个每月按期全额付款的持卡者的积分可能会小于按期非全额付款的持卡者。后者通过利用循环信贷每月欠账，会为信用卡公司带来高额利息收入，因而受信贷机构的欢迎。

这意味着越敢花钱的人越有钱花，也和常识相违。因为在传统的财富积累意识中，每天积累一个铜板、集腋成裘、集土成山才是致富的秘诀，而不是相反。信用评分中却不是这个概念。所以很多美国人都知道，要获得高的积分需要有意识地借贷。就是说消费者一边放着存款不用，而故意到银行和信用卡公司借钱花。为此，消费者就应该既有汽车贷款，不用现款买车；又有房屋贷款，不用现款购房；也不用现金买东西，而用信用卡付账。有人这么干纯粹是为了积累信用评分。

从第3项开设账户的的时间长短上看，当然开户时间长的消费者信誉就好，开户时间短的信誉就差，这符合一般的观念。但是这里面仍有玄机，由于每个账户有不同的用途，专用的账户开立过一段时间将欠款全部还清并关闭账户的话，反而影响在这一点上的信用历史。因为这样的话信用卡公司就会机械地将消费者在这方面的欠款定为零数额。消费者的开户历史就可能会被抹去，从而影响它所有账户开户时间的平均，继而丧失了可增加积分的条件。这意味着如果想获得积分不仅要多借钱，而且还要长时间的借钱，只借一两次就还钱攒积分是有限的，不断借钱，不断还钱才能获得高的积分。

第 4 项申请贷款情况是指积分评定标准是在一定期内，消费者申请的信用账户越多，积分越低。具体地讲，消费者新增的申请贷款并不影响积分。只是他的每一次申请都被记录在案，后来的贷款人都会去信用档案公司查看，被查看次数过多会被怀疑有支付问题，消费者的积分就会下降，申请贷款就会遇到困难。所以专家建议消费者不要四处申请信用卡，因为不管被接受与否，信用档案都会记上一笔可能被视为负面的信息。

第 5 项所占的积分比例虽然不高，但是相当重要。比如在费科积分方法中，尤其不能忽视的是第 5 项综合信用评估的公开记录那部分。就是说如果消费者有破产的记录，那他就不应该去申请贷款以自取其辱。其实消费者只要被法院判决过，有过诉讼、扣押薪金以及留置权等记录的话，社会上的各种信贷部门就会严加考虑，拒绝放款，而不是仅仅提高利息。

FICO 信用分的计算方法至今未向社会完全公开。Fair Isaac 公布了一小部分 FICO 信用分的打分方法，如表 5-2 所示。

表 5-2　FICO 信用分的部分打分方法

住房	自有	租赁	其他	无信息				
	25	15	10	17				
现住址居住时间（年）	<0.5	0.5～2.49	2.5～6.49	6.5～10.49	>10.5	无信息		
	12	10	15	19	23	13		
职务	专业人员	半专业人员	管理人员	办公室	蓝领	退休	其他	无信息
	50	40	31	28	25	31	22	27
工龄	<0.5	0.5～1.49	1.5～2.49	2.5～5.49	5.5～12.49	>12.5	退休	无信息
	2	8	19	25	30	39	43	20
信用卡	无	非银行信用卡	主要贷记卡	两者都有	无回答	无信息		
	0	11	16	27	10	12		
银行开户情况	个人支票	储蓄账户	两者都有	其他	无信息			
	5	10	20	11	9			
债务收入比例	<15%	15%～25%	26%～35%	36%～49%	>50%	无信息		
	22	15	12	5	0	13		
一年以内查询次数	0	1	2	3	4	5～9	无记录	
	3	11	3	-7	-7	-20	0	
信用档案年限	<0.5	1～2	3～4	5～7	>7			
	0	5	15	30	40			
循环信用透支户个数	0	1～2	3～5	>5				
	5	12	8	-4				
信用额度利用率	0%～15%	16%～30%	31%～40%	41%～50%	>50%			
	15	5	-3	-10	-18			
毁誉记录	无记录	有记录	轻微毁誉	第一满意线	第二满意线	第三满意线		
	0	-29	-14	17	24	29		

FICO 信用分计算的基本思想上把借款人过去的信用历史资料与数据库中的全体借款人的信用

状况相比较，检查借款人的发展趋势是否跟经常违约、随意透支、甚至申请破产等各种陷入财务困境的借款人的发展趋势是否相似。

费科公司公布的信用记录的积分方式：（1）是否按时付账的记录占总积分的 35%；（2）负债金额的多少占总积分的 30%；（3）信用记录期限的长短占 15%；（4）申请信用的次数多寡占 10%；（5）各种综合信用的评估占 10%。

信用分根据借款人过去的信用历史预测将来的还款可能，给贷款人提供了一个客观和一致的评估方法。信用分采用客观的评分方法，由计算机自动完成评估工作，有助于克服人为因素的干扰，防止片面性，同时提高信贷决策速度。

使用信用分之后，信用卡的审批只要一两分钟，甚至几秒钟，20%～80%的抵押贷款可以在两天之内批复，其中不少贷款项目在 4～6 小时内完成审批。据美国消费银行协会统计，以前不使用信用分，小额消费信贷的审批平均需要 12 小时，使用信用分和自动处理程序，这类贷款的审批缩短到几分钟。使用信用分后，60%的汽车贷款的审批可以在 1 小时内完成。

（三）欧洲某商业银行个人信用评分体系

欧洲商业银行个人信用评分体系由主要住房、目前住址时间、受雇时间、贷款申请人年龄、与本银行业务关系、年收入、月债务偿还情况和失信情况八部分组成。具体评分标准如表 5-3 所示。

表 5-3　欧洲某商业银行个人信用评分体系的分值表

主要购房	所有或购买	租借	其他		
	60	8	25		
现住址居住时间	<6 个月	6 个月～2 年	2～6 年	>6 年	
	12	15	22	35	
受雇当前雇主时间	<1 年	1～3 年	3～5 年	>5 年	退休
	12	15	25	48	48
	失业有社会救济或子女赞助	操持家务	失业且无社会救济		
	25	25	12		
贷款人申请年龄	45 岁以下	45 岁以上			
	4	20			
与本银行业务关系	结算和储蓄	结算	储蓄	贷款和结算/储蓄	仅贷款
	60	40	40	30	10
	无任何业务				
	10				
年收入	15 000 元以下	15 000～25 000 元	25 000～40 000 元	40 000 元以上	
	5	15	30	50	
月债务偿还	无债务偿还	200 元以下	200 元～500 元	500 元以上	
	45	35	25	10	
失信情况	未调整	无记录	2 次以上失信	1 次失信	无失信
	0	0	−20	0	15

国外的个人信用评价方法，从使用上看，都力求简洁，方便操作，具有较强的实用性。美国的 FICO 评分法比欧洲商业银行的评分法在评价内容上更加全面和细致，欧洲商业银行则依据信贷员的主观经验来弥补这方面的不足。从方法本身来看，对于权数的设定、指标的合成、信用等级数的划

分等问题，这两种方法都没有透露。

（四）中国商业银行个人信用评分方法

中国个人信贷起步较晚，过去一般都用判断式信用评定。现在，越来越多的商业银行借鉴国外银行的个人信用评分方法，推出了自己的评分规定。

以下是我国某商业银行的个人信用评分方法。该商业银行从个人资历、道德品质和资本实力等方面对个人信用进行评价。在评估“资金实力”的同时必须要注重对借款人道德品质的考评，以避免较强的资本实力可以掩盖其较差的道德品质的缺陷，这样可以对个人信用评定结果有清晰的认识。表 5-4 列出了道德品质和资本实力的评价内容和评分标准。

表 5-4　某银行个人信用评级标准

评级内容	评分标准
文化程度（满分 10 分，配偶另加 2 分）	博士 9～10 分；硕士 8～9 分；学士 7～8 分；专科 6～8 分；中专或高中 6 分；初中以下 5 分
工作年限（满分 10 分）	30 年以上 9～10 分；20～30 年 8～9 分；10～20 年 7～8 分；5～10 年 6～7 分；5 年以下 0 分
职业（满分 10 分，配偶可另加 3 分）	公务员 8～10 分；科教人员 8～9 分；企业管理者 8～10 分；私营业主 7～10 分
职务（满分 10 分，配偶可另加 2 分）	局级以上 10 分；处级 8～10 分；科级 7～8 分；科级以下 0 分
职称（满分 10 分，配偶可另加 2 分）	高级 10 分；副高级 8～10 分；中级 7～8 分；中级以下 0 分
个人年经济收入（满分 20 分）	20 万元以上 20 分；15 万～20 万 18 万～20 分；10 万～15 万 17～19 分；8 万～10 万 16～17 分；5 万～8 万 14～16 分；2 万～5 万 10～14 分；2 万以下 0 分
家庭财产评估价值（满分 30 分）	50 万以上 30 分；40 万～50 万 26～30 分；30 万～40 万 24～28 分；25 万～30 万 22～25 分；20 万～25 万 20～22 分；20 万以下 0 分
其他分（最高 10 分）	连续三期贷款都能按时还本付息，并有提前还清贷款的能力，5～10 分；连续两期贷款都能按时还本付息，无欠账，1～5 分；未曾贷款，0 分

五、个人信用信息数据库

（一）信息记录范围

任何自然人，只要发生结算行为，就会被记录到信用数据库里。数据的采集包括银行房贷、车贷等数据。

公安部、社会保障部门、公积金管理部门等有关方面的部分个人基本信息，包括学历、工作单位等，以及个人缴纳电话、水、电、燃气等公用事业费用以及法院民事判决和个人欠税等公共信息，也都纳入采集范围，以便更全面地反映一个人的信用状况。

工资卡上的基本信息也被纳入系统。 例如，如果助学贷款的学生未按时还贷，只要该学生的工作单位为其办理了工资卡，即可全国联网查询到该学生的信息。这样，可以有效防止恶意逃贷的行为发生。

不良信用记录不会跟着一个人一辈子。在国外，一般负面记录保留 7 年，破产记录一般保留 10 年，正面记录保留的时间更长，查询记录一般保留 2 年。中国规定个人不良信息的保存期限为 5 年。

（二）信用数据的使用

商业银行的基层信贷审查人员均可在经当事人书面授权后，查询个人信用记录，以此作为发放个人贷款的依据。

如果信用数据反映借款申请人是一个按时还款、认真履约的人，这对银行意味着一个潜在的优质客户，不但能提供贷款、信用卡等信贷服务，还可能在金额、利率上给予优惠。

如果信用数据反映借款申请人曾经有借钱不还等不良信用记录，银行在考虑是否贷款时就要慎重对待，极有可能要求提供抵押、担保，可能降低贷款额度，或提高贷款利率，甚至会拒绝贷款。

如果信用数据反映借款申请人已经借了很多钱，银行也会很慎重，怕负债过多承担不了，也可能会拒绝再贷款。

如果信用数据反映借款申请人没有历史信用记录，银行就没有判断借款人信用状况的便捷方法。如要有可能，应该尽早建立信用记录。简单的方法就是与银行发生借贷关系，比如申请一张信用卡或者申请贷款，借款人的信息就会通过银行自动报送给个人信用信息数据库。

许多商业银行已经将查询个人信用信息基础数据库作为贷前审查的固定程序。目前已有 10%左右的自然人在申请贷款时，由于有不良信用记录而被银行拒绝。

六、个人信用报告

（一）个人信用报告内容

个人信用报告由信用报告名称和信用报告内容组成。信用报告内容包括信用报告头、信用报告主体、信用报告说明三个部分：

1. 信用报告头

主要包括报告编号、报告时间、查询信息等内容；

2. 信用报告主体

个人信用报告是你的“信用档案”，全面、客观记录你的信用活动，如偿还贷款本息、信用卡透支额的情况等：

（1）个人基本信息，包括个人姓名、地址、工作单位、居住地址、职业等；

（2）信用交易信息，如个人的贷款、信用卡、为他人贷款担保等信息；

（3）个人开立结算账户信息，指个人开立结算账户的数量、开户银行等；

（4）个人非银行信息：包括个人住房公积金信息、个人养老保险金信息、个人电信缴费信息等；

（5）特殊交易信息：用于描述被征信人在商业银行发生的特殊信用交易的总体情况， 包括展期（延期）、担保人代还、以资抵债等情况。

（6）特别记录：用于描述数据上报机构上报的应引起特别关注的信息（特别是负面信息），如欺诈、被起诉、破产、失踪、死亡、核销后还款等信息。

（7）查询记录：显示何人（或机构）在何时、以何种理由查询过该人的信用报告。

3. 信用报告说明

对信用报告内容的一些解释信息和征信服务中心对信用报告所涉及的权利和责任的说明。

个人不仅要善待自己的信用报告，而且要善用信用报告。个人信用报告可应用在信用卡申领、求职、交易、租房等领域，提高交易成功率，降低交易成本。

个人信用报告内容如表 5-5 所示。

表5-5 个人信用报告内容

个人的基本信息	包括个人的姓名、身份证、家庭地址、工作单位等基本信息。这些信息告诉商业银行"这个人是谁"
个人在银行的贷款信息	何时在哪家银行贷了多少款，还了多少款，还有多少款没还，以及是否按时还款等信息
个人的信用卡信息	办理了哪几家银行的信用卡，信用卡的透支额度以及还款的记录等信息
个人的信用报告被查询的记录	计算机会自动记载何时何人处于何原因查看了信用报告
个人信用报告的其他内容	记载社会保障信息、银行结算账户开立信息、个人住房公积金缴存信息、是否按时缴纳电话、水、电、燃气费等公共事业费用信息，以及法院民事判决、欠税等公共信息

[专栏5-7]

益百利消费者个人信用调查报告样本

消费者识别号码：ID12345678901234

当事人：XYZ先生

塞福顿大街10000号

Alhambra，CA91803

当事人信用报告使用说明：

本报告有解说附件，告知你的权利及有关说明。如果遗漏或者有任何疑问，请向本报告末页所列事务所查询。

当事人信用历史：

此部分的资料来自公共记录的授信人。账号附注×号为提示授信人特别复查使用。如果你认为本报告有误，请按照本报告末页所指示的步骤申请查询。

根据你的请求检索出你的档案，有关你的信用历史记录，如实列示如下：

账　户	说　明	状况/付款
SANTA ANT 地方法院 大通街 123 号 SANTA 码 ANA，CA92765 案号#7505853	本案原始标的金额为 US$ 1200 原告示 ALLIED COMP-ANY	10/88 通知 10/19/89
BAY 公司码头大厦 SAN FRANCISCO CA94041 百货公司账号 #4681123R101	本账户 05/85 开户为循环信用账户 信用额度 US$ 1600 最高余额 US$ 1285	至 01/95 正常账户 04/93 逾期 60 天 01/21/95 余额 0 最近付款记录 09/13/94 付款历史： NNNCC1CCCCCCCCCCCCCCCC
中区银行 巡牧东路 1456 号 DALLAS，TX75221 银行账号 #4590345859403	本信用卡 07/88 开户 附循环信用 信用额度 US$ 6000 最高余额 US$ 1624	至 12/94 完全清偿正常账户 07/94 逾期 30 天 最后付款记录 12/22/94 付款历史： CCCC1CCCCCCCCCCCCC

查询记录：以下为取得你信用历史的查询名单

户　名	日　期	备　注
CAL 车商亚伦街 10 号 NEWARK，NJ09987 车辆	03/24/94	信用交易查询复审及收账用途金额未定
丘塞银行大通街 651 号 SMALL 码 OAK，AR72657 银行授信	04/18/94	48 个月期汽车贷款查询金额 US$1800

查询记录：以下为提出查询，但未取得你信用历史的查询名单

户　名	日　期	备　注
BAY 公司码头大夏 SAN 威夷 FRANCISCO CA94041 百货公司	02/10/95	为复审目的

请通知我们去协助你

信用局得知优良信用对你的重要性。资料的正确、更新对我们也一样重要。下列为你请求发给当事人信用报告填写的资料，如果不正确或姓名不完整，过去 5 年住址、社会安全号码、出生年不正确，本报告就可能不完整。如果本报告不完整或不正确请通知我们更正。

你的姓名：×××　　　　　　社会安全号码#548603388

地址：桦树北街 10655 号 BURBANK，CA91502　　　　配偶：SUSAN

其他地址：苏菲亚巷 1314SANTA ANA，CA92708　　　　出生年：1951

辨识信息：以下为其他报送资料

地址： 苏菲巷 134SANTA ANA，CA92708 11/84 信用局会员报送	地址： 鹰视大厦 BUFFALO，NY14202 04/84 信用局会员报送

任职：

AJAX电脑百老汇2035号　　贝尔汽车　　第一次报送 11/80

LOS ANGELES，CA90019

第一次报送04/89

其他：配偶名第一个字母：S其他使用名字：Smith小名：Jack：自01/01/95

以此社会安全号码查询次数：8

社会安全号码发给：1965-1966

电话秘书服务登记　　商务地址/电话

本报告结束

[专栏5-8]

客户消费信用评级

案例：刘嘉云（以下称刘小姐），31岁，北京户口，工程管理系毕业，取得学士学位。工作年限为8年，2006年起任保险公司业务经理。30岁结婚，其配偶郑先生为同部门同事，本年30岁，两人尚未产子，但近一两年有产子计划。夫妻感情较好，与长辈相处融洽。

刘小姐基本工资即公司底薪为每月3000元，根据业务完成情况给予提成，因此月收入不稳定，基本在8000～50 000元范围内，其中30 000～50 000元居多。其配偶因工作性质、工作内容、收入构成与刘小姐相同，所以月收入也在8000～50 000元范围内浮动，其中30000～50000元居多。

刘小姐与其丈夫在2013年结婚，租住在回龙观小区，住房面积为108平方米。两人另有一套已付清首付、现每月偿还银行贷款的在建房屋，面积为120平方米，预计2015年7月完工交房。刘小姐的父母均为北京户口，父亲为退休工人，母亲为个体工商户，两人与刘小姐的姥姥居住在一起，未来有换新房的打算。刘小姐的丈夫郑先生的父母居住在外地，父亲为在职工人，母亲在家务农，父母两人由郑先生的弟弟照顾。

刘小姐与其丈夫无失信记录。2011年刘小姐开通信用卡业务，赋予透支额度5万元，近24个月还款记录优良，至今无拖欠卡债现象。郑先生拥有信用卡两张。2013年刘小姐在我公司办理住房贷款业务，每月固定偿还8000元，还款期限为30年。刘小姐和郑先生均无为他人担保贷款的记录。

刘小姐在体检中检查出血小板值偏低，有轻微贫血，其余状况良好。2008年曾在北医三院接受阑尾炎手术，后痊愈出院。郑先生健康状况良好，体检结果正常。

以上情况为我公司员工采纳刘小姐、郑先生及其双方父母自述，公司同事、小区邻居、高中大学同学、老师等人证实，结合相关材料（身份证，毕业证，房产证，工作证，健康证等）证明后总结得出。

结合刘小姐生活的实际情况，我公司给出以下信用分析记录及结果。

登记时间：2014年3月1日

姓名	刘嘉云	联系电话	13820380085
性别	□男　■女	是否为新客户	□是　■否
年龄	31岁	婚姻状况	■已婚　□未婚
工龄	8年	毁约记录	□有　■无
现任职务	业务经理	配偶职业	保险公司业务经理
工作单位	保险公司北京分公司		
家庭住址	北京市昌平区回龙观小区		
现住址居住时间	1年	受雇当前雇主时间	7年

续表

年收入	30万元左右	债务收入比例	28%左右
与本企业业务关系	储蓄卡客户	失信情况	无
文化程度	大学本科	家庭财产评估价值	224.8万元
有无信用卡及透支额度	有信用卡，透支额度5万元		
健康状况及体检结果	血小板值偏低，有轻微贫血，其余状况良好		
客户确认签名	刘嘉云		

根据个人消费信用评分体系分值表，得出刘小姐个人消费信用评分情况如下表所示：

得分情况 评分项目	权数	得分
工资（月收入）	10	8
住房	9	-10
资产负债率	8	6
个人家庭财产	7	6
职业	6	7
偿还贷款记录	5	10
信用卡年使用次数	4	4
工龄	3	5
年龄	2	6
学历	1	8

根据权数分值可以得出刘小姐信用分值为223分，对照下表授信额度，刘小姐最高可取得贷款40万元，年化利率为6%。

分值	450～550	350～450	250～350	150～250	100～150	50～100	0～50	0以下
额度	100万	80万	60万	40万	20万	10万	1万	0
利率（%）	0	2	4	6	8	10	12	

（二）个人信用报告的查询

个人可到征信中心或当地的查询机构申请查询本人的信用报告或代理他人查询信用报告。

个人在征信活动中有知情权、异议权、纠错权、司法救济权。

（1）知情权。个人有权知道征信机构掌握的关于自己的所有信息，知晓的途径是到征信机构去查询自己的信用报告。

（2）异议权。如果对自己信用报告中的信息有不同意见，可以向征信机构提出来，由征信机构按程序进行处理。

（3）纠错权。如果经证实，我们的信用报告中所记载的信息存在错误，有权要求数据报送机构和征信机构对错误信息进行修改。

（4）司法救济权。如果认为征信机构提供的信用报告中的信息有误，损害了个人的利益，而且在向征信机构提出异议后问题仍不能得到满意解决，可以向法院提出起诉，用法律手段维护个人的权益。

消费者想查询自己的信用报告有两条途径：（1）去商业银行办理贷款、信用卡业务时，通过银行获取；（2）通过当地人民银行分支行的征信管理部门，或直接向央行的征信中心提出书面申请。

为保护个人隐私和信息安全，只能经当事人书面授权，并且限定用途，才能查询个人信用信息，每次查询会自动生成查询记录，违规将受处罚。

除本人外，只有商业银行在办理贷款、信用卡、担保等业务和进行贷后管理时才可以直接查看个人信用报告。而且个人信用信息基础数据库的计算机系统还自动追踪和记录每一个用户查询个人信用报告的情况，并展示在信用报告中。

如果商业银行违反规定查询，或将查询结果用于规定范围之外的其他目的，将被处以罚款；涉嫌犯罪的，则将依法移交司法机关处理。

个人应该定期查询自己的信用报告，根据信用报告中的查询记录判断是否有可疑情况，发现未经授权的查询，及时报告征信中心。

在查询个人信用报告的过程中，应特别关注“查询记录”中记载的信息，据此可以追踪您的信用报告被查询的情况。主要有以下两方面的原因：第一，其他人或机构是否未经授权查询过您的信用报告。第二，如果在一段时间内，信用报告因为贷款、信用卡审批等原因多次被不同的银行查询，但信用报告中的记录又表明这段时间内您没有得到新贷款或申请过信用卡，可能说明向很多银行申请过贷款或申请过信用卡但均未成功，这样的信息对获得新贷款或申请信用卡可能会产生不利影响。需要说明的是，因贷后管理查询个人信用报告虽然也被记录在查询记录中，但并不需要经过本人授权。如果发现自己的信用报告被越权查询时，可以向征信管理部门反映，造成实际损失的，可以向法院起诉。

[专栏5-9]

擅查个人信用 银行被告上法庭

A先生在银行查询个人征信报告时，发现有两家商业银行在其不知情、未授权的情况下查询了他的信用信息。他在其中一家银行办过信用卡，但后来注销了，在另一家银行从未办过任何业务。于是A先生将两家银行告上法庭。

曾经为A先生办理过信用卡的银行承认，该行对信用卡进行了二次开发，查询过A先生的身份证号、住址、职业、银行贷款、是否欠款等信息，但认为这些信息有社会属性，并非隐私。受理法院依据相关法律判决，两家银行均未获得A先生有效授权，属侵权行为，被告书面向原告赔礼道歉，并对两家银行分别处以2万元行政处罚。

（三）个人信用报告的错误更正

良好信用将会极大方便个人生活，但如果个人信用报告内容发生了错误，则会给生活带来一时不便。

出错的原因可能来自四个方面：

（1）在办理贷款、信用卡等业务时，个人提供了不正确的信息给银行；

（2）别人利用各种违规手段，盗用名义办理贷款、信用卡等业务；

（3）在办理贷款、信用卡等业务时，柜台工作人员可能因疏忽而将信息录入错误；

（4）计算机在处理数据时由于各种原因出现技术性错误。

对于信用信息出现错误、遗漏的，个人有权向征信机构或者信息提供者提出异议，要求更正。

征信机构或者信息提供者收到异议，应当按照规定对相关信息作出存在异议的标注，自收到异议之日起20日内进行核查和处理，并将结果书面答复异议人。

经核查，确认相关信息确有错误、遗漏的，信息提供者、征信机构应当予以更正；确认不存在错误、遗漏的，应当取消异议标注；经核查仍不能确认的，对核查情况和异议内容应当予以记载。

个人认为征信机构或者信息提供者、信息使用者侵害其合法权益的，可以直接向人民法院起诉。

七、提高个人信用等级的途径

银行将个人信用记录作为发放贷款或信用卡的主要依据之一，一个人的信用等级越高，就越容易获得银行贷款或通过信用卡审批。

要提高自己的信用等级，除了恪守信用，比如经常与银行发生借贷关系并按时还贷、信用卡透支及时还上，市民还可以通过以下途径提高自己的信用等级。

（1）提高学历。

一个人接受教育的程度，与经济能力密切相关。对银行来说，学历越高的人信用越高。

（2）拥有技术职称。

一个人的专业技术，是其工作能力的见证，相对来说，拥有工程师、经济师、会计师、优秀教师等职称的借款人，更能受到银行的垂青。

（3）要寻找一份稳定的工作。

稳定工作意味着稳定的收入，这是银行提供贷款的基本条件，公务员、教师、医生以及一些效益好的企业员工，银行都给予适当的加分。

（4）在贷款银行开有账户，适度借贷。

没有借贷记录并非就是好事，因为银行失去了一个判断个人信用状况的重要途径。如果借款人在银行开有账户，有良好的信用记录，且经常有资金进出，其存折上就会反映出过去存款的次数，银行会酌情考虑给予加分。

要经常使用信用卡消费，并按时还款，可以提高你的信用积分。对于有多张信用卡并喜欢刷卡消费的人，非常容易记错或忘记还款期限，不能及时还款，不仅要缴高额利息，还要在个人信用方面染上污点。要控制好自己的信用卡数量，保障还款账户余额充足。

要结合资产负债状况，适度借贷，但要注意及时归还各种贷款。提前还贷虽然是一个积累信用的好办法，但银行更看重那些能每个月按时足额缴纳贷款的人。

（5）要拥有个人住房。

这表明个人有一定的经济基础。

（6）要有完满的婚姻。

相对来说，已婚且夫妻关系好的客户，一定会比单身者更具有稳定性，更能得到银行的青睐。

（7）要注意生活中的小细节。

按时缴纳公共事业费、手机不欠费等。

思考练习题

1．简述消费信用的分类与形式。

2．分析消费信用风险来源及防范风险的措施。

3．个人信用评估包括哪些内容？

4．个人信用报告包括哪些内容？

5．案例分析：

张辉在德国上学，拿到博士学位后四处求职，但几乎是大、小公司都拒绝了他，原因是信用库中有他乘坐公交车时的 3 次逃票记录。

分析：个人信用对张辉意味着什么？为张辉提出提高个人信用的建议。

6. 结合大学生的学习和生活实际，设计大学生申请信用卡的评级指标，并提出提升信用的建议。

银行信用管理 第六章

学习目标

- 了解银行信用风险的概念、分类和评估方法；
- 了解银行信用管理制度和授信管理操作流程；
- 掌握银行信用产品的业务流程。

第一节 银行信用管理概论

一、银行信用

（一）银行信用的概念

银行信用是以银行或其他金融机构为媒介，以货币为对象向其他单位或个人提供的信用。

广义的银行信用包括银行作为债务人的负债类业务（如存款）以及作为债权人的资产类业务（如贷款）。狭义的银行信用仅指银行的资产类业务。

（二）银行信用的功能

1. 信用媒介

信用媒介论创始于18世纪，盛行于19世纪，其主要代表人物是亚当·斯密、李嘉图、约翰·穆勒。该理论认为，银行（指商业银行）的功能在于提供媒介信用，银行须在首先接受存款基础上才能放款。银行的负债业务先于资产业务，且负债业务决定着资产业务，银行通过信用方式起着媒介工具作用，银行充当信用媒介，这种信用不创造资本，仅仅是转移和再分配社会现实资本，以提高资本效益的作用。

2. 信用创造

信用创造论发展于19世纪，盛行于20世纪，信用创造论的主要代表人物是约翰·劳、马克鲁德、哈恩等。该理论认为银行的功能在于为社会创造信用，银行能够通过存款进行贷款，且能用贷款的方式创造存款，银行通过信用的创造能够为社会创造新的资本，信用就是资本，信用能够形成资本。银行的本质在于创造信用。

3. 信用调节

信用调节论是在资本主义经济进入垄断阶段以后产生的。该理论开始于20世纪二三十年代，盛行于现代，主要代表人物有霍曲莱、汉森、凯恩斯、萨谬尔森等。该理论认为，资本主义的经济危机可以通过货币信用政策去治理，主张通过扩张或收缩货币信用，控制社会的货币与信用的供给，干预经济生活，调节经济增长。

（三）银行信用的特征

1．广泛性

参与银行信用的主体具有广泛性，个人、企业以及政府均广泛而深刻地参与到银行信用活动中，信用方式具有多样性。

2．间接性

银行作为信用活动的中间媒介，银行信用是最基本的资金融通形式，在社会资金融通中居中心地位，发挥着连接资金供求双方的职能。间接融资的有效运作可以发挥提高融资效率、降低融资成本和风险的功效。

3．综合性

银行作为市场经济的中枢，通过银行信用的调控，可以发挥调控国民经济运行，改善经济运行质量的功效。

（四）银行信用结构的转型

随着市场经济环境的变化和金融竞争的发展，银行不断拓展服务领域，直接导致银行信用结构的变化。早期的商业银行以发放企业贷款为主。20 世纪 50 年代以后，随着融资结构的变化，大量企业到资本市场通过发行股票、债券筹集资金，银行由此失去不少市场份额。为应对竞争压力，银行加快信用创新力度，贷款结构由企业贷款为主，转向加大个人贷款比重，积极拓展零售贷款业务，大力发展消费信贷，由此重新赢得竞争优势。

二、银行信用风险

（一）银行信用风险的概念

银行作为经营货币业务的中介机构，本身属于高风险行业。银行在经营中面临各种类型的风险，包括市场风险、信用风险、操作风险、国家风险、利率风险、流动性风险、法律风险等。

在上述风险中，信用风险占有特殊的地位，信用风险一直是金融市场上最为基本、最为古老也是危害最大的一类风险。世界银行对全球银行业危机的研究表明，导致银行破产的最常见原因就是信用风险。

狭义的信用风险（Credit Risk）又称违约风险，是指交易对手未能履行约定契约中的义务而造成经济损失的风险，即受信人不能履行还本付息的责任而使授信人的预期收益与实际收益发生偏离的可能性。

随着现代风险环境的变化和风险管理的发展，尤其是信用衍生品市场这一以纯粹信用为标的的交易市场的出现，使信用风险的概念不仅包括因为交易对手（包括借款人、债券发行者和其他金融交易合约的交易对手）的直接违约而遭受的损失的可能性，还包括由信用事件（破产、信用等级下降、投资失败、盈利下降、融资渠道枯竭等）引起的损失的可能性。从这个意义来讲，信用风险的大小主要取决于交易对手的财务状况和风险状况。由此，信用风险的定义扩展到广义的范畴。

广义的信用风险是指由于各不确定因素对银行信用的影响，使银行金融机构经营的实际收益结果与预期目标发生背离，从而导致银行金融机构在经营活动中遭受损失或获取额外收益的一种可能性。

（二）银行信用风险的特征

1. 信用风险的内生性

导致债务人还款违约的主要因素是债务人自身的还款能力和还款意愿。由于违约风险取决于债务人的个体特征，商业银行必须及时、深入地了解受信企业的信用状况。商业银行对受信者信用状况及其变化的了解主要有以下三条渠道：一是分析企业提供的各种信息（包括财务报表、拟建项目的可行性研究报告以及近期重大经营活动等）；二是外部信用评级机构公布的评级信息。三是商业银行从债券和股票市场获得的企业信息。这三条渠道都有很大的局限性，对于第一条渠道，信息的及时性和真实性在很大程度上依赖于借款人的诚信度；而第二条渠道则明显受到信用评级覆盖范围的限制；对于第三条渠道，由于债券和股票的价格受到非信用因素的影响，特别是在金融市场不发达的发展中国家，市场能够提供的有效信息是很有限的。

2. 风险和收益的非对称性

信用风险的存在是因为受信方有违背某种承诺（偿还债务的承诺，或衍生工具中按协议交割资产）的可能性。这种承诺一般是事先安排好的确定的价格，因此对授信人（投资人）来说，收益就是一个事先确定的数额，而授信人的损失取决于受信方的违约状况，在违约敞口内没有限制。因此，有很大的可能只获取相对较小的利息收入，同时遭受较大的损失。

通常假定市场风险的概率分布为正态分布，市场价格的波动是以期望值为中心，主要集中于相近两侧，而远离期望值的情况发生可能性较小，大致呈钟形对称；信用风险由于存在收益和损失不对称的风险特征，使风险的概率分布向左倾斜，即信用风险分布存在厚尾现象，这一特征导致难以对信用风险进行正态分布的假设，给信用风险的分析与控制带来了较大困难。

3. 道德风险是形成信用风险的重要因素

由于在信贷过程中存在明显的信息不对称现象，在信贷市场上通常表现为银行发放贷款后，很难对借款人在借款后行为进行监管。因而借款人可能从事较高风险的投资行为，将银行置于承受高信用风险的境地，这就是所谓的道德风险问题，它对信用风险的形成起着重要作用。

4. 信用风险具有明显的非系统风险特征

信用风险多数情况下受与借款人明确联系的非系统性因素的影响，如贷款投资方向、借款人经营管理能力、借款人风险偏好等，尽管借款人的还款能力也会受到诸如经济危机等系统性因素的影响，信用风险的这种非系统性风险特征决定了多样化投资分散风险的风险管理原则也适用于信用风险管理。

5. 信用风险量化困难

信用风险量化困难主要体现为历史交易数据缺乏，信用产品的交易记录少，而且贷款的持有期限一般较长，即使到期出现违约，频率远比市场风险的观察数据少。

（三）银行信用风险的影响

1. 对债券发行者的影响

债券发行者的借款成本与信用风险直接相联系，债券发行者受信用风险影响极大。计划发行债券的公司会因为种种不可预料的风险因素而大大增加融资成本。例如，平均违约率的升高的消息会使银行增加对违约的担心，从而提高了对贷款的要求，使公司融资成本增加。即使没有什么对公司有影响的特殊事件，经济萎缩也可能增加债券的发行成本。

2. 对债券投资者的影响

对于某种证券来说，投资者是风险承受者，随着债券信用等级的降低，则应增加相应的风险贴水，即意味着债券价值的降低。同样，共同基金持有的债券组合会受到风险贴水波动的影响。风险贴水的增加将减少基金的价值并影响到平均收益率。

3. 对商业银行的影响

当借款人对银行贷款违约时，商业银行是信用风险的承受者。

（1）银行的放款通常在地域上和行业上较为集中，这就限制了通过分散贷款而降低信用风险的方法的使用。

（2）信用风险是贷款中的主要风险。随着无风险利率的变化，大多数商业贷款都设计成浮动利率的。这样，无违约利率变动对商业银行基本上没有什么风险。而当贷款合约签订后，信用风险贴水则是固定的。如果信用风险贴水升高，则银行就会因为贷款收益不能弥补较高的风险而受到损失。

4. 对宏观经济的影响

（1）银行信用风险会导致金融市场秩序的混乱，破坏社会正常的生产和生活秩序，甚至使社会陷入恐慌，极大地破坏生产力。

（2）银行信用风险会导致实际投资风险增加，收益水平降低，整个社会的投资水平下降。

（3）银行信用风险影响宏观经济政策的制定和实施。

（四）银行信用风险的分类

银行信用风险按照成因分类如下。

1. 违约风险

债务人因违约而未能如期偿还债务给银行带来的风险。

2. 不确定性风险

由于大量不确定事件的存在而引发债务人无法按期偿还银行贷款所引发的风险。

3. 追偿风险

借款人信用质量状况的变化引起商业银行资产价值变动而导致的损失，即信用价差风险。

（五）银行信用风险的成因

1. 内部因素

商业银行内部风险主要体现在贷款政策、信用分析和授信、贷款监督的诸环节的缺陷。

2. 外部因素

商业银行外部因素主要体现在影响借款人履约能力和履约意愿的诸多因素，包括社会政治、经济变动、自然灾害等在内的银行无法回避的因素。

三、银行信用管理

（一）银行信用管理的定义

商业银行信用风险管理是银行风险管理的重要组成部分，是指商业银行对所涉及的信用关系和信用业务实施综合管理，重点是对履行信用契约的意愿和行为进行管理的过程。银行通过对信用风险的识别、衡量和控制，以最小的成本将信用风险导致的各种不利后果减少到最低程度，保证银行自身的信用不受损失。

（二）银行信用管理的分类

（1）按照银行信用活动的对象，可以分为受信管理和授信管理。

受信管理是商业银行接受受托人资金或服务的委托，对信用契约进行管理的过程；

授信管理是商业银行对提供给别人信用，设置一些规定的程序和条件，对双方信用契约进行管理的过程。

（2）按照商业银行信用业务的功能，商业银行信用管理可分为资产信用管理、负债信用管理、资本信用管理和表外信用管理四个子系统。

资产信用管理是指商业银行在贷款和投资等资产业务经营中，进行有效的风险控制和管理，建立识别和规避资产信用风险的方法和模型技术，实现商业银行的资产营利性和安全性。

负债信用管理是指商业银行依托银行的信誉，通过发行负债，如存款、借入资金（同业拆借、向央行借款）筹集资金，进行负债信用经营，以满足商业银行发展和流动性需求，预防和控制流动性风险。

资本信用管理是指商业银行通过发行股票等方式筹集资本金，并对资本金进行科学管理，建立有效的银行资本金补充机制，预防和规避商业银行的信用风险和流动性风险等，保持公众信心和银行体系安全。

表外信用管理是指商业银行在表外信用业务经营中，建立有效的表外风险控制机制，从而增加银行收益。

（三）银行信用管理目标

（1）通过对资产信用业务的经营，控制由于非对称信息存在对信用决策的影响，从而建立一套科学的资产信用经营机制，规避信用风险；

（2）通过对负债信用业务的经营，建立有效的资金来源渠道，保证其资产信用业务扩张所需充足、稳定的资金供给和满足其客户存款支付的流动性需求，树立商业银行良好的同业品质效应和公众形象；

（3）通过对其资本信用业务的经营，建立一套有效的资本金补充机制，既控制其资产信用业务扩张而带来的风险，预防银行信用经营的非预期损失，又保证合理的资本盈利水平，确保银行债权人和社会公众对银行体系的信心；

（4）通过对其表外信用业务的经营，一方面进行业务创新将表内风险转移到表外（如互换业务），规避风险，另一方面扩大收入来源，提高盈利能力。

这四种信用的管理是相互联系的。负债信用为资产信用的扩张提供了稳定的资金供给，资产信用通过银行的创造功能，又扩大了其负债信用的增长规模；资产信用的扩张和风险，要求资本金的及时补充，资产信用和表外信用的盈利能力直接关系到资本的收益率，资本信用业务的经营能力又为负债信用和资产信用的增长树立信心；资产信用与表外信用之间的转移，对银行风险的转嫁和资产的处置提供了创新思路。

商业银行就是通过这四种信用的系统管理，实现信用管理目标与银行管理“三性”目标的相统一。

（四）银行信用管理内容

商业银行提供放贷的过程，也就是承担信用风险获取盈利的过程。信用风险为商业银行面临的诸多风险之中最为重要的风险，银行信用风险管理追求的是收益与风险的均衡。银行信用风险的管理就是如何精确度量信用风险损失的概率分布，相应地将有限的风险资本分配到各种业务中，以达到风险/收益配置最优化。

银行信用风险管理分为两个方面：

（1）如何达到单项债务收益与风险的均衡，即如何使得单项贷款的定价和单项贷款的信用风险相匹配；

（2）如何达到银行总体收益与总体贷款风险的均衡，即如何使得银行在满足金融监管要求的同时达到风险资本的最优配置。

商业银行信用风险管理具体内容如图 6-1 所示。

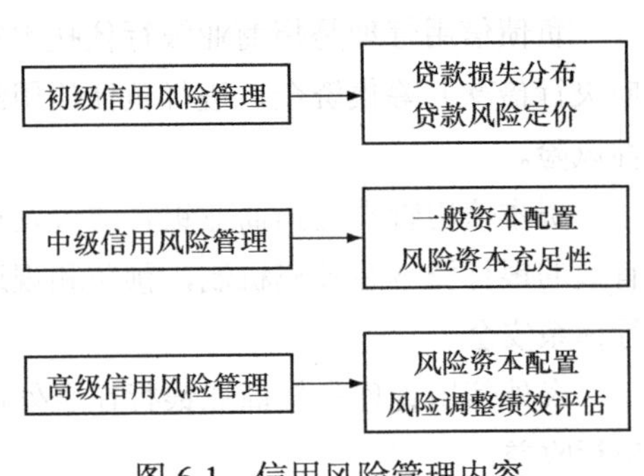

图 6-1　信用风险管理内容

单个债务人的违约风险是商业银行为获取盈利必须承担和积极管理的风险，通过历史数据拟合出信用损失分布曲线，尤其是确定未预期损失分布特征是管理信用风险的前提。信用风险不同于市场风险，信用风险不服从正态分布，具有明显的“厚尾性”。“厚尾性”说明虽然其发生概率较小，但存在发生较大损失的可能性。也就是说，在信用风险领域并非方差较大的资产就比方差较小的资产风险大。所以，信用风险管理都要采取措施尽可能地缩短损失分布的“厚尾性”，减少发生预期损失的概率。从这个意义上说，银行信用风险管理就是如何精确度量信用风险损失的概率分布，相应地将有限的风险资本分配到各种业务中，以达到风险/收益配置最优化。

商业银行信用风险管理可分为两个层次：

1. 信用风险管理的第一层次是如何确定单项贷款的损失分布，从而给单项贷款合理的定价和配置风险资本权重。

2. 信用风险管理的第二层次是如何确定资产组合的信用风险损失分布，从而确定最优风险资本配置；

信用风险度量与管理层次关系可以由图 6-2 表示出来。

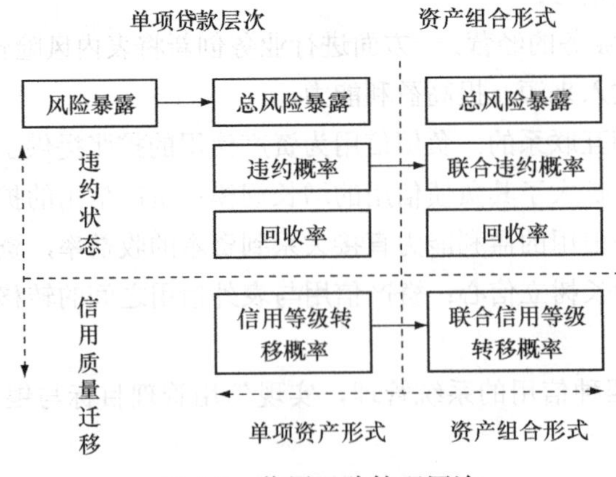

图 6-2　信用风险管理层次

纵观信用风险管理的整个过程，信用风险管理的内容和核心就是信用风险的度量。

四、银行信用管理体系

（一）银行信用管理架构

1. 客户经理部

对贷款客户资质的前期调查，通过调查发现银行的优质客户，做好客户信用分析报告及备齐相关的贷款申请资料，送信用风险管理部门审批。

2. 信用风险管理部

对各支行提出的贷款申请进行审查，并提出反馈意见。将审查通过的贷款合并自己的审查意见提交贷审会。

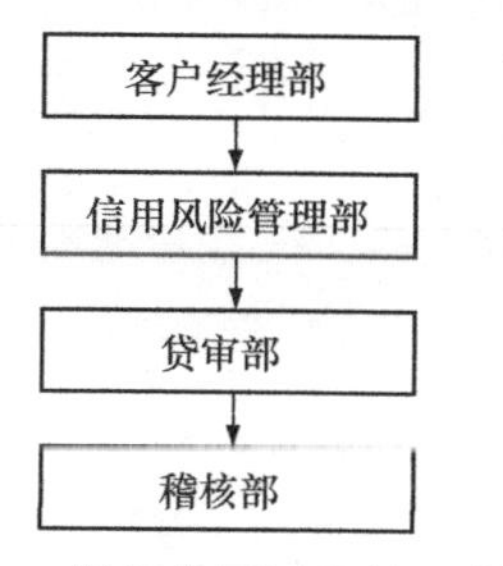

图 6-3 银行信用风险管理体系

3. 贷审会

投票决定贷款的发放和以及贷款的发放条件。它是对银行审批贷款的最高权利机构。

4. 稽核部

负责银行各项工作的监督检查机构，主要是从会计角度审查义件和凭证的齐备性。

银行信用风险管理体系如图 6-3 所示。

（二）银行信用管理内部机构

1. 风险管理委员会

商业银行均非常重视风险管理组织的构建。一般在银行董事会下设风险管理委员会，由一名副总裁直接领导风险管理委员会，作为银行内部最高层次的风险决策部门，负责建立银行的业绩目标和信贷组合标准，并与信贷政策委员会共同决定各地区（国家）和各行业的最高额度指标。

风险管理委员会的成员一般都由风险管理的高级管理人员组成。其主要的职能是对全行的风险管理信息进行交流，讨论风险管理政策并做出相应的决策或建议，有的委员会还有审批职能。如巴黎国民银行设立的风险管理执行委员会共有 8 名成员，分别负责信用风险、市场风险、操作风险和资产组合分析，以及北美、亚洲、本土的风险管理。

2. 风险管理部

风险管理部负责日常的风险管理、分析、监控、报告工作。在长期的管理实践中，各行都设立了庞大的风险管理机构，如巴黎国民银行的风险管理人员近 800 人，集中了大批从事风险管理的专业人才。

3. 风险管理体系的相对独立性

风险管理的相对独立性是各大商业银行风险管理体系的主要特点，其独立性主要体现在以下几个方面：

首先，风险管理的机构和职能完全独立于业务部门和检查部门。以巴黎国民银行为例，其集团风险管理部门、各业务部门、检查部门是直接向执行委员会主席报告的主要机构。

风险管理有别于稽核和检查的重要特征是：风险管理是“Second pair of eyes”（第二双眼睛），风险管理的职能是代表管理层的独立视角（Independent Eyes On Behalf Of General Management），进行的是持续的事前控制（Continuous Control Before Decision），而检查或稽核工作是事后进行的。

其次，风险管理的相对独立性还表现在报告路线的独立性上。西欧各商业银行的风险管理工作一般都在风险管理系统内进行，而不受分行或业务部门负责人的干预。它主要包括信息的传递、风险管理方针政策的实行、授信项目的审批等。派出在各地区总部或分行的风险管理人员也不受当地领导的制约。

最后，风险管理人员的相对独立性保证了风险管理的独立性。风险管理人员的任命、考核、调动等一般也在风险管理系统中决定，这就从人事制度上保证了风险管理的独立性。

第二节 银行信用产品

一、银行传统信用产品

（一）商业贷款

从期限上看，商业贷款可以分为短期、长期和中期贷款。

1. 短期贷款

期限在一年以内的贷款。有两种形式，贷款承诺和信贷限额。

短期贷款一般是具有自偿性质的季节性贷款。如零售商在销售旺季来临前进货所申请的贷款，一旦货物售出资金回收后就会偿还贷款。生产企业为购买原材料而申请的短期贷款也具有类似性质。对于季节性贷款，如果债务人具有良好的信用记录，银行往往不需要抵押品，贷款的额度视借款者的信誉而定。必要时，原材料、半成品和成品等库存都可以作为短期贷款的抵押品。

2. 中长期贷款

期限在一年以上的贷款。一般根据预测的借款者的经营状况和现金收益，按分期付款的方式偿还。中长期贷款的利率较高。与短期贷款不同，中长期贷款的偿还依赖于借款者的长期经营收益和现金收入。因此，银行面临的信用风险越高，对借款人的信用分析就越谨慎。中长期贷款一般需要抵押品。中长期贷款的期限一般为1年～7年，也有10年以上的贷款。中长期贷款的期限和数额一般视贷款的用途和借款人的还款能力而定。

3. 循环使用限额信贷

循环使用限额信贷规定贷款的最高限额，在一定期限内，只要不超过限额，借款者可以随时获得贷款和偿还贷款。循环使用限额信贷在协议期内实际上是一种贷款承诺。协议终了时这种贷款可以被转为中长期贷款，这时的贷款使用和偿还方式同于中长期贷款。由于协议期内贷款的利率是固定的，借款者没有成本波动风险和是否能够再获得贷款的顾虑，因而银行要承担全部的金融风险（利率风险，流动性风险和信用风险等）。

（二）消费贷款

消费贷款是指银行向个人而不是工商企业发放的消费性贷款，包括分期偿还贷款、一次性偿还贷款及循环使用贷款等。

1. 分期偿还贷款

分期偿还贷款要求借款人按一定的期间（通常是按月）偿还部分本金和利息，直至还清所有的本金和利息，除循环使用贷款外，这种贷款都需要担保。分期偿还贷款可以是直接贷款，也可以是间接贷款。直接贷款是放款给贷款的最终使用者；间接贷款是指银行贷款给零售商，零售商再以分期收款的方式出售商品。贷款的最终使用者并不直接从银行贷款。常见的分期偿还贷款有汽车贷款、住房装修贷款、教育贷款和医疗贷款等。

2. 一次性偿还贷款

主要是短期贷款，借款者未来的现金收入有确实可靠的保证。这种贷款的利息和本金一次性同时偿还，主要用来满足借款者的临时性资金需求，因而也常称为过渡性贷款。如人们由于搬迁或者希望改善居住条件而需要购买另一座房屋时，常向银行申请这种贷款来支付购房订金，一旦房屋出售就可以一次性地偿还这笔贷款。

3. 循环使用贷款

循环使用贷款实际上是一种特殊的分期偿还贷款。通过信用卡的透支来融资。

（三）不动产贷款

不动产贷款可分为商业不动产贷款和住宅抵押贷款两大类。

1. 商业不动产贷款

商业不动产贷款是指为房地产开发商和土地升发商提供的贷款，主要有建设贷款和土地贷款。

商业不动产贷款是指为房地产开发商和土地开发商提供的贷款，主要有建设贷款和土地贷款。建设贷款是向建筑商提供的贷款，用于建筑材料、劳工费用等项目的支付。通常是短期或中期的临时性贷款。土地开发贷款用于待开发土地的基础设施建设，通常是中期贷款。

2. 住宅抵押贷款

住房抵押贷款是个人借款者用来购买家庭住房的长期贷款，最长可达30年，住房抵押贷款以分期付款的方式偿还，违约时，银行有权拍卖抵押的房屋。

（四）农业贷款

农业贷款是地处农业地区的中小银行的主要经营业务。农业贷款受自然环境变化影响较大，风险较大。农业贷款在整个商业银行贷款中所占的比重较小，而且商业银行也不是农业贷款的主要发放者。

（五）国际贷款

国际贷款指商业银行在国际金融市场上向外国借款者发放的贷款，借贷双方是不同国家的法人。主要的借款者为跨国公司、进出口公司、大规模工程项目、各国银行以及各国政府等。由于国际贷款的数额往往较大，一家银行不能或者不愿独立满足借款者的需要，因而经常采取国际银团方式，即由数家银行共同参与联合贷款。银行的国际贷款主要以美元计算。借款用途从短期的商业融资到与一个国家长期经济发展有关系的建设性贷款。在国际信贷业务中，银行间的相互拆借占很大的比重。

（六）其他贷款

商业银行还提供其他许多形式的贷款，包括金融租赁、应收款贷款和存货贷款等。

1. 金融租赁

金融租赁是银行向企业提供的一种特殊形式的贷款，租赁企业在租赁期间拥有设备的使用权，并可以在租赁结束时决定是否购买这些设备。租赁有两种形式，一是直接租赁，银行提供全部设备购买资金，由客户决定设备类型和生产厂家，然后由银行或设备租赁公司购买设备，再租赁给客户。

另一种形式是杠杆租赁，由银行出面成立一个所有权信托基金，该基金负责购买设备并租赁给所需的企业。银行只出部分款项，基金向其他机构筹款来进行租赁。

2. 应收款贷款

银行以应收账款为抵押品发放的贷款。

3. 存货贷款

银行以企业存货为抵押品发放的贷款。应收款贷款和存货贷款的差异仅是抵押品不同。

4. 贴现

贴现是指远期汇票经承兑后，汇票持有人在汇票尚未到期前在贴现市场上转让，受让人扣除贴现息后将票款付给出让人的行为。

（七）信用证

在国际贸易中，为减少风险，进口商往往想收到货物后付款，而出口商则希望先收款再出货，这中间的收付款时间差是国际贸易的一大障碍。信用证的结算方式正好为买卖双方提供了一种承诺，有条件地保证了进出口双方的利益。

在信用证的计算过程中，开证行承担第一付款人的责任，以更为可靠的银行信用代替了进出口商业信用，信用证作为独立文件不受交易合同的限制与约束，是当前国际贸易中广泛使用的支付方式。

信用证根据其是否附有单据，分为跟单信用证和光票信用证。

（八）备用信用证

备用信用证的实质是一种银行担保，保证了备用信用证持有人对第三方依据合同所做的承诺。银行以自己的信用为其客户提供担保，获取手续费收入。备用信用证只有在银行的客户不能履约时，银行才需要承担付款义务。备用信用证既用在商业交易中也用在金融交易中，备用信用证常用来作为企业发行商业票据和债券的担保。

（九）贷款承诺

贷款承诺是银行根据合约在一定期间内向借款者提供一定金额限度的固定货浮动利率贷款，借款者在合约期内和金额限度内自行决定借款时间和数量。银行一般根据所承诺的贷款额按一定比例收取承诺费，通常该比例不超过1%，利息则按照实际借款额计算。

贷款承诺的用途：发行短期商业票据的企业通常通过发行新的票据来偿还到期债务，当经济环境不允许企业继续发行票据时，企业就可以利用贷款承诺来融资偿还到期债务；贷款承诺还可以满足企业临时增加的库存和季节性需求。

贷款承诺为企业提供了一种保险，减少了企业的流动性风险。

（十）信用保险

信用保险业务（Credit Insurance）是指权利人向保险人投保债务人的信用风险的一种保险，是一项企业用于风险管理的保险产品。其主要功能是保障企业应收账款的安全。其原理是把债务人的保证责任转移给保险人，当债务人不能履行其义务时，由保险人承担赔偿责任。

通常情况下，信用保险会在投保企业的欠款遭到延付的情况下，按照事先与企业约定好的赔付比例赔款给企业。引发这种拖延欠款的行为可能是政治风险（包括债务人所在国发生汇兑限制、征收、战争及暴乱等）或者商业风险（包括拖欠、拒收货物、无力偿付债务、破产等）。

信用保险分为以下三种：

1. 商业信用保险

商业信用保险主要是针对企业在商品交易过程中所产生的风险。具体业务包括贷款信用保险、赊销信用保险、预付信用保险。

2. 出口信用保险

出口信用保险（Export Credit Insurance），也叫出口信贷保险，是各国政府为提高本国产品的国际竞争力，推动本国的出口贸易，保障出口商的收汇安全和银行的信贷安全，促进经济发展，以国家财政为后盾，为企业在出口贸易、对外投资和对外工程承包等经济活动中提供风险保障的一项政策性支持措施，属于非营利性的保险业务，是政府对市场经济的一种间接调控手段和补充；是世界贸易组织（WTO）补贴和反补贴协议原则上允许的支持出口的政策手段。目前，全球贸易额的12%～15%是在出口信用保险的支持下实现的，有的国家的出口信用保险机构提供的各种出口信用保险保额甚至超过其本国当年出口总额的三分之一。

3. 投资保险

投资保险又称政治风险保险，承保投资者的投资和已赚取的收益因承保的政治风险而遭受的损失。开展投资保险的主要目的是为了鼓励资本输出。作为一种新型的保险业务，投资保险于20世纪60年代在欧美国家出现以来，现已成为海外投资者进行投资活动的前提条件。

（十一）保理业务

保理（Factoring）业务又称托收保付，是一项集贸易融资、商业资信调查、应收账款管理及信用风险担保于一体的新兴综合性金融服务。

保理是指卖方/供应商/出口商与保理商间存在一种契约关系。根据该契约，卖方/供应商/出口商将其现在或将来的基于其与买方（债务人）订立的货物销售/服务合同所产生的应收账款转让给保理商，由保理商为其提供下列服务中的至少两项：贸易融资、买方资信评估、销售账户管理、担保、账款催收。

在卖方叙做保理业务后，保理商会根据卖方的要求，定期/不定期向其提供关于应收账款的回收情况、逾期账款情况、信用额度变化情况、对账单等各种财务和统计报表，协助卖方进行销售管理。

（十二）福费廷

福费廷（Forfaiting）业务是改善出口商现金流和财务报表的无追索权融资方式。包买商从出口商那里无追索地购买已经承兑的、并通常由进口商所在地银行担保的远期汇票或本票的业务就叫做包买票据，音译为福费廷。特点是远期票据应产生于销售货物或提供技术服务的正当贸易；叙做包买票据业务后，出口商放弃对所出售债权凭证的一切权益，将收取债款的权利、风险和责任转嫁给包买商，而银行作为包买商也必须放弃对出口商的追索权；出口商在背书转让债权凭证的票据时均加注“无追索权”字样（Without Recourse）从而将收取债款的权利、风险和责任转嫁给包买商。

福费廷业务主要提供中长期贸易融资，利用这一融资方式的出口商应同意向进口商提供期限为6个月至5年甚至更长期限的贸易融资；同意进口商以分期付款的方式支付货款，以便汇票、本票或其他债权凭证按固定时间间隔依次出具，以满足福费廷业务的需要。除非包买商同意，否则债权凭证必须由包买商接受的银行或其他机构无条件地、不可撤销地进行保付或提供独立的担保。福费廷业务是一项高风险、高收益的业务，对银行来说，可带来可观的收益，但风险也较大；对企业和生产厂家来说，货物一出手，可立即拿到货款，占用资金时间很短，无风险可言。因此，银行做这种业务时，关键是必须选择资信十分好的进口地银行。

二、银行信用衍生产品

信用衍生产品是国际互换与衍生产品协会在 1992 年创造的一个名词，用于描述一种新型的场外交易合约。

在信用衍生产品产生之前，信用风险和市场风险往往结合在一起，而任何一种避险工具都不能同时防范信用风险和市场风险。信用衍生品的出现使金融机构可以将原来只能依靠内部管理或多样化分散的信用风险通过市场对冲来解决。其最大的特点是将基础资产保留在表内，将信用风险从市场风险中分离出来并提供风险转移机制。信用衍生工具的作用获得越来越多人的认可，被称为 20 世纪末最重要的金融创新工具。

信用衍生产品是用来分离和转移信用风险的各种工具和技术的统称，主要指以贷款或债券的信用状况为基础资产的衍生金融工具。信用衍生产品实质是对传统金融衍生工具的再造，赋予其管理信用风险的新功能。

信用衍生工具经过 10 多年的发展已经出现了多种具体的衍生工具，而且新的产品也正在不断地涌现。目前信用衍生工具主要有信用互换（Credit Swaps）、信用期权（Credit Options）和信用关联票据（Credit-Linked Notes）三种主要形式。它是在互换市场、期权交易和证券市场发展比较成熟的基础上开发出来的一种复合金融衍生工具。信用衍生品除了与传统金融衍生品的性质（如备用信用证、联合贷款、债券保险及贷款担保）有极其相似之处外，还呈现出不同的特点：极大的灵活性，在交易对象、期限、金额等方面，可以制定满足客户需求的特殊产品；良好的保密性，银行无需直接面对衍生交易的另一方，保持了对客户记录的机密性，使得银行可在无需破坏银行与借款者良好关系的前提下管理贷款信用风险；债务的不变性，信用衍生品以企业的债务为交易对象，信用衍生品处理的只是债务的结构成分，对原债务的法律债权债务关系没有任何影响；较强的可交易性，信用衍生品克服了传统信用保险、担保工具的薄弱环节；实现了信用风险交易市场化。

尽管信用衍生工具出现的时间比较晚，但近年来却以爆炸性的速度增长。信用衍生品是衍生品市场最复杂、增长最快的产品之一。其作用正获得越来越多人的认可，除银行以外，其他金融机构如保险公司、养老基金、公司、共同基金等也纷纷涉足信用衍生品市场。

（一）信用互换

信用互换是双方签订的一种协议，目的是交换一定的有信用风险的现金流量，从而以此方式达到降低金融风险的目的。目前，信用互换是一种非零售的交易，每个互换合同资产约为 2500 万～5000 万美元，合同资产可以从数百万元到数亿元，期限从 1～10 年均可。

信用互换是通过投资分散化来减少信用风险的。对于贷款集中在某一特定行业和特定的地区的银行来说，利用信用互换管理信用风险是十分必要的。

信用互换主要包括贷款组合互换和总收益互换。

1. 贷款组合互换

信用互换中最为简单的是贷款组合的互换。

若有两家银行，甲银行主要贷款给当地农民，而乙银行主要贷款给当地的工业制造企业。通过中介机构 M，两银行可以进行互换交易（如图 6-4 所示）。

若两家银行均有 5000 万元人民币的贷款，则可进行互换过程：甲乙银行均将各自的其贷款组合所产生的收益交给金融中介机构 M，金融中介机构 M 协助他们完成收益的互换。因为工业与农业之间的贷款违约率很少会一致变化，则两家银行均可以对信用风险进行避险。

互换实质上是通过金融中介机构对银行贷款组合分散化而降低信用风险，金融中介机构可从中收取一定的费用。

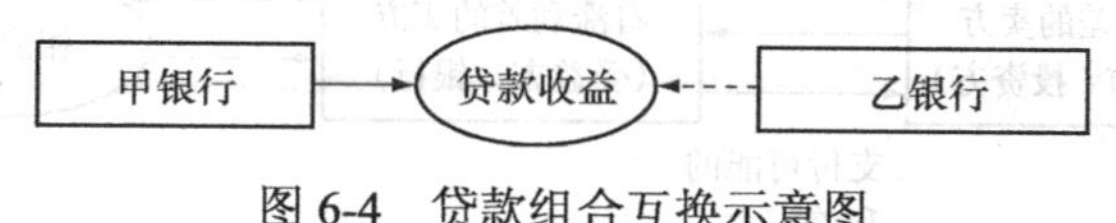

图 6-4　贷款组合互换示意图

2. 总收益互换

信用互换中最为常用的是总收益互换。总收益互换（Total Return Swap，TRS）也称贷款互换（Loan Swaps），是指针对非流动性的基础资产（如商业贷款等），按照特定的固定或浮动利率互换支付利息的合约。

互换的出售者在金融中介机构的安排下，将基础资产的全部收益（包括基础资产的利息、手续费加减基础资产价值的变化）支付给风险的购买者，而风险的购买者即互换的购买者则支付给出售方以 LIBOR 利率为基础的收益率（通常为 LIBOR 加减一定的息差）（如图 6-5 所示）。

在此类型的互换交易中，假设甲银行将其贷款的全部收益交给金融中介机构 M，M 再将这笔收益转交给共同基金 I。作为回报，共同基金 I 付给金融中介机构 M 浮动利率的一个相应的收益。基于甲银行的投资，共同基金将付给甲银行高于同期国债 a%的利率。此互换对于甲银行来说是将其贷款组合的收益转化成了有保障的且高于短期无风险利率的收益。因为其收益是有保障的，则甲银行可以达到降低信用风险的目的。

相对于贷款出售，总收益互换有两个优点：

首先，全部收益互换可以使银行降低信用风险，同时对客户的财务记录进行保密。在总收益互换交易中，借款公司的财务记录仍然在原贷款银行留存。而在贷款出售交易中，借款公司的财务状况记录将转交给新的银行。

其次，互换交易的管理费用比贷款出售交易的费用少。例如，一般的金融机构（如保险公司）在买入贷款后，可能对监督贷款使用和确保浮动利率与无风险利率一致变化投入的成本过高。因而，减少管理费用可以使分散化管理风险的成本更加低廉。

总收益互换与一般的信用互换的目的有所不同。一般的信用互换是为了消除由某个信用事件为前提条件而引起的收益率的波动，而总收益互换则是反映了在经济活动中某一特定的金融资产的价值的变化。

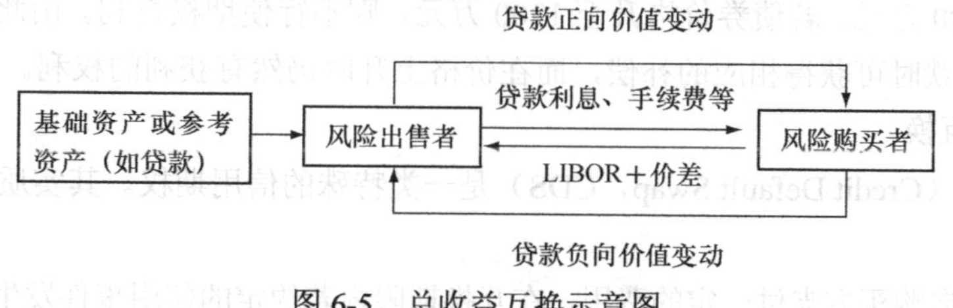

图 6-5　总收益互换示意图

（二）信用期权

信用期权又称信用价差期权。信用期权是为回避信用评级变化风险而设计的信用衍生工具。

信用价差是指某种证券或者贷款的收益率与相应的无风险利率的差额。信用价差衍生工具的一般形式就是以这种差额为标的资产的远期合约或期权，它实现了对信用资产的这种特殊性质的分割交易，从而达到降低风险、增加收益的目的。应用最广泛的信用价差衍生工具是信用价差看涨期权（如图 6-6 所示）。

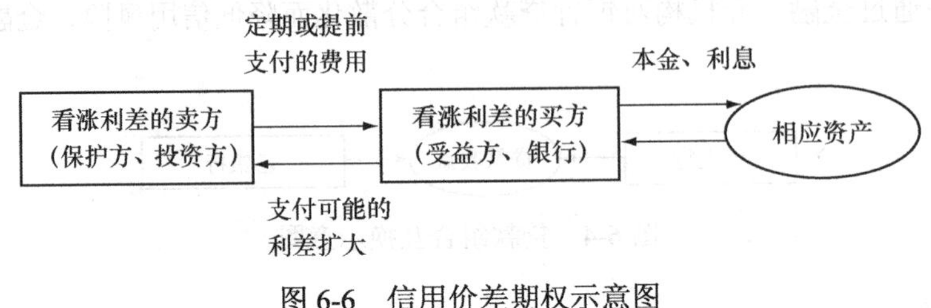

图 6-6　信用价差期权示意图

1. 信用期权在回避平均信用风险贴水变动的风险中的使用

类似于与利率相联系的期权，债券的发行者可以用信用期权对平均信用风险贴水进行套期保值。

假设 T 公司信用评级为 Baa，计划在两个月内发行总价值为 1000 万元的 1 年期债券。预定风险贴水 1.5%。若考虑在债券发行前付给投资者的风险贴水上浮，则公司为发行债券势必要以更高的利率发行，融资成本必将升高。为防止此类情况的发生，T 公司可以购入一个买入期权，约定在风险贴水上浮到一定限度后，可以由期权的出售方弥补相应多出的费用。

若 T 公司买入一个关于在两个月内发行的 1000 万元债券的风险贴水的买入期权，期权价格为 50 万元，目前的风险贴水为 1.5%，买入期权将补偿超过 1.5%时的风险贴水。如果风险贴水因为经济情况恶化而升至 2.5%，则风险贴水上涨 1 个百分点，就会使 T 公司多付出 100 万元，这些多付出的款项就可以由买入期权来抵消。同样，假设信用风险贴水降至 0.5%，则买入期权无任何收益，但 T 公司因可以以较低利率借款而较预定的借款费用节省 100 万元。因而，买入期权可以在信用贴水上升时可以以固定利率借款而避免损失，利率下降时则可以享有相应的好处。当然，享有这样权利的代价是要付出 50 万元的。

2. 信用期权在回避债券等级下降风险中的使用

债券投资者可以使用信用期权对债券价格进行保值，主要是用来针对债券等级下降时回避此类信用风险。

若投资者有某公司 1000 万元的债券，为保证在债券等级下降时不会因债券价值下跌引起损失，投资者购买一个价值 4 万元，约定价格为 900 万的卖出期权合约。此期权给予投资者在下一年中的任何时候以 900 万元的价格卖出其债券的权利。若下一年中，债券价格跌至 700 万元，则行使期权权利可避免损失 200 万元。若债券价格升至 1200 万元，则不行使期权权利。由此可知，卖出期权保护投资者在价格下跌时可获得相应的补偿，而在价格上升时仍然有获利的权利。

3. 信用违约互换

信用违约互换（Credit Default Swap，CDS）是一类特殊的信用期权。其实质是一种债券或贷款组合的买入期权。

风险的出售方向购买方支付一定的费用，在互换期限内若约定的信用事件发生，则风险的购买方将向出售方支付全部或部分的违约损失；若约定的信用事件未发生，则互换自动失效（如图 6-7 所示）。

假设某投资者证券组合中有 20 种 Baa 级债券，每种债券每年应付利息 1000 元，投资者购买信用违约互换20元，则可在3种至20种债券违约的情况下获得依照信用违约互换条款约定的补偿。

信用违约互换的关键在于限制了信用风险的范围。在上例中，投资者承担1～2个债券违约的风险而避免了更大程度上的损失。

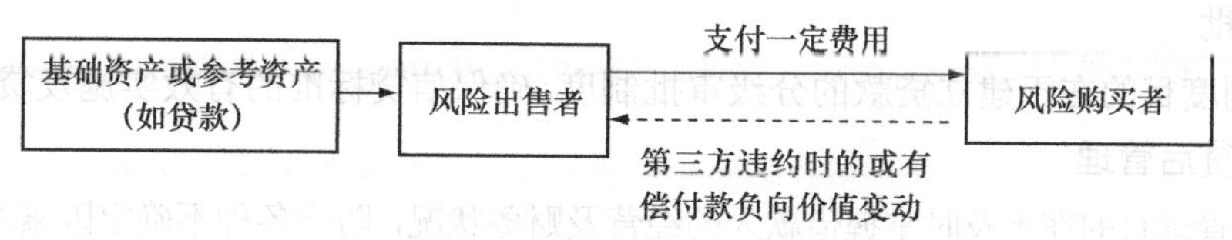

图6-7 信用违约互换示意图

4. 信用期权合约的对象

投资者、银行等为了避免信用风险而构成了信用期权的需求方。行业数据表明，在目前信用衍生工具尚不规范的情况下，保险公司是其中的供应方。保险公司可以做人寿保险和财产保险，而对金融信用风险承保是其业务逻辑上的扩展。保险公司往往在收取一定费用后通过在不同领域的投资做风险的再分散化的管理。

（三）信用关联票据

信用关联票据（Credit-Linked Notes，CLN）是普通的固定收益证券与信用违约期权相结合的信用衍生产品，是以信用基础资产为依托发行的证券，发行时往往注明其本金的偿还和利息的支付将取决于约定的基础资产（或参考资产）的信用状况。当参考资产出现违约时，该票据就得不到全额的本金偿还（如图6-8所示）。

假设某信用卡公司为筹集资金而发行债券。为降低信用风险，公司可以采取一年期信用关联票据形式。此票据承诺，当全国的信用卡平均欺诈率指标低于5%时，偿还投资者本金并给付本金的8%的利息（高于一般同类债券利率）。该指标超过5%时，则给付本金并给付本金的4%的利息。信用卡公司则是利用信用关联票据减少了信用风险。若信用卡平均欺诈率低于5%，则公司业务收益很可能提高，公司可付8%的利息。而当信用卡平均欺诈率高于5%时，则公司业务收益很可能降低，公司则可付4%的利息。某种程度上等于是从债券投资者那里购买了信用卡的保险。债券投资者则因为可以获得高于一般同类债券的利率而购买。

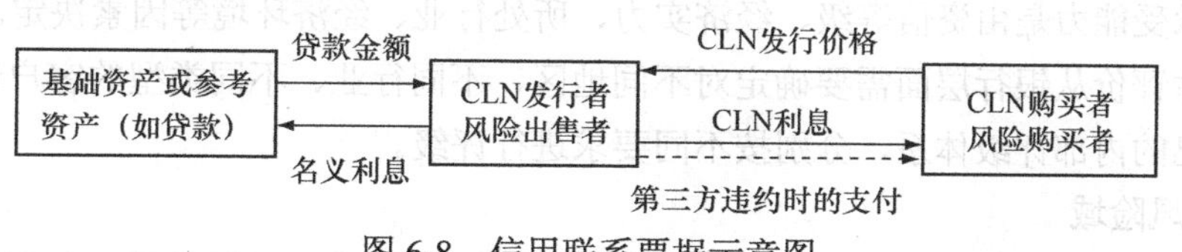

图6-8 信用联系票据示意图

第三节 银行贷款信用风险管理

一、银行贷款信用风险管理程序

贷款信用风险管理程序至少包括三个环节。

1. 贷款发放前的信用分析和资信评估

信用风险分析的目的在于有效甄别借款人，确保风险敞口、监控政策和程序的适度，确保贷款定价、贷款期限和其他防范不良贷款或呆账的措施与银行所能承担的风险水平相匹配。

2. 贷款审批

贷款审批制度目的在于建立贷款的分级审批制度，确保信贷标准的有效实施及贷款的审慎发放。

3. 完善的贷后管理

完善的贷后管理目的在于及时掌握借款人的经营及财务状况，防止各种不确定因素对贷款造成损害。

大多数银行根据贷款额的大小来确定定期审查的对象和频率，对大额贷款必须要做定期审查，而对小额贷款，仅做一些抽样调查。

贷后的审查也与贷款的风险级别有关，最安全的贷款可能只是一年考察评价一次，而风险较大的贷款则每月都需要重新评估贷款人的信用和还款能力。

贷后的管理还关注借款人的任何反常举动，如推迟偿还利息、延期递交财务报告等，这些征兆很可能是借款人经营和财务状况恶化的前兆。

贷款的审查要与外部经济环境的变化保持协调。如经济衰退时，企业的经营环境恶化，不良贷款的可能增加，贷款审查的频率应增加，一旦发现问题，及时采取补救措施，减少可能的贷款损失。

二、贷款信用风险管理的要素

（一）客户授信整体风险

客户授信整体风险是将银行的客户汇总作为整体分析对银行的业务所带来的影响与风险，标志着银行的信用风险管理从单笔授信管理发展到客户整体信用风险控制，从以单一客户为对象的控制发展到以客户所有关系网络为对象的监控。

1. 客户的整体评价

客户的整体评价从客户层面需要确定客户的资信等级和客户的债务承受能力。

确定客户资信等级的关键是制定客户资信等级评价标准。国际大银行均建立有自己的资信评级系统。

客户债务承受能力是由资信等级、经济实力、所处行业、经济环境等因素决定。

客户的整体评价从银行层面需要确定对不同地区、不同行业、不同类型的客户评价方法。这要求银行要有自己的内部评级体系，分别按不同要求进行评级。

2. 客户的风险域

客户风险域是考察以客户为核心，由于投资关系、经营关系、担保关系、人事关系、借贷关系等形成的网络关系，以判定由于风险域内成员状况的变化对核心成员的影响。

3. 信贷资产组合管理

银行信贷资产组合管理是指银行根据授信业务的性质、种类、风险程度等因素对授信业务和信贷资产按照不同地区、行业实行多组合、多层面、多角度的纵向和横向的动态分析监控。

（二）信用风险平衡

信用风险平衡是指银行在风险管理中为达到控制和锁定风险的目的，应以损失和收益对称为追求目标。

1. 在银行层面对损失的控制

银行消化授信业务损失的方法首先是动用呆账准备金，在呆账准备金不足的情况下，银行要动用资本来弥补损失。如果银行的资本不足以弥补损失，银行就会出现违约，银行面临倒闭风险。银行资本是防范和抵御损失的最后防线，为了防止银行违约情况的出现，银行就需要根据资本所能抵御和消化的能力制定所能承受的损失限额。

银行层面的损失主要通过限额管理来实现。限额即银行经济资本能够消化的内部业务经营部门或分支机构损失的限额，可根据银行所能消化的信用风险损失数额来确定，反映了银行管理层对损失容忍程度，反映了银行在信用风险管理上的政策要求和银行风险资本抵御和消化损失的能力。银行根据业务部门和分支机构的业务发展状况和授信政策将经济资本限额分配至不同地区、行业的业务中和该部门或分支机构所经营的金融产品中，要求银行各个业务部门和分支机构严格在分配的授信限额内开展业务，从而达到控制风险的目的。

2. 在客户层面上对损失的控制

在客户层面上对损失的控制就是确定客户授信限额。客户授信限额是银行在客户的债务承受能力和银行自身的损失承受能力范围内，所愿意并允许向客户提供的最大授信额。

（三）统一授信管理

1. 统一授信的内涵

统一授信要实现授信主体的统一、授信客体的统一、授信风险标准的统一、授信业务管理的统一。

授信主体的统一要求银行作为整体来授信，内部部门和分支机构不能独立授信。

授信客体的统一要求银行将客户作为一个整体授信来授信，防止客户通过不同的关联公司获取超过自身能力的授信。

授信风险标准的统一要求银行必须用一个标准对客户的授信风险进行识别和评价。

授信业务管理的统一要求银行对内部不同的职能管理部门、不同金融产品的经营部门、不同地区的分支机构按照信用风险管理要求实施统一管理。

2. 统一授信的运行机制

统一授信管理贯穿于授信业务流程的全过程。在全流程中，从银行对客户进行资信评估开始，经过判断最高债务承受额、核定授信限额、审查授信业务申请、批准授信额度、核实担保抵押授信、签署授信文件、提供授信产品、信贷资产组合管理、收回贷款本息、催收不良贷款、追偿担保或处理抵押品、实施法律诉讼、核销呆账、修正授信政策、直至调整评级标准的全部授信业务流程都要贯彻统一授信管理要求，对授信风险进行识别、评价、管理和监控。

3. 统一授信的组织

统一授信要求对银行内部的不同职能部门要按照信用风险管理的要求，区别不同的管理层次，对整体授信风险和单一授信风险实施统一管理。

风险管理部门负责整体授信的管理与防范，包括按照董事会的要求和风险偏好制定信用风险管理政策、授权准则和各类评级标准，并在所管辖范围内组织对客户的统一授信；根据董事会所制定的容忍度及风险资本、业务发展计划、盈利和提待拨备计划，制定授信业务和信贷资产组合的配置方案，将经济资本分配至相关业务部门和分支机构，直至不同行业和地区的金融产品，并分别配置损失限额；根据风险调整后的收益率，针对不同金融产品的风险提出的定价指引和各个业务部门风险调整收益的建议；根据上述要求对不同的信贷管理部门的政策执行情况、业务发展情况、资产组成情况、收益情况和各种损失进行监控。

信贷管理部门负责整体风险和单一授信风险的衔接，根据银行的业务发展实施方案和风险管理部门制定的各类损失限额制定信贷资产组合配置调整计划；根据整体风险管理要求和风险管理部门制定的评级标准建立客户资信评估中心，负责收集客户信息，对客户进行资信评级，判断其最高债务承受额；根据管理层和风险管理部门制定的风险资本分配方案和各种损失限额要求，制定各类客户的授信限额和银行损失承受额；根据管理层的业务发展计划制定单一授信业务审查标准；对业务拓展部门的信贷管理进行指导、检查、监督；根据制定的客户授信限额对授信业务部门的执行情况进行监控。

授信业务拓展部门负责单一授信风险管理，根据授信业务发展计划和风险管理政策调整客户结构、拓展优质客户，收集客户信息并传递给客户资信评估中心；根据信贷管理部门核定的客户授信限额、银行损失承受额和单一授信业务审查标准决定客户授信限额。

三、信贷风险的内部控制

内部控制是商业银行为实现经营目标，通过制定和实施一系列制度、程序和方法，对风险进行事前防范、事中控制、事后监督和纠正的动态过程和机制。

有效的内部控制可以保证信贷及风险信息在银行内部顺畅的分享和交流，防止出现隐瞒、欺诈等犯罪现象。增强对风险评估、调整和控制的及时有效性。

（一）导致内部控制失效的因素

1. 风险控制与收益追求的矛盾

由于追求利益动因的存在，银行信贷管理人员对风险抱有侥幸心理，会有意或无意忽视风险因素，由此导致内部控制的弱化或失效。

2. 对风险认识不足

在经济形势平稳的时期，由于风险事件较少，风险损失比较少，导致银行管理人员放松对风险的警惕。风险计量模型的盛行导致过分依赖模型的计算和分析进行信贷决策，忽视对经济和金融风险的观察与判断，为信贷活动留下隐患。

3. 对资深业务和管理人员的过度信任及放任

资深人员由于前期工作的优秀表现逐渐在银行内部获得很高的权威和地位，使得内部控制在这些人身上失效。

（二）内部控制制度

1. 稽核制度

银行稽核部门的稽核人员通过定期或不定期的稽核能防止业务或管理出现严重偏差，防止可能出现的重大风险。

2. 报告制度

报告制度要求在银行内部建立明确的约束和制衡机制，所有银行职员对业务和管理中出现的异常现象应及时向上级报告，并要求得到反馈。

3. 强有力的信用文化

一些有效的内部控制都必须建立在强有力的信用文化基础上。如果银行缺乏良好的信用文化，一切内部控制制度都将徒有形式，无法发挥效果。

信用文化内涵应包括以下内容：

（1）银行的风险边界线。

银行必须用清晰和明确的语言界定可承受的风险，包括业务类型和特征、风险的界定方法、参数和考核机制，并确定所有的员工对此有正确的认识，能自觉执行。

（2）对学习与交流的态度和做法。

在银行内部建立咨询、请教、学习、交流的氛围和传统，并通过某种制度形式加以强化，将有助于加深对风险的认识和了解，发挥传统和先例对未来的指导作用，使良好的信用文化得以传承，尽可能避免出现大的偏差。

（3）构建有利于防范和控制风险的薪酬系统和职务升迁系统。

良好的薪酬系统应该对表现良好者给予奖赏，对违反规则、仅凭意外取得成功者给予惩罚。

（4）员工清晰了解管理层的意愿。

管理层在管理中应清楚表明对业务的风险态度，对各种业务风险识别方法的偏好，当意外出现时向管理层隐瞒可能导致的严重后果，则员工行动的自觉性将大为加强，出现失误的概率将大为减少。

（5）强调共同参与。

成员间密切交流与合作，在共同参与的背景下做出决策，将大大提高对风险的识别与防范能力。

（6）创造让员工勇于承担错误的激励机制。

风险存在于每一项业务活动中，错误的决策难以避免。及时发现错误，避免掩饰失误，对于挽回损失至关重要。强有力的信用文化应创造出让员工勇于承认错误的激励机制，对能在早期觉察风险并予以报告的员工予以奖励。

（三）内部控制的具体要求

（1）商业银行授信岗位设置应当做到分工合理、职责明确，岗位之间应当互相配合、制约，做到审贷分离、业务经办与会计账务处理分离；应当设立独立的授信风险管理部门，对不同币种、不同客户对象、不同种类的授信进行统一管理，设置授信风险限额，避免信用失控。

（2）商业银行应当建立有效的授信决策机制，包括设立授信审查委员会，负责审批权限内的授信。行长不得担任授信审查委员会的成员。授信审查委员会审议表决应当遵循集体审议、明确发表意见、多数同意通过的原则，全部意见应当记录存档。

（3）商业银行应当建立严格的授信风险垂直管理体制，对授信实行统一管理；应当对授信实行统一的法人授权制度，上级机构应当根据下级机构的风险管理水平、资产质量、所处地区经济环境等因素，合理确定授信审批权限。商业银行应当根据风险大小，对不同种类、期限、担保条件的授信确定不同的审批权限，审批权限应当采用量化风险指标。

（4）商业银行各级机构应当明确规定授信审查人、审批人之间的权限和工作程序，严格按照权限和程序审查、审批业务，不得故意绕开审查、审批人。

（5）商业银行应当对单一客户的贷款、贸易融资、票据承兑和贴现、透支、保理、担保、贷款承诺、开立信用证等各类表内外授信实行“一揽子”管理，确定总体授信额度。

（6）商业银行应当以风险量化评估的方法和模型为基础，开发和运用统一的客户信用评级体系，作为授信客户选择和项目审批的依据，并为客户信用风险识别、检测以及制定差别化的授信政策提供基础。客户信用评级结果应当根据客户信用变化情况及时进行调整。

（7）商业银行对集团客户授信应当遵循统一、适度和预警的原则。对集团客户应当实行统一授信管理，合理确定对集团客户的总体授信额度，防止多头授信、过度授信和不适当分配授信额度。

商业银行应当建立风险预警机制，对集团客户授信集中风险实行有效监控，防止集团客户通过多头开户、多头借款、多头互保等形式套取银行资金。

（8）商业银行应当建立统一的授信操作规范，明确贷前调查、贷时审查、贷后检查各个环节的工作标准和尽职要求：贷前调查应当做到实地查看，如实报告授信调查掌握的情况，不回避风险点，不因任何人的主观意志而改变调查结论；贷时审查应当做到独立审贷，客观公正，充分、准确地揭示业务风险，提出降低风险的对策；贷后检查应当做到实地查看，如实记录，及时将检查中发现的问题报告有关人员，不得隐瞒或掩饰问题。

（9）商业银行应当制定统一的各类授信品种的管理办法，明确规定各项业务的办理条件，包括选项标准、期限、利率、收费、担保、审批权限、申报资料、贷后管理、内部处理程序等具体内容。

（10）商业银行实施有条件授信时应当遵循“先落实条件、后实施授信”的原则，授信条件未落实或条件发生变更未重新决策的，不得实施授信。

（11）商业银行应当对授信工作实施独立的尽职调查。授信决策应依据规定的程序进行，不得违反程序或减少程序进行授信。在授信决策过程中，应严格要求授信工作人员遵循客观、公正的原则，独立发表决策意见，不受任何外部因素的干扰。

（12）商业银行对关联方的授信，应当按照商业原则，以不优于对非关联方同类交易的条件进行。在对关联方的授信调查和审批过程中，商业银行内部相关人员应当回避。

（13）商业银行应当严格审查和监控贷款用途，防止借款人通过贷款、贴现、办理银行承兑汇票等方式套取信贷资金，改变借款用途。

（14）商业银行应当严格审查借款人资格合法性、融资背景以及申请材料的真实性和借款合同的完备性，防止借款人骗取贷款，或以其他方式从事金融诈骗活动。

（15）商业银行应当建立资产质量监测、预警机制，严密监测资产质量的变化，及时发现资产质量的潜在风险并发出预警提示，分析不良资产形成的原因，及时制定防范和化解风险的对策。

（16）商业银行应当建立贷款风险分类制度，规范贷款质量的认定标准和程序，严禁掩盖不良贷款的真实状况，确保贷款质量的真实性。

（17）商业银行应当建立授信风险责任制，明确规定各个部门、岗位的风险责任。

（18）商业银行应当对违法、违规造成的授信风险和损失逐笔进行责任认定，并按规定对有关责任人进行处理。

（19）商业银行应当建立完善的授信管理信息系统，对授信全过程进行持续监控，并确保提供真实的授信经营状况和资产质量状况信息，对授信风险与收益情况进行综合评价。

（20）商业银行应当建立完善的客户管理信息系统，全面和集中掌握客户的资信水平、经营财务状况、偿债能力和非财务因素等信息，对客户进行分类管理，对资信不良的借款人实施授信禁入。

四、银行贷款客户信用评级

信用评级体系是风险管理的重要基石，商业银行都非常重视这项工作，建立了较为完善的信用风险评级制度。

（一）评级的对象

商业银行一般对每个授信客户和每笔授信业务都分别进行评级。评级资产包括商业及工业贷款、其他贷款、商业融资租赁、商业不动产贷款、商业机构贷款、金融机构贷款以及私人银行业务部门的贷款。总而言之，评级应用于审批中需要大量主观分析的贷款。

（二）评级的主体

评级通常由客户经理或信贷人员初定。

在美国50家银行中，确定评级的主要责任者各不相同。客户经理在大约40%的银行中负主要责任，有15%的银行由信贷人员确定初步评级；有15%左右银行由信贷员和客户经理共同确定。大约30%的银行将责任分开，信贷人员对大笔贷款进行评级，客户经理单独或与信贷人员合作对中等业务评级。

银行的业务组合是决定由谁主要负责评级的关键因素。在以大公司业务为主的银行中，主要由信贷人员进行评级，信贷人员能专一地关注风险评级，有利于确保根据风险来评级，而不受顾客或借款业务利润的影响，同时也更容易保持评级的一致性。在以中级业务为主的银行中，主要由客户经理负责评级。这些银行强调信息的效率、成本和责任，将这些作为选择组织结构的主要理由。特别是对于中小企业贷款，客户经理更能随时了解借款人的状况，因而可以及时调整评级。

（三）评级方法

对借款人的信用评级通常是以外部评级资料为基础，并根据各个商业银行的评级政策和方法，对借款人的信用等级进行更细致的划分。对于每笔授信业务，商业银行不仅在贷后定期进行评级，而且在贷前也会根据借款人的资信状况、授信数额、授信种类、条件等因素对可能发放的授信进行事先评级，以便决定是否发放贷款以及贷款的利率、费用、担保方式等。

评级人员根据每个等级的确定原则做出评级决定，这些原则框定了各种特定风险因素的评判标准。不同银行选择风险因素的标准和为这些因素赋予的权重各不相同。

下面是一般银行在分析时都会考虑的一些因素。

1. 财务报表分析

财务报表分析是评估未来现金流量是否充足和借款人偿债能力的中心环节。分析的重点是借款人的偿债能力、所占用的现金流量、资产的流动性以及公司除本银行之外获得其他资金的能力。

2. 借款人的行业特征

借款人所在行业的特征，如行业周期性、行业竞争状况、行业现金流量和利润的特点等，经常会作为财务报表分析的背景资料来考虑，在进行评级的财务分析常常要把借款人的财务比例与现行行业标准比例进行比较。一般地，借款人处于衰退行业和充分竞争行业中，其风险相对较高，而经营多样化的公司风险较低。借款人在行业中的位置也是确定评级的重要因素之一，那些有市场影响力或公认为行业龙头的公司是低风险的。

3. 借款人财务信息的质量

如果借款人的财务报表经过会计公司的审计，就比较可信。

4. 借款人资产的变现性

银行在评级时既要重视公司规模（销售收入和总资产），又要重视公司权益的账面或市场价值。多数小公司甚至中等规模的公司通常都很难得到外界资金，紧急情况下很难在不影响经营情况下变现资产。相反，大公司有很多融资渠道，更多地可变现资产，以及更好的市场表现。由于这些原因，许多银行对财务状况较好的小公司也评为相对风险较大的评级。

5. 借款人的管理水平

这种评估是主观的，通过对借款人管理水平的评估能揭示公司在竞争力，经验、诚实和发展战略等方面存在的不足。评估的重点包括高层管理人员的专业经验、管理能力、管理风格、管理层希望改善公司财务状况的愿望以及保护贷款人利益的态度等，有时由于公司关键人物的退休或离开给公司管理造成的影响也应该考虑。

6. 借款人所在国的主权信用

特别是当汇兑风险或政治风险较大时，主权信用风险更为突出。

7. 特殊事件的影响

如诉讼，环境保护义务，或法律和国家政策的变化均对客户的信用水平产生一定的影响。

8. 被评级交易的结构

充足的担保一般会改善评级等级，特别当担保是以现金或容易变现的资产，如美国国债。保证一般也会提高评级，但不会超过对担保人作为借款人时的评级。

为了达到精确和一致，评级系统必须进行调整，以便确保具有同样风险特征的资产能被归类。评级规范要达到每个级别的精确和一致是一件困难的事情，有两个问题：一是如何校正标准，以保证同一级别和类型的不同资产有相同的损失特征；二是如何说明资产类型间的差异。

不同的资产类型评级标准差异很大。由于缺乏数据，调整评级和贷款审批标准的传统方法主要是依靠长期在这些机构中工作的高级信贷人员的经验和判断，他们通过长期的实践，积累了大量的关于不同借款人和贷款类型的风险方面的经验，这样的经验足够用来对包含较少级别和用于传统银行资产评级的评级系统进行必要的调整。

[专栏6-1]

X银行企业信用等级评定

评级企业名称：					
项目	权重分值	内容及计算公式	分数段及取值	得分	扣分说明
一、定性分析	8				
1. 品质	2	企业法定代表人和主要管理者遵纪守法、诚实守信情况以及其关联人守信情况			
2. 经历	2	企业法定代表人或主要经营者从事本行业经营年限			
3. 能力	2	经营管理能力			
4. 合规	2	合规经营情况			
二、业务合作情况	20				
5. 开户情况	5	企业在合作银行开户情况（提供开户证明）			
6. 中间业务合作情况	5	代发工资（含银行卡发售）、代理财产保险、保管箱服务、代理职工人身险、财务顾问服务、外汇业务等（提供保险单据等相关证明）			
7. 企业在合行存贷款占比	5	X=（企业在合行最近三个月月均存款余额/企业在合行首次申请综合授信额度）×100%（提供账户对账单）			

8. 货款归行率	5	X=客户在本行开立的所有对公账户相应期间对账单中反映的累计资金流入量／经审计的对应期间的现金流量表中经营性活动产生的现金流入小计（提供账户对账单，包括法人代表夫妻双方在本行私人账户）			
三、经济实力	10				
9. 实有净资产（单位：万元）	6	X=资产总额-负债总额-待处理资产损失 1428-511=917			
10. 有形长期资产（单位：万元）	4	X=固定资产净值+在建工程+长期投资　659+0=659			
四、偿债能力	20				
11. 资产负债率（%）	10	X=（负债总额/资产总额）×100% （511÷1428）×100%=36%			
12. 流动比率（%）	5	X=（流动资产/流动负债）×100%（651÷511）×100%=127%			
13. 速动比率（%）	2	X=[（流动资产-存货）/流动负债]×100% [（651-239）/511]×100%=81%			
14. 经营活动现金净流量	3	X=经审计的上年度现金流理表中经营性活动产生的现金流入净额			
五、经营效益	20				
15. 总资产利润率（%）	5	X=（利润总额/资产总额）×100% （129/1428）×100% =9%			
16. 销售利润率（%）	5	X=（销售利润/销售收入净额）×100% （355/1685）×100%=21%			
17. 利息保障倍数	4	X=[（利润总额+财务费用）/财务费用] [（129+13）/13]=10.9			
18. 应收账款(票据)周转次数（单位：次/年）	3	X=销售收入净额/（应收账款平均余额+应收票据平均余额） 1685÷85=19.8			
19. 存货周转次数（单位：次/年）	3	X=产品销售成本/平均存货成本　1315÷257=5.12			
六、信誉状况	16				
20. 信贷资产形态	8	五级分类分为正常、关注、次级、可疑、损失贷款；四级分类为正常、逾期、呆滞、呆账贷款			
21. 贷款付息	8	应付贷款利息余额			
七、发展前景	6				
22. 近三年利润情况	2	近三年利润总额增长情况。其中：亏损企业考察其减亏情况 三年利润总额为（78、119、129）万元			
23. 销售增长率(%)	2	X=[（本年销售收入-上年销售收入）/上年销售收入]×100% [（1685-1525）/1525]×100%=10.5%			
24. 资本增值率(%)	2	X=[（期末所有者权益-期初所有者权益）/期初所有者权益]×100% [（917-788）/788]×100%=16%			
综合评分	100	≥85 为 AAA 级；≥80 为 AA 级；≥75 为 A 级；≥70 为 BBB 级；≥60 为 BB 级；< 60 为 B 级			
		新开户企业综合评分“信誉状况”一栏不评分	将得分换算成百分制后，按上述标准进行定级		

[专栏6-2]

小企业贷款的信用风险度量

小企业通常指雇佣人数少于500人的企业。小企业一般不具备从资本市场直接融资的条件，因此除商业信用外，小企业的外部融资主要为银行贷款。相对于向大中型企业发放的批发性贷款，小企业贷款的信用风险特征明显不同，对小企业贷款的信用风险度量更接近消费者贷款的信用风险度量。

小企业贷款的传统信用管理技术至少存在四种主要的类型：财务报表型贷款；资产基础型贷款；信用评分型贷款；关系型贷款。除关系型贷款外，其他类型又可以统称为交易型贷款，因为这些贷款的决策均取决于借款人的硬指标，而第四种则更多地建立在“软”信息上，这往往需要通过贷方和借方已有的长期业务合作关系来获取。

1. 财务报表型贷款

财务报表型贷款强调对借款人财务报表的直接分析，贷款的决策及贷款的条款都基本取决于对资产负债表和损益表等财务报表的分析结果。对财务报表的分析通常由银行的信贷专家进行，因而又称为专家系统。这一方法的缺陷是主观随意性大，不稳定，用于资金需求量小的小企业贷款也不经济，因此，不属于小企业贷款的主流风险管理技术。

2. 资产基础型贷款

资产基础型贷款强调以可提供的担保或抵押的质量为贷款决策的依据。抵押一般以应收账款和存货居多。抵押需要评估，抵押资产的销售及进展情况也必须给予密切监控，这都会引起不菲的成本。而在小企业中，抵押不足或无法提供合格的抵押是比较普遍的现象。因此，以抵押为前提的贷款对小企业而言门槛较高，难度很大。

外部机构的担保也是小企业获得贷款的重要保障。在美国，对小企业贷款提供担保的最重要机构是小企业管理局（Small Business Administration）。1999年，美国全部商业银行持有的小企业贷款（单笔小于25万美元的贷款）规模为1050亿美元，与之对应的是，小企业管理局担保的贷款有400亿美元之多。尽管这400亿美元的担保不完全对应银行发放的小企业贷款，但银行发放的小企业贷款是其中最大的份额。由此可见，政府机构的扶持对小企业贷款具有重要作用。

3. 关系型贷款

关系型贷款将贷款决策建立在银行对借款人所掌握的私有信息上，这些信息涉及企业及其所有人的各个方面，其来源渠道多种多样，包括在过去办理贷款、存款、结算以及提供其他金融服务的过程中建立的业务联系，银行信贷官员与企业主的私人交往，甚至还可能来源于企业的供应商和客户等。随着时间的推移，这些来源于各种渠道的信息的价值会远超过财务报表、抵押甚至信用评分，对解决借贷双方信息的不对称及小企业财务、经营上的不透明具有极为重要的作用。

4. 信用评分模型

信用评分模型最早是用于消费者贷款领域的信用风险计量技术，始用于20世纪50年代。1968

年Altman首次将信用评分的思想引入企业贷款领域，并提出了相关的计算信用分值的模型——五变量线性模型。以后不断有学者探讨信用评分模型在企业贷款领域的运用。20世纪90年代后期，信用评分模型开始在小企业贷款中获得广泛运用。

1995年，Fair Isaac and Company受美国风险管理协会RMA委托，以17家美国大银行提供的、长达5年的、超过5000家小企业的贷款申请信息作为样本开发出了它的第一个小企业信用评分系统SBCS。其他发达国家紧随美国之后，也都相继开发出本国的小企业信用评分系统，并在实践中取得了良好效果。

企业信用评分模型最早由Altman（1968）提出，其基本思路是将企业的一些关键财务变量组合起来，用加权的方式获得一个分值，这一分值代表该企业信用风险的大小或违约的可能性，将这一分值与某一个确定的基准比较，来决定是否对该企业发放贷款或已贷款后的监管力度。根据Altman(1993)提出的一个债券评级模型：

z分值=6.56(X1)+3.26(X2)+6.72(X3)+1.05(X4)+3.25

其中，X1=营业资本/总资产，X2=保留盈余/总资产，X3=息税前利润/总资产，X4=股权账面价值/总负债。

根据计算出的Z分值对照评级基准，即可判断该公司债券所属级别。例如，如果计算出的z分值等于8.15或以上，则该公司债券属于AAA级。

由于国家的经济总量和发展阶段各有不同，对计算分值具有统计意义的财务变量在不同国家和地区也存在显著差异。表 A 是 Altman 和 Narayanan（1997）的一项调查结果。

表 A 小企业贷款信用评分模型的变量表

	最差状况分数	最好状况分数
信用特征及分数	0	10
已在本行业经营年数	<1	>5
流动比率	<1	>1.8
总债务/净价值	>2	<1.2
营利性	近几年连续亏损	连续 3 年盈利
贷款/应收账款	1.25	<0.5
应收账款	>20%，超过 60 天	20%信用
可接受的账务数据	中期财务报表	最近 3 年年度报表

多变量计分模型的计算方法一般有四种——线性概率模型、对数模型、概率单位模型、判别式分析模型。其中使用最多的是对数判别式分析模型。

小企业信用评分模型总体的基本特征是，计算分值的输入变量不仅包括企业的财务信息，还包括企业主个人的信息。实证分析的结果证明，小企业主的个人信用对小企业贷款的偿付前景具有很高的预测性，其预测能力甚至超过企业本身的财务信息。

Ray等针对小企业贷款提出的一个概率单位回归模型可以较好地说明小企业信用评分模型的构建过程。

$$Y=a+bX+cK+dM+eZ+V$$

其中，a、b、c、d、e分别为常数矢量。

X代表小企业的识别信息矢量，由企业名称、资本化程度、建立时间、盈利状况以及其他一些财务指标组成。

K代表小企业主的各种信息，包括账户数量、账户余额、偿付历史、违约历史、在其他企业任职情况等。

M代表小企业本身的信用记录，包括曾贷款给该小企业的银行数量，其中信誉卓著的银行数量，小企业融资的频率，各类短、中长期贷款数量，违约历史等。

Z代表行业信息，包括行业的增长率、波动率等。Z还代表宏观经济的领先指数，以评估贷款给小企业时的宏观经济健康状况。

V为均值为0的正态分布随机变量，属于残差。

在有足够样本的前提下，通过反复的试算，拣选出具有统计意义的X、K、M、Z等各矢量的构成，并同时确定a、b、c、d、e各常数矢量。由此可获得一个计算小企业评分的模型。根据样本y值的分布及对应的违约分布，结合银行所制定的贷款政策确定可接受的y分值基准。

信用评分模型的使用最终表现为计分卡形式，计分卡分申请卡和表现卡两种。申请卡用于是否向某一特定的客户提供贷款或其他形式的信用产品的决策，表现卡用于监管现有贷款客户的行为。

银行使用的信用评分模型主要来源是外购，只有极少数大银行会自行组织开发研究 SBCS 系统。这主要是由于信用评分模型的开发需要大量的小企业贷款数据，单个的银行往往资源不足。即使是拥有自行开发的信用评分系统的大银行也会在异地贷款时购买信用评分结果。

（四）评级的审核

评级审核主要有三个目的：由最终决定的人员进行监测；定期对不同类型业务的评级进行检查；贷款检查部门的不定期检查。

评级审核可能是不连续性的，但可以使评级人员及时获得调整评级所需的信息，银行要求评级人员定期调整评级，以反映客户的动态风险。

银行通常要对评级进行年度或季度的检查，并以此作为重新办理贷款审批的一部分。常规检查由客户经理定期确认，或者由产品和信贷人员组成的委员会来做。以大公司业务为主的银行倾向于由行业信贷专业或一个委员会来同时检查某一特定行业的贷款，这种行业性的检查对发现不一致的贷款评级非常有用。

评级审核也可以由具有最终定级权的信贷部门来负责，与专门的评级检查人员不同，信贷审核人员一般采用抽样检查，检查的重点是高风险贷款，特别是不良资产类别。

多数银行的贷款审核职能主要是为了维持所有评级的一致性。除了维持评级系统的完整性和一致性之外，贷款审核人员还有另一个角色。例如，当一名客户经理和信贷人员在一项新贷款的评级上意见不一致时，他们会与审核部门商量解决。作为咨询者的角色，审核人员会解释评级的定义和标准，必要时还要建立和调整评级的定义。

贷款审核部门必须相对独立，向总审计师或信贷主管甚至董事会报告审查结果。

（五）客户信用评级流程

信用评级流程由信用审核、信用审批和信用监控等环节组成，具体流程见图 6-9、图 6-10。

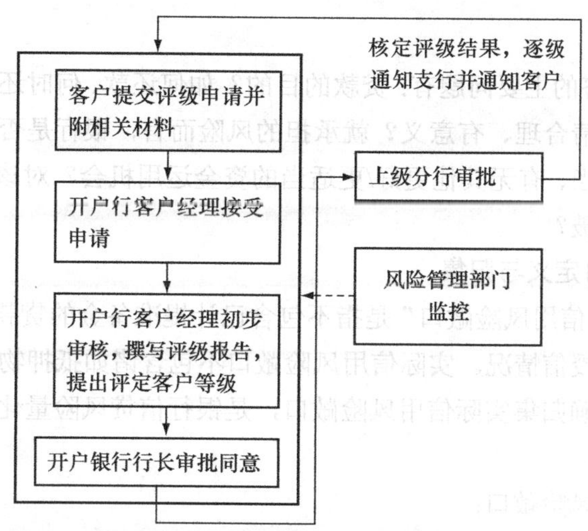

图 6-9 客户信用评级流程简图

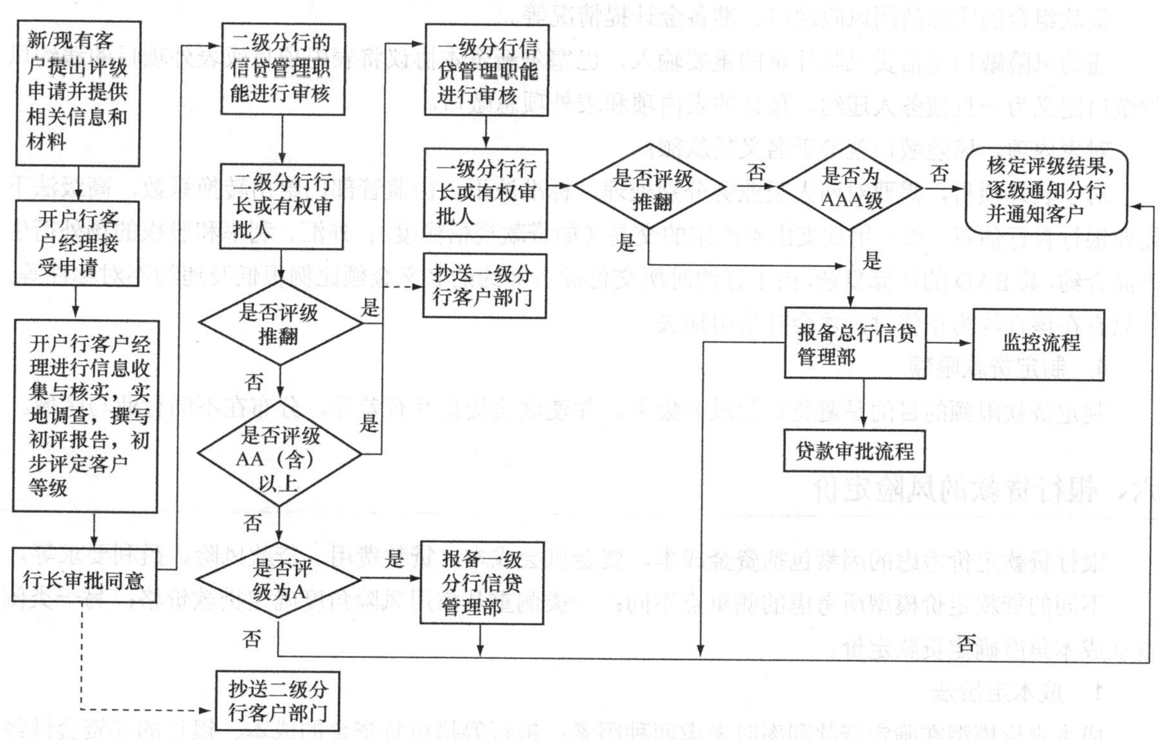

图 6-10 客户评级流程图

信用监控流程不仅用于监控单笔授信风险，还能实现对银行信用风险组合进行持续监控和有效衡量表内和表外的信用风险活动等功能。

五、信贷风险识别与评估

1. 信贷风险识别

了解客户的需求，根据客户需求提供相应的信贷产品，并在明确贷款用途的基础上，将客户的偿债能力分析与相应信贷产品的性质、结构结合起来，从而确定影响客户还款能力和还款意愿的关键因素。

2. 信贷风险评估

在风险评估中，要回答的主要问题有：贷款的目的？如何还款、何时还款？贷款结构是否恰当？贷款所支持的业务是否合情合理、有意义？就承担的风险而言，银行是否得到了相应的回报？银行资金用于该笔贷款是否适当、有无其他更好/更适当的资金运用机会？对该客户有信贷限额，如果是突破了限额则是否值得突破？

3. 信贷产品风险敞口定义与归集

对于贷款而言，“实际信用风险敞口”是指不包含已计提准备金的贷款的净额，它从定量的角度反映出了银行对借款人的授信情况。实际信用风险敞口不包含诸如抵押物等信用风险缓释因素。

在全行范围内及时准确归集实际信用风险敞口，是银行信贷风险量化管理的基础。通过信贷风险管理系统统计以下数据：

每笔贷款的实际信用风险敞口；

每笔贷款的准备金计提情况，以及抵押担保情况；

贷款组合的实际信用风险敞口、准备金计提情况等。

违约风险敞口是信贷风险计量的重要输入，巴塞尔新资本协议将表内项目或表外项目的违约风险敞口定义为一旦债务人违约，预计的表内项和表外项总敞口。

对表内项，风险敞口就等于名义贷款额；

对于表外项目，需要对两大类业务分别处理，标准法下，由监管部门给出转换系数，高级法下需要银行自行估算，如：用款支出不确定的交易（如贷款授信额度）；外汇、利率和股权的场外衍生产品合约，其 EAD 的计算复杂，由于订约时所交付额占契约的名义金额比例很低及违约不对称性等，使只有在该合约为正值时，才会有信用损失。

4. 制定贷款限额

制定贷款限额的目的是避免贷款过分集中，并使这些贷款互有差异，分布在不同行业与区域。

六、银行贷款的风险定价

银行贷款定价考虑的因素包括资金成本、资金机会成本、贷款费用、贷款风险、盈利要求等。

不同的贷款定价模型所考虑的侧重点不同：一类侧重从信用风险角度确定贷款价格；另一类侧重从成本角度确定贷款定价。

1. 成本定价法

成本定价模型在确定贷款利率时考虑四种因素：银行筹措可贷资金的成本、银行的非资金性经营成本、对贷款可能违约的风险做出的必要补偿、银行预期盈利水平，其公式为：

贷款利率=筹集放贷资金的边际成本+非资金性银行经营成本+预期补偿违约风险的边际成本+银行预期利润率

2. 基准利率定价法

贷款利率=基准利率（包括银行在所有经营和管理成本之上加收的预期利润）+由非基准利率借款者支付的违约风险差价+长期贷款客户支付的期限风险差价

国际银行的同业拆借利率，如伦敦同业拆借利率 LIBOR，可作为银行的贷款基准利率。

基准利率模型突出优势在于充分考虑了市场竞争因素，对于如何确定风险价差成为后续研究的关键。

3. 风险定价模型

最基本的风险定价模型为风险中性定价模型，也称为无套利模型，基本原理为风险贷款的未来价值应等于无风险资产的未来价值，以单期贷款为例，表示为：

$$1+r_1^F=(1+r_1^i)(1-p_1^i)+p_1^iR \text{。} \tag{6-1}$$

其中，r_1^F 为一年期无风险利率，r_1^i 为 i 贷款的利率，p_1^i 为该贷款违约概率，R 为贷款违约后的回收率。从公式（6-1）可以导出一年期风险贷款利率为：

$$r_1^i=\frac{r_1^F+p_1^i(1-R)}{1-p_1^i} \text{。} \tag{6-2}$$

同理，可导出 n 年期风险贷款利率为：

$$r_n^i=\left[\frac{(1+r_n^F)^n-Rp_n^i}{1-p_n^i}\right]^{\frac{1}{n}}-1 \text{。} \tag{6-3}$$

风险贷款的风险价差为：

$$S_i=r_n^i-r_n^F=\left[\frac{(1+r_n^F)^n-Rp_n^i}{1-p_n^i}\right]^{\frac{1}{n}}-1-r_n^F \text{。} \tag{6-4}$$

七、银行信用风险的管理方法

管理信用风险的有效方法有分散化（组合管理技术）、风险对冲（进行衍生产品交易）和资产证券化等。

（一）贷款组合管理

组合管理是现代资产组合理论在非交易资产投资过程中的应用。通过构建贷款组合，可以达到分散风险的目的。在构建贷款组合的过程中，应最小化资产间的违约相关性。

贷款组合管理主要采用贷款审查标准化和贷款对象分散化两种方法。

1. 贷款审查标准化

贷款审查标准化就是依据一定的程序和指标考察借款人或债券的信用状况，以避免可能发生的信用风险

如果一家银行决定是否给一家公司贷款，首先银行要详细了解这家公司的财务状况。然后，应当考虑借款公司的各种因素，如盈利情况，边际利润、负债状况和所要求的贷款数量等。若这些情况都符合贷款条件，则应考虑欲借款公司的行业情况，分析竞争对手、行业发展前景、生产周期等各个方面。然后，银行就依据贷款的数量，与公司协商偿还方式等贷款合同条款。尽管共同基金与债券投资并不能确定投资期限，他们也是通过类似的信用风险分析来管理投资的信用风险。

2. 贷款分散化

银行可以通过贷款的分散化来降低信用风险的基本原理是信用风险的相互抵消。例如：如果某一个停车场开的两个小卖部向银行申请贷款，银行了解到其中一家在卖冰淇淋，另一家则卖雨具。在晴天卖冰淇淋的生意好，卖雨具的生意不好。而在雨天则情况相反。因为两家小卖部的收入的负相关性，其总收入波动性就会较小。银行可利用此原理构造自己的贷款组合和投资组合。在不同行业间贷款可以减少一定的信用风险。

贷款审查标准化和投资分散化是管理信用风险的初级的也是必需的步骤。利用这两个步骤控制

信用风险的能力往往会因为投资分散化机会较少而受到限制。因为商业银行规模较小，发放贷款的地区和行业往往是有限的。贷款发放地区的集中使银行贷款收益与当地经济状况密切相关。同样，贷款发放行业的集中也使银行贷款收益与行业情况紧密相关。而且，在贷款发放地区和行业集中的情况下，往往对贷款审查标准化所依赖的标准有所影响，不能从更为广泛的角度考虑贷款收益的前景。因此，利用上述传统方法控制信用风险的效果是有限的。

尽管运用标准的组合方法面临一些不易解决的问题，如对资产组合内各项资产之间的相关性估计难以把握，一些学者根据信用资产的特点，设计并建立起区别于标准组合方法的修正模型来解决这些问题。这些模型分为两类：一类是寻求信用资产组合的全部风险-收益均衡的模型，如 KMV 资产组合管理模型和奥尔特曼组合模型；另一类是计算风险维度和贷款组合在险价值量的模型，如信用度量组合模型。

3. KMV 公司的资产组合管理模型

KMV 公司在运用组合理论进行信用风险管理中所涉及的资产组合管理模型十分成熟，他们还为风险管理者提供了 Global Correlation Model 和 Portfolio Manager 等模型进行风险资产的组合管理。在资产组合管理模型中，收益、风险以及组合内资产之间的相关性三个变量均可以计算出来。

KMV 模型在分析框架中采用了 DM 违约模型，即在此违约模式下仅有两种结果——违约与不违约。在此模式下，银行信贷服从典型的二项分布，即 0-1 分布。在上述分析和假定条件下，银行的一项贷款有两个可能的结果，即借款人违约或按时偿还贷款。

在表 6-1 中，*EDF* 为违约概率，*R* 为无风险利率，*Y* 为贷款收益率，*LGD* 为给定违约下的损失，按贷款面值的百分比计算。

表 6-1　贷款概率分布

事件	概率	收益
违约	*EDF*	*R-LGD*
不违约	1-*EDF*	*Y*

在 KMV 模型中，可以根据信用检测模型从借款人的股票收益中计算出 *EDF*，此时的预期损失为 $EDF_i \times LGD_i$。

贷款的预期收益 *E*(*R*)为：

$$E(R) = EDF \times (R - LGD) + (1 - EDF) \times Y \quad (6\text{-}5)$$

而银行对实际违约风险索取的风险补偿等于 $(EDF \times LGD)/(1-EDF)$，这称为期望损失溢水（Expected Loss Premium）。因此，如果贷款收益率等于无风险利率加上期望损失溢水，即可得到：

$$Y = R + (EDF \times LGD)/(1 - EDF) \quad (6\text{-}6)$$

因此有

$$E(R) = EDF \times (R - LGD) + (1 - EDF) \times [R + (EDF \times LGD)/(1 - EDF)] \quad (6\text{-}7)$$

整理得到：

$$E(R) = R \quad (6\text{-}8)$$

也就是说明，如果贷款的全部补偿仅为期望损失溢水，那么银行的收益就只有无风险利率的收益，银行不如直接以无风险利率投资。因此银行进行贷款的补偿除期望损失溢水外，一定还存在其他形式的补偿。KMV 公司将这种补偿称为风险溢水（Risk Premium，RP）。因此银行贷款的收益为：

$$Y=R+ELP+RP$$

其中，*ELP* 为期望损失溢水；*RP* 为风险溢水。

在解决了贷款收益的衡量问题后，KMV 模型从二项分布的特点入手，又解决了贷款风险（σ_i）的衡量问题。在该模型中，一笔贷款的风险是以未预期损失（Unexpected Loss，UL）衡量，故

$$\sigma_i = UL_i = \sqrt{EDF_i \times (1 - EDF_i) \times LGD_i} \tag{6-9}$$

这样贷款风险变量就可以通过非预期损失率近似地估计出来。

对于相关性的衡量，KMV 模型采用因子模型，它将某一企业的收益分解为综合因子收益和企业特定收益，综合因子收益又分为国家因子收益与产业因子收益，前者又分为全球经济因子、地区因子和国家特定因子；后者又分为全球经济因子、地区因子和产业特定因子。在此分析框架下，KMV 公司的 Global Correlation Model 利用其数据库中 45 个国家和 61 个产业特定因子，得到企业资产价值之间的相关性，解决了运用标准组合管理理论进行贷款管理的相关性估计问题。在输入贷款收益、风险和相关性值后，就可以利用 KMV 模型计算贷款组合风险-收益的有效边界和度量扩大放款给任何既定借款人的边际风险贡献。

上述方法基本解决了现代组合投资理论在信用风险管理中的运用问题。

4. 信用度量组合模型

该方法被认为是一种最有效的信用资产组合、信用风险量化及其管理的模型。与单项信用资产 VaR 的度量相比，信用度量组合模型提供了一种计量方法，不仅反映了不同借款人信用等级变化的联合转换概率，还构建了联合转换矩阵。它考虑了每一种可能的联合转换概率下不同贷款的联合价值，然后估算出由于信用资产质量变化而导致的组合价值波动以及价值的分布状况，并最终就是出信用资产组合的在险价值 VaR。我们对 VaR 的计算同样要考虑正态分布和真实分布两种情况。

该模型的计算过程包括了四大部分：对信用资产暴露金额的测定；对单项信用资产的风险测定；对信用资产间相关关系的测定；对整个信用资产组合风险的测定。该模型的基本思路与单项信用资产的在险价值度量相同。

（1）在正态分布假设前提下计算信用资产组合的在险价值量（Portfolio VaR）

以资产组合包含两项信用资产为例。首先要测算出两贷款联合信用等级的转换概率。假设两笔 1 年期贷款，金额各 1 亿美元，借款人信用等级分别为 BBB 级和 A 级。表 6-2 给出了假定两者相关系数为 0.3 时的联合信用等级转换概率。

表 6-2　联合信用等级转换概率矩阵

借款 1（信用等级 BBB）		借款人 2（信用等级 A）							
		AAA	AA	A	BBB	BB	B	CCC	违约
		0.09	0.27	91.05	5.52	0.74	0.26	0.01	0.06
AAA	0.02	0.00	0.00	0.02	0.00	0.00	0.00	0.00	0.00
AA	0.33	0.00	0.04	0.29	0.00	0.00	0.00	0.00	0.00
A	5.95	0.02	0.35	5.44	0.08	0.01	0.00	0.00	0.00
BBB	86.93	0.07	1.81	79.69	4.55	0.57	0.19	0.04	0.04
BB	5.3	0.00	0.02	4.47	0.64	0.11	0.04	0.00	0.01
B	1.17	0.00	0.00	0.92	0.18	0.04	0.02	0.00	0.00
CCC	0.12	0.00	0.00	0.09	0.02	0.00	0.00	0.00	0.00
违约	0.18	0.00	0.00	0.13	0.04	0.01	0.00	0.00	0.00

资料来源：J.P.Morgan：CreditMetrics-Technical Document，April 2，1997，pp.38.

该模型利用默顿模型将组合中的单个借款人资产价值波动与他的信用等级状况联系了起来。由于借款人的资产价值不能直接从市场中获得，所以各资产价值之间的相关系数还要利用多因素模型计算出来。

其次测算资产价值波动与信用等级转换的关系。

再次计算相关系数。假设 A、B 两家上市企业，A 企业的股票收益 R_A 受到其产业收益 R_1 和企业特殊风险报酬 U_A 两大因素的制约，B 企业的股票收益 R_B 受到其产业收益 R_2 和相关产业收益指数 R_3 以及企业特殊风险报酬 U_B 三大因素的影响。即：

$$R_A = a R_1 + U_A$$

$$R_B = b R_2 + c R_3 + U_B$$

其中，a，b，c 分别代表企业股票收益对该因素的敏感性系数。两企业的相关系数取决于两大系数：

$$\rho_{(A,B)} = ac\rho_{(1,3)} + ab\rho_{(1,2)}$$

表 6-3 就是依此公式计算得到的。

最后要测算两贷款组合的联合贷款价值量。计算两种贷款的 64 种不同的贷款价值量，参见表 6-3。

表 6-3　两贷款组合价值量（64 种可能）

借款 1（信用等级 BBB）		借款人 2（信用等级 A）							
		AAA	AA	A	BBB	BB	B	CCC	违约
		106.59	106.49	106.3	105.64	103.15	101.39	88.71	51.13
AAA	109.37	215.96	215.86	215.67	215.01	212.52	210.76	198.08	160.5
AA	109.19	215.78	215.68	215.49	214.83	212.34	210.58	197.9	160.32
A	108.66	215.25	215.15	214.96	214.3	211.81	210.05	197.37	159.79
BBB	107.55	214.14	214.04	213.85	213.19	210.7	208.94	196.26	158.68
BB	102.02	208.61	208.51	208.33	207.66	205.17	203.41	190.73	153.15
B	98.1	204.69	204.59	204.4	203.74	201.25	199.49	186.81	149.23
CCC	83.64	190.23	190.13	189.94	189.28	186.79	185.03	172.35	134.77
违约	51.13	157.72	157.62	157.43	156.77	154.28	152.52	139.84	102.26

资料来源：J.P.Morgan： CreditMetrics-Technical Document， April 2，1997， pp.12.

由表 6-3 数据计算该贷款组合的均值、方差和标准差：

均值 $= P_1V_1 + P_2V_2 + \cdots + P_{64}V_{64} = 213.63$(万美元)

方差 $= P_1(V_1 - \text{均值})^2 + P_2(V_2 - \text{均值})^2 + \cdots + P_{64}(V_{64} - \text{均值})^2$

$=1122$（万美元）

标准差 $=335$（万美元）

所以在正态分布条件下，在 99%的置信水平下，该组合出现 1%最大可能损失的 VaR=2.33×335 =781（万美元）。

尽管两贷款组合的价值比原来单项贷款增加了 1 倍（2 亿美元），但以 VaR 为基础计算出的资本需要量仅比原 BBB 级贷款的资本需要量多出 84 万美元（=781−697），这说明贷款组合的风险分散作用得到了发挥。

（2）在实际分布下计算信用资产组合的在险价值量（portfolio VaR）。

实际贷款价值并不总是服从正态分布，实际的最大在险价值量会偏高。可以将表 6-2 和表 6-3 结合起来，找到接近 1%的发生最大在险价值的概率所对应的两贷款组合价值为 2.044 亿美元，进而求出实际分布情形下的最大 VaR：

21363−20440=923（万美元）

这比正态分布条件下的以在险价值为基础的资本需要量高出 142 万美元（=923−781），比原 BBB 级贷款的资本需要量多出 226 万美元（=923−697），也说明贷款组合的风险分散作用得到了发挥。

（3）推导出相应的 n 项组合经济资本量。

借用蒙特卡洛模拟法计算在大样本情况下（而非正态分布情况下）贷款组合的价值量及分布。它利用计算机随机模拟金融变量的随机价格走势，并以此近似揭示该金融变量的市场特性。蒙特卡洛模拟法是计算 VaR 的最有效方法。

n 项资产组合风险测定的标准公式为：

$$\sigma_p^{\ 2}=\sum_{i=1}^{n}\sigma^2(V_i)+2\sum_{i=1}^{n-1}\sum_{j=i+1}^{n}COV(V_i,V_j) \tag{6-10}$$

引入协方差：

$$\sigma^2(V_i+V_j)=\sigma^2(V_i)+2COV(V_i,V_j)+\sigma^2(V_j)$$

所以 $2COV(V_i,V_j)=\sigma^2(V_i+V_j)-\sigma^2(V_i)-\sigma^2(V_j)$，代入最终得到表达式：

$$\sigma_p^{\ 2}=\sum_{i=1}^{n-1}\sum_{j=i+1}^{n}\sigma^2(V_i+V_j)-(n-1)\sum_{i=1}^{n}\sigma^2(V_i) \tag{6-11}$$

（二）资产证券化和贷款出售

1. 资产证券化

（1）资产证券化的概念。资产证券化是将有信用风险，但能够产生和预见的稳定的现金流的债券或贷款的金融资产组成一个资产池，并将其出售给其他金融机构或投资者。

资产证券化可以提高资产的流动性，降低和分散投资者风险，自诞生以来，资产证券化发展迅速，已形成一个规模巨大的交易市场。

目前国外比较成熟规范的是资产担保证券（Asset-Based Securities ，ABS）和资产抵押证券（Mortgage-Based Securities，MBS）。

（2）资产证券化的好处。对商业银行等资产的出售方而言，资产证券化为原始权益人提供了一种新型融资工具，提高了借款能力，有助于降低融资成本，获得较高收益。

对投资者而言，可以获得较高的投资回报，提高资产的流动性，降低投资风险。

（3）资产证券化的条件。即将被证券化的资产能产生固定的或者循环的现金收入流；原始权益人对资产拥有完整的所有权；该资产的所有权以真实的方式转让给特设信托机构；特设信托机构本身的经营有严格的法律限制和优惠的税收待遇；投资者具备资产证券化的知识、投资能力和投资意愿。

按上述条件，住房抵押贷款是最适宜的资产证券化品种。

（4）资产证券化运作程序。

确定资产证券化目标，组成资产池；

组建特设信托机构，实现真实出售；

完善交易结构，进行内部评级；

进行信用增级；

进行发行评级，安排证券销售；

获取证券发行收入，向原始权益人支付购买价格；

实施资产管理，建立投资者应收积累金；

按期还本付息，对聘用机构付费。

（5）资产证券化类型。

① 无追索权证券化。这类证券化方式，资产采用真实出售的方式，资产的风险全部从原始权益人转移到后续的投资者，投资者放弃向原始权益人行使追索权。

能采用这类证券化方式的必须是现金流稳定、风险较小、发放过程和借贷合约标准化的资产，住房抵押贷款就是这类资产的典型。

为了降低风险，有时需要对这类资产进行信用增级，由著名的大公司或机构提供担保。

② 有追索权证券化。这类证券化方式，投资者有追索权，当出现违约风险时，投资者可以向原始权益人要求补偿损失。

由于保留追索权，这类资产的投资收益率较低。商业银行倾向于采用有追索权的方式进行证券化。

③ 部分追索权证券化。这类资产证券化的方式，资产的风险由资产原始权益人和投资者分担。典型做法是，资产的出售方，即放贷银行，将资产证券化的部分收益存放在“利差账户”作为违约准备金。如果实际损失低于账户的准备金，节余就作为放贷银行的收益；如果实际损失高于账户的准备金，则由投资者承担其余的损失。

2. 贷款出售

（1）定义。

贷款出售是指银行在发放贷款后通过贷款出售市场将其贷款以有追索权或无追索权的方式转售给其他银行或投资机构。实践中，大多数贷款出售是不带有追索权的。

（2）可贷款出售的类型。

可出售的贷款主要是传统的短期商业贷款，这类贷款由于期限短、安全性高，较能吸引投资者，比较容易达成出售协议。相比较，中长期贷款由于期限长、风险性高，达成出售的难度较大。

（3）贷款出售合约的类型。

贷款出售合约主要有两种基本类型：参与贷款（Participations）、转让贷款（Assignment），其中转让贷款占贷款出售的主要份额。

参与贷款合约的买方不成为贷款合约的一方，不改变原贷款合约内容，贷款的买方只能对贷款协议中的部分内容实施控制，只有在贷款合约发生实质性（如贷款利率或担保等）变化时买方才能参与投票。由此可见，参与贷款的买方承担了不对称的高风险。由于参与贷款不变更原有的债权债务关系，利益关系相对比较简单，交易比较容易达成转让协议。

贷款转让在达成贷款出售合约后，将出售方所有权利一并转让给买方。在此转让方式下，买方的权益更为清晰，保障也更为确切，是贷款出售的主要方式。

（三）信用衍生工具

对于债券发行者、投资者和银行来说，信用衍生工具是贷款出售及资产证券化之后的新的管理信用风险的工具。

1. 信用衍生产品的作用

信用衍生产品的主要需求来自机构投资者和商业银行。通过使用信用衍生品可以实现：

（1）将信用风险分割交易，可以在不拥有信用资产本身的同时承担某种特殊类型的信用风险，实现资产组合的升值；

（2）信用衍生产品可以作为投资者管理资产组合中信用风险的工具；

（3）信用衍生产品是机构投资者进入贷款市场的桥梁；

（4）对远期借贷成本进行套期保值；

（5）加强贷款组合的管理，满足资本充足率的要求；

2. 信用衍生产品的风险管理途径

信用衍生产品利用如下途径进行风险管理。

（1）利用期权对冲信用风险。

利用期权对冲信用风险的原理是：银行在发放贷款时，收取一种类似于贷款者资产看跌期权的出售者可以得到的报酬。银行发放贷款时，风险等价于出售该贷款企业资产看跌期权的风险。银行会寻求买入该企业资产的看跌期权来对冲这一风险。

违约期权的对冲信用风险的方法：在贷款违约事件发生时支付确定的金额给期权购买者，从而对银行予以一定补偿的期权。银行可以在发放贷款的时候购买一个违约期权，与该笔贷款的面值相对应。当贷款违约事件发生时，期权出售者向银行支付违约贷款的面值；如果贷款按照贷款协议得以清偿，那么违约期权就自动终止。银行的最大损失就是从期权出售者那里购买违约期权所支付的费用。这类期权还可以出现一些变体，如可以把某种关卡性的特点写入该期权合约中。如果交易对手的信用质量有所改善，比如说从 B 级上升到 A 级，那么该违约期权就自动中止。作为回报，这种期权的出售价格应该更低。

对这种信用风险对冲方式的最早运用是美国中西部的农业贷款。它与普通期权类似，可以分为看涨期权和看跌期权、欧式期权和美式期权。看涨期权买方支付期权费后将获得一个在到期日买入利差的选择权，如果利差下降则获利；看跌期权买方则有权卖出利差，利差上升则获利。

（2）利用互换对冲信用风险。

信用互换是银行管理信贷风险的一个重要手段。信用互换主要有两类：总收益互换和违约互换。

在总收益互换中，投资者接受原先属于银行的贷款或证券（一般是债券）的全部风险和现金流（包括利息和手续费等），同时支付给银行一个确定的收益。与一般互换不同的是，银行和投资者除了交换在互换期间的现金流之外，在贷款到期或者出现违约时，还要结算贷款或债券的价差，计算公式事先在签约时确定。如果到期时，贷款或债券的市场价格出现升值，银行将向投资者支付价差；反之，如果出现减值，则由投资者向银行支付价差。

总收益互换可以对冲信用风险暴露，但是这种互换又使银行面对着利率风险。为了剥离出总收益互换中的利率敏感性因素，可以通过违约互换，或者可以叫做“纯粹的”信用互换对冲信用风险。违约互换是最普通也是最受欢迎的信用衍生工具，在这个互换中，保护购买方定期向保护出售方支付固定费用，以交换未来违约事件发生时保护出售方提供的偿付。如果违约事件发生了，保护出售方应根据协议向保护购买方偿付预先商定好的数额以弥补因违约事件而给保护购买方带来的损失。银行在每一互换时期向作为交易对手的某一金融机构支付一笔固定的费用（类似于违约期权价格）。

如果银行的贷款并未违约，那么他从互换合约的交易对手那里就什么都得不到；如果该笔贷款发生违约的情况，那么互换合约的交易对手就要向其支付违约损失，支付的数额等于贷款的初始面值减去违约贷款在二级市场上的现值。在这里，一项纯粹的信用互换就如同购入了一份信用保险，或者是一种多期的违约期权。

（3）利用信用联结票据对冲信用风险。

信用联结票据是一种加入了违约互换机制的更为复杂的信用衍生工具。保护购买方首先通过由自己或自己设立的特定目的机构发行与某资产对应的票据，保护出售方则以现金支付取得该票据并将取得来自票据的利息收入。假如发生了信用事件。保护出售方只有在保护购买方用发行票据所得弥补损失后才能赎回票据；如果信用事件没有发生，则保护出售方可在票据到期后才能足额赎回。信用联结票据的特点在于保护购买方通过发行票据取得了现金并为其风险资产取得了保护，同时也不承担对方的信用风险；保护出售方在承担了风险资产的信用风险的同时，由于要先支付现金，也承担着票据发行者或保护购买方的信用风险。

3. 信用衍生工具可能带来的金融风险

利用信用衍生工具减少信用风险的同时，要警惕会给客户带来新的金融风险。

信用衍生工具会产生操作风险（Operating Risk）、交易对方风险（Counterparty Risk）、流动性风险（Liquidity Risk）和法律风险（Legal Risk）。

（1）操作风险（Operating Risk）。

信用衍生工具的最大风险是操作风险。操作风险是投资者利用衍生工具进行过度的投机而并非用来进行套期保值。风险巨大的衍生工具交易使老牌的英国巴林银行倒闭。操作风险可能造成的后果极为严重而易于控制，只要建立严格的内部控制交易程序就可以使交易者免于建立不恰当的头寸。

（2）交易对方风险（Counterparty Risk）。

交易对方风险是交易对方不履约的风险。因为交易对方风险的存在，使得信用衍生工具并不能完全消除信用风险。尽管交易对方风险是一种相关风险，但交易对方风险相比而言微不足道。若一个公司因为交易对方风险而遭受损失，则：合约的对方一定违约，交易对方必定因衍生工具本身而欠付费用，所受损失必定比中间机构因交易所得费用大，但是，中间机构无能力承受损失的可能性很小。作为中间机构，或为一流的商业银行，或为信用等级为 Aaa 级的投资银行。这两类机构必定是资本充足并且对其交易总是谨慎避险的。

（3）流动性风险（Liquidity Risk）。

流动性风险是卖出或冲消先前所建立头寸的不确定性。对于公司为套期保值而持有的信用衍生证券而言，其流动性风险的确不重要，因为公司持有该信用衍生工具的目的是套期保值，而并非投机获利（投机获利必须将证券变现）。若债券发行者利用信用期权对其未来的借款成本进行套期保值，则可以知道债券发行者将持有期权直到期权的到期日。但是，若是对于信用衍生工具的发行者或是希望冲消其先前所建立头寸的信用衍生工具的使用者则存在流动性风险。目前，信用衍生工具的流动性风险很高，主要是因为没有活跃的二级市场使信用衍生工具的使用者无法及时变现。随着市场的发展，流动性风险将会降低。

（4）法律风险（Legal Risk）。

衍生工具所订立的合同可能不合法或是不规范，则给信用衍生工具的使用者带来了法律风险。

八、银行信用风险评级制度

银行可以采用外部专业评级机构的方法，也可以开发内部评级法来进行信用风险的评级。

（一）外部评级法

对外部评级机构的评级结果，只要符合规定标准，监管当局将予以认同。

合格的外部评级机构必须满足以下全部标准：

客观性：信用评级的方法必须是严格的、系统的，并且可以根据历史数据进行某种形式的检验。

独立性：外部评级机构应该是独立的，不会迫于政治或经济上的压力而影响评级。

国际通用性和透明度：凡是有合理要求的国内和国外机构，都可以以同等的条件获得每个评级结果。外部评级机构所采用的基本评级方法应该对外公开。

披露：外部评级机构应当披露以下信息：评级方法，包括违约的定义、评级的时间跨度及每一级别的含义，每一级别实际的违约概率，评级的变化趋势，如一段时间之后从 AA 级转为 A 级的可能性。

资源：外部评级机构应当有足够的资源，确保提供高质量的评级结果。这些资源包括，外部评级机构与被评级机构的高级管理层和营运层次的人员保持实质性的经常联系，以便提高评级结果的价值。评级方法还应该将定性和定量分析结合起来。

可信度：在某种程度上，可信度建立在上述标准的基础上。独立主体（如投资者、保险人、贸易伙伴）对于外部评级的依赖程度，也是外部评级可信度的证明。外部评级机构的可信度也在于其建立了防止机密信息被不当使用的内部程序。

在按照债权种类分别确定资产的风险权重时，银行必须披露对每一债权种类所选用的外部评级机构，监管当局所确定的与各个信用等级相对应的风险权重，建立在外部评级基础上的每一风险权重下风险加权资产的总额。银行选择的外部评级机构，如果有两个评级结果，并且分别对应于不同的风险权重，银行应选用较高的风险权重。

表 6-4 是风险权重表。

表 6-4　风险权重

信用评级 / 风险权重	AAA 至 AA-	A+至 A-	BBB+至 BBB-	BB+至 B-	B-以下	未评级
国家	0%	20%	50%	100%	150%	100%
银行（方案 1）	20%	50%	100%	100%	150%	100%
银行（方案 2）	20%	50%	50%	100%	150%	50%
公司	20%	100%	100%	100%	150%	100%

（二）内部评级法

具备完善内部评级体系和规范信息披露标准的大银行可采用内部评级法（Internal Ratings-based Approaches，IRB）计算信用风险。

内部评级法相对于外部评级法而言，是指银行在满足金融监管机构监管标准的前提下，利用银行内部信用评级体系确定信用风险最低资本要求的方法。

内部评级法一般采用 3 种信用风险计量方法：标准法、内部评级初级法、内部评级高级法。有条件的银行要逐步向内部评级高级法过渡。

1. 内部评级法的框架

内部评级法基本框架由 5 部分组成：

（1）风险暴露类别的划分；

（2）每一风险类别的风险要素；

（3）根据风险权重函数，将每一风险类别的一组风险要素转换为该风险类别的风险权重；

（4）采用内部评级法需要满足的最低标准；

（5）监管当局对最低标准遵守情况的检查。

在实施内部评级法时，银行必须将银行账户中的风险划分为具有不同信用风险特征的五大资产类别，即公司、银行、主权、零售、股权。

采用 IRB 法的银行可以根据自己对风险要素的估计值决定对特定暴露的资本要求。这些风险要素包括对违约概率（Probability of Default，PD）、违约损失率（Loss Given Default，LGD）、违约风险暴露或违约敞口（Exposure at Default，EAD）及期限（Maturity，M）的度量。

内部评级法的基本框架见图 6-11。

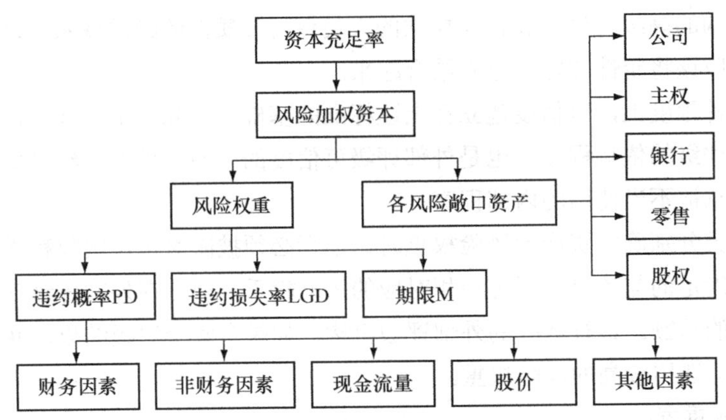

图 6-11　内部评级法的基本框架

能够制定有效评级标准、严格测算借款人违约风险，但计算交易风险能力有限的银行，在无法满足高级法的条件下，采用初级法，由监管机构按确定的标准来评估违约损失率和违约风险暴露。

高级法由银行按自主确定的评级标准，自主确定违约风险相关参数。

初级法与高级法的区别在于，初级法的要求比较简单，银行只需计算违约概率，其余要素只要按照监管机构的参数即可。高级法则复杂得多，银行需要自行计算 4 个参数，且受监管机构限制较少。两种方法的具体区别见表 6-5。

表 6-5　内部评级法的数据估计

数据	IRB 初级法	IRB 高级法
违约概率(PD)	银行提供的估计值	银行提供的估计值
违约损失率（LGD）	委员会规定的监管指标	银行提供的估计值
违约风险暴露（EAD）	委员会规定的监管指标	银行提供的估计值
期限（M）	委员会规定的监管指标或者由各国监管当局自己决定允许采用银行提供的估计值（但不包括某些风险暴露）	银行提供的估计值(但不包括某些风险暴露)

资料来源：根据 the Third Consulting Paper for Basel Capital Accord，2004 年整理。

（1）违约概率。

新资本协议定义符合下列行为之一的为违约：债务人贷款逾期或欠息 90 天以上；除非采取追索措施，借款人不可能全额偿还债务。

测算违约概率主要有三种方法：使用银行内部违约数据；与外部数据对应；使用违约统计模型；违约概率是基于历史经验和实证依据基础上的测算的长期平均违约概率的保守估计。属于同一级别的所有借款人认为具有相同的违约概率。

（2）违约损失率。

初级法下的违约损失率，由监管当局根据交易的性质，包括是否有抵押品及抵押品的类型来确定。

高级法的违约损失率由银行自行确定。

（3）违约风险暴露。

初级法的违约风险暴露由监管当局制定。对于表内项目，EAD 为名义贷款额；表外项目，EAD 的计算分为两种情况：初级法中，EAD 为贷款账面金额乘以信用转换因子，信用转换因子分别为 0%、20%、50%、75%、100%。高级法中，每项资产的违约风险暴露由银行自行确定。

（4）期限。

初级法中，所有的债务均视为具有保守估计的 3 年平均期限。高级法中，期限为最大剩余期限与加权期限中的较大者，但有效期限最短 1 年，最长 7 年。

（5）风险权重。

标准法将信用风险暴露划分几个类档次，每一档次对应一个固定的风险权重。

对主权、银行同业、公司的风险暴露的风险权重各不相同。

主权国家及其中央银行债权的风险权重如表 6-6 所示。

表 6-6　信用风险权重

信用评级	AAA 至 AA-	A+ 至 A-	BBB+至 BBB-	BB+ 至 B-	B-以下	未评级
风险权重	0%	20%	50%	100%	150%	100%

出口信贷机构（Export Credit Agencies）风险权重如表 6-7 所示。

表 6-7　出口信贷机构风险权重

出口信贷机构风险等级	1	2	3	4～6	7
风险权重	0%	20%	50%	100%	150%

对国际清算银行、国际货币基金组织、欧洲中央银行和欧盟债权的风险权重可以为 0%。

对未评级公司债权的标准风险权重一般为 100%。已评级公司债权风险权重如表 6-8 所示。

表 6-8　公司债权风险权重

信用评级	AAA 至 AA-	A+至 A-	BBB+至 BB-	BB- 以下	未评级
风险权重	20%	50%	100%	150%	100%

逾期贷款的风险权重为 150%。

内部评级法风险权重的确定方法如图 6-12 所示。

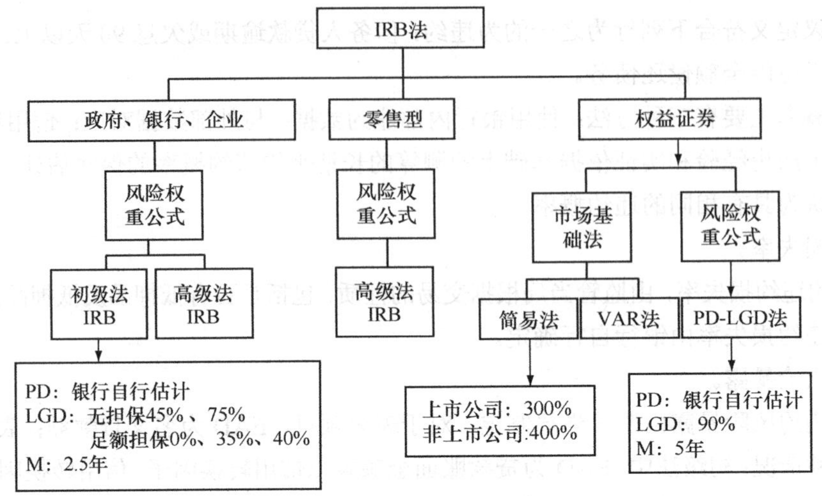

图 6-12　内部评级法的风险权重

2. 实施内部评级法的基本要求

有效的内部评级系统主要包括评级对象的确定、信用级别及评级符号、评级方法、评级考虑的因素、实际违约率和损失程度的统计分析、跟踪复评和对专业评级机构评级结果的利用等方面。此外，按巴塞尔资本协议的要求，还需要满足计算违约概率值、评级应用和信息披露方面等诸多要求。

（1）实施内部评级法的基本要求：

① 内部评级体系中必须包含 2 个违约级别，6～9 个正常级别，其中至少包括三个财务状况较弱的级别和三个情况相对较好的级别；其中每个级别的风险额不应该大于总风险额的 30%；

② 评级单位必须保持相对的独立性并对客户的数据进行及时更新；

③ 评级系统必须经过董事局的授权并有一整套完整的授权体系，并每年经过内部审计和使用必要的外部审计，采取独立的信用风险控制单位对系统进行不断的检验修正，以保证整个体系的质量；

④ 评级标准的覆盖面、保守性、基准及模型确认包括对级别的人为调高等情况都应该符合巴塞尔委员会所做的具体规定，以确保评级标准的可信度。

（2）内部评级法对预测违约概率值的要求：

① 统计数据必须与银行的贷款额或资产规模相适应，统计环境应当与当前及未来相吻合，每年更新一次；

② 数据来自银行内部并反映了保险的标准，若数据不足，则数据必须有足够的稳健性；

③ 使用外部调查数据时必须验证两者的评级系统及标准的可比性；

④ 银行可以通过参照外部中介机构的评级结果与自身的内部评级结果的对应关系得出相应的违约特征，但必须验证其对应关系；

⑤ 在有足够的精确度和完整度的保证下，银行也可采用统计的违约模型来对特定级别的违约率进行预测；

⑥ 至少有 5 年的观察数据；

⑦ 银行必须采集足够的数据来对内部评级的应用进行检测，也作为向监管当局汇报的依据，这

其中包括了评级基础数据、评级历史、违约数据直至级别迁移等一系列的数据保存。

（3）巴塞尔委员会对应用内部评级法的要求：

① 内部评级必须贯彻到日常的风险评估管理过程中，同时渗透到每笔贷款的审批当中；

② 内部评级必须与贷款权限相联系，而且其所反映的风险分布必须向高级管理层汇报；

③ 银行必须清晰地说明其对于预计损失的准备金提取政策，并分析由于违约概率的变化对其盈利及资本充足性的影响等；

④ 对于资本充足进行压力测试并参考过去 3 年的实施经验；

⑤ 银行必须有一个充足的系统能够验证评级体系、评估过程以及违约概率值预测的准确性和持续性；

⑥ 银行必须向监管当局证明评级系统足以使其保证内部评级和风险评估系统的持续性和有效的评估。

新协议对于采用内部评级法的银行提出了较高的信息披露要求，各项参考值的评估方法、预测数据生成、级别迁移等情况必须向外做出说明。

九、不良贷款预警与处置

（一）不良贷款的控制与管理

1. 不良贷款预警

贷款从风险出现到损失形成经历一段时间。银行提早预警将能有效降低或减少损失。

当客户出现以下信号时，银行应格外留意：

（1）贷款客户财务出现危机征兆。具体情况包括：应收账款增加、存货周转速度放慢、流动资产占总资产的比例下降、资产与债务的比例低、销售额下降、呆账增加、赊销政策变化、贷款用途改变等。

（2）管理出现危机征兆。具体情况包括：战略定位不准、管理制度松弛、管理出现漏洞、投机行为过重、产品老化、市场份额下降、销售集中等。

2. 不良贷款的预防与控制

（1）拒绝策略。

在贷款评估时，主动放弃或拒绝可能引发风险的贷款申请。

（2）回避策略。

银行在做信贷决策时，主动回避风险大的贷款申请，把贷款向效益优、信用佳的企业和项目倾斜。

（3）分散策略。

通过贷款审批的区域、行业、期限的适度分散来减低银行贷款损失。

（4）转嫁策略。

银行以特定方式将贷款风险损失转嫁给他人的做法。转嫁的途径主要有：向客户转嫁风险，一般要求客户提供抵押品或购买保险；向借款客户的担保人转嫁，一般风险成为现实，银行可以行使追索权以减少损失。

（5）补偿策略。

将可能的风险因素计入贷款报价中；订立抵押条款、担保条款，以补偿损失；银行通过购买保险来获得风险补偿。

（二）不良贷款处置方法

1. 贷款重组

对于逾期贷款，通过对贷款结构（期限、金额、利率、费用、担保等）进行调整和重新安排的过程即贷款重组。

2. 贷款转让

贷款转让是贷款银行将未到期的贷款有偿转让给其他机构及主体的行为。

3. 破产清算

经破产清算，债权人可部分追回贷款，减少损失。这是债权人保护自身权益的最后手段。

4. 债转股

债权人经与债务人协商，将债权转成债务人一定数量的股权。

（三）不良贷款处置流程

不良贷款处置一般可分为三个阶段，即早期预警阶段、信贷资产移交阶段、信贷资产救治与保全阶段，如图6-13所示。

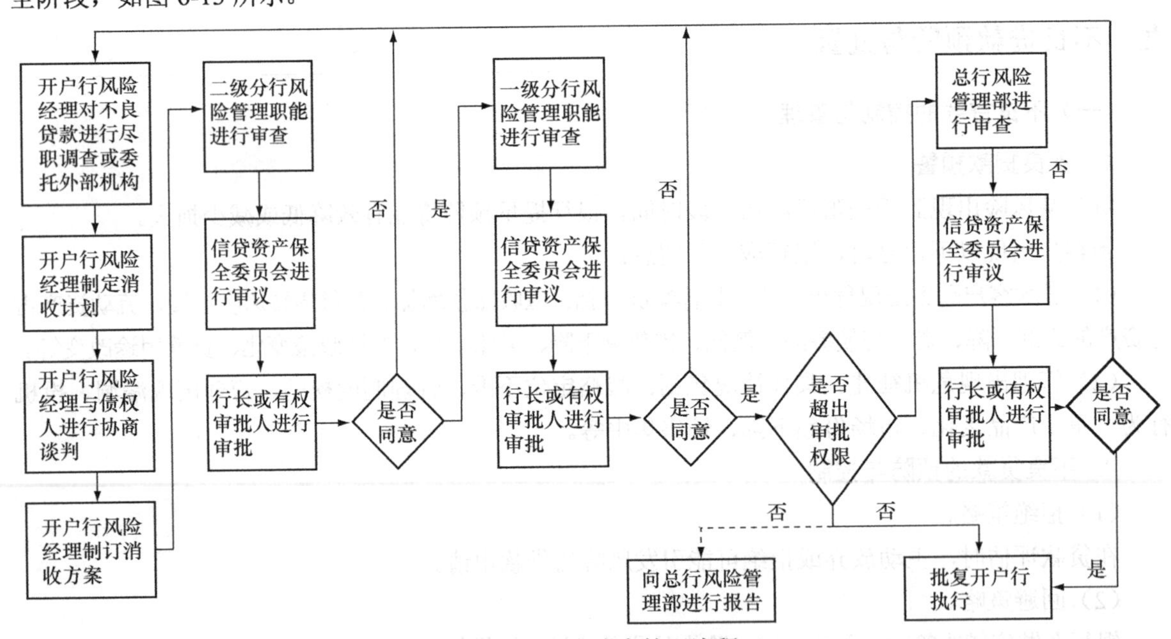

图6-13　不良资产管理流程

1. 早期预警阶段

客户经理依据对客户的了解及诸多一手资料，探明企业财务的真实运转状况及出现预警信号的原由，争取在信贷质量出现问题的前期积极地寻找补救方案，如要求债务人新增抵押物等。经客户经理与客户沟通后如果没有收到满意的答复，则可考虑向客户或其担保公司提交逾期催收函，要求借款公司做出书面答复，并要求及时还款。

2. 信贷资产移交阶段

当贷款质量出现恶化，符合将贷款移交信贷资产救治与保全部门的标准，经贷审会批准，转由信贷资产救治与保全部门负责。首先，客户经理要协助信贷资产救治与保全部门制定重组方案，包括修订贷款合同（如改变利率、延长期限，改变授信方式、冻结贷款余额等）或其他整改措施；如果都不成功则转入第三阶段，即清收流程。

3. 信贷资产救治与保全阶段

信贷资产救治与保全经理基本扮演一个项目经理的角色，在法律和操作部门的专业支持下，积极有效地寻求资产清收价值的最大化。若涉及抵押品的变现，则通过重新评估抵押品的价值，更新系统相关资料。如果不涉及抵债资产，又没有什么其他选择，则申请核销。

[专栏6-3]

阿里金融客户信用风险管理

阿里金融也称阿里巴巴金融，为阿里巴巴旗下独立的事业群体，主要面向小微企业、个人创业者提供小额信贷等业务。目前阿里巴巴金融已于2012年6月和2011年6月分别成立了浙江阿里巴巴小额贷款股份有限公司和重庆阿里巴巴小额贷款公司，已经搭建了分别面向阿里巴巴B2B平台小微企业的阿里贷款业务群体，和面向淘宝、天猫平台上小微企业、个人创业者的淘宝贷款业务群体，以及与银行合作获得的小微企业客户，已经推出淘宝（天猫）信用贷款、淘宝（天猫）订单贷款、阿里信用贷款等微贷产品。截至2014年2月，阿里小贷服务的小微企业已经超过70万家。

阿里金融是一家为小微企业提供小额融资服务的创新公司，与其他同行采用抵押方式不同的是，他通过分析客户的网络数据来判断对方的信誉，为中小型企业提供50万元以下的贷款，无需担保，在线操作，方便快捷。这一新型微贷技术搭建的中小企业融资服务体系，已经为超过10万家的小企业、小卖家提供了融资服务，被认为是横跨互联网与金融的一大创新。

和传统的信贷模式不同，阿里金融通过互联网数据化运营模式，为阿里巴巴、淘宝网、天猫网等电子商务平台上的小微企业、个人创业者提供可持续性的、普惠制的电子商务金融服务。其所开发的新型微贷技术是其解决小微企业融资的关键所在。数据和网络互联网是这套微贷技术的核心。

这一创新模式建立在具有强大分析能力的阿里云海量数据处理服务之上，借助互联网和云计算的能力，使阿里金融对整个运营成本有了较好的控制，能够以合理的利率水平向小企业提供贷款产品。同时，合理的利率也保证了阿里金融贷款产品受到广大微小客户的认可。

在风险管理方面，阿里金融微贷技术中有完整的风险控制体系。在信贷风险防范上，阿里金融立了多层次的微贷风险预警和管理体系，贷前、贷中以及贷后三个环节节节相扣，利用数据采集和模型分析等手段，根据小微企业在阿里巴巴平台上积累的信用及行为数据，对企业的还款能力及还款意愿进行较准确的评估。同时结合贷后监控和网络店铺/账号关停机制，提高了客户违约成本，有效地控制贷款风险。

阿里金融大多数面对的淘宝天猫上的企业，这些企业多在阿里平台上有交易记录和资金往来记录，这就使得阿里的信用管理相较其他金融机构而言容易很多。但是阿里想要做大做强，只是仅仅满足于淘宝客户肯定是不行的，阿里还要扩大到更大的领域，面向更多的客户企业。余额宝的出现正是证明了这点。阿里利用自己的优势，开启余额宝平台，吸收了众多资金，成为银行很有力的竞争对手。但是这些资金的使用确实不得不小心而谨慎，这就使得对客户信用的管理至关重要。

阿里目前的信用贷款业务分为三种，有客户端产品、银行端产品和阿里端产品，三种产品主要面对的客户分别是普通客户、在银行的客户和淘宝、支付宝的客户，其实归纳为就是两种，一种是面对支付宝客户，另一种是支付宝以外的小微企业。这些产品的客户信用管理都可以归纳成三部分，即贷前、贷中和贷后。

1. 贷前客户信用管理

阿里面对普通客户贷款，首先应该考虑的是大的宏观背景，考虑中小企业经营所在地的行业和国家的经济、环境因素。

（1）行业趋向。

阿里对企业所处行业的发展趋向进行评估，分析行业整体的未来盈利状况，以及目标企业在行业中的地位，为商业银行是否对处于该行业的企业提供信贷以及授信额度提供参考标准。

（2）宏观经济分析。

主要分析目前以及未来一段时间内总体宏观经济环境，对国家宏观调控政策、国际贸易、经济不景气的可能性、通货膨胀或紧缩的预测。阿里要实时监测这些政策对企业的还贷能力的影响，谨慎地对中小企业进行授信业务，或相应减低授信额度。

（3）法律环境分析。

基于中小企业普遍存在的担保、监管风险，阿里在对中小企业进行授信业务时，需要对相关的法律环境进行评估，特别是针对中小企业融资有关的信用担保、财产登记、企业和个人破产等方面的法律进行分析，防止一些企业利用法律漏洞，进行欺诈性贷款。

（4）企业内部风险评估与管理。

宏观环境的因素很多时候都是企业难以控制的，阿里金融只有实时监控、严密防备才能避免。客户信用管理重点要分析的是企业的内部风险管理。

阿里金融面对的客户有两种，一种是在支付宝平台有各种的交易记录的的客户，以淘宝上各种小微企业为主；另一种是支付宝平台之外的普通企业和银行内的客户企业。这两种客户的信用风险在很大程度上是大同小异的，但是评估、监管起来却并不相同。支付宝平台的企业是阿里金融信贷业务的核心部分。

① 支付宝客户信用管理。

阿里金融给支付宝客户提供的贷款有两种，一种是信用贷款，根据店铺的经营状况和申请人的资质来决定；另一种是订单贷款，商家发货后还未收到货款，就可申请此项贷款，基本上具备了申贷资质的卖家，有多少订单就能获贷多少，同时也参考交易的真实性等信息。当然商家可同时申请两项贷款，累计总额度同样是100万元，最长期限12个月。其实，小微企业的资金多用于原材料采购、备货等周转，资金需求快，阿里金融在设计上以翌日计息，随借随还，订单贷款日利率为0.05%（年利率约18%），信用贷款为0.06%（年利率约21%）。

阿里巴巴会员申请贷款时，需要提供企业近一年的销售总额、经营成本、净利润率、库存量、总资产、总负债、应收账款等财务数据。此外，阿里巴巴会员企业还需要提供其在阿里、淘宝订单占年销售总额的比率，前两大下游客户的合作时间和所占销售额比率等详细信息。阿里巴巴不但掌握网商的资金流动数据，还了解它们的整个运营细节，包括企业订单数量、销售增长、仓储周转，以及投诉情况等数据信息，这让阿里巴巴比任何一个金融机构更了解小微企业客户。通过自己的征信系统，阿里金融为平台上最熟悉的小微客户提供贷款。

阿里金融最核心的技术就是采用360° 调查模式进行客户评级。通过小微企业主在阿里巴巴平台上的行为表现，对其历史交易流水进行分析和定量，反映其真实信用状况。例如，一个人每天的行程，线下不可能被记载，但在线上，所有行为都会被记录。客户什么时间、在哪里、同谁做生意，谈了多久，商品数变化情况等，都有相应数据存在。随后，评级系统会分析小微企业主的阿里巴巴平台认证与注册信息、留下的痕迹、贸易平台表现，如登录管理、广告投放、社区行为等。接下来，还要进行客户交互行为分析，如顾客的收藏、反馈、评价情况等。所有信息最终都会进入数据库进行定量，并将数值输入网络行为评分模型，从而对小微客户进行评级分层。

综合以上各方面的考评，阿里给会员设计一个信用评级的指标，如下：

评价指标	比重
年销售收入	30%
销售增长	20%
订单数量	20%
淘宝/天猫卖家评级	20%
交易活跃度	10%

② 非支付宝客户信用管理。

阿里金融还为支付宝外部商户提供贷款，一方面有许多电子商务公司使用支付宝，其交易数据同样会被记录下来，通过模型，可以判断其未来成长趋势，为贷款发放提供依据；一方面阿里也可以与银行合作，采用征信机构对各个小微企业进行评级。

由于阿里金融主要面对的客户是小微企业，经营规模通常不大，也没有规范的管理机制，所以与传统银行对企业的评级结构是不同的。传统银行对企业进行评级主要是看公司的治理水平、财务状况、经营管理水平以及企业信用。但是小微企业由于刚刚起步，并不具备这些很科学的成分结构，进行信用评级的方法自然不同。

其实与阿里巴巴会员申请贷款时一样，其他小微企业在向阿里申请贷款时也是需要提供企业近一年的销售总额、经营成本、净利润率、应收账款等这些财务数据。所以对这些小微企业的考察无非也就是企业订单数量、销售增长、仓储周转这些数据信息。同样，我们可以根据要进行考核的指标设计一个评价指标，具体分布如下：

评价指标	比重
年销售收入	20%
销售增长	20%
存货周转率	20%
资产负债率	20%
交易活跃度	10%
客户评价信息	10%

2. 贷中客户信用管理

贷款出去后，阿里需要对自己贷款的客户进行全方面的监控，要对资金的运用状况实时监控，避免坏账的出现。

阿里金融与银行合作而获得的客户可由银行风险管理部门进行风险贷中监控，因而阿里金融贷中监控的主要对象是阿里巴巴B2B平台上的小微企业——阿里贷款业务群体和淘宝、天猫平台上小微企业、个人创业者的淘宝贷款业务群体。

在通过评级系统对小微企业进行分层，筛选出符合条件的贷款对象，完成贷前调查流水线作业后，贷款进入审批程序，确定额度和利率，并由财务部门放款。贷款随即进入系统实时监控状态，阿里金融独特的风控系统开始发挥作用。而这其中的“大数据”的应用是阿里巴巴B2B平台上小微企业贷款贷中监控的主要保障。过去几年，阿里金融依据阿里旗下电商平台的数据支持，开展了卓有成效的商业模式创新和探索，基本建立起了国内商业银行梦寐以求的小微贷款工厂模式。

“大数据”是指需要新处理模式才能具有更强的决策力、洞察发现力和流程优化能力的海量、高增长率和多样化的信息资产。大数据分析相比于传统的数据仓库应用，具有数据量大、查询分析复杂等特点。其与信贷业务结合的核心优势在于重塑信息结构，削减业务成本。

具体而言，利用“大数据”系统对贷中环节进行监控主要体现在以下几方面：

利用大数据系统，在贷款过程的监控中，阿里金融从传统的集中考察“硬信息”（资产负债表等），现在变为重点考察贷中“软信息”（经营和交易数据、单据等）。利用视频调查技术，在略显喧闹的工作平面上，上百位信贷调查员通过互联网，与小微企业客户进行面对面交流。利用这种技术，信贷员足不出户，就可以帮助小微企业主们恢复或重新编制财务报表，要求他们在线提供个人银行流水、水电费单等票据，通过在线调查方式来判断企业的财务状况与运营能力。同时，利用互联网技术，阿里金融正在打造一条信贷流水线，建成真正的信贷工厂，实现贷款的批量化“生产”。在操作屏幕上，阿里金融利用大数据系统，收集客户各类信息数据，通过数据看到生产线上每个环节客户的滞留情况、风险状况，以及推进速度。并且同时辅以模拟工业化作业流程，采用各模块专业控制手段，有效降低运作成本，监控企业贷款使用方向。

互联网金融是建立在构造精密的电子系统之上，通过对“大数据”进行分析得出成百上千个指标，然后应用量化分析系统实时对数据进行综合判断，只要确定了参数值，则可以利用系统计算所得数据确定企业贷款是否应用于相应领域。

基于大数据挖掘的系统处理与实时监控显著缩短了贷中业务监控流程，提升了信贷业务监管效率，具有符合小微企业贷款需求“短、小、急、频”特点的灵活性，也避免了企业滥用所得贷款的情况。

3. 贷后客户信用管理

贷后信用管理，最核心的部分是对客户的信用状况进行一个记录和打分，采取奖惩制度进行客户激励。

根据企业在阿里巴巴生态系统内的行为（包括企业销售、广告、资金流动等行为），系统将监控企业贷款使用是否发生偏离的情况。若贷款真正投入生产经营中，客户的平台广告投放可能增加，流量将得到提升，营业额和利润将上涨。这时可以增加客户的信用度，采取减息或是降低以后的贷款门槛进行激励。另一方面，若评价结果变差，将提前预警并收贷。若客户逾期还款，按合同将被收取罚息，通常是日息的1.5倍。针对逾期还款的客户，阿里金融还推出一项信用恢复机制，对于非恶意欠贷且具备一定资质的客户，利用电子商务平台的运营手段，协助其恢复还款能力。但一旦发现企业恶意违约，阿里金融将会对用户进行互联网全网通缉，以网络公示和终止服务等手段提高企业的违约成本。比如违约企业将被列入黑名单在互联网上曝光，失去二次获贷资格，其在阿里巴巴上的账号会被关闭，新老人脉关系严重受损。

这样的双向政策一方面可以给贷款的客户一个信用警告，另一方面也可以给他们正面的鼓励。当然对客户的评分记录也是阿里金融以后客户管理资料的重要来源，可以很好地记录客户的忠诚度和诚信度。

总结

阿里金融曾经表明，自己的贷款对象是一百万以下的小微企业，无意与银行争夺业务。小微企业由于规模小、信誉度不高常常难以进入银行贷款的高门槛，阿里的出现正是给了他们发展的一线生机。但是阿里想要发展好，牢牢抓住小微企业这个大的客户群体，就不得不做好客户信用管理，否则可能会给自己招致很大的资金危机。

门槛太高，阿里会失去很多客户，门槛太低，又会增加信用风险，如何平衡这两者的权重，如何真正做好客户信用管理，阿里乃至整个新兴的互联网行业都仍处在摸索和前进的道路之中。

第四节 授信管理

一、授信管理概述

授信，是指银行向客户直接提供资金支持，或对客户在有关经济活动中的信用向第三方作出保证的行为。

授信管理是银行为控制授信业务风险而推出的管理模式，一般包括最高综合授信额度、授信额度和授信余额确定等职能。

（一）银行授信原则

1. 统一原则

银行应对授信实行统一管理，集中对客户授信进行风险控制。

2. 差别化原则

授信应体现差别化。应根据不同地区的经济发展水平、经济和金融管理能力、信贷资金占用和使用情况、金融风险状况等因素，实行区别授信。

应根据不同客户的经营管理水平、资产负债比例情况、贷款偿还能力等因素，确定不同客户的授信额度。应根据各地区的金融风险和客户的信用变化情况，及时调整对各地区和客户的授信额度。

应在确定的授信额度内，根据当地及客户的实际资金需要、还贷能力、信贷政策和银行提供贷款的能力，具体确定每笔贷款的额度和实际贷款总额。

实施差别授权的考虑因素包括：被授权机构的基本情况；区分政策性业务/商业性业务；区分客户类型、信贷业务品种、信贷规模、期限、不良额/率、抵押保证类型、抵押物的质量以及不良资产的历史处置情况等；分行风险监控管理经验和过往风险管理绩效考核结果；客户与债项的评级结果；综合评级结果包括客户评级和债项评级（其中债项评级近期不适用）；综合评级结果的稳定程度和变动情况；被授权人员素质因素；风险管理人员的管理水平、控制能力；风险管理人员的经验、技能和职业道德水准；分行所辖信贷人员的整体素质。

3. 适度原则

银行应根据授信客体风险大小和自身风险承担能力，合理确定对客户的授信额度，防止过度集中风险。

4. 预警原则

银行应建立风险预警机制，及时防范和化解客户授信风险。

5. 权利与责任相匹配

6. 采取书面授信作为基本形式

7. 具备特殊情况下超授信的申请和审批制度

（二）授信种类

1. 按银行授信产品分类

按银行授信产品可分为表内授信和表外授信。

表内授信包括贷款、项目融资、贸易融资、贴现、透支、保理、拆借和回购等；

表外授信包括贷款承诺、保证、信用证、票据承兑等。

2. 按授信公开性分类

按授信公开性可分为内部授信和公开授信。

内部授信是银行内部制定的贷款限额，属于内部掌握，不对客户公开。

公开授信，或叫客户授信，是银行公开通知客户的授信额度，客户在这个授信额度内提款审批非常方便。

（三）商业银行授信方式

1. 基本授信

商业银行根据国家信贷政策和每个地区、客户的基本情况所确定的信用额度。

2. 特别授信

商业银行根据国家政策、市场情况变化及客户特殊需要，对特殊项目及超过基本授信额度所给予的授信。

商业银行的授信，应有书面形式的授信书。授信书应包括以下内容：

（1）授信人全称；

（2）受信人全称；

（3）授信的类别及期限；

（4）对限制超额授信的规定及授信人认为需要规定的其他内容。

（四）授信风险

无法按期收回的流动性风险，无法收回本息的财务风险以及利率、汇率变动风险。

二、授信管理机制

（一）授信管理制度

授信管理由审贷分离制度、信贷授权审批制度、信贷委员会批准制度、企业授信额度制等组成。

（二）授信管理机构

由董事会领导下的授信审查委员会行使授信审查职能。

授信审查委员会定期举行会议，就具体的授信项目进行审批。

三、授信审查

授信审查的过程就是寻找风险点的过程，以及在风险评估和控制的基础上，平衡风险与收益的过程。

（一）授信审查指导思想

（1）按照“理性、稳健、审慎”的原则处理风险与收益的关系，遵循“适中型”的风险管理偏好；

（2）具备辩证思维，全面、联系和发展地分析与思考问题；

（3）区分主次矛盾，抓住核心风险点；

（4）强调第一还款来源。

（二）信息搜集

可通过互联网、政府、媒体、上下游客户、行业协会、现场调研等渠道获取和核实信息。

财务信息是授信审查的核心信息，非财务信息是财务信息的有力补充，有助于全面了解借款人经营状况、竞争优势及发展前景。

在授信审查过程中，应尽可能通过现场调查获取一手信息，一手信息往往更为直观、真实和可信。

（三）授信审查方法

（1）对比和推理的方法。通过对相关企业及有关经营数据的比对及推理，审核数据的合理性。

（2）行业分析方法；行业分析方法有指标分析、周期性分析、垄断竞争分析和五力模型分析等，授信审查人员平常应注意积累行业知识、了解行业竞争结构和参数，关注行业技术变革方向，为项目审查奠定基础。

（3）客户审查。审查客户盈利模式和核心竞争力。

（4）财务分析方法，有比率分析法、趋势分析法、结构分析法等。

（5）固定资产项目评估方法。审查固定资产项目的数额、结构、现状、以确定数据的真实性。

（6）合规审查。审查借款人是否合规经营，项目是否获得有权部门审批，土地、环评等要件是否齐备，是否违反国家宏观调控政策和产业政策，是否满足监管部门监管要求。

（7）地区审查。审查地区金融环境、地区分行风险管理水、地区产业集群和配套优势。

（四）风险评估

风险评估就是在前期审查的基础上，对项目风险点的影响程度、发生概率和控制程度进行评估。

（1）要掌握区分风险主次矛盾的分析方法，能够找到项目核心风险点。从风险对授信安全的影响程度、发生的概率、风险的可控程度来衡量各风险的风险水平，通过对各风险的排序来区分风险的轻重缓急，抓住授信的核心风险点。

（2）要掌握具体行业或产品常见的风险点，并形成归类经验。

（3）要了解风险运行的规律和机理，并能对核心风险的未来变化趋势，尤其是反转可能进行判断。

（4）要综合考虑风险发生的概率和可控程度，提出风险控制措施，为最终授信方案设计做好准备。

（五）方案设计

授信的基础性方案一般包括：金额、品种、期限、利率、担保和账户管理等。

方案设计要从经营视角出发，关注市场竞争态势，把握客户信贷需求，在满足风险控制和营销可行性的同时，提出授信方案或改进建议，关注方案在实际操作过程中的操作风险。

方案设计环节应关注以下几个方面：

关注市场：应从经营的视角出发，关注市场的竞争态势，了解业务竞争对手的情况和所处的营销环境，理解业务部门对项目的营销定位和提供的授信方案；

关注客户：要关注授信方案能否满足客户需求？是否超出客户需求？在市场上的竞争力如何？对授信方案提出优化建议。

方案优化：要针对授信方案存在的风险点提供有针对性和可操作性的控制手段，并充分考虑后续放款及贷后监控中可能存在的操作风险，在项目可行的前提下对授信方案进行优化，包括授信总量的确定能符合客户的实际资金需求，授信产品及其组合能与客户的经营模式相匹配等。

风险缓释：对项目存在的风险点提供有针对性的控制手段，考虑业务操作中的可行性。主要措施包括但不限于：授信增信、对客户的部分财务指标和经营行为做出限制、对客户的现金流进行监管等。

风险提示：充分考虑在后续放款及贷后监控中可能存在的操作风险，提出对应的防范措施，要考虑贷款的全流程管理。

利率定价：加强利率定价管理，考虑客户综合回报率，体现风险与收益相平衡的原则。

[专栏6-4]

蓝田股份授信审查

背景：2000年蓝田股份水产品收入位于上市公司同业最高水平，高于同业平均值3倍，但应收账款回收期低于同业平均值31倍，蓝田股份公告称：占公司产品70%的水产品在养殖基地现场成交，上门提货的客户中个体比重大，因此“钱货两清”成为惯例。

分析：

蓝田股份水产品生产基地位于湖北洪湖市，武昌鱼公司和洞庭水殖均在其附近，距洪湖200千米左右，武昌鱼公司和洞庭水殖应收账款回收期分别比蓝田股份长95倍和30倍，但水产品收入分别只是蓝田股份的8%和4%。水产品差异性很小，人们不会只喜欢洪湖里的鱼，而不喜欢武昌鱼或洞庭湖里的鱼，蓝田股份采取“钱货两清”的方式不能支持其水产品收入异常高于同业。

如果蓝田股份每年在水产品基地有巨额水产品销售的现金，则商业银行会争先恐后的在其水产品基地设立分支机构，促进个体户与蓝田股份的交易，但事实上，商业银行未在其生产基地设立分支机构。

结论：蓝田股份水产品收入数据是虚假的。

四、授信操作流程

商业银行对零售客户的小额信贷业务（包括对私人客户和小型企业客户）多采取利用历史数据进行统计分析，建立评分卡的方法，通过电脑系统进行自动审批，一般不需要提交个人或委员会审批。

商业银行对公司客户的授信业务，通常的审批操作程序遵循了前后台分离、额度控制、分级审批（但不是层层审批）的基本原则，并在授信政策的指引下，进行动态的风险评级，以风险评级为基础，设置授信审批权限，设立客户的总量授信额度，组合管理，建立授信执行标准，进行授信定价，配置资本金以及动态调整呆账准备金。

在授信业务审批的过程中，人的风险最为关键，也是银行管理层最需要控制的。

商业银行基本的授信业务审批程序如图 6-14 所示。对每个客户核定的授信限额（包括新增授信）同样按照该程序审批，授信限额内的单笔业务不需要再审批。

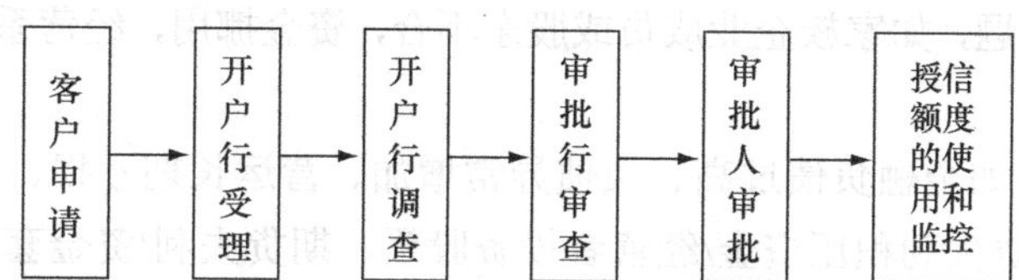

图 6-14　银行授信操作流程简图

1. 客户申请

说明申请授信的使用用途、授信金额、期限、担保方式。

[专栏6-5]

企业授信申请书

××银行×支行：

公司生产、经营及财务状况介绍（主要是公司的主导产品、市场占有率、公司的技术水平、近三年的财务状况简介等）。

为扩大再生产，现向贵行申请额度授信××万元，其中：流动资金贷款××万元，信用证××万元……

（说明需要贷款及信用证等的具体原因，并具体测算）

署名

日期

盖章

2. 开户行受理

（1）审查客户资格；

（2）受理客户申请；

（3）收集相关资料。

3. 开户行调查

银行对授信业务流程的各项活动都必须进行尽职调查，授信工作尽职调查可采取现场或非现场的方式进行。必要时，可聘请外部专家或委托专业机构开展特定的授信尽职调查工作。

授信调查资料收集应注意收集技巧，并非资料越多越好，要注重资料的可用性，尽可能一次性提取，避免浪费作业时间，平时应建立资料情报网，与行业协会、企业所在区域行政管理机构建立密切关系，对已取得的相关资料分门别类进行建档管理，以有效提升资料收集的效率。

（1）客户基本情况调查。

个人客户调查内容：年龄、教育程度、职业、婚姻状态、赡养人数、个人财富（年收入/不动产/存款/基金投资）、个人借款、信用卡/现金卡使用状况。

企业授信调查内容（5P）：借款户资力（People）、借款用途（Purpose）、还款来源（Payment）、债权保障（Protection）、授信展望（Perspective）。

具体调查企业是否出现以下负面消息：

① 票信不良问题，如退票、拒往、缴息记录不正常、诉讼等。

② 企业内部人事问题，如家族企业成员或股东不合，资金挪用，经营系于负责人一人身上，财务主管更换等。

③ 公司财务不良，如金融负债过高、负债异常增加、营运长期亏损、应收账款过多、自有资金不足、投资不当（投资失利积压资金/经营者投资股票、期货失利/资金套牢，利息费用大于营业盈余/财务操作习惯以短支长）、关系企业拖累（担保）。

④ 担保品，如股票（是否上市、负面事项）、不动产（产权不清）、机器设备（保养不力）。

⑤ 综合评估，如中小企业经营能力、大型企业产业竞争力、授信期间、无担保授信信用风险、担保授信担保力。

（2）对客户的信用分析。

（3）担保情况的分析调查。

在授信资料收集完成后，要运用分析方法对收集的资料进行分析，目的是将各方面收集的原始资料变为具有参考价值的授信资料。

① 检验法。将不同渠道收集的资料对比分析来验证企业提供资料的真实度和诚信度。

② 估算法。授信资料不够完整时对拟授信企业的相关情况进行大体估计。

③ 对比法。将企业与同行业中的其他企业进行对比分析，得到该企业在行业中的地位、技术先进性、市场范围、盈利水平等关键信息。

④ 最高授信额度的拟定。

⑤ 调查评价报告。

4. 审批行审查

（1）客户的风险状况。

（2）信用等级的复测和调整。

（3）担保的有效性。

（4）最高授信额度方案的适当性。

5. 审批人审批

必须符合授信业务审批权限管理的规定。

西欧各家商业银行都实行审批个人负责制。由于审批人员身处当地的市场，能够迅速地对客户的要求做出反映，从而保证审批的时效性，同时易于做出正确的决定。如德意志银行的 10 位高级审批人员分布于纽约、伦敦和香港三地，这些人员有三个主要特点：①不需要管理职员；②做出重大决定；③负责资产组合和授信政策分析、回顾。任何一笔授信业务（20 亿欧元以下）有两名审批人员双签即获通过。这 10 名高级审批人员还可以根据需要确定转授权，但所有的转授权也都要实行个人负责制。在确定授权和转授权时，都要综合考虑业务品种、个人经验、知识结构、业绩能力等多方面的因素。

一般情况下，一笔授信业务，如果金额较小，一两天就可以完成审批；如果金额较大，需要委员会审批，则审批时间在 1 周左右。若业务比较紧急，也可以临时召开委员会会议，由委员会主席先行签署意见，再召集会议补充报批。

6. 授信额度的使用和监控

根据客户使用授信额度的情况及风险状况调整或终止授信额度。

在授信期间，银行应通过非现场和现场检查，及时发现授信主体的潜在风险，发出预警风险提示。重点监测客户以下内容：客户是否按约定用途使用授信，是否诚实地全面履行合同；授信项目是否正常进行；客户的法律地位是否发生变化；客户的财务状况是否发生变化；授信的偿还情况；抵押品可获得情况和质量、价值等情况。

银行应根据客户偿还能力和现金流量，对客户授信进行调整，包括展期，增加或缩减授信，要求借款人提前还款，并决定是否将该笔授信列入观察名单或划入问题授信。对列入观察名单的授信应设立明确的指标，进一步观察判断是否将该笔授信从观察名单中删去或降级；对划入问题授信的，应指定专人管理。

对问题授信，银行应在确认实际授信余额后，重新审核所有授信文件，征求法律、审计和问题授信管理等方面专家的意见，对于没有实施的授信额度，依照约定条件和规定予以终止。依法难以终止或因终止将造成客户经营困难的，应对未实施的授信额度专户管理，并要求保证人履行保证责任，追加担保或行使担保权；对问题严重者，要向所在地司法部门申请冻结问题授信客户的存款账户以减少损失。

五、授信限额确定

银行授权基本上是对余额或总量的授权。一般根据业务品种、单一借款人、所在行业、所在国家设定不同的限额。其依据是客户的内外部评级、本行的行业政策、国家分析等因素。在每项限额下还分许多小项，如巴黎国民银行的国家风险限额又按照短期、中长期设立了出口融资、项目融资、能源及商品融资等多个分项限额。

企业对授信额度要从严把握。

（一）授信限额的考虑因素

客户授信额度（Customer Maximum Credit）的确定首先必须考虑客户的债务承受能力，其次是银行自身的损失承受能力，再次是银行主观上是否愿意向客户提供授信业务。

银行授信限额不能超出客户的债务承受能力，否则将增加银行信贷资产的损失概率，因此，客户的债务承受能力就是客户的最高债务承受额（Maximum Borrowing Capacity，MBC），它构成了银行授信的极限。

任何单一客户给银行带来的损失不至于导致银行违约，但不意味着银行愿意承担这一损失。银行愿意承担的损失取决于该客户可能给银行带来的预期收益。只有客户给银行带来的预期收益大于预期损失，银行才能为客户授信。银行愿意承担的预期损失可称为客户损失限额（Customer Maximum Loss Quota，CMLQ）。银行分配给业务部门的经济资本，继续分配至该部门所承办的不同地区、行业的不同金融产品，直至分配到每个授信客户，则每个客户配置的经济资本即为客户损失限额。

确定客户授信额度还需考虑市场竞争态势和银行的经营战略，以及在其他银行的授信额。

（二）单一企业授信额度的计算

客户授信额度（Customer Maximum Credit Quota，CMCQ）计算方法如下：

（1）CMCQ=Min(MBC，CMLQ)−在其他银行的授信额。

（2）CMCQ=Min(MBC，CMLQ)×本行对该客户的市场目标占有率。

（3）确定授信额度通常采用贷款损失比率模型。该模型基本出发点是测量特定部门或行业的系统性风险损失相对于银行的全部贷款损失的关系来确定授信限额。

$$\frac{\text{对}i\text{部门的损失}}{\text{对}i\text{部门的贷款}}=\alpha+\beta_i$$

对β系数高的部门可设定较低的授信限额，对β系数低的部门设定较高的授信额度。

在实践中，如何合理设定单一敞口的限额的方法有较大差异。包括巴塞尔银行委员会在内的国际组织推荐的标准是：对于单一客户，一个集团客户的敞口不能超过银行监管资本的25%。世界银行同时建议，对于无抵押的授信，应设定为不超过银行资本的15%。有的欧盟国家要求，银行的大额敞口（欧盟界定为超过银行资本基础10%的敞口）的总量不能超过银行资本金的8倍。对于一些特殊的客户，如中央政府、公共部门、银行同业，可以不设限，或给予较高的授信限额。银行授信较集中的地区或行业，应适当降低授信限额。

（三）最高授信限额的计算

最高授信限额=本银行系统最高风险限额基数×信用等级调整基数

本银行系统最高风险限额基数=本行最高风险限额基数×同业占比控制线

[案例6-1]

某高速授信审查

背景资料一：借款人基本情况

借款人成立于2010年5月，为项目所属公司，注册资本及实收资本均为80 700万元，法定代表人为赵某；

截止上报日，借款人资产总额为80 700万元，全部为货币资金，所有者权益80 700万元，全部为实收资本；

授信担保人为A公司，该司每年约能产生超过3亿元的净利润和经营活动现金净流量，但由于其规模和技术优势有限，受宏观调控的影响预计较大；

赵某与A公司主要管理人系亲属关系，之前未有建设和运营高速公路的经验。

背景资料二：项目基本情况

B高速项目全长35.574千米，项目总投为26.63亿元，总投资金来源中，自有资金约占30%，银行贷款约占70%；

项目建设期3年，财务测算期23年（含建设期），全部投资内部收益率6.45%，全部投资回收期21.6年；项目漏收率取值为97%，且从第14年开始，要保证正常还本付息，其车流量至少要达到55 000辆。

该省一般同类型高速公路每千米造价为6 485万元；该等级公路能够适应的平均日均交通量为35 000-50 000辆；我行公路授信项目漏收率取值一般为95%。

背景资料三：业务部门授信方案

业务部门申请为借款人核定授信总量18.55亿元，总量项下全部为中长期贷款，期限17.5年，其中宽限期5年，还款计划为第6年偿还贷款本金500万元，第7～9年每年偿还贷款本金3 000万元，第10～13年每年偿还贷款本金8 000万元，第14～17年每年偿还贷款本金29 000万元，第18年偿还贷款本金28 000万元；

利率按同期贷款基准利率执行；

以项目收费权质押，并由A公司提供连带责任保证担保。

审查要点：

问题1：项目存在的风险点有哪些？

问题2：是否需做该项目，理由是什么？

问题3：对民营高速公路授信应如何看待？

审查发现问题总结：

项目超概算；

在多家银行超额融资；

项目车流量不足，路费收入不足以偿本付息；

利用收费权重复融资；

项目股东存在道德风险，主观逃废债意愿强烈；

异地授信，贷后管理不到位。

经验教训总结：

做好总投和车流量测算，防止项目超概算及车流量不达标，并设计好合理的还款计划，使还款计划与项目现金回流相匹配；

公路行业往往需要投入大额资金，对股东的调查和分析非常重要，只有股东具备较强实力才能保证自有资金及时足额到位，并可追加资金应付车流量不足问题。另外，对于民营企业，还需要重点关注其老板个人的情况，包括个人的行事风格、信用风险和政治风险等；

股权和收费权必须同时控制，且应完善相关的质押登记手续（尽量同时在交通主管部门及人行征信系统办理收费权质押登记），防止股东通过出售股权、转让收费权淘空资产；同时应确保唯一的公路收费账户开立在我行，以控制现金回流；

在项目涉及多家贷款银行时，应尽量与其他银行组成严格正式的银团贷款，防止由于多家银行间的信息不对称导致过度融资；

加强贷后管理，在发现风险迹象的第一时间必须及时、全面摸清借款人及股东资产情况，全力控制并做好增信工作。应审慎叙做异地民营公路项目。

[专栏6-6]

银行综合授信合同

合同编号：（　）银授字第____号

授信人：____________________银行（下简称“甲方”）

住所：____________________

邮编：____________________

电话：____________________

传真：____________________

法定代表人：____________________

开户银行：

受信人：____________________有限公司（下简称“乙方”）

住所：____________________

邮编：____________________

电话：____________________

传真：____________________

法定代表人：____________________

开户银行及账号：____________________

依据我国《商业银行法》《商业银行授权、授信管理暂行办法》等有关法律、法规之规定，甲、乙双方本着平等诚信的原则，经协商一致，于____年____月____日在____订立本合同，以兹共同遵照执行：

第一章　授信额度及类别

第1条 在本合同规定的条件下，甲方同意在授信额度有效期间内向乙方提供人民币____元整（含美元____）的授信额度。在授信额度的有效期限及额度范围内，乙方使用上述授信额度时，不限次数，并可循环使用。上述授信额度用于下列授信业务的额度暂定为：

（1）贷款：人民币____元（或美元____元）

（2）银行承兑汇票：人民币____元；

（3）银行保函：人民币____元；

（4）国际贸易融资：人民币____（美元____）。

第2条 本合同项下授信额度的授信范围为乙方在甲方申请办理的人民币及外币业务，包括但不限于贷款、银行承兑汇票、银行保函以及国际贸易融资（如信用证、押汇等）。乙方在授信额度内申请办理其他业务须经甲方书面认可。上述各项授信业务所用额度经甲方同意，乙方可相互调剂使用，但各项业务累计余额不得超过人民币_____元整（其中包括美元______）。

第二章 授信期间

第3条 本合同项下授信额度的有效使用期间为_____年，自_____年_____月_____日至_____年_____月_____日，但贷款额度的有效使用期限应受相关借款合同的约定。

第4条 甲方有权对本合同项下授信额度使用情况进行不定期审查，如出现本合同第六章述明的情形，甲方有权调整授信期间。

第三章 授信额度的使用

第5条 在本合同约定的授信期间和授信额度内，乙方可一次或分次向甲方书面申请使用该授信额度。

（1）保函授信额度的使用

a. 本合同项下保函授信额度的使用范围为乙方在甲方申请开立的投标保函、履约保函、预付款保函或经甲方认可的其他种类的保函。

b. 在本合同规定的授信期间内，乙方有权在保函授信额度内向甲方提出开具保函的申请。乙方要求甲方开具保函时，应按照规定的格式逐笔填制《___________银行保函申请表（代保证书）》（以下简称“《保函申请表》”，格式见附件2）并与甲方书面要求的有关资料一起提交甲方。

c. 甲方对乙方使用保函授信额度的项目或交易的真实性、有效性和合法性不承担实质审查的义务。

d. 在具体办理每笔保函业务时，甲方在收到由乙方提交的《保函申请表》并出具保函后，即将保函授信项目纳入本协议项下的授信额度统一管理。在本协议生效之前，甲方为乙方已出具的但尚未结清的保函统一纳入本协议项下的授信额度。

e. 乙方应及时向甲方提供其申请的保函所涉及的业务的相关资料，包括但不限于主债务合同、政府部门的批准文件、其他背景材料等，但法律法规另有规定的除外。

f. 甲方有权根据自身的保函审批程序，对乙方的保函申请进行审核；审核通过后，由甲方出具保函正本一式一份：如果审核未获通过，甲方应及时通知乙方或其下属公司，并将申请材料退还乙方。

g. 对于保函授信额度的使用情况，以甲方按季度向乙方提供的保函余额明细表作为依据。

（2）免保开证额度的使用

a. 乙方每次使用此免保开证额度时，须逐笔填制《开证申请书》和《开证申请人承诺书》，并提交开证所需的其他材料，由甲方审核同意后及时对外开证。

b. 甲方接到受益人、出口方银行或者其他当事人提交的单据，应在二个工作日内通知乙方；乙方应指定专人负责承办付款或承兑工作。

c. 乙方在收到甲方的《进口信用证单据通知书》后，必须在甲方收到单据之日后六个银行工作日内书面向甲方办理付款、承兑或拒付手续。如果乙方同意付款或承兑，应在《进口信用证单据通知书》上做好有效签章，并注明相应付款账户的账号。如果乙方未按本条规定时间办理付款、承兑手续，视为乙方同意办理付款、承兑。

d. 乙方有义务在甲方依照相关信用证的约定支付该笔款项之前，向甲方支付信用证项下应付款加其他应付费用。如对外拒付，则按甲方有关规定办理。乙方应不迟于距甲方支付二个工作日之前将款项划入其在甲方的付款账户；如乙方是以人民币买汇付款，须提前办妥一切买汇手续。

e. 本协议项下授信额度（人民币贷款额度除外）限于乙方主营并且记载于企业法人营业执照的进出口业务。在本合同生效前已经发生的甲方已经对外支付但乙方尚未清偿的信用证款项纳入本合同的授信额度。

（3）保函垫款或信用证垫款

a. 如果发生保函受益人要求甲方履行保函授信项目下的付款义务时，甲方有权直接从乙方在甲方或甲方其他分支机构开立的账户中扣收相应的款项以向保函受益人偿付，但甲方在扣划后应及时通知乙方；

b. 如果乙方在甲方开立的账户中存款不足以偿付保函受益人索偿的款项时，甲方有权要求乙方在自甲方通知送达之日起五个工作日内将相应的款项存入上述账户，并由甲方直接扣划；和/或乙方在自甲方通知送达之日起五个工作日内将相应款项汇入甲方指定账户。如果乙方未能在收到甲方上述通知后30个工作日将相应存款存入账户或者相应款项汇入甲方指定账户，则甲方有权要求乙方提前清偿本合同项下所有债务，并有权终止本合同。

c. 对甲方垫付的任何保函款项，乙方应向甲方支付利息。除此以外，乙方还应支付违约金。每迟延一日，应按垫付金额万分之二点一支付违约金。

d. 乙方保证对甲方为其开出的信用证按期履约付款。若乙方违反本约定，使甲方发生垫款，则甲方在相关信用证项下的垫款构成乙方对甲方一项单独的债务。如垫款币种非人民币，则甲方有权自主以该币种在垫款发生当日的银行卖出价折合成人民币作为该笔债务的本金，乙方保证对此不提出异议。乙方除有义务向甲方偿还垫款金额外，还应向甲方支付逾期利息。逾期利息自垫款之日起至实际偿还之日止，按垫款数额每日万分之二点一逐日计算。

e. 如自甲方垫付信用证款之日起逾30日，乙方仍未按前款约定向甲方清偿垫付金额及逾期利息，甲方有权要求乙方提前清偿本合同额度项下的全部债务，并有权终止本合同。

f. 如信用证发生甲方垫款，甲方以该信用证项下的货物作为抵押物，乙方负责补偿甲方因货物滞留所垫付或支付的一切费用，其中包括但不限于：第一，海关所征收的关税及代征的增值税、消费税等；第二，因逾期申报和缴纳关税所征收的滞报金以及海关收取的其他有关费用；第三，因逾期提货所发生的仓储费、保管费等；第四，其他相关费用。

（4）银行承兑汇票额度的使用

a. 乙方申请开立的银行承兑汇票必须以真实的商品交易为基础，并提供每笔交易的商品购销合同正本和合同当事人企业法人营业执照复印件。

b. 乙方在申请开立每笔银行承兑汇票前须向甲方提交承兑申请书，并附该笔交易的商品购销合同复印件，复印件须加盖乙方公章。

c. 每笔汇票开出之前，乙方须向甲方支付承兑手续费，手续费按票面金额的万分之五计算。

d. 汇票到期日前2个工作日内，乙方必须将应付票款足额交付甲方。

e. 甲方对乙方的每笔承兑申请进行审查，如乙方发生重大不利变化或购销合同中存在不利条款或者购销合同没有真实的交易基础，甲方有权拒绝为乙方开出承兑汇票，并终止剩余额度的使用。

f. 承兑汇票到期日，甲方凭票无条件支付票款，如到期日之前乙方不能足额交付票款时，甲方对不足部分自票据到期日起转作逾期贷款。乙方除应支付逾期贷款利息外，还应支付违约金，违约金每日按逾期贷款万分之四计。同时甲方有权要求乙方提前偿还本合同项下的所有债务，并终止本合同项下所有剩余额度的使用。

g. 承兑汇票如发生任何交易纠纷，均由出票人和持票人双方自行处理，甲方不承担任何责任。

（5）其他授信额度的使用

在本合同约定的授信期间内，乙方可一次或分次向甲方书面申请使用其他授信额度。该书面申请应载明授信类别、使用期限、使用金额等。甲方经审查认为符合本合同的约定，应该与乙方再签订相应授信业务的具体合同或协议。

第6条 乙方申请使用的授信额度余额（即使用中尚未归还的累计本金数额）在任何时候都不得超过本合同第1条约定的授信额度。在授信期间内，乙方对已归还的授信额度可循环使用，授信期间内未使用的授信额度在授信期间届满后自动取消。

第7条 乙方必须在本合同第4条约定的授信期间内申请使用授信额度，每笔授信项目的开始使用日期不得超过授信期间的截止日，该截止日包括调整后授信期间的截止日。每笔授信项目的使用期限依所签的合同或协议约定。

第8条 本合同项下的银行承兑汇票、银行保函、国际贸易融资等业务中甲方应计收的费用，票据贴现的贴现率，贷款和进出口押汇业务中所需确定的利率、汇率等，除非在本合同中已有约定，否则均由甲方与乙方在每项授信业务的具体合同或协议中依法约定。

第9条 甲方与乙方就每一项具体授信所签订的合同或协议与本合同不一致的，以该合同或协议为准，但乙方一起对本合同项下或与本合同相关的具体业务合同或协议项下的任何和一切债务承担的连带责任不得因此无效或得以解除。

第四章 甲方的权利与义务

第10条 如果乙方申请使用授信额度符合本合同的约定，甲方应批准申请并按所签的合同或协议及时履行。

第11条 除有本合同第六章约定情形外，甲方不得随意对授信期间和最高授信额度作出不利于乙方的调整。

第12条 对乙方在本协议及具体协议项下的到期未付应付款项，甲方有权从乙方在甲方处及甲方其他机构开立的任何账户中扣款而无须事先征得乙方或其下属公司的同意，并且甲方有权对资金使用情况随时进行检查。

第五章　乙方的权利与义务

第13条 对于授信资金的使用，应符合法律的规定和合同或协议的约定。

第14条 在授信期间内按甲方要求不定期报送真实的财务报表及所有开户银行账号、存贷款余额等情况。

第15条 在授信期间内，未经甲方书面同意，不得为他人债务提供担保。

第16条 在授信期间内，未经甲方书面同意，不得采取兼并、收购、分立等任何形式的资产重组活动或有任何形式的承包、租赁等改变企业经营权活动，或进行改变企业组织机构、经营方式的活动，或者增减注册资本、股权和重大投资改变等情形。

第17条 如有法定代表人或法人住所地、营业地更换，应在更换或改变之日起15日内书面通知甲方。

第18条 按时偿还授信资金的本息，按时支付应付费用。还款时所使用的币种应与甲方业务计价货币相同。当甲方依据本协议及具体协议的约定主动扣款时，如该账户币种与业务计价货币不同，则按结算当日甲方公布的汇率折价计算。

第19条 如甲方依照本协议及具体协议之约定扣款时，乙方承诺甲方享有本协议第13条所约定的权利，而无须事先征得乙方的同意，乙方对此放弃一切抗辩权。

如果甲方依据本合同所开立的银行保函、信用证、银行承兑汇票等产品对外支付的，乙方应无条件予以偿还，并且放弃一切抗辩权。

第六章　授信额度的调整

第20条 如发生以下事件之一即构成乙方违约：

（1）乙方没有按期支付到期的与甲方有关的未清偿债务，包括但不限于本合同规定或每笔具体授信项目合同或协议的本金、利息和其他费用；

（2）乙方没有按照本合同或与甲方签订的其他有关合同或协议规定的用途使用授信资金；

（3）乙方没有充分履行本合同或与甲方签订的其他有关合同或协议项下的任何义务或没有完全遵守其中的任意规定，且已对甲方的权益产生重大的实质性的不利影响，并在接到甲方书面通知后没有采取令甲方满意的补救措施；

（4）乙方作为当事人不能或表示不能偿还与第三方签订的借款合同或授信合同项下的任何其他债务；

（5）乙方未履行本合同第五章中的所规定的义务，且已对甲方的权益产生重大的实质性的不利影响；

（6）乙方被宣告破产或者资不抵债；

（7）发生据甲方合理的判断可能会实质性危及、损害甲方权益的与本合同有关的其他事件，如本合同的担保人的担保能力变得明显不足，与乙方经营相关的市场情况或国家政策发生重大变化并将对乙方经营状况产生实质性的不利影响等。

第21条 违约事件发生后，甲方有权根据情节轻重调整、减少或终止本授信额度及授信期间，并有权采取以下部分或全部措施：

（1）宣布直接或间接源于本合同的一切债务提前到期，并要求乙方立即清偿；

（2）要求乙方承担甲方因实现债权而发生的各项合理费用（包括但不限于诉讼费、律师费等）；

（3）要求乙方提供或追加担保，担保的形式包括但不限于保证、抵押和质押；

（4）采取维护其在本合同项下权益的符合有关法律规定的其他措施。

第七章　担保

第22条 为保证本合同项下形成的债权能得到清偿，________________________公司将与甲方签订编号为________________________《最高额保证合同》，（下简称“保证合同”）为乙方履行本合同及与本合同相关的每笔具体业务合同或协议项下债务提供担保。

第八章 合同生效、变更和解除

第23条 本合同自双方法定代表人或委托代理人签字和加盖公章后成立，与担保合同同时生效。本合同生效后，甲、乙双方任何一方不得擅自变更或提前解除本合同。需要变更或解除时，应经双方协商一致，并达成书面协议。

第九章　争议和解决

第24条 甲、乙双方在履行本合同中如发生争议，首先由双方协商或者通过调解解决。如双方协商或调解不成，则应提交中国国际经济贸易仲裁委员会按照该会届时有效的仲裁规则在北京仲裁。仲裁裁决是终局的，对双方具有约束力。

第十章　附则

第25条 本合同一式二份，甲方与乙方各执一份，每份法律效力同等。

第26条 甲方与乙方依据本合同就每一项具体授信所签订的合同或协议均为本合同的组成部分，并构成一个合同整体。

甲方：________________________银行（公章）

法定代表人（或授权代表）：

乙方：________________________有限公司（公章）

法定代表人（或授权代表）：

思考练习题

1．简述银行信用管理体系。
2．简述银行信用管理的内容。
3．分析信用衍生产品的原理与用途。
4．分析总收益互换交易双方的交易动机。
5．银行信用风险有哪些？
6．简述银行不良资产处理方法与流程。

7．分析银行控制贷款风险的策略。

8．阐述银行授信额度的确定方法。

9．依据上市银行年报和宏观经济形势，设计银行信用评级标准，并评价银行信用状况。

10．结合美国 2008 年金融危机，解读美国次级贷款如何引发金融危机。

11．借鉴银行信用管理经验，分析社区银行经营特色，设计社区银行信用管理制度。

12．结合互联网金融的实际，设计风险管理制度。

13．案例分析：农村小额信贷信用风险与管理

农村小额贷款近年来发展迅速，在解决农户资金方面发挥着十分重要的作用，深受农户欢迎。但在经营中，风险也是十分突出。据调查报告显示，我国的小额信贷机构和项目已达到 300 多家，比较大的机构和项目的覆盖面达到 5000 左右的农户，小的不到 1000 户，在这 300 家左右的小额信贷机构和项目中，能正常运行的不到五分之一。目前真正达到完全独立运作、达到财务可持续性的小额信贷机构微乎其微。小额信贷存在农户理解偏差、恶意拖欠、信用等级缺失等问题。

请你结合中国农村金融服务现状，提出改善农村小额信贷管理的建议。

第七章 信用监管

学习目标

- 了解信用监管的内容；
- 了解信用监管的法律保证体系；
- 了解信用管理的外部环境。

第一节 信用监管概论

一、信用监管的概念

信用监管是信用监管机构依据相关信用法规和信用市场的发展状况，对信用市场参与人行为、信用产品和信用关系运行进行监督、规范、控制和调节等一系列活动的总称。

二、信用监管主体

信用监管的主体有政府相关部门、民间专业机构和国际金融监督组织。

政府监管部门包括：发改委、财政部、商务部、国资委、工商管理部门、税务局、中央银行、银行业监督管理机构、证券监督管理机构、保险监督管理机构等部门；法院通过对失信、毁信案件的审理和司法解释，发挥着信用监管的职能；

民间专业监督机构包括信用行业协会等，这些机构通过自律管理发挥监管作用；

国际金融监督组织包括：巴塞尔银行监管委员会、国际清算银行、国际货币基金组织。

三、信用监管的目的

1. 防范信用风险

鉴于信用风险的突发性和破坏性，防范信用风险是信用监管的首要目的。

2. 规范信用行为

通过对信用活动的监管，对失信行为的惩戒，来保障信用活动的有序、规范运作。

3. 健全信用制度

把社会普遍遵守的信用观念、信用准则以法律、法规的形式确定下来，借以调整信用关系，完善信用制度，推动企业完善信用管理制度。

4. 促进信用发展

通过对信用环境、信用行为的监管，可以确保信用活动规范有序的展开，增强诚信意识，推动信用文化建设。

四、信用监管的特征

1. 广泛性

（1）信用监管主体的广泛性

信用监管机构包括发改委、商务部、中央银行、银行监管当局、证券监管当局、保险监管当局、工商管理局等机构。

（2）信用监管对象的广泛性

政府、企业、居民的投资、借贷、商业等活动都需接受信用监管和规范。

（3）信用监管领域的广泛性

信用活动已扩展到经济、生活的方方面面，凡是存在信用活动的环节均是信用的监管领域。

2. 综合性

信用监管的理念和政策是建立在多学科基础上，综合运用法律、行政和经济手段来付诸实施。

3. 透明性

信用监管法律、监管手段、监管结果以及信用交易信息都须向社会或交易对方公布。

4. 基础性

信用监管是市场经济中各类监管的前提和基础。只有有效履行监管职能，才能保证市场经济的顺利运作。

5. 国际性

经济全球化的发展，一国的信用行为早已越过国境开始国际化，信用监管必须加强国际协调和信息沟通。

五、信用监管内容

（一）建立征信数据环境

建立多层次的企业、个人信用数据库，并向特定对象开放信用数据库。

（二）订立信用管理从业人员的职业道德和操守规则

信用从业人员理应成为信用的榜样。信用从业人员的职业道德和操守规则包括：遵守信用程序、公正揭示信用信息、公平处理信用争议。

（三）构建信用监管法规体系

制定信用监管法律，保护信用交易双方的合法权益，维护信用秩序。信用监管法律包括信用准入法律、信用信息保护法律、信用交易保护法律、信用惩戒法律等。

（四）监管信用服务机构

政府对信用服务机构的监管主要体现在规范信用信息的开放、使用、传播，并要求监管对象遵守信用交易准则，培育信用服务市场的公平竞争机制。

（五）建立和加强行业协会等民间机构的自律管理

信用管理协会等行业组织要通过制定行业发展规划、从业标准等来进行自律管理。

（六）实施信用管理教育

通过信用管理教育，为信用行业发展培养合格的专门人才。

第二节 政府机构的信用监管

一、发改委的信用监管

发改委的信用监管范围主要涵盖以下内容：

统筹有关部委，宏观监控社会信用总量和结构；负责对企业债券的审批；

协调有关部委和社会信用资源，构筑社会统一的信用数据库；

配合有关部委，协调信用监管政策，规范信用行为。

二、中央银行/银监会的信用监管

（一）中央银行的信用监管

中央银行的信用监管范围主要涵盖以下内容：

通过信贷登记制度，负责全社会信用规模与结构的日常监控；

设立预警机制，对银行和企业信用异常状况进行监控；

负责信用产品的日常监控；通过对清算及支付系统运行的监管，维护信用体系的有效运作；

对信用危机进行救助；通过存款保险制度，对金融机构的信用危机进行管控；

通过对消费信贷和个人信用的监管，规范消费信用行为；

负责构建个人信用数据库，通过征信局负责信用数据的征集、分析，并向社会提供征信服务；

负责对征信机构的日常监管。

（二）银监会的信用监管

银监会的信用监管范围主要涵盖以下内容：

负责制定商业银行信用风险评级标准；

负责实施对银行等金融机构的信用监管，督查银行建立信用风险评级体系，完善信用风险管理制度，对失信金融机构进行惩罚；

处置银行的信用危机及突发事件，对已经或者可能发生信用危机，严重影响存款人和其他客户合法权益的银行业金融机构实行接管或者促成机构重组；

负责信用产品的审批和日常监控；

与中央银行合作，监控企业信用状况。

三、证监会对证券市场的信用监督

证监会的信用监管范围主要涵盖以下内容：

（1）负责制定证券市场交易规则和实施细则；

（2）负责对证券市场交易主体（券商、投资者、上市公司）失信行为的监督和查处；

（3）分析证券交易行情，进行市场跟踪监控，及时发现和处理异常波动股票，打击过度投机；

（4）审核上市公司的信用行为；

（5）监管境内证券期货市场信息的披露、传播活动；

（6）审核并监督检查境内上市公司合并分立、资产重组等事项；监管有关中介机构在收购兼并活动中的执业质量；

（7）对上市公司规范运作、信息披露、募集资金使用、财务会计报告进行巡回检查和专项核查；

（8）监督境内上市公司及其董事、监事、高级管理人员、主要股东履行证券法规规定的义务；

（9）处理与证券市场有关的上市公司重大突发事件；

（10）审核会计师，资产评估师及其事务所从事证券期货中介业务的资格，并监管其相关业务活动。

四、保监会对保险市场的信用监管

保监会的信用监管范围主要涵盖以下内容：

（1）依法对全国保险市场实行信用监管，制定相关的法规；

（2）监督保险公司完善信用风险管理，依法查处失信行为；

（3）审查、认定各类保险机构高级管理人员的任职资格，制定保险从业人员的基本资格标准；

（4）制定主要保险险种的基本条款和费率，对保险公司上报的其他保险条款和费率审核备案；

（5）依法监管保险公司的偿付能力和经营状况；

（6）会同有关部门研究起草制定保险资金运用政策，制定有关规章制度，依法对保险公司的资金运用进行监管；

（7）依法对保险机构及其从业人员的违法、违规行为以及非保险机构经营保险业务或变相经营保险业务进行调查、处罚。

五、财政部对企业和金融机构的信用监管

财政部信用监管范围主要涵盖以下内容：

（1）制定会计准则，规范企业资金管理；

（2）对国有企业在资产与财务管理、对外投资等方面实施监督；

（3）对国有金融企业制定财务规范，规范投资、工资等行为。

六、工商局对企业信用的监管

工商局信用监管范围主要涵盖以下内容：

工商行政管理局负责对生产领域与流通领域的企业与信用的日常监管，实行信用分类监管制度，信用监管指标由市场准入、经营行为和市场退出三方面构成。

市场准入指标主要监管在确认市场主体资格和经营资格过程中企业的信用状况变化情况，核心在于监察企业是否符合法定条件，提交的申请材料是否真实、合法、有效。

经营行为指标主要监察企业在经营活动中的信用状况，核心在于企业是否守法经营，在交易活动中是否遵循诚实信用原则。

市场退出指标主要监察企业在退出市场过程中的信用状况，核心在于退出市场是否依法进行清算。

工商局依据监察企业信用指标所反映的信用状况，将企业信用标准分为守信标准、警示标准、失信标准和严重失信标准，实施分类管理。

七、税务局对企业信用的监管

税务局对企业的信用监管主要体现在督促企业依法纳税，评定纳税信用等级。

税务局依据纳税人遵守税收法律、行政法规以及接受税务机关依据税收法律、行政法规的规定进行管理的情况评定纳税信用等级。

纳税信用记录将是纳税人开展业务便利的"通行证"。税务局对纳税人依信用状况实施分类管理，对优秀纳税人实施免除税务检查、简化纳税申报手续等措施，以鼓励依法诚信纳税，提高纳税遵从度。对严重失信的纳税人，将建立起"黑名单"制度，并把违法当事人的有关信息向银行、工商等相关部门通报。

[专栏7-1]

不同债券类别的监管分工

债券类别		监管机构	
政府债券		人民银行、财政部、证监会	
中央银行债		人民银行	
金融债券	政策性银行债	人民银行	
	商业银行债券	普通债	银监会、人民银行
		次级债	银监会、人民银行
	特种金融债券		人民银行
	非银行金融机构债券		人民银行
	证券公司债		人民银行、证监会
	证券公司短期融资券		人民银行、证监会
短期融资券		人民银行	
资产支持证券		银监会、人民银行	
企业债		国家发改委、人民银行、证监会	
国际机构债券		人民银行、财政部、国家发改委、证监会	
可转换债券		人民银行、证监会	

第三节 个人信用的监管

一、个人信用监管的定义

个人信用监管就是对个人信用、个人信用授受机构、个人信用服务中介机构等的规模、结构、运作进行控制、监督和管理的总称。

个人信用的监管是整个信用监管体系的重要组成部分和基础。

二、个人信用监管的特殊性

1. 个人信用信息的披露与保护个人隐私权要协调统一

要妥善处理个人信息公开与个人隐私保护的矛盾，个人隐私必须得到保护，但涉及社会公共利益的信息，应进行适当协调，在小范围内公开隐私，以满足知情权的需要。

2. 实现个人信用记录的强制性

在征信国家，个人信用是被强制记录的，以保证个人记录的连续性、准确性和完整性。

3. 确定个人信用信息的格式和相关内容

确定个人信息记录的内容和相关格式。

4. 消费信用是个人信用监管的重点

消费信用是个人信用的主要形式，也是信用监管的重点。

三、对个人信用监管的机构

一个国家的个人信用监督管理部门设置的数目可以是一个，也可以是多个，这要视该国的大小、社会制度、法律规定、政府机构规模、经济市场化水平、有无开放征信数据、文化传统等诸多因素而定。

以美国联邦交易委员会为例。美国联邦交易委员会是依据《联邦交易委员会法》（Federal Trade Commission Act）和《克雷顿法》（Clayton Act）而设立的。主要职责包括：

（1）消费者信用保护类法律法规的执行机构；

（2）制订和修订特定法规的主要提案机构；

（3）确保受有关法律规范的企业运营的安全稳定；

（4）处置违反法律并造成消费者实质伤害的不公平或欺诈的交易。

四、个人信用监管的内容

（1）根据国家宏观经济状况，就个人信用授信机构的信用投放总量，进行监测、度量、预警和控制，促进或抑制信用支付工具的投放；

（2）促进个人信用管理相关法律的出台和实施，技术性解释相关法律的具体条款；

（3）建立并监管个人信用信息征信系统，强制政府部门和社会相关企业、机构将征信数据以有偿或无偿方式交给有资质的专业征信机构。

（4）监督和规范个人信用信息和征信数据的取得、使用和披露程序。

（5）确定征信机构的行业标准，包括信用评级标准、信用报告标准、数据库技术标准等；监管信用服务机构，使其合法合理地利用征信数据和传播数据。

（6）建立和实施失信惩罚机制。

（7）实施诚信教育计划。

（8）建立和监督政府守信机制。

第四节 信用管理的法律保证体系

一、法律在信用管理中的地位和作用

（一）市场经济和法制建设的内在联系

市场经济与法制建设的内在联系基于以下原因：

1．市场行为主体的权益需要由法律来保障

市场行为主体的经营行为，其合法权益需要法律的明晰界定和有效维护。

2．市场行为主体的行为需要由法律来加以规范

市场行为主体的行为用法律予以规范，交易双方的权利义务用法律来保护。

3．市场运行的规则需要由法律来协调统一

各类市场必须建立统一、明确的运行规则，法律则把这些规则固定下来，成为遵守的法则。

4．政府的行为必须由法律来加以规范约束

政府作为国家行政机构承担着管理社会生活、经济生活的责任，为减少对经济、社会运行的无效干预，客观上要求政府的管理行为规范、科学、合理，必须依法行事，约束自身行为。

（二）法律在信用管理中的地位

1．法律是信用信息搜集与提供的基础

信用信息的获取与披露是信用管理的第一步，信用信息的真伪将直接影响信用管理的有效性。提供者能够提供真实的信用信息、使用者能够获得高质量、准确的信用信息是活跃市场交易、扩大市场交易规模、提升交易效率的前提。信用信息披露、搜集、整理的完善性取决于社会存在着科学、公正的信息收集途径和信息处理方法以及准确、及时的信息传输机制。

依法征信是解决信用信息真实、可靠的基础。法律具有强制性，有利于克服信息不对称问题，解决信息披露报喜不报忧的现象；法律具有权威性，使得各方都能接受；法律具有惩戒性，不依法行事的经济主体会受到应有的惩处。用法律来规范征信数据的收集与使用是信用管理的重要组成部分。

2．法律是维护信用管理秩序的前提

信用管理秩序的维护需要法律的支持。从各国信用管理的实践来看，信用管理秩序的维护并不在于信用管理机构的多少，而在于与信用管理相关的法律法规是否健全、明确，是否为信用管理提供了有效运作的平台和依据。

在征信国家信用管理秩序的形成过程中，法律建设的作用是不容忽视的。一些具有良好信用管理秩序的国家正是因为具备了信用行业的相关立法，提高了司法部门的执法水平，信用管理秩序才得以规范，从而形成了发达的社会资信服务体系。相比之下，大多数发展中国家由于法律体系的不健全，导致信息披露不准确、不充分，信用管理和信用服务水平不高，失信现象突出。因此，依法立信已经成为发展中国家信用体系制度建设的当务之急。法律对信用主体的权利与义务以及相互之间的关系有明确的规定，必要的司法机构是失信惩罚的实施部门。在法律法规的保障之下，信用管理行业才能形成良好的运行秩序。

3. 法律是信用管理有效性的保证

法律所具有的威慑作用和惩罚作用是信用管理有效性的保证。在市场经济充分发展之前，信用管理主要是靠道德约束来维持，并以社会伦理、行为规范以及一定范围之内信用信息的充分传播为基础。自然经济状态下，生产力低下，市场局限在极小范围之内，经济主体之间的交易行为基本上表现为自然人之间的交换，交易双方信用信息交换较为全面，而且往往会重复进行多次交易。经济行为主体为了追求长远利益的最大化，必然会恪守诚信，否则在下次交易时就可能遭受别人的报复。换言之，在信用信息较为充分、交易重复进行的情况下，失信的成本较高。

工业文明与市场经济的发展使社会物质财富迅速增加，信用规模不断扩大，社会交易活动越来越突破了时间和空间的制约，信用信息的不对称日益加剧。道德约束在社会化大生产所带来的信息不对称所造成的道德风险以及违约所带来的巨大利益诱惑面前显得软弱无力，信用管理的规则发生了根本性的改变。信用管理由道德约束发展成为以法律为基础的制度化约束。只有当失信行为与主体在法律框架之下受到严厉的制裁，使之承受失信所带来的成本损失时，守信才会在全社会范围内成为一种自觉自愿的行为。

（三）法律在信用管理中的作用

法律在信用管理中的作用是多方面的，其中保护个人隐私权、促进公平竞争以及构建有效的失信惩罚机制是最核心的作用。

1. 保护个人的隐私权

法律是信用市场主体权益保护的依据。信用市场主体是在信用领域活动的个人和法人组织，包括各类信用产品的提供者、管理者以及消费者。法律定义了市场主体在交易中的地位、权利和义务，确定了一系列市场主体应当遵守的规则与条例。法律的权威性、客观性与基础性有助于市场主体依法行事。在征信领域对个人的征信难免会触及一些个人的隐私，依法征信可以实现对个人隐私权的保护。法律可以防止通过窃取、骗取等非法手段获得信用信息。征信机构在进行提供信用信息的商业行为时，必须征得被征信者的许可，其信息服务对象应该根据法定或者约定的事由，在善意使用的原则下确定。信用信息的收集过程应仅限于客观事实，坚持客观公正的价值取向。法律还赋予被征信者及时纠正错误信息、更新过时信息的权利。

2. 促进公平竞争

信用管理的立法有利于维护市场竞争秩序，促进公平竞争。法律要求任何授信机构或企业必须准确披露不同贷款的成本和信用条款，以消除在信用交易中所存在的信息不对称现象，使受信者能够在使用不同信用支付工具的条件中做出最优的选择。法律依照平等竞争的原则，赋予个人享有平等取得授信的权利。任何授信机构都不得因消费者的民族、性别、婚姻状况、年龄、宗教信仰等方面的原因，而拒绝消费者的信用申请。

法律保证任何合格的信用机构，不论规模大小、性质如何，都能够在同业之内获得相同的义务以及经营任何信用产品的权利。因此，法律规定能够促使信用机构在经营过程中遵守相关的规定，从事不正当恶性竞争的行为必然会受到法律的制裁。

3. 构建有效的失信惩罚机制

社会信用体系建设的中心环节就是建立有效的失信惩罚机制。完善的法律环境有利于构建有效的失信惩罚机制。经济行为主体选择失信还是守信，关键是要进行失信的成本和收益对比。当失信的成本高于收益时，就会选择守信；反之则不会。当社会上缺乏信用管理的法律规范时，失信者不能受到严厉的制裁，而守信者也不能得到应有的保护，社会信用秩序就会混乱，守信者少，失信者多，社会资源的配置难以实现优化组合。因此，在法律框架下，违约失信者必然受到严厉的惩处，使其不良信用行为的成本远高于收益，由此才能形成真正有效的失信惩罚机制，使失信者难以立足于现代经济社会之中，从根本上遏制信用秩序混乱的现象。

二、国外信用管理的相关法律和法规

（一）美国信用管理的相关法律和法规

美国信用管理的相关法律和法规是随着信用市场的发展而逐步颁布并完善起来的。信用管理行业在美国最初诞生于19世纪40年代，到20世纪30年代有了长足的发展，其现代信用管理蓬勃发展是在50年代。与现代信用管理的发展相适应，60年代末到80年代间，美国在原有的信用管理法律、法规的基础上，进一步制定与信用管理相关的法律，经过不断的完善，形成了一个完整的框架体系。

美国基本信用管理的相关法律共有17项（如表7-1所示），几乎每一项法律都进行了若干次修改。

表7-1 美国信用管理相关法律一览表

中文译名	英文名称	主要内容
公平信用报告法	Fair Credit Report Act (or FCRA)	规范信用报告行业的基本法
平等信用机会法	Equal Credit Opportunity Act	所有申请人都仅仅被考虑与实际申请资格有关的因素，不得以某些个人特征而被拒绝授信
公平债务催收作业法	Fair Debt Collection Practice Act	规范专业商账追收类公司的法律
公平信用结账法	Fair Credit Billing Act	保护消费者，反对信用卡公司和其他任何开放终端信用交易的授信方在事前提供给消费者以不精确的收费解释和不公平的信用条款
诚实租借法	Truth in Lending Act	成立消费信贷国家委员会，消除不合理信用交易
信用卡发行法	Credit Card Issuance Act	信用卡发卡机构不得向没有提出书面申请的人发卡，不包括到期更新卡情况
公平信用和贷记卡公开法	Fair Credit and Charge Card Disclosure Act	规范信用卡或贷记卡发行公司的行为，要求发卡机构必须将有关卡的性质公开，向受信人表达清楚。
电子资金转账法	Electronic Fund Transfer Act	规范金融机构电子转账活动，规定了参与活动的金融机构的权利、义务和其他责任
储蓄机构解除管制和货币控制法	Depository Institutions Deregulation and Monetary Control Act	取消了信贷利息的限制
甘恩-圣哲曼储蓄机构法	Garn-St German Depository Institution Act	对非银行金融机构开放了许多种类的金融业务，扩展了储蓄来源，取消了对储贷会的放贷利息上限
银行平等竞争法	Competitive Equality Banking Act	特许商业银行合法从事承销有价证券业务
房屋抵押公开法	Home Mortgage Disclosure Act	规定存款机构必须对所服务的社区详细地说明有关抵押贷款的具体手续和要求
房屋贷款人保护法	Home Equity Loan Consumer Protection Act	规定在申请人个人住房贷款的初期，金融机构必须对消费者揭示更广泛的信息
金融机构改革—恢复—执行法	Financial Institutions Reform, Recovery and Enforcement Act	该法主要是防范不良贷款的发生

续表

中文译名	英文名称	主要内容
社区再投资法	Community Reinvestment Act	该法要求金融机构开发新的信用手段，向消费者提供低利息的信贷服务
信用修复机构法	Credit Repair Organization Act	规范信用修复机构的业务操作
格雷姆—里奇—比利雷法	Gramm-Leach-Bliley Act	扩大了信息共享的范围。金融机构必须向消费者告知他想同第三方共享的有关消费者的信用信息

美国的17项信用管理相关法律基本上可以被分为两个部类：一个部类的法律旨在规范管理征信机构的操作，以保护消费者的各项权益。这类法律的主要起草单位是“信用报告协会”和“全国信用管理协会”，第一执法和权威技术性解释法律条文的政府部门是“联邦交易委员会”。另一部类的法律旨在指导和规范金融机构，立足于维护金融机构之间的公平竞争，并对金融机构向市场投放信用和发放信用工具做出限制。这类法律的主要执法和权威性技术性解释法律条文的政府机构是联邦储备委员会。

美国信用管理相关法律体系的主要目的是维护业内公平竞争和保护消费者隐私权。在美国现行信用管理法律条文中，直接规范的目标都集中在规范授信、平等授信、保护个人隐私权等方面。商业银行、金融机构、房产、消费者资信调查和商账追收行业受到了直接和明确的法律约束。其中最重要的《公平信用报告法》定义了消费者信用报告的内容，包括消费者信用评价、信用状况、信用能力以及个人消费特点、性格、生活方式等，规定消费者个人有权了解资信报告并规范资信调查机构对资信调查报告的传播范围。对于消费者资信调查报告中的负面信息，规定消费者具有对负面信息的申诉权利以及负面信息在指定年限后应被删除。

美国没有专门用于规范工商市场信用销售和工商企业资信调查的法律，法律多出于保护消费者个人隐私权和针对公民个人的授信。除了有关立法以外，联邦政府还出台了一些与信用有关的法规，其中最著名的有《统一商业准则》（Uniform Commercial Code，UCC），宗旨是使与消费者信用有关的法律简单、明确和符合现代信用销售发展，帮助消费者更好地了解信用条款所对应的收费。

在全球征信国家中，美国有关信用的法律体系呈现一体化的特点，涉及使用的机构多，业务范围广，既有针对性的措施，又有统一性的标准。

美国作为世界上信用管理法规较为健全的国家，其信用管理的相关法律框架和经验被许多国家所借鉴。

（二）欧洲国家信用管理的相关法律和法规

属于大陆法系的欧洲国家在信用管理方面的立法是在20世纪70年代以后逐步完善的。

德国是建立信用管理专业法律的先驱。早在第二次世界大战之前的1934年，德国就建立了个人信用登记系统，并出台了一些相关的操作规则。1970年前联邦德国颁布了《分期付款法》，1977年颁布了《通用商业总则》，该总则中的一些条款是用来指导消费信贷业务的。英国议会在1970年通过了《消费信贷法》，这是一部消费者保护类的法律。

从历史发展角度来看，欧洲一直有统一的诉求，伴随着经济政治一体化的进程的加快，欧盟通过了一些超国家的法律规范。在1981年，欧洲理事会通过了《关于个人数据自动处理中保护个人问题的协议》。欧洲议会在1995年10月出台了《欧盟个人数据保护法》。该法的地位相当于美国的《公平信用报告法》，是欧盟范围最重要的信用管理法律规范。

（三）新兴市场国家和地区以及发展中国家信用管理的相关法律和法规

发展中国家由于受发展阶段的限制，法律体系不够完善，因此他们在信用制度的建设中十分注重建立与完善有关信用管理的立法。

印度于1998年开始研究信用管理相关立法问题，印度的中央银行曾就建立印度的社会信用体系问题向国会提交一份白皮书，并成立了全国性的消费者信用调查机构信用信息局。

斯里兰卡的信用信息局是依据《斯里兰卡信用信息局法案》建立的，该法案规定除中央银行外的所有放款机构，有法定义务向信用信息局提供信息局希望收集的任何信用信息，未按照要求提供信用信息的将受到处罚。

泰国是在银行的推动下逐步完善信用立法工作的。1998～1999年，泰国银行家协会建立了信用局委员会，《信用局法案》《数据保护法案》等相关法案也相继出台。随着各项相关法案的出台，泰国的监管框架已基本建立。

尼泊尔信用中介服务机构由于没有相关的法律条款约束，虽然成立多年，始终处于发展的初级阶段，信用局的工作缺乏效率。

（四）信用管理立法的国际合作与协调

伴随着经济全球化的浪潮，国家间的经济交往日益频繁，由此形成了全球范围内对信用数据的大量需求。计算机、通信技术以及自动化数据处理技术的广泛发展，也为信用数据实现大规模流动以及瞬间流动提供了可能。大量的数据能够实现跨国界乃至跨大陆的传输。虽然大多数发达国家和部分发展中国家已经通过了个人数据保护的相关立法，当时各国法律的差异还是有可能妨碍个人数据自由地跨界流动。征信数据在国际间流动客观上要求信用管理立法的国际合作与协调。

在信用管理立法国际协调方面，最为突出的就是经合组织（OECD）1980年通过的《个人隐私保护及个人数据国际交流准则》，指出个人数据的跨界流动有助于经济和社会发展；国际间的立法协调有助于克服各国立法间的差异性，通过对诸如隐私和信息自由流动这种相互对立的基本价值观进行协调来实现共同的利益，并确定了基本的实施原则：

1. 限制收集原则

应在限定的范围内收集个人数据，获得任何此种数据都应使用合法和公正的手段，而且在适当的时候应该让数据主体了解并征得其认可。

2. 数据质量原则

个人数据应该与其使用目的相关，而且在为实现其目的所必需的范围内应该准确、完整并得到及时的更新。

3. 阐明目的原则

阐明收集个人数据的目的不能晚于收集数据的时间，而且后续使用应该仅限于实现这些目的或那些与之不相斥，并且一旦有变更便及时得以阐明的目的。

4. 限制性使用原则

除按照所阐明的目的使用外，不应将个人数据泄露、提供给别人或用于其他目的。

5. 安全保障原则

应该有合理的安全保障措施来保护个人数据，以防止数据丢失以及未经授权而被入侵、破坏、使用、修改或泄露。

6. 公开性原则

应该有一个普遍性政策来确保个人数据的发展、应用和政策的公开性。应该随时提供生成个人数据并确定其性质的方法，使用数据的主要目的以及数据管理者的身份和常用住址。

7. 个人参与原则

个人有权在合理的时间内，以合理的价格和方式从数据管理者或别处获悉数据管理者是否掌握与其有关的数据。

8. 责任原则

数据控制者有责任遵守以上原则。

三、中国信用管理法律建设

在计划经济时期，信用的作用范围非常有限，相应的法律需求不大。进入市场经济时期，伴随着对信用的大量需要，信用法律建设步伐相应加快。

1980 年颁布的《关于管理外国企业常驻代表机构的暂行规定》第三条要求外国企业设立常驻代表机构必须提供“金融机构出具的资本信用证明书”；1980 年颁布的《外汇管理暂行条例》涉及对旅行信用证的管理；1981 年国务院颁布的《关于切实加强信贷管理严格控制货币发行的决定》重申了“信用集中于银行的原则”；1982 年国务院批转的《关于加强企业流动资金管理的报告》提出了引导和管理商业信用的原则；1983 年颁布的《财产保险合同条例》明确将信用保险作为一种保险品种予以明确；1984 年颁布的《农副产品购销合同条例》第五条明确规定“农副产品购销合同依法订立后，即具有法律约束力，当事人双方必须恪守信用，严格履行，任何一方不得擅自变更或解除”；1986 年颁布的《民法通则》第四条规定，“民事活动应当遵循自愿、公平、等价有偿、诚实信用的原则”，这一原则后来又为一系列的立法，如《科技进步法》《反不正当竞争法》《消费者权益保护法》《广告法》《票据法》《担保法》《外汇管理条例》《拍卖法》《合伙企业法》《证券法》《合同法》《认证认可条例》《证券投资基金法》等所确立。

随着包括证券市场在内的资本市场的出现和发展，诸如信用评级等规定也开始出现在法律规定中，如 1992 年发布的《国务院关于进一步加强证券市场宏观管理的通知》，1993 年发布的《国务院关于坚决制止乱集资和加强债券发行管理的通知》和《企业债券管理条例》等，都涉及信用评级问题，使信用管理的范围出现了明显的扩张；信用卡的出现，更使信用成为社会的热点话题，也使众多的立法活动必须做出及时的回应。

伴随着市场经济的深入，不断出现市场经济秩序混乱现象，促使中国加快了专门信用管理立法进程。在 2001 年发布的《国务院关于整顿和规范市场经济秩序的决定》中首次明确将建立健全符合市场经济体制要求的社会信用制度作为一项重要部署予以明确，并提出要逐步建立企业经济档案制度和个人信用体系，防止商业欺诈、恶意拖欠及逃废债务等不法行为的发生。

2000 年以后，国务院在一系列的文件中反复强调了建立信用体系的重要性，促进了地方、部门信用信息管理立法活动的开展。例如，在 2004 年发布的《国务院关于进一步加强食品安全工作的决定》中，要求建立食品安全信用体系和失信惩戒机制，引导企业诚信守法；2005 年印发的《国务院工作规则》明确要求建立健全社会信用体系，实行信用监督和失信惩戒制度，整顿和规范市场经济秩序，建设统一、开放、竞争、有序的现代市场体系；2007 年 3 月发布了《国务院办公厅关于社会信用体系建设的若干意见》，明确了信用体系建设的一系列重大原则与制度，并提出“要按照信息共享，公平竞争，有利于公共服务和监管，维护国家信息安全的要求，制定有关法律法规”。

由于各个方面的高度重视，这一时期的立法数量众多，特点非常突出：

一是出现了专门的信用信息管理规定，具有较强的可操作性。中国人民银行于2005年制定的《个人信用信息基础数据库管理暂行办法》对于个人信用信息的采集、整理、保存、查询、异议处理、用户管理、安全管理等做了非常全面的规定。为推动商会协会开展行业信用体系建设工作，专门印发了《商会协会行业信用建设工作指导意见》《行业信用评价试点工作实施办法》，明确了信用评价的基本原则与制度。2013年，颁布了征信业管理条例，强化了征信机构和信用信息的监管。

二是一些地方充分利用改革试点的机会，在一些领域率先立法，带动了整个国家的立法进程。深圳市在全国率先于2001年制定了《深圳市个人信用征信及信用评级管理办法》，2002年制定了《深圳市企业信用征信和评估管理办法》。上海市2003年颁布了《上海市个人信用征信管理试行办法》。

三是这一时期的立法活动以风险防范、惩戒失信为主要目标，将社会信用体系建设作为整顿和规范市场经济秩序的治本之策与主要手段。

从改革开放以来直至今天，信用的作用范围在不断扩大，立法也在不断做出回应，出现了大量的信用立法规定。但是，这一时期并没有出现专门的信用管理法律规定。通常，信用管理的规定大多包含在相关法律规定之中，停留在一般法律原则层面，不具有太多的可操作性。立法层级较低，不同立法之间缺乏协调，行为规范模糊，资源整合困难，部门分割，缺乏执法保障等。

中国应借鉴其他国家信用管理法律体系建设的经验，加快信用管理立法步伐，完善信用管理立法，规范信用管理法律机构，严格执法程序，形成完备的信用管理法律体系。

在信用管理法制建设方面要立足于强调信用数据的开放与透明、个人隐私权的保护以及信用管理行业依法运作等基本原则。

第五节 信用管理外部环境建设

一、信用文化环境建设

信用文化是指在一定的社会发展阶段，社会对信用理念、信用思维方式、信用价值取向、信用行为、信用制度等方面的概括。

（一）文化环境和社会诚信

文化环境中一个重要内容是关于人际关系处理和利益协调的道德原则。其中，是否讲求诚信是道德原则的最基本要素。诚信就是诚实而有信用，也是忠诚信义的概括。诚信要求人们诚善于心，言而有信，言行一致，不食其言。诚信是信用制度的思想道德基础和精神支柱，没有诚实，就没有信用。

1. 中国文化的社会诚信

诚信在中国文化中不但一直以传统美德加以颂扬，而且被认为是中华文化的基本道德准则，是“进德修业之本”“立人之本”和“立政之本”，是诸子百家学说的伦理基础。

长期居于主流文化地位的儒家学说认为：诚信为任何社会不可或缺的道德要求和行为准则。孔子在《论语·为政》中指出：“人而无信，不知其可也”。意思是说一个人若不讲诚信，则将一事无成。

孔子进而将诚信作为治国之策，如孔子对弟子颜渊说："自古皆有死，民无信不立"（《论语·颜渊》）。意思是说自古以来人总是要死的，如果人民不信任，不讲诚信，则国家朝政就立不住脚了。

春秋时期，帮助齐桓公成就霸业的宰相管仲强调："先王贵诚信。诚信者，天下之结也"（《管子》）。意思是说诚信的统治者会得到天下人的拥护，才能取得天下的"结"，即凝聚力。

作为中国古代理学的代表人物，朱熹对诚信的阐述十分具体，他说："凡人所以立身行己，应事接物，莫大乎诚敬。诚者何？不自欺不妄之谓也。敬者何？不怠慢不放荡之谓也"（朱熹：《朱子语类》卷一一九）。意思是说，一个人在确立人格、为人处世、待人接物方面，一定要把诚信放在首位。

2. 西方文化的社会诚信

重诺言、守信用、不虚假、不失信同样受西方文化推崇。作为古希腊最伟大的思想家之一的亚里士多德认为，"公正不是德性的一部分，而是整个德性"在论及商品交易时，认为交易双方要"进行公正的联系，否则就不可能建立恰当的平衡关系"，并且强调，德性高于财富，德性统帅财富。

英国古典政治经济学代表亚当·斯密认为，人是"经济人"，是利己的，但同时也是有道德的，有同情心，是守信的。亚当·斯密的市场经济思想蕴含着一个基本的前提，即在经济交换中，一切经济行为都是自由的过程，人们必须按照公平和信用的原则，才能与他人发生经济交往，并从中获得自己的利益。个人对自身利益的追求，不仅不与社会利益冲突，而且与社会利益是一致的。人们追求个人利益，推动了整个社会的发展。否则，如果普遍存在商业欺诈行为，那就既不利于商人自己，也不利于社会利益。因为，作为价值规律的"看不见的手"——等价交换原则，包含着普遍公正和信用的基础，这也是经济伦理的基础。

西方宗教也对诚信给予了较多的关注。《旧约·箴言》强调："行事诚实，为上帝所悦"。17世纪英国著名牧师理查德·巴克斯特在其《基督徒守则》——旨在"唤起基督徒读者的共识"的著作中，对经商中的诚实和信用行为做了详尽描述。该书指出，商业中存在竞争是无法避免的，但竞争时不能放弃诚实和信用这一美德。在当时，广泛流行着一句格言："诚实乃最精明的行为"，肯定了诚实、信用等伦理信念，否定了失信、欺诈等行为做法。

3. 东西方诚信观的比较

（1）东西方诚信观的主要共同点。

① 基本含义相近。东西方诚信观都包含尊重实际存在、诚实无欺、讲究信用、信守诺言等意思。

② 都对诚信予以足够的重视。现代西方社会把信用视为社会正常运行的必要条件和前提，视诚信为生命，其信用管理相对完善，一个诚信缺失的人在社会中无立足之地，工作生活都面临危机。中国传统道德不仅将诚信作为立身处世之道，而且视之为立国之基、兴业之宝。

（2）东西方诚信观的差异。

① 中国人的诚信基本上是人格信任，而西方人的诚信则是一种契约信任。

② 中国人的诚信在本质上以道德为支撑，西方人的诚信则以法律为基础。

③ 中国人的诚信观是伦理意义上的，重在感性、情理，而西方的诚信观更多的是法理意义上的，重在理性、法理。

④ 中国的诚信建设缺少有效的制度和机制保障，西方的诚信则具有比较完备的制度和机制保障。

（二）影响社会诚信的文化环境因素

我国古代"文化"一词意思是"文治教化"，即伦理道德、礼乐典章制度对人的制约和感化。从广义上讲，文化可以分为三个层次：物质文化、精神文化和制度文化 。从狭义上讲，文化是指后两个层次。

上述三个层次的文化，都是社会诚信的文化影响因素，需要引起足够的重视。

物质文化是人类活动作用自然界的产物，是人类在物质生产活动中所创造的文化，是人类在物质生产领域中认识和改造自然的能力和水平。

精神文化是人类在精神生产活动中所创造的精神财富的总称，包括社会心理和思想体系两部分。

制度文化是人类在生产活动和相互关系中所形成的运动原则和机制的总称，是一系列人为制定出来的规则、服从程序和道德、伦理的行为规范，包括经济制度、政治制度、法律制度、军事制度、教育制度等。

文化是人类实践活动的产物，同时又反作用于人类的行为。诚信是一个人对他人的承诺，是一种行为规范，诚信必然受到文化的制约，即上述精神文化和制度文化的各个组成部分都对诚信产生影响力。

诚信和文化之间的相互作用的关系是非常复杂的，试图去找出它们之间可能并不存在的一一对应的线性关系，可能是徒劳的，但文化对诚信的影响却是显而易见的。

（三）塑造社会诚信的信用文化环境要求

1. 升华中国传统信用文化

摒弃传统文化中有关诚信的负面因素，提升诚信文化境界，塑造适应时代要求的诚信文化。

2. 积极吸收世界其他民族的优秀诚信文化

对世界其他民族和国家的诚信文化要兼收并蓄、为我所用。

3. 塑造信用文化中的社会资本

良好的社会资本不但有利于信用机制的形成和发展，而且可以降低交易成本，保证诚信传统的维护和诚信机制的形成。

4. 扩大诚信文化中的“信任半径”

打破以血缘、地缘形成的人际关系圈，扩大诚信半径，将诚信精神从家庭成员辐射到社会成员。

5. 发展契约文化

契约的前提是平等、自由、理性和互利，契约文化下的信用是一种与任何身份无关的诚信，具有普适性的规范伦理原则。契约包含的价值原则和行为准则是涵盖全体成员的，用于处理普遍的社会关系的道德准则。只要发展这种非人格化的信用，才能支持陌生人的交易，从而克服身份关系圈的高信任和身份圈外的低信任。

二、不良信用惩罚机制建设

不良信用的惩罚机制是社会信用社体系中的重要环节，是信用市场的激励约束机制，能够有效制约和降低不良信用的形成、生长和扩散，保护和激励良好信用的发展，维持着社会信用体系的正常运转。

（一）惩罚机制对不良信用的制约作用

有些不良行为往往没有触犯法律，不能绳之以法；由于不良信用行为较为普遍，如诉诸法律，成本又太高，而不良信用的惩罚机制则可以有效地起到制约作用。

1. 最大限度地消除信息不对称造成的失信行为

信用体系中个人和企业完整的信用记录，使得个人和企业的信用信息置于全社会的监督之下，加大了违约成本，可以有效地矫正由于信息不对称造成的失信行为。

2. 能对任何失信行为进行实质打击

失信惩罚机制是以威慑作用为主的，力求将失信的动机消灭在萌芽中。对于形成事实的失信行为，其效果是要在相当长的受罚期间内，使失信企业不能进入市场经济的主流，加大失信企业的经营成本，使失信的个人无立足之地。这种实质性的打击和威慑方式会减少市场上存在的各种失信行为，维护市场的公平竞争原则，有助于使企业赊销赊购成功率的提高。

3. 自动惩罚失信行为

惩罚机制不向任何企业和个人打招呼，也不对失信者进行任何思想道德方面的教育，甚至在有失信行为者不知情的情况下，就开始实施对其的处罚。例如，个人信用的专业数据库将用于评价个人的信用成套地记录下来，包括失信记录。在不通知当事人的情况下，有偿地提供给与当事人交易的授信人和其他各类交易对方。授信人可以在全面地了解失信者的不良信用记录以后，决定是否与之交易或交往。

4. 具有惩罚失信行为的广泛机制

企业和个人征信数据库覆盖全国乃至全球，可以方便地让失信记录在全国乃至全球范围内传播。如果一个人有了经济失信记录，就能够通过失信记录的传播功能，让所有愿意了解失信记录的个人、企业和机构掌握。如企业有违约失信行为出现，失信企业会遭到提供服务的各类机构的抵制，不能取得贷款，供应商不对其赊销生产资料，甚至政府监管部门不允许其营业执照得以正常年检。

（二）惩罚机制对不良信用的成本

（1）剥夺失信者在一定时期内市场准入的机会；

（2）剥夺失信者在一定时期内的信用消费便利；

（3）剥夺失信者在一定时期内的生活便利。

（三）失信惩罚机制的内容

1. 惩罚机制的功能

（1）具备完备的惩罚尺度，能对不守信用的当事人进行相应的惩处；

（2）快速收集不诚信信息；

（3）保存不良信用记录；

（4）对失信当事人做出处罚决定，这种处罚不具有司法或刑法处罚性质；

（5）将处罚决定快速通报给执行机构；

（6）接受被处罚人的申诉；

（7）对诬告者诉诸法律。

2. 惩罚机制的执行机构

根据征信国家的经验，信用管理处罚机制的执行单位可以是政府机构，也可以是法律或政府有关机构委托的民间机构。

执行机构的作用是对被判定有不良信用记录的责任人和处罚意见公告给某一行业的全体成员，让它们根据处罚通知一致拒绝同被处罚者进行交易。

3. 惩罚机制实施的前提条件

（1）立法和政府监管部门的支持。

（2）建立联合征信平台。

（3）构筑各行业有关信用服务组织，并联网向会员提供信用信息服务。

（4）管理和经营个人和企业信用数据库。

4. 黑名单制作与发布

失信惩罚机制的主要工作之一是制作失信企业和个人的黑名单，并以合法的形式向合法的用户传播其交易对象的不良信用记录。

国际上制作黑名单有两种完全不同的理念和做法：一是以美国为代表的市场自然形成的征信机制，在对失信记录进行处理时，其做法是“基于事实，仅基于事实”，是否与失信者交易或交往，完全由信用记录使用者自己判断和决定。二是黑名单由有关政府部门或者声誉卓著的征信机构发布，在一个失信企业或个人被登录上黑名单之前，经过一系列的信用处理和信用评分过程，它力图清晰而明确地解释失信者被登上黑名单的理由，各市场主体根据黑名单，直接实施对失信行为的惩罚。

5. 惩罚机制的管理和监督

惩罚机制的管理和监督是对惩罚机制环节的管理和监督，包括征信平台的管理，黑名单制作和发布的规范，消费者个人信用调查报告机构的监督、立法，客户申诉的仲裁，个人隐私权的保护，民间信用管理组织的业务监控等。

监督管理的工作重点是：对被处罚应该做出权威的标准尺度及其解释；对于信用管理业者使用的技术和设备方案做出评估或审查。

（四）惩罚与教育

失信惩罚机制具有对失信行为进行预先的警示作用，阻止失信行为的产生，但重点是行为事后的惩罚。失信行为既成事实，便会导致对社会财富的实质上的损害。因此，促进市场主体诚实守信，需要通过对市场主体诚信进行教育，使诚信成为市场主体的自觉行为，这样既能预防失信，又能大大降低社会交易成本。

三、信用保险制度

保险是一种经济补偿制度，其形式是以保险法规为依据的保险合同。信用保险是以商品赊销和货币借贷中债务人的信用作为保险标的。以债务人到期不能履行其契约中债务清偿义务为保险事故，由保险人承担被保险人（即债权人）因此遭受的经济损失进行赔偿的一种保险。

（一）信用保险制度的必要性

（1）有利于保障债权人利益；

（2）有利于企业经营的正常运行；

（3）有利于促进信用体系的建立和完善；

（4）有利于促进国民经济的发展；

（5）有利于国际贸易和投资的发展。

（二）信用保险的种类

1. 国内信用保险

国内信用保险亦称商业信用保险，是指在商业活动中，一方当事人为了避免另一方当事人的信用风险，而作为权利人要求保险人将另一方当事人作为被保证人，并承担由于被保证人的信用风险而使权利人遭受商业利益损失的保险。其险种有以下几种：

（1）赊销保险。

赊销保险是为国内商业贸易（批发）中延期付款或分期付款行为提供信用担保的一种信用保险业务。从国外的实践来看，赊销保险适用于一些以分期付款方式销售的耐用商品，如汽车、船舶、住宅及大批量商品等。这类商业贸易往往数额较多、金额较大，一旦买方无力偿还分期支付的货款，就会造成制造商或供应商的经济损失。因而，需要保险人提供买方信用风险保险服务。

（2）贷款信用保险。

贷款信用保险是保险人对银行或其他金融机构与企业之间的借贷合同进行担保并承担其信用风险的保险。在国外，贷款信用保险是比较常见的信用保险业务，是银行转移放款中的信用风险的必要手段。

在贷款信用保险中，放款方（即债权人）是投保人，在保险单出具后成为被保险人。这是因为银行对放出的款项具有全额可保利益，通过保险后，当借款人无力归还贷款时，可以从保险人那里获得补偿，然后把债权转让给保险人追偿。

（3）个人贷款信用保险。

个人贷款信用保险是指以金融机构对自然人进行贷款时，由于债务人不履行贷款合同致使金融机构遭受经济损失为保险对象的信用保险。它是国外保险人面向个人承保的较特别的业务。由于个人的情况千差万别，且居住分散，风险不一，保险人要开办这种业务，必须对贷款人贷款的用途、经营状况、日常信誉、私有财产物资等做全面的调查了解，必要时还要求贷款人提供反担保，否则，不能轻率承保。

2. 出口信用保险

（1）定义。

出口信用保险是指以出口贸易中国外买方按期支付贷款的信用作为保险标的，或以海外投资中借款人按期还贷的信用作为保险标的的保险，由债权人（出口商或贷款银行）为了保证自己的债权利益向保险公司投保，保险人对被保险人（债权人）因国外买方或借款人到期不能履行清偿债务而造成的相关损失负经济责任。

（2）种类。

① 根据买方提供信用期限长短，分为短期出口信用保险和中长期出口信用保险。

② 根据贸易活动中使用银行融资方式的不同，分为买方出口信贷保险和卖方出口信贷保险。

③ 根据保障风险的不同，分为只保商业风险、只保政治风险和两者兼保的出口信用保险。

3. 投资保险

投资保险是承保以被保险人因投资引进国政局动荡或政府法令变动所引起的投资损失为保险标的的保险，又称政治风险保险。其承保对象一般是海外投资者。政治风险是指东道国政府没收或征用外国投资者的财产，实行外汇管制，撤销进出口许可证，发生内战以及绑架等风险而使投资者遭受投资损失的风险。通常，外国的投资保险保障的是本国投资人在外国投资的风险，而我国的投资保险保障的是外国投资者在我国投资的风险，这说明我国的投资保险是为了配合引进外资的政策，满足投资人的需要而开办的。保险责任为战争险、征用险和汇兑险。

（三）存款保险制度

1. 存款保险制度的产生

20 世纪 30 年代的经济大萧条，美国先后有 9108 家银行倒闭，其金融体系遭受重创。为了应对危机，美国国会采取了一系列行动，包括1933年6月通过的《格拉斯-斯蒂格尔法》，其中很重要的一条就是成立美国联邦存款保险公司（FDIC）。1933年7月，FDIC正式成立。

为了消除银行倒闭形成的后患，其他国家纷纷建立了存款保险制度。存款保险制度自建立以来，在保护存款人利益，维护金融稳定方面发挥了至关重要的作用。

2. 存款保险制度的目的与功能

（1）存款保险制度建立的目的。

存款保险制度的目标在于保护存款人的利益和维护金融业的安全，具有维护银行安全、保持银行体系稳定的作用。

美国1933年通过的《格拉斯——斯蒂格尔法》把建立存款保险公司的目的表述为：重振公众对银行体系的信心；保护存款人的利益；监督并促使银行在保证安全的前提下进行经营活动。

（2）存款保险制度的功能。

存款保险制度的功能有：保护功能；稳定功能；救助功能；监督功能；提高市场运作效率的功能。

3. 存款保险制度的具体组织体系

存款保险制度的组织形式可以多种多样，因需要和各国国情的不同而不同。综合起来大体上分为三种形式：一是由官方创建并管理，如加拿大、英国和美国；二是由官方和银行界（如银行同业公会）共同创建并管理，如比利时、日本、荷兰、西班牙；三是由非官方的银行同业公会创办的行业存款保护体系，如法国、德国、瑞士、奥地利。

建立存款保险制度的国家在实行存款保险制度时，均单独成立相应的保险营运机构，如美国的联邦保险公司（FDIC），英国、德国的存款保护委员会，法国的银行协会，日本的存款保险机构等。

（四）融出资金的信用保证

融出资金要确保其本金和利息安全回收，实现融出资金的安全性。其中，信用保证是其主要措施。

融出资金的信用保证包括以下几类：保证贷款、抵押贷款、质押贷款、融出资金的保证保险。

1. 保证贷款

保证贷款是指以第三者承诺在借款人不能偿还贷款时，按约定承担一般保证责任或连带责任而发放的贷款。保证人的主体是具有代为清偿能力的法人、其他经济组织或者公民。

2. 抵押贷款

抵押贷款是指以借款人或第三者的财产作为抵押发放的贷款。当债务人不能履行时，债权人有权按法律规定以该财产的折价或者以拍卖、变卖该财产的价款优先受偿。

3. 质押贷款

质押贷款是指以借款人或第三人的动产或权利作为质押发放的贷款。动产质押或第三者将其动产（如原材料、半成品、成品、商品等生产资料和一般的生活资料）移交给债权人占有，将动产作为债权的担保。权利质押凭证有汇票、支票、本票、存款单、仓单、提货单等票据；债券和依法可转让的股份、股票等有价证券；依法可以转让的商标专用权、专利权、著作权中的财产权等知识产权；依法可以质押的其他权利。

4. 融出资金的保证保险

融出资金的保证保险是指当债务人（被担保人）不按合同规定履行其义务，而导致债权人（被保险人）的经济利益遭受损失时，由保险人（担保人）负责向债权人履行损失赔偿责任的保险。

四、信用增级

（一）信用增级的概念

通常，中小企业融资困难与其资产不够优质、信用不明有关，需要靠第三方机构提升自身品质，即需要信用增级。

信用增级分为内部信用增级和外部信用增级。

内部信用增级指的是依靠资产库自身为防范信用损失提供保证。外部信用增级是由外部第三方机构提供信用增加。

（二）信用增级机构

信用增级机构是指资产证券化交易各方之外的外部第三方信用提供者。一般是在内部信用增级无法达到所需的发行评级时才需要外部信用增级机构提供信用支持。

（三）信用增级工具

信用增级工具包括专业保险公司提供的保险、企业担保、信用证和现金抵押账户。

1．外部信用增级工具

（1）保险。在外部信用增级中，最简单的形式是专业保险公司所提供的保险。

（2）担保。企业担保是企业保证使具有完全追索权的债权持有人免受损失。企业担保可以针对整个交易，也可以针对交易中的某个档级。在许多交易中，发行人自己为某些较低信用等级的档级提供担保。与专业保险不同，企业担保可以向投资级以下的交易提供。

（3）信用证（LOC）。是由金融机构发行的保险单。在LOC的保护下，当损失发生时，金融机构必须弥补某一指定金额。

（4）现金抵押账户（CCA）。这在信用卡应收款中是非常普通的信用增级形式。CCA是向发行信托机构提供的再投资于某些短期合格投资的贷款。贷款金额可以通过从交易中获得的额外利差来偿还。所有由CCA担保的档级的损失将由账户中的收入来弥补。

（5）信用互换。信用互换主要是借助第三方的信用实力来增加自身债券的偿付能力。在信用互换交易中，参与互换协议的一方（A）定期向另一方（B）支付一定的费用，当标的债券出现偿付风险时，由B对A给予一定的补偿，该种补偿可以是固定价值，也可以是债券面值与现值的差额，也可以针对基差等风险予以补偿，形式各异，安排灵活，适合于不同结构的资产支持证券。该种安排的成本一般比银行担保、信用证等低，不会过度加重发行人成本。既可以保证投资人权利、解决资产证券化产品的信用风险问题，又可以实现信用风险在不同交易主体间的转移，发挥不同金融机构的比较优势，有利于整个金融市场的平衡发展。

大多数外部信用增级工具的主要缺点是容易受信用增级提供者信用等级下降风险的影响。如前三种增级方式都受到信用增级提供者自身信用等级的限制，不可能达到比自身信用等级高的信用评级，因此证券的信用评级直接受信用增级提供者信用品质的影响。但是，CCA与它们不同，因为对证券提供担保的是现金账户，所以证券的信用评级不受担保人的影响。

2．内部信用增级工具

信用增级是基础资产中所产生的部分现金流来提供的，最大优点是成本较低。

（1）直接追索权。保有对已购买的金融资产的违约拒付而向发起人直接追索的权利，通常采取偿付担保或由发起人承担回购违约资产的方式。它分为完全追索权和部分追索权，部分追索权较常见。这种方式可以利用发起人的财力进行补偿，缺点在于评级机构对资产证券的评级不会高于发起人的资产信用评级，而且过多的直接追索权容易导致真实出售的效力受到怀疑。

（2）优先/次级结构。这是常用的内部信用增级手段。优先/次级结构是指通过调整资产支持证券的内部结构，将其划分为优先级证券和次级证券或更多的级别。在还本付息、损失分配等方面，优先级证券都享有某种优先权。优先权的安排可以有多种形式，例如，现金流首先用于偿还优先级证券的利息和本金，欠付次级或其他级别证券的本息则被累积起来。在这种结构安排下，优先级证券的风险在很大程度上被次级证券吸收，从而保证优先级证券能获得较高的信用级别，但回报也相应较低，次级证券回报则相应较高，这种根据不同投资者对不同风险和回报的不同偏好划分不同评级的投资交易，有利于证券更加符合资本市场的上市标准，获得更好的发行条件，扩大投资者队伍，降低综合成本，提高证券的适销性和发展规模。

（3）超额抵押。发行人建立一个大于发行的证券本金的抵押资产组合，以大于本金的剩余资产作为本金的担保，即被证券化的资产实际价值高于证券的发行额，发行人在向原始权益人购买证券化资产时不支付全部价款，而是按一定比例的折扣支付给原始权益人，在发生损失时，首先以超额部分的剩余资产予以补偿。超额抵押主要应用于发生负债而不是资产出售的证券化债券。如果在证券偿还期间，抵押资产的价值下降到预先设定的某一金额以下，发行人就必须增加抵押资产。

（4）现金储备账户。现金储备账户的资金主要来源于两部分：一是利差，即基础资产组合产生的收益超出支付给投资者的本息以及 SPV 运作费用的差额部分，实际上是 SPV 从事证券化业务的净收入。二是 SPV 的自有资金。现金储备账户的资金累积越多，投资者的利益就越有保障，资产支持证券的信用级别也就相应得到提高。

（5）回购条款。作为信用增级的一种辅助条款，回购条款通常规定：当抵押资产组合的未清偿余额低于一个指定额（一般为最初本金余额的 5%～10%）或在规定期限内，一个具有较高信用级别的第三方参与人必须回购所有未偿付抵押资产。回购收益用于立刻清偿或存放于信托账户继续支付。因为在整个资产组合临近到期时，组合内尚未得到清偿的资产数目已经人为减少，资产的信用质量会变得很不稳定，回购条款保护投资者免受可能发生的损失。在其他条件不变的情况下，回购期限越短，回购金额下限越高，对投资者的保护程度越高。

（6）担保投资基金。这是内部信用增级中较新的一种方式，与现金储备账户类似，这种结构也是与优先/次级级别联系起来一起使用的。与现金储备账户不同的是，信用增级的提供者并非向发行人贷款，而是将这笔资金作为投资基金投资于交易的一部分。

在实践中，大多数发行人使用内部的或外部的信用增级手段的结合实现信用增级。例如，超额抵押和利差账户都可以使现金流获得投资级的信用评级，然后再利用专业保险公司提供的保险就可获得 AAA 的信用评级。

[案例7-1]

资产证券化过程中的信用增级——珠海市公路交通收费资产证券化

1996年，广东珠海高速公路以高速公路收费和交通工具注册费为支撑，发行了两批共2亿美元的债券。本次证券化项目，参考国外资产证券化债券发行的经验，对债券发行作出了特别的安排，分为高级债券（Senior Notes）和次级债券（Subordinated Notes）两部分。高级债券享有优先于次级债券获得偿付的权利。

为了提高信用评级，本次证券化项目提供了额外的资金来源以及其他形式的担保，以提高债券的还款可能性。

一是还债储备。还债储备的资金来源分为两个部分：首先是在债券成功发行后，直接从发行收入中提取1050万美元，作为还款储备的启动资金;其次，从1999年7月1日起到2001年7月1日3年间，将总额为900万美元的额外储备划入还款储备账户中。

二是储备。建立现金储备的一个重要目的是为了达到1.25倍的还款覆盖率。

三是基金。由于次级债券本金的偿还方式是在到期日一次性偿还，增加了次级债券到期日还本的风险。为此，次级债券契约中明确规定了要建立次级债券的还款基金（Sinking Fund），以满足到期日的还款要求。

对拥有组成路桥公司的4家中外合资企业拥有65%～70%股权和香港HY公司做了要求和限制，包括HY公司提供还款支持协议、合并及转让限制、额外债务限制、股利及其他分红方式的限制和提供公司定期报告。

此次交易是由亚洲机构首次发行的收益债券，是由亚洲发行者首次进行高级/次级双份额发售的涉及中国项目发行者首次发行的高息债券，是在没有中央人民政府担保或任何隐含支持情况下进行的。此次发行非常成功，发售获得了超额认购。

思考练习题

1．阐述信用监管的特征与内容。

2．阐述个人信用监管的内容。

3．如何对不良信用行为惩戒？

4．存款保险制度有哪些功能？

5．结合中国信用现状，分析信用文化的内涵。

6．结合中国信用现状，分析信用管理的法律体系建设要点。

7．案例分析：住房抵押贷款证券化在中国是一个创新业务，但中国保险险种少，风险覆盖率低的现状制约了住房抵押贷款证券化产品的推广。为降低住房抵押贷款证券投资者的风险，保护投资者权益，必须探索住房抵押贷款证券化信用增级的模式。

请结合中国的具体国情，设计信用增级模式。

参考文献

[1] 郑也夫. 信任论. 上海：上海人民出版社，1997.

[2] 朱德武. 危机管理——面对突发事件的抉择. 广州：广东经济出版社，2002.

[3] 苏伟论. 危机管理——现代企业实务管理手册. 北京：中国纺织出版社，2000.

[4] 佘廉. 企业预警管理论. 石家庄：河北科学技术出版社，1999.

[5] 高民杰，袁兴林. 企业危机预警. 北京：中国经济出版社，2003.

[6] 马君梅. 实用企业诊断学. 台北：超越企管顾问股份公司，1997.

[7] 考埃特 J.，奥尔特曼 A.，纳拉亚南 P. 演进着的信用风险管理. 北京：机械工业出版社，2001.

[8] 科罗赫 M.，加莱 D.，马克 R. 风险管理. 北京：中国财政经济出版社，2005.

[9] 李志辉. 现代信用风险量化度量和管理研究. 北京：中国金融出版社，2001.

[10] 胡永宏，贺思辉. 综合评价方法. 北京：科学出版社，2000.

[11] 赵先信. 银行内部模型和监管模型. 上海：上海人民出版社，2004.

[12] 巴塞尔资本协定及其相关文件. 中国银监会网站，www. cbrc. gov. cn.

[13] 桑德斯 A. 信用风险度量：风险估值的新方法与其他范式. 北京：机械工业出版社，2001.

[14] 石新武. 资信评估的理论和方法. 北京：经济管理出版社，2002.

[15] 郭亚军. 综合评价理论与方法. 北京：科学出版社，2002.

[16] 俞可平. 治理与善治. 北京：社会科学文献出版社，2003.

[17] 刘旭涛. 政府绩效管理：制度、战略与方法. 北京：社会科学文献出版社，2000.

[18] 俞敬明，孙杰，林钧跃. 国家信用管理体系. 北京：社会科学文献出版社，2001.

[19] 林钧跃. 社会信用体系原理. 北京：中国方正出版社，2002.

[20] 张海星，张晓红，齐海鹏. 国家信用. 大连：东北财经大学出版社，2000.

[21] 科伊尔 B. 信用风险管理. 周道许，关伟，译. 北京：中信出版社，2003.

[22] 曾康霖，王长庚. 信用论. 北京：中国金融出版社，1993.

[23] 陈忠阳. 金融风险分析与管理研究——市场和机构的理论、模型与技术. 北京：中国人民大学出版社，2001.

[24] 林钧跃. 消费者信用管理. 北京：中国方正出版社，2002.

[25] 吴晶妹. 现代信用学. 北京：中国金融出版社，2002.

[26] 科尔 R.，等. 消费者与商业信用管理. 北京：清华大学出版社，2003.

[27] 邦德 C J. 信用管理手册. 北京：清华大学出版社，2003.

[28] 章彰. 商业银行信用风险管理. 北京：中国人民大学出版社，2002.

[29] 谢旭. 挑战拖欠——东方国际保理中心的理论与实践. 北京：中国对外经济贸易出版社，2003.

[30] 石晓军，陈殿左. 信用治理：文化、流程与工具. 北京：机械工业出版社，2004.

[31] 石晓军. 信用风险度量、组合管理：理论基础与模型. 武汉：武汉大学出版社，2001.

［32］赵晓菊，柳永明．金融机构信用管理．北京：中国方正出版社，2004．
［33］赵晓菊，柳永明．信用风险管理．上海：上海财经大学出版社，2008．
［34］宋清华，李志辉．金融风险管理．北京：中国金融出版社，2003．
［35］贝西斯 J．商业银行风险管理．深圳：海天出版社，2001．
［36］王受怡．金融企业信用风险管理．北京：中国经济出版社，2003．
［37］尹灼．信用衍生工具与风险管理．北京：社会科学文献出版社，2005．
［38］Ammann M．信用风险评估——方法·模型·应用．北京：清华大学出版社，2004．
［39］朱毅峰，吴晶妹．信用管理学．北京：中国人民大学出版社，2005．
［40］刘戒娇．个人信用管理．北京：对外经济贸易大学出版社，2003．
［41］李新庚．信用论纲．北京：中国方正出版社，2004．
［42］Golin J．银行信用分析手册．王欣，焦绪凤，王丽萍，译．北京：机械工业出版社，2004．
［43］克拉法 D N．信用衍生产品和风险管理．北京：机械工业出版社，2002．
［44］叶陈毅．企业信用管理．北京：高等教育出版社，2008．
［45］吴青．信用风险的度量与控制．北京：对外经济贸易大学出版社，2008．
［46］魏国雄．信贷风险管理．北京：中国金融出版社，2008．
［47］关建中．国家信用评级新论．北京：中国金融出版社，2011．
［48］国际货币基金组织．全球金融稳定报告：主权、融资和系统流动性．2010 年 10 月．陈晓青，杨冠一，白瑞坤，等译．北京：中国金融出版社，2011．
［49］周志翠．商业银行放款实务．北京：北京理工大学出版社，2011．
［50］朱毅峰．银行信用风险管理．北京：中国人民大学出版社，2006．
［51］江苏省企业信用管理协会．企业信用管理操作实务．北京：中国方正出版社，2006．
［52］谢旭．客户管理与账款回收：企业信用风险防范实例．北京：企业管理出版社，2001．
［53］陈玉菁．客户信用分析技巧．上海：立信会计出版社，2010．